Heinemann Educational,
Halley Court, Jordan Hill, Oxford OX2 8EJ

Heinemann is a registered trademark of Reed Educational & Professional Publishing Ltd

OXFORD   MELBOURNE   AUCKLAND
JOHANNESBURG   BLANTYRE   GABORONE
IBADAN   PORTSMOUTH (NH) USA   CHICAGO

© Anneli McLachlan
La francophonie and *En route* by Natasha Murray

First published 2000

01 02 03 04 05 10 9 8 7 6 5 4

A catalogue record is available for this book from the British Library on request.

ISBN 0 435 37594 6

Original design by 320 Design

Produced by G & E 2000 Ltd

Original illustrations © Heinemann Educational Publishers 2000

Illustrations by Debbie Clark

Picture research by Thelma Gilbert

Cover photo provided by the Image Bank

Printed and bound in Spain by Edelvives

Tel: 01865 888058   www.heinemann.co.uk

ZENITH

Anneli McLachlan

Heinemann

Table des matières

Overview

Continued on page vi

Continued from page v

Continued on page vii

Bonjour!

J'espère que vous avez passé de bonnes vacances. Vous voici lancé dans vos études de français. J'espère que vous aurez beaucoup de succès.

Vous allez apprendre beaucoup de choses sur les pays francophones. Vous aurez l'occasion d'améliorer votre vocabulaire tout en apprenant à écrire un français plus sophistiqué. Vous allez étudier l'histoire, la littérature, le commerce, la politique, et analyser certains problèmes sociaux, tels que l'immigration et le racisme, tout en approfondissant votre connaissance des règles grammaticales de la langue française.

Il faut adopter de bonnes habitudes dès le début. Vous devez donc établir un cahier de vocabulaire – ce que vous pourriez tout aussi bien faire sur ordinateur, si vous en avez un – et créer une section grammaire dans votre classeur. Un peu de discipline dès le début assurera votre succès. Surtout, pas de panique!

Tout d'abord nous allons faire un peu de révision, et aborder les sujets suivants: l'actualité, la vie affective, la culture, et le monde et vous, ceci afin de vous encourager à réfléchir un peu à votre situation personnelle. On a tendance à oublier certaines choses pendant l'été! Nous allons faire de notre mieux pour vous aider.

Bonne chance!

Anneli McLachlan

1 **Travail écrit** Dans la lettre d'introduction, trouvez l'équivalent français des expressions suivantes.

a I hope

b you will have the opportunity

c such as

d whilst deepening

e it is necessary/you must

f from the beginning

g so

h just as well

i first of all

j we tend to …

2 **Travail écrit** Relisez la lettre et copiez ce tableau en mettant les verbes dans la bonne colonne. Notez tout le vocabulaire nouveau dans votre cahier de vocabulaire.

Verbes au présent	Verbes au futur

3 **Travail écrit** Copiez ce tableau. Faites une liste de tous les noms masculins, féminins et pluriels qui figurent dans la lettre.

Noms masculins	Noms féminins	Noms pluriels (m/f)

4 **Travail écrit** Relisez la lettre ci-contre, puis faites la liste des résolutions que vous allez prendre en ce qui concerne vos études de français.

Exemple:

Dès le début je vais adopter de bonnes habitudes.

WORKSHEET 1 — Comment bien apprendre

Mots à retenir

donc   dès le début   tout d'abord

Organisez-vous!

When you note down verbs in your vocabulary book, you should always write the infinitive, e.g. *adopter* – to adopt, *établir* – to establish.

Organisez-vous!

When noting plural nouns, it is a good idea to check and learn their gender.

Au cours de ce livre, nous allons aborder de nombreux thèmes d'actualité. Dès le début, habituez-vous à former vos opinions à l'aide des articles que vous lisez et à développer vos idées à l'aide du vocabulaire que vous apprenez.

actualité *nf* ce qui est actuel; ensemble des faits et événements tout récents

1 Quelques définitions

1 Exercice d'écoute Lisez les grands titres, puis écoutez les définitions et trouvez les titres qui correspondent.

le racisme
a

l'environnement
b

le tabagisme
c

le « je m'en foutisme »
d

le chômage
e

le miracle
g

l'avortement
f

le travail
j

le programme
h

le thème
i

2 Lecture Lisez les définitions suivantes. Trouvez le bon mot pour chaque définition.

a   la religion

b   la liberté

c   l'euthanasie

d   l'expérience

e   la publicité

f   la richesse

g   la dépendance

h   la technologie

i   l'architecture

j   la franchise

k   l'amitié

1   C'est quand on est très direct et ouvert. En principe, c'est une bonne qualité.

2   Ceci nous permet d'avancer dans le domaine de l'informatique et des sciences.

3   Le moyen par lequel on cherche à influencer les gens, afin qu'ils achètent un certain produit.

4   La science du dessin de la construction.

5   Quand on n'a pas de contraintes et qu'on peut faire ce qu'on veut.

6   Quand on a beaucoup d'argent.

7   La croyance en Dieu ou en une puissance supérieure.

8   Quand on est « accro » à l'alcool ou à la drogue.

9   Quand quelqu'un de très malade veut mourir et qu'on l'y aide.

10 Ce qui vous est arrivé.

11 Sentiment réciproque d'affection.

3 Travail oral Travaillez avec un partenaire. Rédigez une liste de tous les thèmes d'actualité (au moins dix) qui sont importants pour vous. Cherchez les mots que vous ne connaissez pas dans un dictionnaire.

WORKSHEET 2   Dictionary skills

Organisez-vous!

• Get into the habit of working out the meanings of words you don't know. Look out for similarities with English. For example, a circumflex in French can replace an *s* in English: *hôpital* – hospital. *La nourriture* might look unfamiliar at first, but *nourri* looks a little like 'nourish', hence 'food'. The context should help you, too.

• There are certain rules to help you work out the gender of nouns (see p. 239). Copy the table below in your file and make a list of all the masculine and feminine word endings. Learn them by heart.

Masculin	Féminin
-age	-ion

Sadly, there are some exceptions to the rule.

2 Les animaux et nous

Le rôle des animaux dans notre société – en tant qu'animaux domestiques, nourriture ou sujet d'expérimentation animale – pose bien des questions éthiques.

1 Travail écrit Copiez ce tableau et remplissez les trous.

le		l'	les	the (definite article)
	une		des	a/some (indefinite article)

2 Exercice d'écoute Certains prétendent qu'il y a trop de sentimentalité en ce qui concerne les animaux et que les Français ont tendance à gâter leurs animaux. Écoutez ce passage et ajoutez les chiffres qui manquent.

ANIMAUX DOMESTIQUES

Chaque jour, les Français dépensent environ __a__ millions de francs pour l'achat d'un animal de compagnie. Cette population est, il est vrai, conséquente : __b__ millions de chats, __c__ millions de chiens, sans oublier les __d__ millions de poissons rouges, __e__ millions d'oiseaux et __f__ million de rongeurs.

Les achats concernent essentiellement les animaux de race, les plus coûteux. __g__ animaux sont adoptés par jour, dans les __h__ centres de la SPA* en France. Mais ce chiffre peut être multiplié par __i__ le week-end. Seuls __j__ des chats et __k__ des chiens viennent de la SPA.
La France détient le record mondial du taux de possession d'animal domestique : __l__ millions de foyers (__m__ des ménages en France) possèdent au moins un chat et __n__ millions (__o__) au moins un chien.

Naissances
On estime à __p__ le nombre de chiots qui naissent chaque jour en France – estimation faite à partir du nombre de tatouages effectués chaque année. Il est par contre tout à fait impossible de chiffrer les naissances de chatons, car rien n'oblige leurs propriétaires à les déclarer.

Abandons
__q__ chiens et chats sont trouvés errants chaque jour, et __r__ sont abandonnés par leurs propriétaires auprès des œuvres de protection des animaux. À elle seule, la SPA recueille __s__ animaux par jour.

* Société Protectrice des Animaux

3 Lecture et travail oral À Paris surtout, le nombre de chiens pose des problèmes. Lisez ce passage et répondez aux questions qui suivent.

Zoom sur Paris

Les chiens

On recense 200 000 chiens à Paris, et 20 % sont inciviques, comprendre par là qu'ils ne font pas leurs besoins dans le caniveau ou tout autre endroit prévu à cet effet. Du coup, les 72 caninettes, appelées aussi motocrottes, ramassent 10 tonnes de déjections canines par jour, soit seulement 15 % des déjections. Chaque chien coûte 33 centimes par jour et par contribuable, et le coût global du ramassage des crottes pour la Ville de Paris est de 115 000 francs.
Presque 2 Parisiens sont hospitalisés chaque jour à cause d'une glissade sur une crotte, soit 600 par an. 374 contraventions ont été dressées en 1996 à des propriétaires de chiens inciviques, soit à peine plus d'une par jour.

---

a Trouvez dans le passage l'équivalent des expressions suivantes.
  i) antisocial
  ii) destiné à
  iii) motos qui nettoient les rues
  iv) admis à l'hôpital
  v) amendes

b Que pensez-vous de la possession des chiens ? Est-ce bien raisonnable dans les grandes villes, et pour les chiens et pour les autres habitants ? Quelles mesures pourrait-on prendre pour améliorer la situation décrite dans l'article ? Discutez de ces questions en classe.

Les animaux domestiques
en millions

Chats 8,4 — Chiens 10,6 — Poissons rouges 19 — Oiseaux 6 — Rongeurs 1

4 Lecture
Lisez cette lettre. Soulignez toutes les expressions qui pourraient vous être utiles pour la rédaction des lettres formelles.

Classe C.M.
École des Genêts

Chers élèves de la classe de CM,

J'ai été très sensible d'une part à votre lettre et d'autre part au fait que vous m'ayez invité à venir dans votre école pour m'interroger sur des sujets ayant trait à l'environnement.

Avant toute chose je tiens à vous féliciter pour votre initiative et à vous dire combien je partage votre souhait de protéger la nature en général et les animaux sauvages plus particulièrement.

J'ai soumis au bureau de la municipalité votre proposition visant à interdire sur le territoire de la commune l'implantation de zoos et l'installation de ménageries et spectacles utilisant des animaux sauvages.

À l'unanimité, nous avons décidé d'adopter le projet que vous nous aviez soumis et en conséquence de refuser désormais de délivrer des autorisations municipales pour la présentation au public d'animaux sauvages.

J'espère que cette décision vous confortera dans la noble action qui est la vôtre à l'heure actuelle et je vous prie de croire, Chers élèves de la classe de CM, en l'expression de mes sentiments les meilleurs.

Le Maire,

François REY
Vice-Président du Conseil Général de l'Aveyron

5 Exercice d'écoute
Ecoutez ce passage et remplissez les blancs.

L'élevage des ___ a ___ – un scandale !

Voici les ___ b ___ choquants de la situation actuelle.

La cruauté est répandue chez certains ___ c ___ partout dans le monde. En ce qui concerne l'élevage des veaux, les ___ d ___ sont perturbantes.

Les ___ e ___ et les ___ f ___ souffrent également, incarcérés pendant toute leur vie, loin de leur mère.

Les ___ g ___ et leurs ___ h ___ ont une obligation morale d'élever la voix contre ces ___ i ___ , ou bien ils méritent de ne plus planter leurs ___ j ___ .

Ouvrez les ___ k ___ , ___ l ___ , une fois pour toutes, avant qu'il ne soit trop tard.

6 Lecture
Lisez ce passage et trouvez le mot qui correspond à chaque définition.

C'est abominable !

La souffrance de ces animaux est intense mais personne ne les protège. Le scientifique le plus endurci ne tolérerait pas ces activités barbares. Ces souffrances atroces sont parfois infligées, non pas pour faire avancer la science mais uniquement pour tester des produits de beauté. Est-ce moral ?

a progresser

b qui provoquent la répulsion

c douleur physique ou morale

d d'une grande force

7 Travail écrit
Que pensez-vous des tests sur les animaux ? Donnez votre opinion en 70 mots environ. Utilisez les expressions suivantes.

À mon avis, ...   Je considère que ...
Je suis persuadé(e) que ...

Grammaire Plurals

Normally, the plural is formed by adding an *s* to the singular form, e.g. *un agriculteur, des agriculteurs.* Here are some groups of exceptions:

- Nouns ending in *-eau* and *-eu* add *-x*:
  un agneau – des agneaux
  un jeu – des jeux

- Some nouns ending in *-ou* add *-x*:
  un bijou – des bijoux
  un chou – des choux

- Nouns ending in *-al* change to *-aux*:
  un animal – des animaux

- Nouns ending in *-s*, *-x* or *-z* do not change in the plural:
  un fils – des fils

3 Le racisme

La tension croissante dans les banlieues de France mérite notre attention. Il faut trouver une réponse à toutes ces questions ...

La dignité d'une famille marseillaise face au Front national

La présence de militants du Front national, dont des élus au conseil municipal de Marseille, a provoqué incidents et bousculades, dimanche 17 août, lors d'un rassemblement organisé après le meurtre d'Yves Radion, commis par trois adolescents dans une cité marseillaise. Environ deux cents personnes, proches de la victime et habitants du quartier Ruisseau Mirabeau où s'est produit le drame mercredi 13 août, s'étaient retrouvées devant la mairie de Marseille à la mémoire de ce père de quatre filles, « *par solidarité mais sans haine* ».

Accusés d'être racistes, les militants d'extrême droite ont voulu établir un parallèle entre le meurtre d'Yves Radion et celui du jeune Nicolas Bourgat, quinze ans, tué en septembre 1996 par un adolescent de son âge. Ce crime avait provoqué une grande émotion à Marseille ; Jean-Marie Le Pen avait tenté de la récupérer en prenant la tête d'une manifestation le jour des obsèques de Nicolas Bourgat.

Un parent d'Yves Radion a expliqué que ce meurtre est « *un drame de la misère provoqué par des jeunes violents livrés à eux-mêmes qui croupissent dans des cités délabrées où personne ne fait rien* ». Qualifiant ce meurtre d'« *acte stupide* », le maire de Marseille, Jean-Claude Gaudin, qui a reçu la famille de la victime, a promis une aide matérielle, notamment la prise en charge des frais d'obsèques, mais surtout de faciliter le relogement dans un autre quartier de l'épouse d'Yves Radion et de ses filles, âgées de quatre à dix ans. Selon le directeur de cabinet du maire, Claude Bertrand, descendu sur le parvis de la mairie, les acteurs de cette tragédie, victime et meurtriers, sont tous marseillais.

Au moment où le cortège défilait autour du Vieux-Port, le juge d'instruction Jacques Calmettes mettait en examen pour homicide volontaire et plaçait sous mandat de dépôt criminel les trois auteurs des faits. L'un est âgé de quinze ans, les deux autres de dix-sept ans. Mis en examen pour complicité d'homicide volontaire, un adulte a également été écroué. Les trois jeunes garçons avaient violemment frappé Yves Radion, trente-cinq ans, avant de le poignarder avec une dague et un couteau. La victime s'était approchée de ces jeunes gens dans le but de les raisonner, ceux-ci ayant l'habitude de se moquer de son frère, Lucien Radion, trente-deux ans, handicapé mental.

1 **Lecture** Lisez cet article et répondez aux questions qui suivent.

  a Qui a été assassiné ?

  b Quand cet incident s'est-il produit ?

  c Où a-t-il eu lieu ?

  d Combien d'adolescents ont participé au meurtre ?

  e Combien de personnes* se sont rassemblées devant la mairie de Marseille ?

  f Pourquoi sont-elles venues ?

  g Qu'est-ce que le maire a promis à la famille ?

  h Quel âge ont les criminels ?

  i Comment ont-ils tué leur victime ?

  j Pourquoi la victime* s'était-elle approchée des jeunes ?

  k Quelle est votre opinion sur cet incident ?

* Note that *victime* and *personne* are both feminine words.

2 **Travail écrit** Écrivez en anglais un résumé de cet article sur la violence dans les cités.

3 **Travail oral** Faites un remue-méninges avec un partenaire de toutes les questions qui vous viennent à l'esprit à ce sujet. Essayez d'utiliser les mots suivants.

Comment ?   Qui ?   Qu'est-ce que ?

Quand ?   Pourquoi ?   Où ?

Grammaire Questions

- All the question words above can be used to ask questions. You can also use a simple sentence, raising your tone of voice at the end, e.g. *Tu viens demain ? Il est là ?*

- You can use *est-ce que* to announce a question, e.g. *Est-ce que la violence augmentera dans les années à venir ?*

- Questions can involve inversion of subject and verb. This style is important for essay writing, e.g. *Le taux du chômage va-t-il s'élever dans l'avenir ?* Note that when the third person ends in a vowel, a *t* is inserted between verb and subject in order to make pronunciation easier.

4 **Lecture** Il y a quand même de l'espoir en ce qui concerne le racisme en France et les possibilités d'une France multi-ethnique ou métisse. Alors que le Front national devenait plus puissant, la France a gagné la coupe du Monde de Football en 1998 avec une équipe vraiment multiraciale. Toute l'équipe est fêtée comme des héros de la France. Lisez plus loin et faites la liste des joueurs mentionnés dans l'article en donnant leur lieu de naissance et leurs origines. Cherchez où se trouvent ces pays sur une carte du monde.

L'Europe derrière la France

Les journaux européens ont rendu un vibrant hommage au creuset tricolore, une France «*multi-ethnique*» selon «The Times» (Grande-Bretagne), «*métisse*» («24 Horas», Portugal), qui efface ses «*bleus à l'âme de la République*» («la Tribune de Genève»), avec un Zidane «*aujourd'hui le symbole de la nouvelle France multiraciale*» («El País», Espagne), donnant «*une gifle à Le Pen avec tous ces immigrés qui jouaient*» («Tutto Sport», Italie), grâce à «*Zidanix et les Gaulois*», selon les Portugais. «*Cette équipe multi-ethnique était un peu le miroir de la France tricolore du football et du sport*» («Berlingske Tidende», Danemark). Mais la plus belle des conclusions est au crédit des Allemands, de l'ex-RDA, du «Leipziger Volkszeitung», qui écrit: «*La finale a été atteinte par deux nations dont le patriotisme ne repose pratiquement pas sur la fierté douteuse, la race ou l'origine des joueurs.*»

Accra, Lifou, Erevan, Pointe-à-Pitre, Concarneau

L'équipe de France du monde

Par leurs parents ou leurs grands-parents, les Bleus viennent des cinq continents. Par leur lieu de naissance, ils viennent de tous les coins de France

Le football, sport rustique, aime les mélanges, les dosages subtils, l'intelligence, c'est une école de vie où les différences constituent une richesse exceptionnelle. Les hommes d'Aimé Jacquet n'avaient même pas besoin d'être champions pour détenir le titre *d'équipe du monde* tant elle s'est nourrie de la diversité française, d'un système d'intégration peut-être imparfait mais unique.

Le voyage débute aux îles Loyauté, répertoriées par Dumont d'Urville, à Lifou, au large de la Nouvelle-Calédonie, terre de naissance de Christian Karembeu, formé à Nantes, qui revendique ses identités, bleue et kanak. Autre océan, autres îles, Lilian Thuram est né à Pointe-à-Pitre et son cœur chavire entre les jeux d'enfants sur la plage et Fontainebleau, où sa mère, flanquée de six enfants, était venue chercher un salaire. Les parents de Thierry Henry étaient déjà installés, il est venu au monde dans une banlieue, fier de sa banlieue des Ulis, nostalgique de ses racines, nourri des deux cultures, des plats antillais de maman et de ses potes du Carrefour.

Être français et ne pas oublier ses racines, quelle incompatibilité? Youri Djorkaeff et Alain Boghossian sont nés dans l'Hexagone, à Lyon et à Digne, mais le plus beau jour de la famille Djorkaeff fut, en pleine préparation de l'équipe de France, lorsque les députés français reconnurent le génocide arménien malgré les pressions turques. Ce jour-là, Youri s'est souvenu de ses grand-parents pourchassés, quittant à pied leur terre pour venir se réfugier en France. Alain Boghossian représente la deuxième ville arménienne du monde, Marseille, où sont nés Zidane, bien sûr, mais aussi Frank Lebœuf, là où Marcel Desailly a décidé de bâtir sa maison, lui qui était arrivé du Ghana par Nantes, avec sa mère dans le cœur d'un fonctionnaire français. Que serait la France sans l'Afrique, l'équipe tricolore sans Patrick Vieira, ce surdoué natif de Dakar, élevé à Dreux par sa mère Rose, venue en France comme la mère de Lilian Thuram, avec ses deux gamins sous le bras.

C'est à croire, décidément, que cet Aimé Jacquet, enfant du Forez, de ce centre austère et rude, a composé son équipe avec sous le coude un manuel de géographie, qu'il a décidé de nous montrer la France sous toutes ses facettes, avec sa somme de caractères, d'identités et d'influences, des Normands Emmanuel Petit et David Trezeguet – dont les parents sont argentins – aux Basques Bixente Lizarazu et Didier Deschamps, en passant par Stéphane Guivarc'h, le Breton, le Bordelais Christophe Dugarry.

On descend par l'ouest, mais on pourrait tout autant remonter par l'est avec le Cévenol Laurent Blanc jusque chez Robert Pires, né à Reims d'ascendants portugais. Blanc, Lebœuf, Deschamps, Guivarc'h, Pires, Lama, Vieira, Thuram, Karembeu, Zidane, Lizarazu, quelle infinité de sonorités, de couleurs et de vies formant une équipe de France unique dans cette dernière Coupe du Monde du siècle.

CHRISTOPHE BOUCHET

4 Les SDF

Les SDF : voici un autre thème brûlant d'actualité. Avez-vous déjà rencontré quelqu'un qui était sans domicile fixe ? Nous allons examiner notre attitude envers ces gens et considérer quel devrait être notre rôle pour les aider.

> **les SDF** *npl* les sans domicile fixe – les personnes qui vivent dans la rue, qui sont sans abri.

1 **Travail oral** Regardez cette image. Préparez une description de l'image que vous présenterez à votre classe en vous servant des expressions, des noms et des adjectifs ci-dessous.

les adjectifs

vulnérable	noir et blanc
abandonné	sombre
désespéré	terne
isolé	nécessiteux
seul	vide
affamé	défavorisé
féroce	

les noms

un caddie	un chien
un clochard	une vieille dame
un vieillard	

Des expressions pour décrire une image

Au premier plan
Au fond
À gauche
À droite
Il s'agit de
On peut discerner
Sur l'image
Cela donne une impression de

Des expressions pour exprimer votre opinion

Je pense que
Il me semble que
J'estime que

2 **Exercice d'écoute et travail oral** Écoutez cette jeune femme qui parle de son sort dans le métro à Paris. Ensuite, préparez une réponse orale aux questions suivantes.

Est-ce qu'il faut donner de l'argent à des gens qui font la manche comme la fille dans le passage d'écoute ? Pourquoi ? Pourquoi pas ?

Grammaire Agreement of adjectives

Adjectives are describing words. They must agree with the word they are describing in number and gender. Mostly, they add an -e for the feminine form and an -s for the plural. But there are exceptions! For example:

- Adjectives already ending in -e do not change in the feminine, e.g. *calme*, *jeune*.
- Adjectives which end in -s or -x do not take an -s in the masculine plural, e.g. *gris*, *vieux*, *joyeux*.

3 Travail écrit Les formes irrégulières : copiez et remplissez ce tableau. Cherchez les bonnes formes dans un dictionnaire et apprenez-les par cœur.

Masculin sing.	Féminin sing.	Masculin pluriel	Féminin pluriel
public			
	grasse		
		originaux	
			régulières
généreux			
	supérieure		
		mignons	
parisien			
	proportionnelle		
définitif			

4 Lecture Regardez ces opinions concernant les SDF. Ces personnes pensent-elles qu'il faut aider les SDF ou non ?

a Les sans-abris – ils ont choisi d'être dehors, de quitter leur maison familiale – qu'ils se débrouillent !

b Être sans-abri, c'est être au fond du désespoir. Il faut les aider à tout prix.

c L'hébergement d'urgence a un rôle à jouer à l'égard des SDF.

d Les malades mentaux sont obligés de dormir dans la rue – c'est une honte – il faut agir.

e L'augmentation du nombre de marginaux et la propagation de la mendicité font peur dans une société qui est censée être civilisée. Il faut trouver des solutions.

f Chacun a le droit au logement.

g Le travail caritatif ne remplacera jamais l'obligation de l'État.

h Les déshérités de la société réclament notre attention.

5 Travail oral Si vous aviez décidé que la personne que l'on voit sur l'image à la page 16 était un homme, refaites votre présentation comme si c'était une femme, et vice-versa.

6 Travail oral Découpez une image similaire dans un journal ou un magazine. Cherchez dans le dictionnaire des adjectifs qui puissent vous aider et préparez une autre présentation pour votre classe.

7 Travail écrit Quelle responsabilité l'État a-t-il envers les SDF ? Donnez votre opinion en 80 mots.

5 Le Vietnam – l'héritage du passé

L'histoire peut très bien influencer l'actualité. La France a joué un rôle clé en Indochine, où la division du Vietnam en deux zones a abouti à la guerre du Vietnam de 1964 à 1973. Les États-Unis s'engagèrent dans cette guerre aux côtés du Vietnam du Sud contre le régime communiste du Vietnam du Nord. Les mouvements libéraux américains étaient contre cette guerre. La France a été impliquée dans la mesure où le Vietnam était une ancienne colonie.

1 Exercice d'écoute Écoutez cette analyse de la guerre du Vietnam et mettez ces propos dans le bon ordre.

  a Le public américain a mal réagi.

  b Les médias ont beaucoup influencé les gens.

  c Les hommes ne voulaient pas se battre.

  d Les conditions étaient affreuses.

2 Lecture et travail écrit Lisez le texte de Kim Phuc. Écrivez les réponses aux questions suivantes en anglais.

  a How does Kim Phuc describe the feeling of napalm on her skin?

  b What is Kim Phuc's main concern when she sees that her hand is deformed?

  c How does she manage to run?

  d Who is Kim Phuc with?

  e What do the emergency services do to ease her pain?

3 Travail oral Présentez cette image à votre classe. Faites des recherches sur la guerre du Vietnam et préparez vos réponses aux questions suivantes.

  a Qui sont les personnes sur cette photo ?

  b Comment décrire l'expression sur le visage des enfants ?

  c Quelle est la réaction des soldats ?

  d D'après vous, qu'est-ce qu'il s'est passé ?

C'est la photo la plus connue de ce conflit que nous allons exploiter sur les deux pages suivantes.

8 JUIN 1972
Kim Phuc

« Du feu. Du feu partout. Du feu en moi surtout. Il me consume, je ne comprends pas, j'ai si chaud, si chaud. On dirait que ma peau brûle, qu'elle se détache, qu'elle part en lambeaux, comme mes vêtements calcinés, qui sont tombés d'eux-mêmes. Je me frotte le bras gauche, ça colle, c'est pire. Ma main droite est difforme. Je vais être affreuse! Je ne serai plus jamais normale. Je ne vois que de la fumée. Il faut que je sorte du feu! Je cours, je cours le plus vite possible. Mes pieds ne sont pas brûlés. J'ai de la chance. Plus vite. Il faut réussir à fuir. Je crois que je dépasse le feu. La fumée s'éclaircit. Je distingue des silhouettes. Je ne suis plus toute seule. Il y a du bruit, des cris, des pleurs. Je cours encore plus vite. Tout le monde court d'ailleurs: les soldats, mon petit frère Phuoc, à droite, mes deux cousins, à gauche. Et puis Pam, mon grand frère, qui m'a vue, qui s'affole, qui crie: «Aidez ma sœur! Aidez ma sœur!» Il a compris que je brûle. Et moi, je hurle: «Nong qua!» («trop chaud!») Le choc, l'urgence m'ont fait presque oublier la douleur. Elle survient pourtant, effroyable. Alors on va me verser un peu d'eau sur le corps, et ce geste sera fatal. Personne n'a encore la moindre idée de ce qu'est le napalm. »

4 Travail écrit Traduisez ces phrases en français.

a He cherishes his family.

b They leave their village at 6 a.m.

c One is always responsible for one's actions.

d She is scared for her future.

e We need our dignity.

f Did you find your brother?

5 Lecture Lisez cet article sur la situation actuelle d'une jeune étudiante à Saïgon, capitale du Sud-Vietnam, puis préparez une réponse écrite aux questions qui suivent.

a Expliquez l'origine du nom Ho Chi Minh-Ville.

b Décrivez les rues de Saïgon.

c Quelle sorte de comportement aurait été impensable il y a peu de temps ?

d Quelle est la situation économique à Saïgon ?

e Pourquoi un jeune Vietnamien préfère-t-il l'anglais au français ?

f Résumez la vie quotidienne de Tram.

Grammaire Possessive adjectives

Possessive adjectives describe to whom something belongs. They follow a very easy pattern:

Masculin	*Féminin*	*Pluriel*	
mon	ma	mes	my
ton	ta	tes	your
son	sa	ses	his/her/its
notre	notre	nos	our
votre	votre	vos	your
leur	leur	leurs	their

- As with all other adjectives, the form depends on the gender of the noun it goes with. It does not depend on the gender of the owner.

- If something is feminine and begins with a vowel, use the masculine form of the possessive adjective for the sake of pronunciation, e.g. *mon amie* (f).

Avoir 20 ans à Saïgon

Étudiante, Tram rêve d'être prof d'anglais. Dans ce pays qui a connu la guerre et plus de vingt ans de communisme, elle fait partie de cette génération qui rêve de liberté et d'Amérique.

Officiellement, on doit dire Ho Chi Minh-Ville, du nom du père de la révolution communiste, mais tout le monde dit Saïgon. Dans la métropole du Sud Vietnam, les moteurs des deux-roues vrombissent sous une pluie de klaxons. Le ballet anarchique des Mobylette se mêle à celui des pousse-pousse. Asphyxiés par les gaz d'échappement, étourdis par le bruit, nous tentons de suivre Tram dans cette jungle urbaine. Décidée à devenir professeur d'anglais, elle a quitté Dalat, sa ville natale, et s'est installée à Saïgon avec l'accord de sa famille pour suivre des cours à l'université.

Saïgon est une ville dangereuse

«Mes parents m'ont loué une petite chambre chez des amis à eux, explique-t-elle. Mes propriétaires ont toujours un œil sur moi car Saïgon est une ville dangereuse. La drogue, la violence sont des phénomènes nouveaux. Même les journaux en parlent. Mes parents sont rassurés de ne pas me savoir seule dans cette grande ville.»

Rien de plus normal dans cette société où, pendant longtemps, les filles ne pouvaient sortir seules. Mais les mœurs évoluent peu à peu. Aujourd'hui, les amoureux s'affichent ouvertement dans la rue, chose inconcevable il y a encore peu de temps.

Tram, elle, regarde cela de loin. «Je n'ai pas de fiancé, nous avoue-t-elle dans un murmure. Ce n'est pas si facile de trouver un garçon sérieux. Au Vietnam, les filles se marient jeunes mais moi, je veux poursuivre mes études. L'homme idéal? J'aimerais un fiancé gentil, plus âgé que moi et surtout qui ait un bon travail.»

«Il y a encore beaucoup trop de gens pauvres»

Travailler, gagner de l'argent… Dans ce pays où le salaire moyen est de 40 dollars (200 F), ce n'est pas chose facile. Même si Saïgon renaît peu à peu de ses cendres après plus de vingt ans de communisme pur et dur, l'avenir reste précaire, en dépit de l'arrivée des capitaux étrangers. Les buildings et les palaces rutilants ne parviennent pas à masquer la pauvreté qui continue de sévir.

Même si Tram est issue d'une famille relativement aisée, elle a dû très vite se confronter à la dure réalité du monde du travail. Comme de nombreux étudiants, elle enchaîne les petits boulots pour payer sa nourriture, ses fournitures et ses sorties.

«Tous les matins, je me lève à 5 h pour réviser mes cours. J'arrive à la fac à 6 h 45 et j'en sors vers 16 h. Ensuite, je vais travailler dans un café restaurant de 17 h à 21 h. Quand j'arrive à la maison, je prends une douche et je prépare mes TD.» Tram donne aussi des cours particuliers d'anglais le week-end pour payer l'essence de sa Mobylette.

Dans sa petite chambre, les livres règnent en maîtres. «J'aime la littérature française. Les Misérables, Notre-Dame de Paris de Victor Hugo sont des romans fabuleux. J'adore également les poèmes de Verlaine. Pour me perfectionner, je prends des cours de français trois fois par semaine. Mais c'est une langue très difficile. C'est pour cela que j'ai choisi l'anglais qui, en plus, est la langue internationale.»

Pique-niques, pop music et karaoké

Le français n'est guère parlé que par les générations ayant vécu sous la colonisation française. La jeunesse vietnamienne préfère l'anglais, la langue du commerce et de l'American Dream. Il leur permettra peut-être d'entrer dans une entreprise étrangère et d'avoir un salaire plus élevé. Travailleuse acharnée, Tram aime aussi s'amuser. Si le cinéma et le shopping restent un luxe qu'elle ne peut s'offrir, elle n'en éprouve aucun regret. «À Saïgon, nous avons plein de distractions. Le dimanche matin, je suis inscrite au Cercle des jeunes pour parler anglais. L'après-midi, nous écoutons des disques de Céline Dion ou du blues. Nous faisons des pique-niques, nous chantons dans les karaokés ou nous allons danser comme des popcorn sur de la pop music à la Maison culturelle des travailleurs. C'est moins cher que les discothèques.»

Les rêves de Tram ont la forme d'une mappemonde. «Je ne suis jamais sortie du Vietnam. J'espère qu'un jour j'aurai la chance de découvrir la France et surtout les États-Unis.»

Dans ce chapitre, nous allons examiner le rôle de la famille dans notre société, les problèmes que doivent affronter les jeunes de votre âge et le concept de l'amour.

Continuez de développer vos bonnes habitudes de travail!

> **la vie affective** la partie de la vie qui relève du sentiment et non de la raison ; toutes les émotions, les sentiments, les passions.

1 L'amour

1 **Travail oral** Faites un remue-méninges avec un partenaire de tous les mots que vous associez à l'amour. Classez-les selon les catégories ci-contre.

les noms	les verbes	les adjectifs

2 **Lecture** Lisez ce texte et répondez aux questions sur la page suivante.

Est-ce que je l'aime vraiment ?

1 « Je me sens très seule et incapable d'aimer. Bien sûr, comme à peu près tout le monde, je suis tombée amoureuse, mais seulement parce que le garçon m'aimait. Je me disais : "c'est une chance, il ne faut pas la louper". Alors, je me disais que je l'aimais aussi, comme pour me convaincre que je savais aimer. Mais je ne sais pas aimer. Peut-on apprendre ? Je me suis toujours demandée ce que l'on ressent quand on s'aime vraiment. Est-ce si beau que ça ? Ça a l'air si simple quand on en parle mais c'est si mystérieux pour moi. » Adeline s'interroge. Comme Camille, qui doute. Comme Charles, qui pensait avoir trouvé l'amour avec un grand A. Comme Marion, qui aime tout en s'aimant d'abord...

2 Et même si on n'a jamais partagé un « je t'aime » à deux, car le lycée n'est pas le lieu des premières amours pour tout le monde, les questions fusent. Questions d'amoureux déçus, d'amoureux en rade, de ceux qui en rêvent, de jeunes, mais aussi d'adultes et de couples de tous les âges. L'amour a la manie des points d'interrogation. Pourtant, les histoires d'amour ne commencent jamais par des questions. Elles viennent après...

3 Après quoi ? Après la chute d'un météorite qui ébranle notre jardin secret et fait trembler la carapace de notre petite vie tranquille... Tout d'un coup, nous devenons un peu « bêtes », les larmes montent aux yeux des gros durs à l'écoute des « cui-cui » des petits oiseaux, et la plus minette irait faire les pom-pom girls sur un terrain de foot boueux. Le monde nous appartient et nous nous mettons à écrire de la poésie couleur grenadine.

4 Et puis le temps passe et arrivent les questions. Est-ce que je l'aime vraiment ? Est-ce qu'il ou elle m'aime vraiment ? Est-ce que c'est ça l'amour ?

a Faites correspondre ces titres avec les bons paragraphes du passage.

les questions que soulève l'amour

comment définir ce verbe – aimer

l'effet de l'amour

le moment des doutes

b Trouvez dans le passage l'équivalent des expressions suivantes.

i) évidemment

ii) uniquement

iii) pour me persuader

iv) cela semble

v) qui bouleverse la vie

vi) le monde est à nous

3 **Travail écrit** Copiez ce tableau. Notez tous les verbes au présent qui figurent dans le passage. Si vous n'êtes pas sûr des infinitifs, cherchez-les dans le dictionnaire.

Verbe	Infinitif	Sens

Grammaire Present tense

- When you learn a new verb, always note it down using the infinitive. This will help you to manipulate your different tenses.

- Remember that in French there is only one form of the present tense. In English we can say 'I write', 'I am writing' or 'I do write'. Never use *être* to say 'I am working', etc. These three words in English equal two words in French: *je travaille*.

- Here is a reminder of present tense endings:

	-er		**-ir**		**-re**	
Singulier						
1st	*je*	...e	*je*	...is	*je*	...s
2nd	*tu*	...es	*tu*	...is	*tu*	...s
3rd	*il/elle/on*	...e	*il/elle/on*	...it	*il/elle/on*	—
Pluriel						
1st	*nous*	...ons	*nous*	...issons	*nous*	...ons
2nd	*vous*	...ez	*vous*	...issez	*vous*	...ez
3rd	*ils/elles*	...ent	*ils/elles*	...issent	*ils/elles*	...ent

- Remember these guidelines:
  – You will never see a *-t* on the end of a *je* or *tu* form.
  – You will never see an *-s* on the end of an *il/elle/on* form.
  – You will never hear the *-s* or the *-ent* endings.

- Get into the habit of checking your endings. Ask yourself: "Which pronoun is this? Is this 'I', 'you', 'he', 'she' etc. Which ending do I need?".

4 Lecture
Lisez ces opinions sur les histoires d'amour et trouvez l'équivalent français des expressions suivantes.

a I find him   d I need to ask him

b I love her   e he loves me

c I speak to him   f Does he really need to reply?

On effleure à deux le début d'une vraie relation quand on se libère. Je dis un peu plus qui je suis, je lui parle de choses très personnelles.

Cécile, 27 ans

Stéphanie, 17 ans

Chaque fois que je sors avec un garçon, j'en ai marre et je suis déçue. Les premiers jours, je le trouve génial, et puis j'en ai marre.

Tous les jours, j'ai besoin de lui demander s'il m'aime. Mais faut-il vraiment qu'il me réponde ?

Marie, 20 ans

J'ai rencontré une fille et je me sens super bien avec elle. Je l'aime. Je suis dans une bulle et je vole avec les oiseaux !

Charles, 16 ans

5 Exercice d'écoute
Écoutez Marion qui parle de l'amour-propre et de son importance dans les relations amoureuses. Résumez ce qu'elle dit en 50 mots environ (en français).

6 Travail écrit
Écrivez une lettre à un ami/une amie où vous racontez votre rencontre avec « l'amour de votre vie ». Parlez de vos sentiments, de votre joie et de vos craintes. Écrivez 80 mots environ.

Organisez-vous!

Writing an informal letter.

Paris, le 20 janvier

Cher Alain/Chère Corinne/Cher grand-père/Chers tous,

Merci pour ta/votre lettre.

J'espère que tu as/vous avez passé de super vacances en Allemagne. J'espère que tu vas / vous allez bien. Comment vas-tu / allez-vous? Je suis impatiente de te / vous revoir.

Bises,

À bientôt!

Claire

7 **Travail écrit** Traduisez ces phrases en français.

a He loves them.

b She loves me.

c He hates her.

d We are buying it.

e They are looking at us.

f Do you hear me?

g And he knows it!

h I am giving it to her. (the apple)

i She is giving it to me. (a present)

j We are giving them to them.

k She is there.

l They (*fem.*) live there.

m There are six of them.

n She sees us every day.

o They are condemning them.

Grammaire Pronouns

• A pronoun stands in place of a noun so that you don't have to keep repeating the noun. You are already familiar with the subject pronouns *je, tu, il/elle/on, nous, vous, ils/elles*.

• Pronouns follow a particular order in French if you are using more than one – for example if you want to say: 'He gave me them' it is *Il me les a donnés*. Learning this table will help you to use the correct order:

Subject	Object pronouns					
je	me					
tu	te	l'				
il/elle/on	se	le	lui	y	en	VERB
nous	nous	la	leur			
vous	vous	les				
ils/elles	se					

French is much more precise than English. When we say: 'He gave me them', we really mean: 'He gave them to me'. Always look for the deeper structure in French, as it will help your grammar enormously.

• Direct object pronouns: me, you, him, her, it, us, you, them

Do you know **him**? – *Tu le connais?*

He likes **them**. – *Il les aime.*

• Indirect object pronouns: to me, to you, to him, to **her**, to us, to you, to them

I'm giving **her** my homework (I'm giving my homework **to her**). – *Je lui donne mes devoirs.*

She's giving **them** the house! – *Elle leur donne la maison!*

NB: Different pronouns may be needed depending on the language: I ring **him** (**him**=direct pronoun) – *Je lui téléphone* (**lui** = indirect pronoun)

• *Y* means 'there':

She lives there. – *Elle y habite.*

It is also announced by a noun or verb followed by *à* – more of this later.

• *En* means 'some of it/them':

J'en ai. – I've got some.

J'en prends deux. – I'll take two of them.

It also means 'from there':

Il en est sorti. – He came out from there.

It is also announced by a noun or verb followed by *de* – more of this later.

Organisez-vous! Make a list of all the phrases you come across using the pronoun *en*.

2 Les relations avec autrui

L'amour n'est que l'une des émotions que l'on ressent dans la vie. Les relations avec les autres sont aussi d'une importance capitale et constituent les ingrédients nécessaires à une vie équilibrée et heureuse.

1 Lecture Lisez le texte suivant.

Recette pour le bonheur

Il vous faut :

de l'amour, de l'affection,

de la tendresse, des câlins,

du respect, de la satisfaction,

de l'amitié, de l'intimité,

de la générosité

et finalement beaucoup d'humour.

Attention !

Il ne vous faut pas d'avarice,

ni de jalousie, de cruauté,

d'hostilité, ni de violence.

Bien remuer et laisser chauffer pendant quelques années, et voilà !

2 Travail oral et écrit Trouvez le genre (masculin ou féminin) de chacun de ces ingrédients et classez-les selon l'importance qu'ils ont pour vous.

3 Travail écrit Vous avez bien absorbé la recette pour le bonheur, à vous d'écrire la recette pour le malheur !

Grammaire Partitive articles

The final article to mention after the definite (the) and the indefinite (a/an) is the partitive article – 'some':

    masculine – *du*

    feminine – *de la*

    beginning with vowel – *de l'*

    plural – *des*

All the above become *de* :

- after a negative, e.g. *il ne vous faut pas de jalousie* ;
- after *beaucoup* or other expressions of quantity, e.g. *beaucoup d'humour.*

3 Le futur inconnu

1 Exercice d'écoute Écoutez cette chanson, qui s'intitule *Cette lettre-là*, et mettez les couplets dans le bon ordre.

① Quand tu liras
Cette lettre-là
Mais surtout
Ne crois pas
Qu'un autre amour viendra
Qui prendra
Ta place
Ne crois pas ça
Ce n'est pas vrai
Je n'aimerai
Que toi.

② Quand tu liras
Cette lettre-là
Tu comprendras que pour moi c'est fini
Que tu es sorti
À jamais de ma vie.

③ Quand tu liras
Cette lettre-là
Pourquoi mentir
Je serai près de toi
Et je te dirai cachée entre tes bras
Ne la lis pas
Cette lettre-là
Ne la lis pas
Cette lettre-là
Oh je t'en prie, ne la lis pas
Je t'en supplie, déchire-la.

④ Quand tu liras
Cette lettre-là
Tu m'en voudras
Tu me détesteras
Et pour une fois
C'est toi qui souffriras.

⑤ Quand tu liras
Cette lettre-là
Ne souris pas si les mots sont brouillés
C'est que des larmes
Sur ma lettre ont coulé.

Paroles de Gilles Thibaut, Musique de Thomas Brown,
Interprète : Sylvie Vartan 1965

Grammaire Future tense

- To form the future tense, you need:
  - a stem (the infinitive for *-er* and *-ir* verbs, and the infinitive minus *-e* for *-re* verbs)
  - plus the following endings:

je	...*ai*
tu	...*as*
il/elle/on	...*a*
nous	...*ons*
vous	...*ez*
ils/elles	...*ont*

- The following common verbs have an irregular stem:

faire	*je ferai*
avoir	*tu auras*
être	*il sera*
venir	*elle viendra*
voir	*on verra*
aller	*nous irons*
savoir	*vous saurez*
vouloir	*ils voudront*
pouvoir	*elles pourront*

2 Travail écrit En vous servant du tableau ci-dessous, préparez une présentation sur vos projets d'avenir.

Après l'école	j'irai
Dans deux ans	je ferai
Après la fac	je visiterai
Plus tard dans ma vie	j'étudierai
Quand je serai retraité(e)	j'achèterai
Pendant les vacances	je louerai
Quand j'aurai quarante ans	je fêterai
Quand j'aurai cent ans	j'embrasserai

3 Travail écrit Faites votre présentation à votre classe.

4 L'adolescence : étape difficile ?

« Je me rappelais mes colères d'enfance et les battements de mon cœur adolescent. » (Beauvoir)

L'adolescence : est-ce une étape difficile ? Voici notre prochain débat.

adolescence *nf* âge entre la puberté et l'âge adulte (entre treize et dix-huit ans environ)

On parle beaucoup de l'adolescence. Les adultes en ont une drôle d'opinion. Selon les grandes personnes, c'est une étape de transition qui amène d'énormes difficultés.

Selon moi, c'est faux. L'adolescence est l'époque où l'on se rend compte de sa maturité, tandis que les autres s'obstinent à ignorer ces changements de caractère.

On se met à penser, à avoir des points de vue valables. On se dit qu'on est désormais adulte. On choisit d'autres choses pour s'amuser et pour se distraire. On ne se met plus en colère contre les petits enfants. On apprend plutôt à les tolérer. On s'aperçoit que le monde n'est pas si mauvais. On arrête de se plaindre sans cesse.

Danièle, 17 ans

1 Travail écrit
Trouvez dans le texte l'équivalent français de ces expressions.

a   you begin to

b   you become aware of

c   you no longer get angry

d   you begin to think

e   others insist on

f   you stop complaining all the time

g   you notice that

2 Travail oral
Répondez aux questions suivantes.

a   Que pensent les adultes des adolescents ?

b   Selon Danièle, les adultes ont-ils tort ? Pourquoi ?

c   Résumez les changements de caractère décrits par Danièle.

Grammaire Reflexive verbs

- You are already familiar with reflexive verbs such as *se lever* (*je me lève*) and *se laver* (*je me lave*). You have just met some more sophisticated reflexive verbs in the text : *se rendre compte* (to realise), *s'obstiner* (to keep doing something), *se mettre à* (to start), *se dire* (to say to oneself), *se plaindre* (to complain).

- A reflexive verb always needs a reflexive pronoun.

  ### *se dire* – to say to oneself

je me dis	*nous nous disons*
tu te dis	*vous vous dites*
il/elle/on se dit	*ils/elles se disent*

- With physical reflexive verbs, the part of the body takes the definite article rather than the personal pronoun :

  *je me lave **les** cheveux.*
  *je me suis cassé **le** bras.*

Mots à retenir

plutôt   sans cesse   désormais   une étape

3 **Travail écrit** Lisez ces bulles (cherchez le sens des mots que vous ne connaissez pas dans un dictionnaire) et écrivez un paragraphe sur ce que vous ressentez en tant qu'adolescent. Essayez de diversifier vos réponses en utilisant les expressions ci-dessous.

en effet   en réalité   à vrai dire   de plus en plus
en fait   de moins en moins

Je m'attends à ce qu'il se passe des choses extraordinaires dans ma vie.

Je me rends compte du fait que je suis plus sûre de moi.

Je pense que j'ai changé.

Je ne pense pas avoir changé.

Je m'aperçois que mon attitude est en train de changer.

Je me dis que tout est sans importance.

Je me rends compte du fait que je suis moins sûre de moi.

Je m'attends à ce qu'il se passe des choses banales dans ma vie.

Je me mets en colère pour un rien.

4 **Travail oral** Formez des groupes de trois ou quatre et imaginez que vous avez été invité à participer à un débat télévisé sur le thème :
L'adolescence – étape difficile ou voyage vital ? Chacun doit préparer :

* son point de vue ;
* une question à poser aux autres.

Grammaire *depuis*

The present tense is used with *depuis* to mean 'has/have been'. *Depuis* means either 'for' or 'since'.

J'apprends le français depuis cinq ans. – I have been learning French for five years.

Il est amoureux depuis deux jours. – He has been in love for two days.

Il travaille à sa rédaction depuis mardi. – He has been working on his essay since Tuesday.

5 Le divorce

Nos sentiments sont souvent perturbés par ce qui se passe dans notre vie quotidienne, surtout au sein de la famille. Le divorce est chose commune dans la société et toute définition de la famille, qu'elle soit monoparentale ou recomposée, est acceptée. Ici, Sébastien passe à la loupe ses sentiments envers sa belle-mère. Ce n'est pas sa vraie mère, est-ce forcément négatif ?

1 Exercice d'écoute Écoutez le passage et répondez aux questions suivantes.

a Qu'est-il arrivé à Sébastien à l'âge de dix ans ?

b Quelle a été sa réaction face à cette situation ?

c Comment sa vie à la maison a-t-elle changé ?

d Que s'est-il passé il y a deux ans ?

e Quelle a été l'attitude de Sébastien face à cet événement ?

2 Exercice d'écoute Écoutez le passage à nouveau. Trouvez les formules qui correspondent aux expressions suivantes.

a le jour d'avant

b ils avaient de bonnes relations

c une femme que je ne connaissais pas

d ma vie familiale s'est brisée

e au commencement

f de temps à autre

g elle a emménagé chez nous pour de bon

h je n'ai pas pu l'accepter

Grammaire Negatives

To make a verb negative in French, you sandwich two elements around the verb:

je		regarde	**pas**	I don't watch
tu		regardes	**plus**	you no longer watch
il/elle	**ne**	regarde	**jamais**	s/he never watches
on		regarde	**ni ... ni**	one watches neither ... nor
nous	**(n')**	regardons	**rien**	we don't watch anything
vous		regardez	**que**	you only watch
ils		regardent	**point**	they don't watch
elles		regardent	**guère**	they hardly watch

3 Lecture Avant de commencer, relevez dans le texte tous les exemples de verbes à la forme négative. Comparez votre liste avec la classe. Puis, lisez le passage de nouveau et trouvez l'équivalent français des expressions suivantes.

a I could no longer watch the TV.

b I was no longer in my own home.

c I wouldn't speak to her.

d I wouldn't go so far as to say I love her.

e I don't hate her.

f I don't have a choice.

g She will never be part of my family.

et les synonymes pour …

h détestable

i guère

j j'étais fâché contre elle

k de toute manière

l ensuite

Sébastien : « J'en voulais à cette étrangère de prendre la place de ma mère »

« Un jour, j'avais dix ans, mon père m'a présenté sa copine. Comme ça, brutalement. La veille, mes parents étaient ensemble et s'entendaient bien. Enfin, c'est ce que je pensais. Et là, sous mes yeux, il embrassait une inconnue. J'étais très mal à l'aise, choqué pour ma mère. Ce jour-là, ma vie de famille s'est écroulée.

Peu après, mes parents se sont séparés. Ma mère est partie, mon père est resté à la maison. Au début, sa copine venait de temps en temps. Un jour par ci, deux jours par là. Je suppose que mon père voulait nous habituer. Il y a deux ans, elle s'est installée définitivement. Je ne l'ai pas supporté. Pour moi, c'était une étrangère. Le matin, en me levant, j'avais les boules à l'idée de la voir. Le soir, en rentrant du lycée, je ne supportais pas qu'elle soit dans mes pattes. Je ne pouvais plus regarder la télé, écouter de la musique, buller quoi. Je n'étais plus chez moi. J'ai vraiment été odieux avec elle. Je ne lui adressais pas la parole ou à peine. À table, je me faisais servir, puis j'allais m'enfermer dans ma chambre. Je lui en voulais d'avoir détruit ma famille même si, au fond, je savais bien que mes parents se seraient quittés. Aujourd'hui, j'accepte mieux la situation. Je la trouve même plutôt sympa. J'ai appris à découvrir ses bons côtés. Je n'irais pas jusqu'à dire que je l'aime, mais je ne la déteste pas. De toute façon, je n'ai pas le choix. C'est la copine de mon père. Elle ne fera jamais partie de ma famille. »

Sébastien, 18 ans

Mots à retenir

au fond   de toute façon   j'accepte mieux la situation
je n'irais pas jusqu'à dire que

4 Travail écrit Comme Sébastien, écrivez à la « page à problème » d'un magazine, en exposant ce qui va mal dans vos relations avec votre famille.

6 Quelquefois, c'est triste le passé

Comme nous venons de le voir, la famille occupe une place importante dans la vie affective. La mort d'un parent est l'un des coups durs de la vie. Ce qui est important, c'est de trouver sa voie personnelle après un tel événement.

1 Lecture

Lecture Lisez ce texte qui est le début d'un roman intitulé *La place*, écrit par Annie Ernaux. Notez tout le vocabulaire que vous ne comprenez pas et cherchez les définitions dans un dictionnaire.

J'ai passé les épreuves pratiques du Capes* dans un lycée de Lyon, à la Croix-Rousse. Un lycée neuf, avec des plantes vertes dans la partie réservée à l'administration et au corps enseignant, une bibliothèque au sol en moquette sable. J'ai attendu là qu'on vienne me chercher pour faire mon cours, objet de l'épreuve, devant l'inspecteur et deux assesseurs, des profs de lettres très confirmés. Une femme corrigeait des copies avec hauteur, sans hésiter. Il suffisait de franchir correctement l'heure suivante pour être autorisée à faire comme elle toute ma vie. Devant une classe de première, des matheux, j'ai expliqué vingt-cinq lignes – il fallait les numéroter – du *Père Goriot* de Balzac. «Vous les avez traînés, vos élèves», m'a reproché l'inspecteur ensuite, dans le bureau du proviseur. Il était assis entre les deux assesseurs, un homme et une femme myope avec des chaussures roses. Moi en face. Pendant un quart d'heure, il a mélangé critiques, éloges, conseils, et j'écoutais à peine, me demandant si tout cela signifiait que j'étais reçue. D'un seul coup, d'un même élan, ils

* Capes = Certificat d'aptitude pédagogique à l'enseignement secondaire

se sont levés tous trois, l'air grave. Je me suis levée aussi, précipitamment. L'inspecteur m'a tendu la main. Puis, en me regardant bien en face: «Madame, je vous félicite.» Les autres ont répété «je vous félicite» et m'ont serré la main, mais la femme avec un sourire.

Je n'ai pas cessé de penser à cette cérémonie jusqu'à l'arrêt de bus, avec colère et une espèce de honte. Le soir même, j'ai écrit à mes parents que j'étais professeur «titulaire». Ma mère m'a répondu qu'ils étaient très contents pour moi.

Mon père est mort deux mois après, jour pour jour. Il avait soixante-sept ans et tenait avec ma mère un café-alimentation dans un quartier tranquille non loin de la gare, à Y... (Seine-Maritime). Il comptait se retirer dans un an. Souvent, durant quelques secondes, je ne sais plus si la scène du lycée de Lyon a eu lieu avant ou après, si le mois d'avril venteux où je me vois attendre un bus à la Croix-Rousse doit précéder ou suivre le mois de juin étouffant de sa mort.

Annie Ernaux, *La place* © Editions Gallimard

2 Travail écrit

Travail écrit Mettez ces phrases dans le bon ordre.

Elle écrit à ses parents.

On l'emmène dans le bureau du directeur.

Elle réussit son Capes.

Son père meurt.

Annie Ernaux passe son Capes.

3 Travail écrit Faites une liste de tous les exemples de verbes qui se conjuguent avec « avoir » au passé composé dans l'extrait de *La place*. Traduisez-les en anglais.

4 Travail écrit Écrivez vingt phrases au passé composé en vous servant des verbes de la case **Grammaire**.

5 Travail écrit Traduisez ces phrases en français.

a She left suddenly.

b We found ourselves alone in a vast wood*.

c I settled down in a large armchair*.

d He returned out of breath*.

e They came the next day.

f Did you wake up on time*?

a vast wood – *un bois immense*
an armchair – *un fauteuil*
out of breath – *essoufflé*
on time – *à l'heure*

6 Travail oral et écrit

a Relisez le texte d'Annie Ernaux. Analysez son style en vous servant des conseils stylistiques ci-dessous.

b Faites le récit par écrit d'une expérience personnelle tirée de votre passé. Essayez de l'écrire dans le style dépouillé d'Annie Ernaux tout en décrivant vos des sentiments personnels.

c Lisez votre récit au reste de la classe.

Des phrases pour décrire le style d'un livre

Elle écrit dans un style neutre
simple
dépouillé

C'est-à-dire qu'elle se sert de phrases courtes
elle utilise des mots simples
il y a très peu d'adjectifs
elle écrit à la première personne

Je trouve ce style …

Grammaire Perfect tense

- The perfect tense (*le passé composé*) is the past tense used to describe 'perfect' completed actions in the past. It translates in English in three ways: I have seen/I did see/I saw. As its French name suggests, it is composed of various parts. For the majority of verbs, you need the relevant part of *avoir* (the auxiliary verb) + the past participle.

avoir	Past participle		
	-er → é	*-ir → i*	*-re → u*
j'ai	considéré	fini	attendu
tu as	estimé	franchi	tendu
il/elle/on a	présenté	vomi	répondu
nous avons	reproché		rendu
vous avez	mélangé		vendu
ils/elles ont	écouté		

- Some common verbs have irregular past participles:

avoir	eu		prendre	pris
faire	fait		dire	dit
écrire	écrit		mettre	mis
être	été		voir	vu
savoir	su		boire	bu

- For the following verbs only, use *être* as the auxiliary verb:

être	Past participles	
je suis	allé(e)	parti(e)
tu es	arrivé(e)	passé(e)
il/elle/on est	descendu(e)	resté(e)
nous sommes	entré(e)s	retourné(e)s
vous êtes	monté(e)s	sorti(e)s
ils/elles sont	mort(e)s	tombé(e)s
	né(e)s	venu(e)s

- With these verbs, the past participle must agree with the subject.

- You must also use *être* as the auxiliary with all reflexive verbs. The past participle must then also agree:
  je me suis lavé(e)
  tu t'es levé(e)
  il s'est habillé
  elle s'est couchée
  nous nous sommes coiffé(e)s
  vous vous êtes maquillé(e)(s)
  ils se sont décidés
  elles se sont secouées

7 La vie n'est pas parfaite

La vie n'est jamais parfaite. Pour terminer le travail sur la vie affective et la littérature, voici l'extrait d'un livre qui parle d'une situation de famille un peu différente.

1 Lecture Lisez ce texte, qui est tiré de *Casimir mène la grande vie* de Jean d'Ormesson, où il parle de ses relations avec son grand-père. Lisez les phrases sur la page ci-contre et décidez si elles sont vraies ou fausses. Si elles sont fausses, corrigez-les. Ensuite, mettez-les dans l'ordre du passage.

Mon grand-père aimait le passé. Moi, j'étais comme tout le monde : je préférais les filles. Je ne pensais à rien d'autre. Je venais d'avoir seize ans. J'étais en terminale. Je préparais le bac. L'école m'ennuyait à périr. Et la vie encore plus. Je détestais le lycée, les lundis, la roulette russe des examens et, plus tard, des concours. Je détestais plus encore le monde autour de moi et la vie devant moi. Le monde me cassait les pieds, la vie me faisait peur. L'avenir avait l'allure d'un éternel lundi, d'un bac sans cesse recommencé. De temps en temps, à la maison, un imbécile bénévole me demandait ce que je voulais faire lorsque je serais grand. J'étais déjà assez grand : j'avais un mètre quatre-vingt-neuf. Je le regardais avec fureur. Ce que je voulais faire ? Rien du tout, tête de lard. J'avais plutôt envie de mourir.

   Mon avenir me faisait horreur. Il tourmentait mon grand-père. Mon grand-père avait charge d'âme. Et l'âme, c'était moi.

[...] L'irascible vieillard faisait de son mieux pour m'aider. Il croyait se rappeler que les jeunes gens ont à faire des études. [...] Il avait bien essayé, comme il disait, de meubler mon esprit pour faire de moi, je ne sais pas, un polytechnicien, un énarque, un inspecteur des finances, un conseiller d'État, un préfet de cette République qu'il ne portait pas dans son cœur. C'était peine perdue. Il y croyait moins encore que je n'y croyais moi-même. Sauf peut-être en français, où elles étaient médiocres, mes notes étaient exécrables. Il m'en félicitait plutôt. [...] C'étaient des scènes inénarrables.

– Ah ! Junior, encore un 2 en physique ! Ah ! Tiens ! et un 4 en sciences naturelles ! À quoi ça peut bien servir, tous ces trucs inutiles qu'on essaie de vous fourrer dans la tête ! 5 en latin : c'est bien. C'est même beaucoup. Car il faut bien reconnaître qu'on parle très peu latin autour de toi.

L'anglais, l'allemand, l'espagnol, l'italien, je m'en tirais. [...] Nous nous entretenions souvent de boxe, de voitures, de tennis en anglais, de chevaux ou de taureaux en espagnol, de musique en italien ou en allemand. L'histoire, bien sûr, il me l'apprenait. Mais un peu trop à sa façon. Ce qui lui valait des correspondances furibondantes avec mes professeurs et à moi des annotations rageuses à l'encre rouge en travers de mes copies : « Vous vous êtes encore fait aider par votre grand-père : 2/20. »

Est-ce que je lisais ? Je lisais. [...] J'aimais *Arsène Lupin, Les Trois Mousquetaires*, les *Contes drolatiques* de Balzac, les nouvelles de Somerset Maugham. [...] Rien de bien fameux pour le bac. [...]

– Bravo ! me disait mon grand-père. Bravo ! bravissimo ! Rien de plus inutile que la philosophie.

– L'histoire m'ennuie, lui soufflais-je.

– Ah ! me disait-il, elle était si belle dans le passé...

Jean d'Ormesson, *Casimir mène la grande vie* © Éditions Gallimard

Il s'y amusait.

Il aimait l'histoire.

Il allait toujours au lycée.

Il avait peur de l'avenir.

Casimir aimait le passé.

Lorsque quelqu'un lui demandait ce qu'il voulait faire plus tard, il disait la vérité.

Son grand-père ne l'aidait jamais dans ses études.

Ses professeurs étaient satisfaits.

Il était meilleur en français.

Il aimait aussi les filles.

Grammaire The imperfect tense

- The imperfect tense is a past tense used in the following cases:
  - for description, e.g. She had long dark hair.
  - when an action is repeated in the past, e.g. I went there every week/I used to go there every week/I would go there every week.
  - when an action was going on and another took place, e.g. I was washing my hair, when the doorbell rang.

- It is formed in the following way:

  Take the stem, which is the *nous* form of the present tense without the *-ons*, and add the following endings:

je	...ais	nous	...ions
tu	...ais	vous	...iez
il/elle/on	...ait	ils/elles	...aient

  The only exception is the verb *être*, which uses the stem *ét-*.

Mais je regardais un bon film.

2 Travail écrit Relisez le passage de *Casimir mène la grande vie* et trouvez le français pour les expressions suivantes.

- **a** I was
- **b** My grandfather liked
- **c** I hated
- **d** The future had
- **e** A well-meaning imbecile would ask me
- **f** I would cast him a furious glance

3 Exercice d'écoute Écoutez le passage et numérotez ces exemples de l'imparfait quand vous les entendez.

elle mettait

je voulais

j'y allais

elle pouvait

il n'en était pas question

c'était

4 Travail écrit Écrivez un passage en français à l'imparfait, où vous décrivez votre enfance ou une enfance imaginaire contenant les détails suivants.

- où vous habitiez
- comment vous étiez
- ce que vous faisiez

3 | La culture

La nature et les valeurs de notre société sont en train de changer. Le travail n'occupe plus la position la plus importante dans la vie de chaque individu. Au cours de ce chapitre nous allons examiner l'histoire, le concept et l'avenir des loisirs.

culture *nf* **1** enrichissement de l'esprit ; **2** ensemble des représentations, des jugements idéologiques et des œuvres de l'esprit qui caractérisent une communauté.

1 Le cinéma

Les pays francophones tiennent énormément à leur culture. Le cinéma occupe une position remarquable dans leur histoire. Les années soixante furent une période très féconde pour cet aspect de leur culture.

1 Exercice d'écoute Écoutez ce passage et notez les verbes qui manquent.

> Dans le film *Le Samouraï*, comme dans les films américains, l'action ____**a**____ avant tout.
>
> – Je ne ____**b**____ jamais à un homme qui ____**c**____ une arme dans la main.
>
> – C'est une règle ?
>
> – Une habitude ... Qui t' ____**d**____ ?
>
> – Je ne ____**e**____ pas vous le dire.
>
> – Fais pas trop attendre !
>
> – Olivier Rey.
>
> – Adresse ?
>
> – 73 boulevard de Montmorency.
>
> – Voilà comment on ____**f**____ chômeur ...
>
> Deux ans après *Le Samouraï*, Melville ____**g**____ à tourner *L'armée des ombres*. Il ____**h**____, en effet, qu'un bon metteur en scène ne ____**i**____ pas tourner plus d'un film tous les deux ans. Il ____**j**____ s'adapter aux acteurs qui ____**k**____ dans ses films. Il ____**l**____ avec eux, il leur ____**m**____ avec gentillesse et avec patience ce qu'ils ____**n**____ faire.
>
> Simone Signoret ____**o**____ le rôle principal féminin de *L'armée des ombres*. ____**p**____ une actrice qui ____**q**____ beaucoup de talent et d'expérience, cependant elle ____**r**____ très attentivement les indications données par Melville.
>
> Avec lui, comme avec les plus grands metteurs en scène, le cinéma devient un art.

Le Samouraï

2 Travail écrit Trouvez dans le passage l'équivalent des expressions suivantes.

a gentiment

b patiemment

c Melville s'est mis à filmer

d il estime

e un réalisateur

3 Travail de recherche Faites des recherches sur Jean-Pierre Melville ou d'autres metteurs en scène que vous connaissez. Mentionnez les détails suivants : nationalité, période, genre, filmographie, votre opinion personelle.

4 Travail écrit Écrivez une critique du dernier film que vous avez vu. Présentez-la à votre classe.

Mots à retenir

compter   tenir   devenir   considérer   en effet
plaisanter   expliquer   cependant   attentivement

2 Les cafés

La culture des cafés en France date du dix-neuvième siècle. C'était là qu'on se réunissait pour prendre un café ou un verre d'alcool, pour retrouver des amis et discuter du temps ou de la philosophie. C'est une habitude très agréable à adopter.

© Glasgow Museums, The Burrell Collection

1 Travail oral Regardez les deux images et préparez une réponse orale aux questions suivantes.

a Que voyez-vous sur les deux images ? Donnez des détails précis.

b Dans le tableau de Manet, quelles sont les couleurs prédominantes ? Comment caractériser son style ?

c Quelles sortes d'impressions et de sentiments évoquent ces deux images ?

d Quelles sont les principales différences entre les deux images ?

e Existe-t-il des cafés semblables près de chez vous ?

f Quelles sont les différences entre les cafés et les bars ? Quels sont les avantages et les inconvénients des uns et des autres ?

g Comment changeriez-vous les cafés ou les bars dans votre ville ? Que feriez-vous ?

Mots à retenir

au premier plan   dans le fond   à l'arrière-plan
C'est une image artistique/nette/surprenante.

2 Travail écrit Décrivez votre café idéal en 100 mots. Quelles consommations y aurait-il ? Comment serait le décor ? (Voir **Grammaire** à la page 49, qui traite du conditionnel, si vous en avez besoin.)

3 La pétanque

Un autre passe-temps synonyme de loisirs et de culture, c'est la pétanque ou les boules. Si vous allez en France, vous verrez des jeux différents selon les régions et les traditions. Comme c'est le cas pour tous les sports, il y a tout un vocabulaire qui accompagne les boules …

1 Exercice d'écoute Écoutez ce monsieur qui parle de son passe-temps préféré et notez les prépositions qui manquent.

2 Exercice d'écoute Écoutez encore une fois et trouvez l'équivalent français des expressions suivantes.

a that is to say

b which means

c concerning

d necessarily

Alors, c'est un jeu qui consiste à lancer, à envoyer des boules le plus ___a___ possible ___b___ 'un but qui s'appelle un cochonnet; c'est une boule ___c___ bois, plus petite que les autres, qui sont ___d___ métal. On joue ___e___ un terrain ou bien ___f___ la place principale. Ça dépend. Si on joue ___g___ une grande ville, normalement on trouve des terrains, parce qu'autrement il n'y a pas de place.

___h___ le Midi, c'est-à-dire le sud de la France, on appelle les boules «la pétanque». C'est une variante, une autre sorte de boules. Le nom vient ___i___ provençal «ped tanco», ce qui veut dire «pied fixe». Il y a pas mal de concurrence en ce qui concerne les équipes différentes, mais on s'efforce de ne pas montrer son désir de gagner. C'est un jeu bien agréable. Pointer, c'est-à-dire lancer la boule le plus ___j___ possible du cochonnet, n'est pas forcément la chose la plus importante. Ce qui est bien, c'est que ce n'est pas cher. Les loisirs coûteux, c'est pas pour moi.

Grammaire Prepositions

- Prepositions are small words which join other words together and establish a relationship between them. Look up the following in a dictionary:

en   pour   entre   sur   dans   à
de   sans   avec   sous   par

- Watch out for the following variations from the English equivalents which can catch you out:

*Il a pris la clé **dans** sa poche.* – He took the key **out of** his pocket.

*Il a laissé la clé **sur** la porte.* – He left the key **in** the door.

*J'étais **dans** le train.* – I was **on** the train.

*Je l'ai vu **à** la télé.* – I saw it **on** TV.

- Make a list of prepositional phrases as you come across them.

Il est dans le train? Non, il est sur le train!

4 La chasse

Vive la différence? Quelquefois, les personnes venant d'une autre culture ont des opinions ou des habitudes surprenantes selon les uns, ou normales selon les autres. À chacun ses goûts! Est-ce aussi simple que cela? La chasse, par exemple, soulève des questions et attise bien des passions. Lisez plus loin ...

1 **Lecture et travail oral** La chasse est une activité très populaire en France. À partir du mois de septembre chaque année, armé d'un fusil, on peut tout chasser : les palombes, les chevreuils, les sangliers, les lapins. Lisez ces opinions et devinez si ces personnes sont pour ou contre la chasse.

J'adore partir à la chasse. On sent un attachement à la terre qui n'existe pas en ville.

C'est un moyen de protéger et de contrôler les espèces. La chasse, ça aide la nature.

Les sports sanguinaires, c'est inhumain! C'est atroce de faire souffrir les animaux pour le plaisir des gens.

La chasse est cruelle. C'est contre la nature.

Je suis pour un arrêt total de la chasse. Je trouve ça indéfendable de torturer les bêtes de cette manière.

Mots à retenir

Personnellement ...
Pour ma part, je considère que
          j'estime que
          je trouve que
Mon opinion, c'est que ...
D'après moi ...
Je suis d'accord.
Je ne suis pas d'accord.
Je ne suis pas du tout de cet avis.
Mais non !
Vous avez tort.

2 **Travail oral** Regardez les **Mots à retenir** et préparez un débat sur la chasse : « La chasse est inhumaine – laissez les animaux tranquilles. »

3 **Travail écrit** Suite au débat, rédigez votre opinion en 100 mots : Pourquoi je suis pour/contre la chasse.

5 Comment définir ses loisirs

Eric Cantona, ça c'est quelqu'un qui se dit très cultivé et qui suscite des réactions fortes! Un dur au cœur tendre. Comment définit-il ses loisirs? Et Yannick Noah – joueur de tennis, capitaine de l'équipe coupe Davis, citoyen du monde: quels sont ses loisirs et sa philosophie? Continuons notre recherche ...

---

1 Lecture Trouvez l'équivalent des expressions suivantes dans le texte.

a He likes war, philosophy and abstract painting

b He would have been dubbed a knight

c After having narrowly escaped

d The English had nicknamed him 'the brat'

e He is more at home in football clubs than in golf clubs

f He defends basic values

g He is inseparable from his brothers

---

2 Lecture Trouvez le bon titre pour chaque paragraphe.

Cantona – les habitudes

Cantona – les valeurs

Cantona – le caractère

Cantona – le look

Cantona – les passe-temps

Cantona – la légende

---

3 Travail écrit Traduisez le dernier paragraphe du texte en anglais.

---

4 Travail écrit Écrivez un entretien imaginaire avec Cantona ou une autre personne célèbre au sujet de ses passe-temps.

Eric **Cantona**, dur au cœur tendre

Le plus grand footballeur français des années 90 a déserté les terrains pour se lancer dans le cinéma. Ses coups de gueule et de pieds lui ont valu une image de champion brutal et incontrôlable. Il a la ténébreuse séduction des rebelles.

C'est un homme moderne, c'est-à-dire préhistorique. Il est sombre, ténébreux, imprévisible. Et en même temps, franc comme un coup.

1 Il a la beauté d'un contraste, la séduction d'une lame de couteau, la sauvagerie d'un matelot – il s'est fait tatouer un chef indien sur la poitrine –, les silences d'un volcan, la profondeur d'un cliché en noir et blanc. Il vit à la lumière, mais séduit par ses zones d'ombre; frappe avec les pieds, mais pense avec la tête.

Eric Cantona est un seigneur à l'ancienne. Il aime la guerre, la philosophie, la bière espagnole et la peinture abstraite. Au Moyen Age, il eût porté une armure, couru sans relâche les tournois, séduit des filles de roi. On l'eût adoubé chevalier.

2 Il demeure dans un palais, dans les hauteurs de Barcelone, après avoir frôlé la prison à Manchester pour mauvaise conduite. C'est un geste de dandy. Il filme les mouettes qui suivent les chalutiers et rêve de rouler en Rolls-Royce; sans chauffeur. Il n'admet pas qu'on lui impose d'autre loi que la sienne sur ses terres; sur la terre en général non plus d'ailleurs.

Il se sent partout chez lui et se dit de nulle part. C'est le prince des lignes avant.

3 Au physique, c'est un mauvais garçon qui fait mentir Norman Mailer. L'écrivain américain prétend que les vrais durs ne dansent pas: Cantona adore swinguer et sortir en boîte. Il s'est frotté à tous les joueurs du monde et en a combattu plus d'un dans les vestiaires. Les Anglais l'avaient surnommé «*the brat*», «le sale gosse».

4 Il a fêté ses trente-deux ans en mai dernier. La boule à zéro, le regard intense, une carrure de coffre-fort, son élégance est celle d'un Brummel des faubourgs. Il est plus familier des clubs de foot que de golf, plus à l'aise en Nike qu'en Weston, en tee-shirt qu'en smoking. La cravate? D'abord un coup porté à l'adversaire; éventuellement, pour ce poète, un moyen de se pendre.

5 Son charme tient à sa simplicité. C'est un homme minéral. Il défend les valeurs essentielles: la famille – il est inséparable de ses frères, Jean-Marie et Joël, marié et père de deux enfants –, le rasoir manuel et, en cas d'insulte grave, le tacle à la carotide. Ses héros sont des boxeurs, dans la vie comme au cinéma, où il débute une nouvelle carrière: Marlon Brando ou Mickey Rourke, Steve McQueen ou Quentin Tarantino. Il va droit au but, tel un direct au foie. On l'a payé pour ça et plutôt bien.

6 Sur les terrains, auxquels il a fait ses adieux en août dernier, sa silhouette était devenue légendaire: le menton haut et le col du maillot toujours relevé. Cela lui a suffi pour exister. C'est avec son seul numéro sept sur le dos qu'il a fait exploser le cœur de millions de supporters. Seule Marilyn a fait mieux en affolant la planète avec quelques gouttes de Chanel «numéro cinq».

BERTRAND DE SAINT VINCENT

YANNICK NOAH

1 Exercice d'écoute Écoutez le passage où une amie de Noah parle de sa musique et répondez aux questions suivantes.

  a Quelle sorte de musique aiment les tennismen en général ?

  b Normalement, qu'est-ce qu'ils font dans les salles d'attente des tournois ?

  c En quoi consiste le premier album de Yannick Noah ?

  d Et son deuxième ?

2 Lecture Lisez ces propos de Yannick Noah et remplissez les blancs avec les mots de la case.

Le yoga

Le yoga m'a appris à regarder l'autre, à écouter, à respirer. Il m'a aidé à être plus sensible, plus à l'écoute de moi et des autres. Il a donné une autre dimension au jeu. Tout à coup, le tennis pouvait servir de travaux pratiques à la vie. Une balle de break, c'est un moment où tu perds le contrôle de la situation comme quand tu es en train de te disputer avec ta compagne. Le yoga permet de ne pas se laisser emporter par toutes les émotions négatives. (*Le Parisien*, avril 1997)

La télé

Je n'allume pas la télévision. Je n'ai aucune raison de l'allumer. En France, il y a 50 millions de personnes et la télé ne parle que des 500 qui font des conneries. C'est quoi, ce truc? On ne nous parle jamais de trucs bien. Je ne peux pas m'inspirer de ça. Je ne suis jamais inspiré par la télé. Donc, je ne l'allume jamais. (*L'Humanité*, 4 mars 1997)

  a Le yoga m'aide à ____ .

  b On pourrait ____ une balle de break à une dispute avec sa femme. C'est un moment de ____ .

  c Le yoga ____ les émotions négatives.

  d Je ____ rarement la télé.

  e Pour la ____ , les gens qui ____ à la télé sont stupides.

  f On ne ____ jamais de thèmes intéressants.

traite	plupart	mets	comparer	éloigne
me concentrer	passent			

3 Travail oral Faites une présentation orale sur les bénéfices du sport et des loisirs. Ajoutez une description de votre passe-temps préféré. Expliquez pourquoi vous aimez vous consacrer à cette activité. Utilisez le vocabulaire ci-dessous pour vous aider.

Mots à retenir

Pourquoi faire du sport ?

On se consacre à
On s'adonne à   des passe-temps différents
On se livre à

pour être bien dans sa peau
        recharger ses batteries
        se sentir libéré
        évacuer les tensions
        se défouler
        éviter la vie sédentaire
        éviter le vieillissement précoce
grâce à la diminution du temps de travail
C'est la chose la plus importante
C'est l'essentiel

4 Travail écrit Écrivez un article pour un magazine en expliquant pourquoi les gens s'adonnent à un sport ou à un passe-temps.

6 La publicité

Certaines vedettes profitent de leur position et de l'importance sociale des sports et des loisirs pour faire de la publicité. Dans un sens, la publicité fait partie de la culture contemporaine. Examinons de plus près ce phénomène ...

1 Exercice d'écoute Écoutez ce passage, copiez ce tableau et remplissez-le.

	Millions de dollars reçus
Michael Jordan	
André Agassi	
Tiger Woods	
David Ginola	
Éric Cantona	
Marie-Jo Pérec	

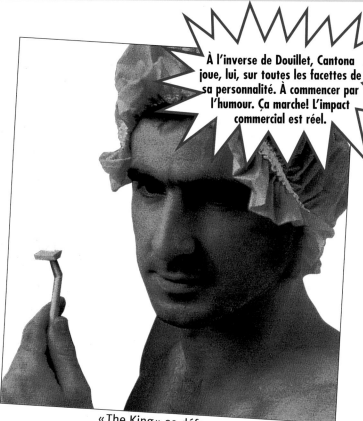

À l'inverse de Douillet, Cantona joue, lui, sur toutes les facettes de sa personnalité. À commencer par l'humour. Ça marche! L'impact commercial est réel.

«The King» se défonce pour les rasoirs Bic.

2 Lecture Lisez ce texte et décidez si les phrases qui suivent sont vraies, fausses ou pas mentionnées.

Une des pubs préférées des Français? Carl Lewis pour les pneus Pirelli (97% de notoriété et de satisfaction, un record rarissime). Mais pourquoi un sportif plutôt qu'un chanteur ou un mannequin? Parce que les rois du stade ont la cote avec la pub! «Ils véhiculent des valeurs universelles», explique François Trabelsi, de l'agence Lord Byron (campagne Morgan), «la passion, la puissance, la perfection, la compétition avec une éthique. Ils sont les derniers représentants du mythe du héros, un peu comme les gladiateurs des Jeux du cirque. Le football, les disciplines olympiques, le golf, avec le jeune prodige Tiger Woods... L'exploit, c'est l'aventure, la fièvre populaire!

Dans les années 20, des cyclistes faisaient déjà de la réclame

Ces liens entre la pub et le sport remontent presque au début de la réclame. Dès les années 20, les manufactures de vélo «parrainent» certains champions du Tour de France. A la même période, aux Etats-Unis, de grandes marques de soda ou de céréales utilisent l'image du sportif pour valoriser leurs productions.

a Carl Lewis a figuré dans la pub la plus populaire en France

b Les sportifs ont un impact plus universel que les chanteurs ou les mannequins.

c Ils sont plus puissants, plus parfaits, plus passionnants.

d Ils sont plus populaires que les gladiateurs.

e Les liens entre la pub et le sport datent des années trente.

f Les industriels pensent que l'image du sportif ajoute de la valeur à leurs produits.

3 Travail oral Que pensez-vous de l'effet de la publicité? Quelle est votre opinion? Utilisez ce tableau pour vous aider.

J'estime que	la publicité est les réclames sont	plus moins	efficace(s) commercialisée(s) mensongère(s) exagérée(s)	de nos jours. qu'avant.

Grammaire Comparisons

- To make comparisons in French, use *plus* and *moins* followed by an adjective. If you want to say 'more than' or 'less than', the word you need for 'than' is *que*:

  Yannick Noah est plus beau qu'André Agassi.

  Éric Cantona est moins beau que Michael Jordan.

- To say 'as' ... 'as', use *aussi ... que*:

  Le sport est aussi important que la politique.

- For superlatives (the biggest, the least popular), simply add the definite article before *plus* or *moins*:

  Les Alpes sont les plus hautes montagnes de France.

  La côte d'Azur est la côte la plus fréquentée de France.

  Le Nord-Pas-de-Calais est la région la moins fréquentée de France.

- Note that in French 'in' is always *de* after a superlative.

- Note these common irregulars:

bon	→	meilleur	→	le/la/les meilleur(e/s/es)
		pire	→	le/la/les pire(s)
mauvais	→	plus mauvais	→	le/la/les plus mauvais(e/es)

  Le Saint-Émilion est meilleur que le Bordeaux supérieur, mais le Saint-Estèphe est le meilleur vin.

  La réclame pour les pneus est mauvaise, mais celle pour la soupe est la plus mauvaise.

Il faut dire que le temps est mauvais, mais l'hôtel est pire.

4 Travail écrit Traduisez ces phrases en français.

a Eric Cantona is better known than Carl Lewis.

b Sports personalities are more exciting and more powerful.

c They are less threatening.

d They are the best examples.

e Sport is as important as education.

f Health is the most important thing in life.

g Cantona is the best footballer.

h Football is less important than work.

i Ice skating is the most difficult sport.

7 Les grandes marques

De nos jours, la haute couture et les grandes marques internationales occupent une place importante dans notre société. Il existe des maisons de couture françaises de grande renommée, qui créent et présentent des modèles à chaque saison. Dior, Chanel, Yves Saint Laurent, Givenchy, Lacroix, Gaultier: la liste est longue. Il existe aussi des Américains, comme Nike, qui font un tabac sur le marché sportif. Profitent-ils trop de leur réputation?

---

1 Travail écrit Lisez ces deux passages et faites un résumé.

Calvin Klein: le pape de la nouvelle génération

Il tient le superflu pour une perte de temps. Ses défilés ne durent que quelques minutes, ses créations sont minimalistes, ses boutiques, zen. Calvin Klein, le pape américain de l'épure chic, a inventé la griffe planétaire*. Son plus grand succès? CK One, une fragrance au concept inédit: un parfum unisexe pour teenagers. Les quinze millions de flacons écoulés en 1996 (un record mondial) ont transformé ce styliste, symbole outre-Atlantique du glamour moderne, en porte-parole de la nouvelle génération.

* griffe planétaire = marque mondiale

Phil Knight, du caoutchouc et du vent!

Le patron de Nike, star de tous les sports, a fait d'un simple sigle un mythe planétaire.

C'est un samouraï masqué (lunettes noires et barbichette) qui foule pieds nus la moquette de son bureau ou de son jet privé. À cinquante-cinq ans, Phil Knight, le patron de Nike, est l'homme le plus branché de la décennie. On voudrait pouvoir empocher son carnet d'adresses. Ce multimillionnaire ne connaît que des stars. Michael Jordan, Agassi, Carl Lewis et Cantona sont ses VRP. Grâce à eux, il vend du «caoutchouc et du vent» aux kids de Harlem, aux sportifs, aux golden-boys et aux femmes huppées. Ses chaussures sont devenues des objets de culte ou de racket. C'est selon. Il a fait sien le slogan maison «*Just do it*» («*Vas-y, fais-le!*»). Bientôt, c'est sûr, il n'aura plus besoin des athlètes mythiques qui ont une fâcheuse tendance à infiltrer les pubs pour McDonald's. Il a mieux à se mettre sous la dent: le «*swoosh*» – la fameuse virgule incurvée – se suffit désormais à lui-même. Sur tous les continents, cette simple ponctuation est, aujourd'hui, la bannière des puristes du sport.

Phil Knight est aussi l'homme le plus branché de la décennie

---

2 Travail oral À votre avis, les marques sont-elles importantes? Préparez votre réponse en vous servant des **Mots à retenir** ci-dessous. Vous pouvez bien sûr donner des exemples pour appuyer vos arguments.

Mots à retenir		
J'estime		on attache trop de valeur aux marques
Je considère		les couturiers répondent aux désirs des clients
Je suis certain(e)	que	on exploite surtout les jeunes
Je suis persuadé(e)	qu'	on achète des produits rien que pour la marque
Je suis sûr(e)		la qualité est bonne
Il me semble		on manipule le public

3 Travail oral Regardez cette publicité et répondez aux questions suivantes.

a Que voyez-vous sur l'image ?

b C'est une publicité pour quel produit ?

c À qui est-ce qu'on s'adresse ?

d Que voit-on sur le visage de l'homme ?

e Expliquez le slogan.

f Est-ce une publicité efficace ? Donnez des raisons à votre réponse.

4 Travail écrit Selon vous, quel est le rôle des loisirs dans la société actuelle ? Donnez votre avis en 100 mots environ.

Plan suggéré :
  i) définition des loisirs
  ii) changements sociaux – diminution du temps de travail (donnez votre opinion personnelle)
  iii) l'importance psychologique des loisirs
  iv) quelques exemples
  v) votre opinion

5 Travail écrit La publicité dans certains domaines, comme les vêtements de marque, les cigarettes et les boissons alcoolisées ou encore les jeux vidéo, peut avoir des effets néfastes sur certains groupes de la population. Ecrivez un poster exposant les dangers de la publicité.

Le monde dans lequel nous vivons est de plus en plus précaire. Quels sont les problèmes écologiques auxquels nous faisons face? Et en ce qui nous concerne individuellement, comment protéger notre corps des dangers qui existent? C'est ce que nous allons étudier dans cette section.

1 Une perspective historique

Il est important de garder une perspective historique et de savoir qui a fait quoi. Examinons l'histoire des pays francophones ...

1 **Lecture** Reliez ces personnes aux descriptions correspondantes sur la page d'en face.

Voltaire

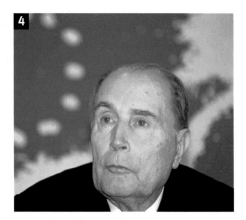

François Mitterrand

Gérard Depardieu

Louis XIV

Une Tricoteuse

Jeanne d'Arc

Charles de Gaulle

Marie-Antoinette

Yannick Noah

a La reine qui a dit : « Qu'ils mangent de la brioche ».

b L'homme qui a été Président de la République pendant quatorze ans.

c L'acteur qui a joué Cyrano de Bergerac dans le film du même nom.

d Une femme qui aimait regarder les exécutions.

e Le joueur de tennis qui aime aussi le reggae.

f La Française qui a été brûlée par les Anglais.

g Le général qui a dirigé la Résistance de Londres pendant la deuxième guerre mondiale.

h Le philosophe qui a écrit *Candide*.

i Le roi qui a dit : « L'État, c'est moi ».

2 Travail écrit Traduisez ces expressions en français.

a The woman that I know

b The man who is very funny

c I hate people who are pessimistic

d The actor that everyone loved

e The man who conquered the world

f The people that we see

3 Travail écrit Faites une liste de dix personnes célèbres, puis donnez dans le désordre une phrase décrivant ce qu'a fait chaque personne. À votre partenaire de relier les définitions aux personnes.

Grammaire Relative pronouns

- The sentences opposite all contain the word *qui* (who). *Qui* can also mean 'which' or 'that' and refer to a thing rather than a person. It is the subject of a verb, e.g.

La femme qui a tué son mari.

Le garçon qui chante.

L' homme qui s'appelle Mathieu.

- *Que* (or *qu'* before a vowel) also means 'which' or 'that', and also 'whom'. It is usually the object of the verb that follows whereas the subject (of the verb) is more likely to be found between *que* and the verb, e.g.

La fille que j'aime.

Les personnes qu'il connaît.

Les livres que tu vas me prêter.

L'homme que nous cherchons porte un grand chapeau.

2 Le tabagisme

Le tabagisme pose un problème pour certaines personnes qui n'arrivent pas à arrêter et polluent en même temps l'atmosphère. Qu'est-ce qui pousse les jeunes à fumer?

1 Exercice d'écoute Lisez les opinions de Nicolas, puis écoutez ce qu'il dit et mettez ces opinions dans l'ordre où vous les entendez.

a Il a diminué sa consommation.

b Il pense qu'il n'arrêtera pas de fumer.

c Il ne se sentait plus inférieur quand il fumait.

d Il s'inquiète un peu pour sa musique.

e On commence généralement à fumer entre copains.

- To make a verb negative in the perfect tense (*le passé composé*), you sandwich most negatives around the auxiliary verb:

  *Je **n'ai pas** accepté la première cigarette.*

  *Tu **n'as jamais** essayé.*

  *Il **n'a jamais** regretté sa décision.*

  *Elle **n'a rien** dit quand elle m'a vu.*

  *On **n'a guère** réagi à …*

- Note that the reflexive pronoun is included in the sandwich:

  *Nous **ne** nous sommes **plus** vus.*

- The following negatives, however, stand after the past participle:

  *Vous **n'**avez critiqué **personne**.*

  *Ils **n'**ont eu **aucun** doute.*

  *Elles **ne** sont allées **nulle part**.*

  *Je **n'**ai vu **ni** Paul **ni** Alexandre.*

  Note that with *ne … que*, *que* comes before the thing it is qualifying:

  *Il **n'**a fumé **que** les cigares.*

---

2 Travail écrit Rédigez une liste de tout ce que vous regrettez dans votre vie jusqu'à maintenant. Soyez aussi libre que vous voulez!

Exemple: *Je n'ai jamais rencontré la princesse Di.*

3 Lecture Pensent-ils que fumer est une bonne chose ou une mauvaise chose?

Ève, 1ère

a

Je fume depuis deux ans et demi. Au départ, c'était pour la frime.

Nazim, 2nde

b

Les gens fument souvent parce qu'ils ont des copains qui fument. Ils essaient de s'intégrer.

Marie, Tle

c

Je suis souvent tentée de fumer. Ça occupe, tu fais comme les autres, tu es dans l'ambiance.

David, 1ère

d

Il m'est arrivé de fumer. J'avais 13 ans, j'étais en colonie. C'était histoire de paraître plus grand. Je pense que c'est pour se donner un style.

Thomas, Tle

e

La cigarette, c'est un plaisir de la vie. J'aime aller faire un tour pour fumer une clope. Quand tu es stressé, tu as envie de t'asseoir et fumer une clope tranquillement.

4 Travail écrit Traduisez ces phrases en français.

a She saw her.

b I watched them. (them = two girls)

c He smoked it. (it = *la cigarette*)

d She found us. (us = two boys)

e She found us. (us = two girls)

f She found her.

g I found them. (them = one boy, one girl)

h He hated me. (me = a girl)

5 Travail oral Est-ce que vous fumez? Que pensez-vous des jeunes qui fument? Préparez une présentation orale pour votre classe.

Grammaire Agreement of past participles

- You already know that past participles must agree with the subject when the auxiliary verb is *être* (see page 31). They must also agree with a direct object pronoun when it comes before the auxiliary *avoir*:

Je les ai fumées.

Je les ai vus.

Ils m'ont remarquée.

Je les ai achetées.

You can rarely hear this agreement, but it is important to get it right in your written work.

- Negatives continue to go round the auxiliary and the pronouns:

Je ne les ai pas vus.

3 Un jeu de hasard

Rien n'est sûr dans la vie! Si vous fumez, c'est la loterie. En fin de compte, tout est un jeu. Considérons ces chiffres ...

1 Lecture Lisez le texte et relevez tous les exemples d'adjectifs et de pronoms démonstratifs que vous y trouvez. Faites-en la liste et expliquez-les à votre partenaire.

Grammaire Demonstratives

- To talk about this thing or that thing, these or those things, you need demonstrative adjectives:

Masculin	*Féminin*	*Pluriel*
ce (cet)	cette	ces

ce monsieur – this gentleman

cette femme – this woman

ces personnes – these people

- *cet* is used with masculine words beginning with a vowel or silent 'h', e.g. *cet animal, cet homme.*

- You can add *-ci* or *-là* to be clearer about 'this' or 'that', e.g. *ce garçon-ci* – this boy, *cette fille-là* – that girl.

- To talk about this one, that one, these ones or those ones, you need demonstrative pronouns:

Singulier		*Pluriel*	
Masculin	*Féminin*	*Masculin*	*Féminin*
celui	celle	ceux	celles

De tous les jeux de hasard, le tiercé est celui où l'on a le plus de chances de gagner. – Out of all the games of chance, the 'tiercé' is the one where you have the most likelihood of winning.

- As with demonstrative adjectives, you can add *-ci* or *-là* to be clearer about 'this one' or 'that one' – *celui-ci, celles-là.*

---

3 chances sur

4

de réussir au bac si vous êtes candidat

Cette probabilité se fonde sur le fait que 76% des candidats ont été reçus en 1996.

1 risque sur

3

qu'un tremblement de terre majeur frappe Los Angeles au xxie siècle

Ce chiffre se calcule en divisant le nombre de séismes survenus dans le passé par le nombre d'années pendant lesquelles on a tenu des archives. Ce tremblement de terre pourrait être comparable à celui de Kobé, au Japon (plus de 5 000 morts).

1 risque sur

20 000

de mourir dans un accident nucléaire si vous habitez près d'une centrale

Cette probabilité est le point moyen d'une fourchette donnée par Pierre Tanguy, ancien inspecteur général de la sûreté nucléaire à EDF. Il concerne les 200 000 personnes vivant en France près d'un réacteur.

1 risque sur

10 millions

qu'un météorite géant tombe sur la Terre en 1997

Ce chiffre se fonde sur une estimation selon laquelle la Terre est frappée tous les 10 millions d'années en moyenne par un météorite produisant un cratère de 10km de diamètre. Mais on ne sait pas si cette catastrophe aura lieu dans 10 millions d'années ou... demain.

1 chance sur

13 983 816

de gagner au Loto

La probabilité de toucher le gros lot s'obtient toujours en divisant le nombre de combinaisons gagnantes par celui des combinaisons possibles. Les chances d'avoir les 6 bons numéros sur les 49 sont les mêmes quel que soit le nombre de joueurs.

2 Travail écrit Trouvez l'équivalent français des expressions suivantes dans le texte à la page 48.

a this figure is based on

b but we don't know if this catastrophe will take place

c by dividing the number of winning combinations by that of the possible combinations

d this probability is based on the fact that

e this figure is calculated

f this earthquake could be comparable to the one in Japan

3 Travail oral Que pensez-vous de ces chiffres? Préparez une réponse orale à cette question, pour la présenter à votre classe.

4 Travail oral Expliquez à votre partenaire pourquoi vous voulez essayer telle ou telle activité sportive. Essayez d'utiliser les expressions suivantes au conditionnel.

Moi, j'aimerais bien …

On pourrait …

Ça me dirait de …

Ça m'intéresserait de …

Je préférerais …

Je ne voudrais pas …

Grammaire The conditional

- The conditional corresponds to the English 'would', e.g. "Would you like a coffee?". It is used primarily for two functions:
  - to be polite,
  - in conditional sentences such as: If I had lots of money, I would go sky surfing. – *Si j' avais beaucoup d' argent, je ferais du sky surfing.*

- The conditional is formed using the future stem plus the imperfect endings. To form the future stem, take the infinitive form for *-er* and *-ir* verbs, dropping the final *-e* for *-re* verbs. Then add the following endings:

je	…ais	nous	…ions
tu	…ais	vous	…iez
il/elle/on	…ait	ils/elles	…aient

Si j'avais beaucoup d'argent, j'irais en vacances.

- Don't forget these irregulars:

aller	j' irais
avoir	j' aurais
être	je serais
faire	je ferais
il faut	il faudrait
savoir	je saurais
venir	je viendrais
vouloir	je voudrais

- The conditional is also used in newspaper articles to indicate a degree of uncertainty.

5 Travail écrit Traduisez ces phrases en français.

a I said that we would go tomorrow.

b If I won the lottery, I would go on holiday.

c Would you come to visit us?

d I would like five chocolate éclairs, please.

e If she came, he would not.

4 L'environnement

*Qu'est-ce qui assure l'harmonie de l'environnement ?
Et surtout que ne faut-il pas faire ?*

> **environnement** *nm* ensemble des facteurs physiques, chimiques et biologiques dont dépendent la vie et la postérité d'une population animale, végétale ou humaine particulière.

1 Exercice d'écoute
Écoutez ces personnes qui parlent de l'environnement. Quelle bulle correspond à leur point de vue ?

a Il ne faut pas gaspiller l'eau, elle est très précieuse.

b Le recyclage ne fonctionne pas bien actuellement. Il faut améliorer les méthodes. On ne recycle que le papier de façon efficace. Ça ne suffit pas !

c Les gens ne pensent jamais aux dégâts qu'ils font dans une forêt.

d L'écologie n'a plus aucun rôle à jouer dans le monde moderne. Il est trop tard.

e Le nucléaire, ce n'est pas une solution. Il y a des risques énormes en ce qui concerne la radioactivité.

Grammaire More about negatives

- Here are some more negatives:

  ne ... nullement – not in the slightest

  ne ... nulle part – nowhere

  ne ... aucun(e) – not ... a

  ne ... ni ... ni ... – neither ... nor

  Learn them by heart!

- You can combine negatives:

  Elle ne fait jamais rien.

  Je ne la vois plus jamais.

- A negative can be the subject of a sentence, in which case the *ne* comes afterwards, but before the verb:

  Personne ne veut m'accompagner.

- French people often drop the *ne* when speaking:

  « Je veux pas y aller. »

2 Travail écrit
Traduisez les phrases suivantes en français (le vocabulaire ci-dessous vous aidera).

a I don't want to contribute to* the pollution of the planet.

b One cannot bear a loud level* of noise.

c Recycling is not as important as it was.

d Wind power* does not produce* enough energy.

e I can never remember to keep cans!

f No politician tells the truth about the environment.

g The Greens are hardly a mainstream party*.

h As far as ecology is concerned*, if we don't do something, no-one will ever listen again!

> **contribuer à** *to contribute to*
> **un niveau** *level*
> **l'énergie** (f) **éolienne** *wind power*
> **fournir** *to produce*
> **un parti politique important** *a mainstream party*
> **en ce qui concerne** *as far as ... is concerned*

3 Travail oral
Analysez cette carte postale. Qu'est-ce que vous voyez sur l'image ? Pourquoi cette femme parle-t-elle à sa machine à laver ?

Tu ne te mets jamais en colère, tu ne me demandes jamais rien... Je crois bien que toi et moi c'est pour la vie

© Cath Tate Cards

4 **Travail écrit** En France, comme dans d'autres pays européens, on fait des efforts pour protéger les plages et les régions boisées. Lisez ces articles et répondez aux questions.

a Expliquez l'expression «d'antan».

b Quel pourcentage de la superficie totale de la France les forêts occupent-elles?

c Depuis la guerre, quels arbres plante-t-on?

d Expliquez l'objection des défenseurs de la nature.

e Quel est le pourcentage des plages où on peut se baigner sans craintes de nos jours?

f Dans quelles régions la qualité de l'eau laisse-t-elle encore à désirer?

g Même si la pollution des plages a diminué, quel problème reste-t-il?

Forêt: toujours plus vaste, mais trop uniforme

CE QUI VA MIEUX

Chaque Français dispose en moyenne de 2500 m² de forêts! Depuis la Seconde Guerre mondiale, les forêts ont augmenté de 35% pour couvrir aujourd'hui 16 millions d'hectares, soit 30% du territoire. Deux arbres sur trois sont des feuillus (surtout des chênes et des hêtres). Le reste, des résineux: sapins et épicéas en tête.

Point vert:

L'Aquitaine, la Lorraine, Rhône-Alpes et la Franche-Comté sont les régions les plus boisées de France.

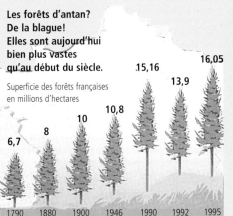

Les forêts d'antan? De la blague! Elles sont aujourd'hui bien plus vastes qu'au début du siècle.

Superficie des forêts françaises en millions d'hectares

1790	1880	1900	1946	1990	1992	1995
6,7	8	10	10,8	15,16	13,9	16,05

CE QU'IL RESTE À FAIRE

Les feuillus vieillissent et leur renouvellement n'a pas été parfaitement assuré. D'autre part, depuis le lendemain de la guerre, l'Office national des forêts a donné la priorité à la plantation de résineux. Depuis 1947, 2, 13 millions d'hectares ont été ainsi plantés. Dénoncé par les défenseurs de la nature qui craignaient l'uniformisation de la forêt française, ce mouvement s'est ralenti ces dernières années.

Littoral: des eaux plus claires, mais des plages qui rétrécissent

CE QUI VA MIEUX

On peut désormais se baigner sans risque au large de la quasi-totalité des plages françaises. En 1996, plus de 94% des eaux de baignade en mer étaient conformes aux normes sanitaires européennes contre 70% au début des années 80. Seules certaines plages de la Manche et de la côte atlantique restent encore médiocres. A noter tout de même que l'été dernier, les plages de Saint-Tropez et de Saint-Raphaël ont été interdites à la baignade pour cause de pollution bactériologique.

Point vert:

En vingt ans, le Conservatoire du littoral a acheté et protégé 600 km de côtes (44 500 hectares). Près de 160 000 hectares supplémentaires pourraient être acquis d'ici à 2050.

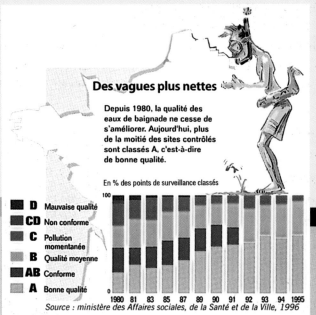

Des vagues plus nettes

Depuis 1980, la qualité des eaux de baignade ne cesse de s'améliorer. Aujourd'hui, plus de la moitié des sites contrôlés sont classés A, c'est-à-dire de bonne qualité.

En % des points de surveillance classés

D Mauvaise qualité
CD Non conforme
C Pollution momentanée
B Qualité moyenne
AB Conforme
A Bonne qualité

1980 81 83 85 87 89 90 91 92 93 94 1995

Source : ministère des Affaires sociales, de la Santé et de la Ville, 1996

CE QU'IL RESTE À FAIRE

Le littoral recule partout dans le monde! La force de la houle, la réduction des apports d'alluvions par les rivières, la construction de digues ou de jetées, l'extraction de sédiments marins en sont les causes principales. Et l'accroissement de l'effet de serre pourrait encore aggraver la situation.

Point noir:

Malgré la pression du Conservatoire du littoral, seulement 4% de la côte des Alpes-Maritimes ne sont pas construits.

1 L'éducation

Dans ce chapitre nous commencerons par considérer différentes perspectives sur l'éducation : pour ou contre…

éducation *nf* ensemble des acquisitions morales, intellectuelles, culturelles d'une personne ou d'un groupe

1 **Lecture** Lisez cet extrait de *Mémoires des Îles* par Ina Césaire. Ina Césaire habite en Guadeloupe, un département d'outre-mer. L'expérience scolaire était bien différente de la nôtre actuellement, mais au début du siècle, l'ouverture d'une école était la cause d'une joie profonde pour les habitants.

éduquer *vtr* faire acquérir des principes, des habitudes, former l'esprit

HERMANCE

J'allais à l'école au bourg du Lorrain. On se levait tôt le matin, depuis cinq heures. Il fallait préparer son manger et puis, pendant que ça se prépare, on vous coiffait. Après il fallait aller chercher l'eau, mettre l'ordre dans la maison et puis, s'il y avait les commissions : de faire. Et alors on partait pour l'école. On descendait à pied les sept kilomètres, mais en classe il ne fallait pas venir pieds nus, on avait des chaussures et des bas. Alors on se lavait les pieds en arrivant au bourg, on mettait les chaussures et on allait en classe. On avait un tablier noir à l'école…

AURE

Je suis allée à l'école pour la première fois dans la campagne de Rivière-Pilote, quartier l'Épinay… C'était… en janvier 1900, j'avais sept ans et je n'avais jamais prononcé un seul mot de français. Je ne parlais que le créole*…

Quand on sut que l'école allait ouvrir, quelle joie dans le quartier ! Deux communes avaient accepté de participer aux frais. Le jour de l'ouverture, on vit arriver des filles de seize et dix-sept ans même, qui suppliaient pour qu'on les inscrive. Elles pleuraient lorsqu'on les refusait pour raison d'âge. Il y avait un énorme besoin d'instruction ! Ma mère tenait à ce que j'aille à l'école chaussée et avec ma capeline.

À la campagne, les autres enfants y allaient pieds nus.

Je ne portais que des robes d'indienne et j'admirais beaucoup les toilettes de la fille de la maîtresse d'école qui avait mon âge : elle portait une jupe plissée, un col marin et un chapeau breton. Je trouvais ça tellement chic !

* créole – franco-africain, se dit aussi du patois antillais

2 Travail écrit. Écrivez un résumé du passage en français. Pour écrire un résumé, essayez de suivre ce processus.

1 indiquer quels sont les thèmes principaux du passage

2 dire qui sont les personnes impliquées

3 identifier le but du passage

4 éviter la description.

3 Exercice d'écoute Écoutez ce passage où l'on parle du film de Jean Vigo *Zéro de conduite*, qui montre le revers de la médaille – c'est-à-dire que l'image de l'école n'est pas toujours positive. Le titre du film signifie une mauvaise note à l'école. Mettez les phrases suivantes dans l'ordre correct.

a Il a été censuré à cause de son ton.

b Il s'agit d'une révolte de lycéens.

c Il y a des éléments autobiographiques dans ce film.

d Ce film a été réalisé en 1933.

e Il incarne l'esprit révolté.

f Vigo voulait que le travail se termine vite.

Mots à retenir

bouleversé   nettement   inspiré de   avoir hâte de
exalter   être censuré

---

4 Travail oral Remue-méninges: pouvez-vous citer d'autres films ou chansons qui ont dépeint l'éducation de cette manière révoltée? Faites-en une liste en classe!

Jean Vigo
Né à Paris le 24 avril 1905, son œuvre se réduit à quatre films, dont le plus connu est *Zéro de conduite*. Pendant son enfance il a été bouleversé par la mort dramatique de son père. Il a souffert la pauvreté et la maladie et est mort à l'âge de vingt-neuf ans.

5 Travail oral Vous avez deux perspectives très différentes sur l'éducation et le système scolaire dans l'extrait de *Mémoires des Îles* et dans le film *Zéro de conduite*. Et vous, quelle a été votre expérience du système scolaire jusqu'ici? Selon vous, quel est l'objectif de l'éducation? Est-il atteint?

Il est évident que	l'éducation joue un rôle énorme dans la vie
Il est clair que	les jeunes sont formés par leur éducation
Ce qu'il y a de certain, c'est que	le conformisme est renforcé à l'école
On peut dire que	l'école opprime l'originalité
On pourrait dire que	l'éducation ouvre les portes pour l'avenir
Il faut constater que	l'éducation devrait être un privilège universel
Il va sans dire que	la formation est la clé de l'avenir
Toujours est-il que	la vraie vie est ailleurs
Il faut dire que	l'école inspire la révolte
	le système scolaire ne vous prépare pas pour la vie réelle

2 Le système scolaire : le baccalauréat

Tout a ses avantages et ses inconvénients. Les Français ont tendance à critiquer le bac, mais pourquoi ? Essayez de tirer votre propre conclusion.

1 **Travail oral** Voici comment les études sont organisées en France. Regardez le graphique et préparez une réponse orale aux questions qui suivent.

a Donnez une définition d'une option obligatoire. Combien faut-il en choisir ?

b Quelles sont les options les plus choisies ?

c Quel bac est le plus populaire auprès des filles ? Est-ce que cela vous surprend ?

d Quelle matière ne figure pas au programme ?

e Suivez les différentes filières. Laquelle choisiriez-vous ?

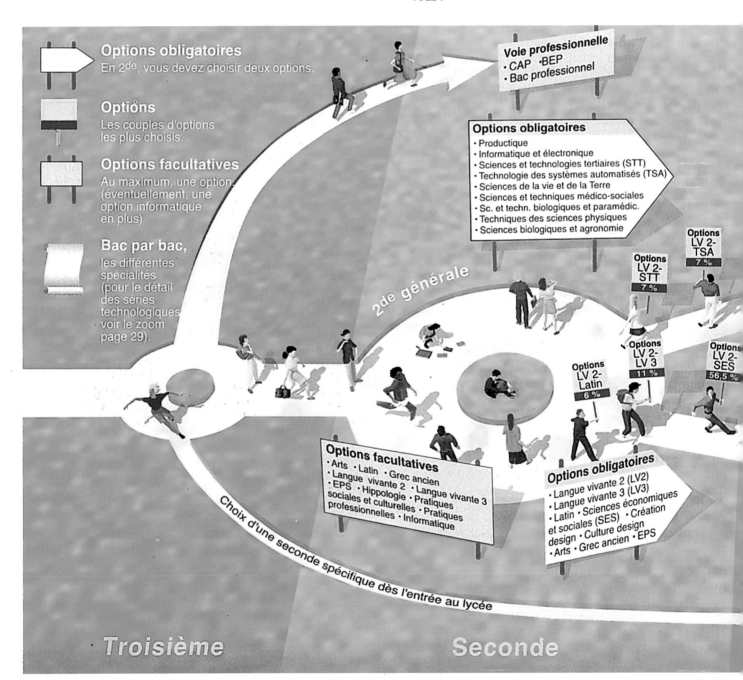

Options obligatoires
En 2de, vous devez choisir deux options.

Options
Les couples d'options les plus choisis.

Options facultatives
Au maximum, une option (éventuellement, une option informatique en plus)

Bac par bac,
les différentes spécialités (pour le détail des séries technologiques voir le zoom page 29).

Voie professionnelle
• CAP • BEP
• Bac professionnel

Options obligatoires
• Productique
• Informatique et électronique
• Sciences et technologies tertiaires (STT)
• Technologie des systèmes automatisés (TSA)
• Sciences de la vie et de la Terre
• Sciences et techniques médico-sociales
• Sc. et techn. biologiques et paramédic.
• Techniques des sciences physiques
• Sciences biologiques et agronomie

Options LV 2-TSA 7 %

Options LV 2-STT 7 %

Options LV 2-LV 3 11 %

Options LV 2-SES 56.5 %

Options LV 2-Latin 6 %

2de générale

Options facultatives
• Arts • Latin • Grec ancien
• Langue vivante 2 • Langue vivante 3
• EPS • Hippologie • Pratiques sociales et culturelles • Pratiques professionnelles • Informatique

Options obligatoires
• Langue vivante 2 (LV2)
• Langue vivante 3 (LV3)
• Latin • Sciences économiques et sociales (SES) • Création design • Culture design
• Arts • Grec ancien • EPS

Choix d'une seconde spécifique dès l'entrée au lycée

Troisième

Seconde

2 Travail oral En vous référant au vocabulaire ci-dessous, précisez quels sont les avantages et les inconvénients du système français.

3 Travail écrit Écrivez un article (environ 200 mots) pour un journal où vous expliquez votre choix d'études secondaires. Indiquez si vous préférez le système français ou celui de votre pays.

Un avantage, c'est que/qu'	il existe énormément de filières distinctes
Un inconvénient, c'est que/qu'	on est obligé de se spécialiser très jeune
D'un côté	il est difficile de passer d'une série à une autre
De l'autre côté	un bon niveau est assuré

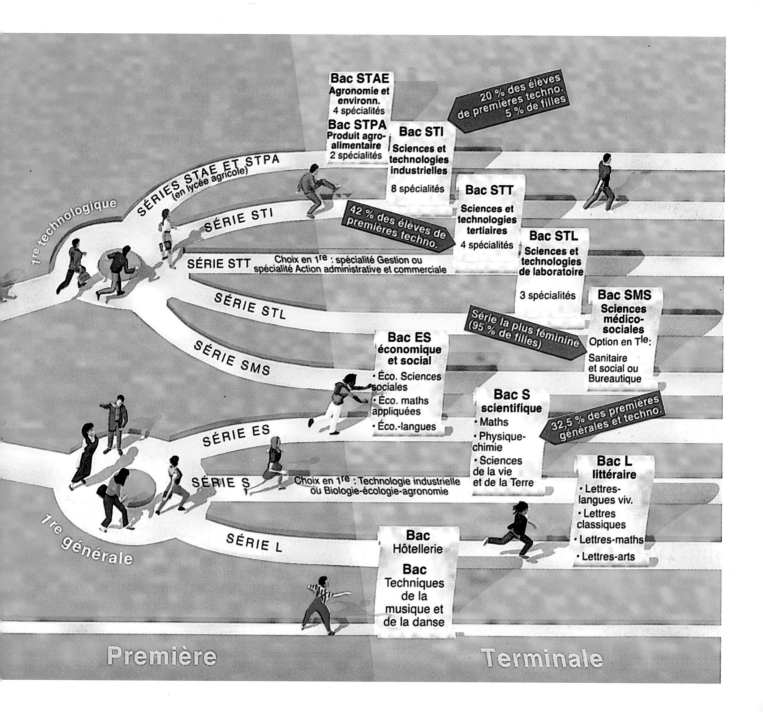

3 Des points de vue différents

Comme nous l'avons déjà constaté, que ce soit en France ou ailleurs, l'éducation provoque des réactions bien différentes. Chacun se souvient de sa scolarité – que les souvenirs soient bons ou mauvais. Certains prétendent qu'actuellement, les programmes sont démodés ou bien que l'éducation ne sert pas à grand-chose si l'emploi n'est pas assuré à la fin. Qu'en dites-vous ?

1 Exercice d'écoute
Écoutez ce passage qui présente deux points de vue opposés sur l'éducation. Complétez ces phrases en choisissant une des expressions entre parenthèses.

a Madame Modard pense que les élèves attendent _____ de l'école. (*moins/plus*)

b Madame Modard estime que les lycées doivent _____ . (*rester inchangés/évoluer*)

c Madame Modard considère que les niveaux _____ . (*se sont dégradés/se sont améliorés*)

d Monsieur Caumontat _____ le système scolaire français. (*méprise/admire*)

e Monsieur Caumontat pense que le baccalauréat est un examen _____ . (*valable/sans valeur*)

f Monsieur Caumontat croit que l'éducation permet aux jeunes de _____ . (*se séparer/vivre ensemble*)

2 Travail écrit
Résumez ce que vous venez d'entendre en 50 mots environ.

3 Lecture
Écoutez le passage encore une fois et décidez si ces phrases correspondent à des opinions positives ou négatives en ce qui concerne le système d'éducation.

a Les filières différentes offrent des choix, tout en fournissant des programmes de base.

b Malheureusement, il y a un très grand écart entre ce que les élèves attendent de l'école et ce que le programme des études leur offre.

c Le système scolaire français est admiré partout dans le monde.

d Le baccalauréat est un examen respecté et accepté partout.

e Les jeunes sont de l'avis que «la vraie vie est ailleurs», et que ce qu'ils apprennent là n'est utile que pour des examens.

f Notre système d'éducation permet aux jeunes de vivre en commun et de construire ensemble un avenir acceptable.

g Notre population est plus éduquée que jamais.

h Le lycée de demain a un travail énorme à faire.

4 Travail oral
Regardez ce sondage qui recherche les opinions des lycéens. Quelles seraient les réponses aux mêmes questions dans votre classe ?

Avec laquelle de ces deux opinions êtes-vous le plus d'accord ?	en %
► Ce que j'apprends au lycée m'intéresse	81
► Ce que j'apprends au lycée ne m'intéresse pas	14
► Ne se prononcent pas	5

Et avec laquelle de ces deux opinions êtes-vous le plus d'accord ?	en %
► Ce que j'apprends au lycée me sera utile pour l'avenir	73
► Ce que j'apprends au lycée ne me sera pas particulièrement utile pour l'avenir	23
► Ne se prononcent pas	4

Devant vos professeurs, vous arrive-t-il d'éprouver

De la sympathie	en %	De l'admiration	en %
► Oui	85	► Oui	39
► Non	14	► Non	59
► Ne se prononcent pas	1	► Ne se prononcent pas	2
De l'indifférence		**De la peur**	
► Oui	59	► Oui	12
► Non	39	► Non	87
► Ne se prononcent pas	2	► Ne se prononcent pas	1

5 Travail oral Regardez cette image et répondez aux questions suivantes.

   a Qui sont les personnes sur cette image?

   b Où sont-ils? Que font-ils?

   c Qu'est-ce que vous voyez à l'arrière-plan?

   d À quoi pensent les deux garçons? Pourquoi?

   e Comment trouvez-vous cette image?

6 Lecture Lisez ce poème de Jacques Prévert, et faites deux listes de mots : l'une correspondant à des idées positives, l'autre à des idées négatives. Puis, répondez aux questions suivantes :

■ Selon Prévert, quelles sont les qualités du cancre?

■ Comment présente-t-il les maîtres et les bons élèves?

■ Que pensez-vous de l'attitude de Prévert?

Le cancre*

Il dit non avec la tête

mais il dit oui avec le cœur

il dit oui à ce qu'il aime

il dit non au professeur

il est debout

on le questionne

et tous les problèmes sont posés

soudain le fou rire le prend

et il efface tout

les chiffres et les mots

les dates et les noms

les phrases et les pièges

et malgré les menaces du maître

sous les huées des enfants prodiges

avec des craies de toutes les couleurs

sur le tableau noir du malheur

il dessine le visage du bonheur.

* mauvais élève

Jacques Prévert, *Le Cancre, Paroles* © Editions Gallimard

7 Travail écrit En suivant ce plan, formulez une réponse de 250 mots à cette question :

« L'éducation est un droit universel qui doit être respecté. » Discutez.

Introduction

Définition des mots et questions à considérer

Développement

Pour l'éducation :

   Mémoires des Îles

   l'éducation en tant que privilège

   l'opinion de Monsieur Caumontat

Contre le système tel qu'il est :

   Zéro de conduite

   l'opinion de Madame Modard

   Le cancre

Votre opinion

Conclusion

4 Le travail

> **travail** *nm* activité rémunérée ; activité d'une personne ou d'un groupe de personnes déployée en vue d'un résultat utile

Malheureusement – ou certains diraient heureusement – il faut travailler pour vivre. Le gouvernement français constate que chacun devrait travailler 35 heures par semaine, pas plus ! Qu'en pensez-vous ?

1 Lecture Reliez ces mots et ces définitions.

la sécurité de l'emploi	être titulaire d'un poste
la satisfaction au travail	le fait de ne pas trouver de travail
le problème du chômage	être content dans son travail
les apprentis	les gens qui font un apprentissage

2 Exercice d'écoute Écoutez ce passage et décidez si les phrases suivantes sont vraies, fausses ou pas mentionnées.

a   Il est facile de trouver un travail à plein temps.

b   On est souvent malheureux au travail.

c   Le problème du chômage est très grave dans notre société.

d   Il est difficile de trouver un poste pour les gens qui ont perdu leur travail.

e   La semaine des 35 heures va bientôt arriver.

Grammaire *dont*

Dont is the equivalent of 'whose', 'of which' and 'of whom' in English. The word order changes sometimes, however. Consider the following phrases:

Laurent, dont le frère s' appelle Michel

La femme dont je connais la fille*

La classe dont on a parlé

* In English, we would say: The woman whose daughter I know.

3 Travail écrit Traduisez ces expressions en français.

a   The man whose daughter I love

b   The boy whose sister is called Fatima

c   The article we spoke of

d   The girl whose skirt is pink

e   The woman whose shoes were red

4 Travail écrit Afin de poser sa candidature pour tel ou tel poste, il faut avoir un CV (curriculum vitae – c'est une expression latine qui veut dire la course de votre vie). Faites votre CV. Suivez ce format:

Nom: Martine DONGUET
Age: 24 ans
Nationalité: Française
Domicile: 7, rue le Dantec – 75013 PARIS
Tél: 48.09.24.12.
Situation de famille: Célibataire.

FORMATION

– Prépa HEC à Lorient
– ESCAE Rouen, option marketing et gestion du personnel
– Maîtrise de lettres modernes à Paris III.

EXPERIENCES PROFESSIONNELLES

Stage   1983: "CIC" (Crédit Industriel et Commercial) Département des relations étrangères. En stage pour 7 semaines, ai assuré, à la demande du directeur du D.R.E., le remplacement de 3 rédacteurs en déplacement, pendant un mois supplémentaire. Ai ainsi pris en charge 20 dossiers de crédits "acheteurs" et "fournisseurs" auxquels nous participions à hauteur de 2 à 75% (Montage des crédits à l'exportation).

Diverses   Educatrice sportive, animatrice et directrice de centres de loisirs enfants, assistante sanitaire, animatrice socio-culturelle (organisation spectacles), assistante de français en GB, accompagnatrice en agences de voyages, formatrice en alphabétisation.

LANGUES

Français: langue maternelle
Anglais et *Allemand:* parlés, lus et écrits couramment.

VIOLONS D'INGRES

Natation, basket-ball, musique.

---

5 Travail écrit Mettez ces verbes à l'impératif.

mettre	s'arrêter	faire
prendre	venir	écrire
regarder	dire	s'asseoir

Grammaire The imperative

- At school, people give orders all the time: sit down, be quiet, copy this! In French, commands change depending on who you are talking to. There are three types of orders:

  Écoute! – Listen! (singular)

  Écoutons! – Let's listen!

  Écoutez! – Listen! (formal/plural)

- They are formed, very simply, using the present tense. One thing to remember is that *-er* verbs drop the *s* in the *tu* form.

- These are irregular imperatives:

avoir:	*Aie! Ayons! Ayez!*
être:	*Sois! Soyons! Soyez!*
savoir:	*Sache! Sachons! Sachez!*
vouloir:	*Veuille! Veuillons! Veuillez!*

- With reflexive verbs, you need to add a reflexive pronoun:

  Lève-toi! Levons-nous! Levez-vous!

5 Le monde du travail

L'école, le travail, le chômage. Les jeunes ont beaucoup de choix à faire. L'avenir est à vous. Mais l'avenir inquiète quelquefois...

1 **Travail oral** Regardez ces résultats d'un sondage fait auprès des lycéens. Quelles réponses donneriez-vous? Y a-t-il des chiffres qui vous surprennent? Commentez-les.

Selon vous, qu'est-ce qui est le plus important pour réussir sa vie? en %*

▶ Avoir un métier que l'on aime	81
▶ Être entouré de gens que l'on aime	61
▶ Fonder un foyer	46
▶ Avoir de l'argent	44
▶ Savoir beaucoup de choses	26
▶ Avoir du pouvoir	8
▶ Être connu	7
▶ Ne se prononcent pas	–

* Plusieurs réponses possibles

Qu'attendez vous de votre future profession? en %‡

▶ Une sécurité d'emploi	52
▶ Un accomplissement personnel	48
▶ Gagner beaucoup d'argent	38
▶ L'exercice de responsabilités	23
▶ Une reconnaissance sociale	12
▶ Ne se prononcent pas	1

‡ Deux réponses maximum

Réussir, c'est trouver un travail que l'on aime...

À 81 %, loin devant tout le reste, avoir un métier que l'on aime arrive logiquement en tête de ce qui semble le plus important pour réussir sa vie. Avoir du travail, d'abord, et être entouré de gens que l'on aime, ensuite.

... et surtout un emploi sûr

À la question "qu'attendez-vous de votre future profession?", on se rend compte que vous aspirez, en priorité, à la sécurité. C'est la confirmation d'une tendance générale qui touche toute la société et que la montée du chômage et l'incertitude quant à l'avenir suffisent à expliquer.

Mais vous espérez aussi que votre future profession vous permettra de trouver un accomplissement personnel.

Un petit bémol, quand même. Si les filles font passer la sécurité de l'emploi loin devant tout le reste, les garçons, eux, la mettent à égalité avec le fait de gagner beaucoup d'argent.

2 **Lecture** Quand on devient adulte il est très important de comprendre le monde du travail. La nécessité de gagner sa vie arrive trop vite. Toutes les expressions ci-dessous ont de l'importance en ce qui concerne le travail. Reliez l'anglais et le français avant de passer à l'activité 3.

le marché du travail	to decrease
la retraite	to increase
les embauches	fixed-term contracts
la création d'emplois	vacancies
augmenter	the labour market
diminuer	job creation
les contrats à durée déterminée	retirement

3 **Exercice d'écoute** Écoutez maintenant ce passage où l'on parle des options pour les jeunes dans le monde du travail d'aujourd'hui. Ensuite répondez à ces questions en français.

a Quels emplois la plupart des jeunes choisissent-ils?

b Selon le ministère du travail, pourquoi y a-t-il plus d'ouvertures dans ces secteurs?

c Quels problèmes rencontrent les débutants?

d Quels sont les métiers qui sont peu touchés par le chômage?

Mots à retenir

principalement   le facteur déterminant   tandis que
ainsi que   désormais

4 Lecture Lisez cet article et répondez aux questions qui suivent en anglais.

Faire carrière, une notion désormais lointaine

▼ Les salariés doivent apprendre à construire leur vie professionnelle autour d'une accumulation d'expériences et non autour d'un métier

Le déclin de l'emploi permanent et à temps plein fait éclater la notion de carrière, du moins telle qu'on la concevait hier. Le développement des formes d'emploi atypiques y concourt : près de 80 % des embauches se font actuellement sous contrat à durée déterminée. De même, le nombre d'emplois à temps partiel ne cesse de croître, même en période économique déprimée. Désormais, près de 17 % des actifs travaillent à ces rythmes. Et surtout, pour une part croissante d'entre eux (39,5 % contre 34,4 % en 1993), il s'agit d'un temps partiel «subi».

En réalité les difficultés croissantes sur le marché du travail conduisent de plus en plus de personnes à prendre un emploi quel qu'il soit, quand bien même celui-ci ne répondrait pas à leurs aspirations en termes de qualification, d'intérêt et de salaire. Les jeunes, en particulier, subissent un risque fort de déclassement à leur entrée dans la vie active. Ainsi, la proportion de jeunes possédant un niveau de formation supérieur à celui correspondant en théorie à l'emploi occupé, a fortement augmenté entre 1986 et 1995, parmi les titulaires d'un niveau baccalauréat et plus. En dix ans, la part des surdiplômés a presque doublé pour les titulaires d'un baccalauréat professionnel et technique (17,8 % en 1995 contre 9,4 % en 1986) ; elle s'est accrue de plus de la moitié (24 % contre 15,5 %) pour les baccalauréats généraux et les brevets de techniciens, et de près d'un quart (39,53 contre 31,5 %) pour les titulaires d'un BTS ou d'un DUT.

Ce déclassement est corrélé de façon importante au statut de l'emploi occupé. Ainsi, près d'un tiers des jeunes qui occupent une forme particulière d'emploi (CDD, intérim, temps partiels non désirés- hors emplois aidés) sont surdiplômés, contre moins d'un cinquième de ceux qui travaillent à temps plein – dans le cadre d'un CDI – dans le secteur privé. Entrant de plus en plus tard sur le marché du travail par le biais d'emplois précaires ou à temps partiel, les jeunes sont également de moins en moins bien rémunérés.

L'ensemble de ces conditions fait qu'entre 1970 et 1993, les tranches d'âge pour lesquelles la rémunération était la plus élevée, sont passées de 40 ans à plus de 45 ans pour les hommes et de 34 ans à 45-50 ans pour les femmes.

«De moins en moins de personnes s'inscrivent dans un plan de carrière. Cela ne signifie pas toutefois qu'il ne soit plus possible de faire carrière, relève Vincent Merle, directeur du Cereq (Centre d'études et de recherches sur les qualifications), *seulement la notion ne recouvre plus la même chose qu'hier. Auparavant, la carrière se construisait autour d'une activité donnée, d'un métier. Les objectifs de progression que se fixaient les salariés étaient définis, balisés par les conventions collectives. Aujourd'hui, une carrière se construit davantage autour d'une logique de compétence. Ceux qui réussissent à tirer leur épingle du jeu savent saisir les opportunités, cherchent à profiter de leurs expériences en jouant sur la combinaison des compétences acquises dans les différents emplois qu'ils ont occupés. »*

LAETITIA VAN EECKHOUT

> *De plus en plus de personnes prennent un emploi quel qu'il soit, même s'il ne répond pas à leurs aspirations en termes de qualification, d'intérêt et de salaire*

a Summarise the changes in the labour market as set out in the first paragraph of the article.

b What consequences have the difficulties in the labour market had for jobhunters?

5 Travail écrit Résumez l'article en français en 50 mots.

Mots à retenir

le déclin de l'emploi   l'emploi permanent   à plein temps   à temps partiel   actuellement

6 Travail oral En vous servant du vocabulaire ci-dessous, analysez ces chiffres.

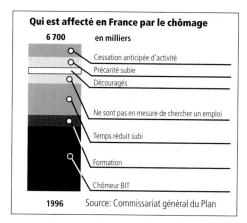

Qui est affecté en France par le chômage

6 700   en milliers

- Cessation anticipée d'activité
- Précarité subie
- Découragés
- Ne sont pas en mesure de chercher un emploi
- Temps réduit subi
- Formation
- Chômeur BIT

1996   Source: Commissariat général du Plan

Un grand nombre de…
Un pourcentage élevé de…
Énormément de…
Il existe…   Il y a…
Nous voyons que…
Ce graphique nous montre que…
En somme, nous avons…

7 Travail oral Quels sont les problèmes du marché du travail aujourd'hui? Regardez le vocabulaire ci-dessous et préparez une présentation orale pour votre classe.

Problèmes

Le taux de chômage
Les conditions de travail
Le marché du travail

Solutions

On devrait
On pourrait
Une solution serait de
Le mieux serait de
On pourrait envisager de

Verbes utiles

augmenter
diminuer
abaisser l'âge de la retraite
changer les conceptions des gens
introduire la possibilité de partager un poste

6 Le malheur d'être chômeur

Dans la société moderne, certains prétendent que le chômage est un véritable fléau. Le manque d'argent et les stigmates associés à l'état de chômeur sont difficiles à supporter.

1 Exercice d'écoute

Écoutez ce psychologue qui parle des problèmes que pose le chômage pour la société et répondez aux questions suivantes en français.

a Pourquoi les chômeurs se sentent-ils inutiles quand ils touchent les allocations?

b Pourquoi le psychologue s'inquiète-t-il surtout pour les jeunes?

c Comment le marché du travail a-t-il changé?

d Quelle est l'attitude des Français envers le chômage?

e Quelles solutions propose-t-il?

2 Travail oral

Regardez ces graphiques sur le chômage et préparez une réponse orale aux questions suivantes.

a Comment expliquez-vous cette hausse de l'inquiétude face au chômage?

b Quelles catégories socio-professionnelles sont les plus touchées par le chômage?

c Que voulez-vous faire plus tard dans la vie? Croyez-vous que vous serez touché par le chômage?

La grande peur

« Etes-vous inquiet de l'éventualité du chômage? » (en % de réponses positives)

77,6

55,9

1981   1985   1990   1995

Chômage: quelles sont les professions les plus touchées?

Taux de chômage selon la profession

Agriculteurs	0,6
Artisans, commerçants, chefs d'entreprise	4,1
Cadres et professions intellectuelles supérieures dont: – *professions libérales* – *cadres d'entreprise*	5,0 *1,0* *7,5*
Professions intermédiaires	6,7
Employés	14,6
Ouvriers	14,2
Total	**11,6**

3 Travail écrit

Imaginez que vous êtes au chômage. Écrivez un journal où vous décrivez votre routine quotidienne à la recherche de travail.

4 Lecture Lisez ce passage et décidez si les phrases qui suivent sont vraies, fausses ou pas mentionnées.

a La jeune femme était malade.

b C'est elle qui a appelé l'ambulance.

c Son mari était au chômage.

d Elle assistait souvent à ces manifestations.

e Ses deux enfants se taisaient.

f La semaine d'avant, un jeune chômeur s'était suicidé.

g Ses parents voulaient qu'il trouve du travail.

«Pour la première fois, on entend des vraies paroles de chômeurs»

MARSEILLE
de notre envoyée spéciale

Elle s'est brusquement tenu les tempes, tête baissée, en murmurant: «*Ce n'est rien, ce n'est rien!*» Mais le malaise a fini par arriver, et il fallut appeler les pompiers pour emmener la jeune femme à l'hôpital. Dans les locaux du boulevard Romain-Rolland, à Marseille, occupés par le comité de chômeurs depuis le 11 décembre, tout le monde a alors découvert la misère cachée de cette mère, veuve, venue à l'action pour la première fois, et qui n'avait pas mangé depuis trois jours. Ses deux petits, de trois et sept ans, sont restés silencieux. «*Elle n'a pas osé nous demander de l'aider*», a murmuré un militant. La semaine précédente, c'est un jeune chômeur habitué des lieux qui s'est suicidé: «*Ses parents sans emploi lui reprochaient de ne ramener aucun sou à la maison.*»

«ON NE FAIT QUE COMMENCER»

Trois semaines de cohabitation, des heures d'attente dans les locaux occupés, les pressions policières sur le chemin des manifestations, l'inquiétude du lendemain, et récemment le vol de 4 000 francs dans la caisse du comité... «*Tout ça nous prend la tête*», a lâché la rebelle, déjà plus conciliante. «*Tous les jours, on entend parler de chômage à la télé. Pour la première fois, on entend parler des chômeurs, des vraies paroles*», lui a rétorqué son jeune voisin. «*On ne va pas s'arrêter alors qu'on ne fait que commencer. Dès que j'ai des sous, je me syndique.*»

Une dame blonde, élégante, solitaire, s'est montrée solidaire: «*Je découvre la résistance.*» Elle allait passer la nuit du réveillon au bureau des Assedic*: «*Ici je me sens bien, et puis personne ne m'attend à la maison.*»

* Assedic – associations pour l'emploi dans l'industrie et le commerce

5 Lecture Quelquefois pourtant, on pourrait se demander si on ne ferait pas mieux d'être au chômage. L'existence du salaire minimum est censée améliorer la situation, mais ce n'est pas toujours le cas. Le travail peut être dur aussi. Lisez ce passage qui est tiré du livre *Élise ou la vraie vie* par Claire Etcherelli.

À six heures, il reste encore un peu de jour, mais les lampadaires des boulevards brûlent déjà. J'avance lentement, respirant à fond l'air de la rue comme pour y retrouver une vague odeur de mer. Je vais rentrer, m'étendre, glisser le traversin sous mes chevilles. Me coucher… J'achèterai n'importe quoi, des fruits, du pain, et le journal. Il y a déjà trente personnes devant moi qui attendent le même autobus. Certains ne s'arrêtent pas, d'autres prennent deux voyageurs et repartent. Quand je serai dans le refuge, je pourrai m'adosser, ce sera moins fatigant. Sur la plate-forme de l'autobus, coincée entre des hommes, je ne vois que des vestes, des épaules, et je me laisse un peu aller contre les dos moelleux. Les secousses de l'autobus me font penser à la chaîne. On avance à son rythme. J'ai mal aux jambes, au dos, à la tête. Mon corps est devenu immense, ma tête énorme, mes jambes démesurées et mon cerveau minuscule. Deux étages encore et voici le lit. Je me délivre de mes vêtements. C'est bon. Se laver, ai-je toujours dit à Lucien, ça délasse, ça tonifie, ça débarbouille l'âme. Pourtant, ce soir, je cède au premier désir, me coucher. Je me laverai tout à l'heure. Allongée, je souffre moins des jambes. Je les regarde, et je vois sous la peau de petits tressaillements nerveux. Je laisse tomber le journal et je vois mes bas, leur talon noir qui me rappelle le roulement de la chaîne. Demain, je les laverai. Ce soir, j'ai trop mal. Et sommeil.

Et puis je me réveille, la lumière brûle, je suis sur le lit; à côté de moi sont restées deux peaux de bananes. Je ne dormirai plus. En somnolant, je rêverai que je suis sur la chaîne; j'entendrai le bruit des moteurs, je sentirai dans mes jambes le tremblement de la fatigue, j'imaginerai que je trébuche, que je dérape et je m'éveillerai en sursaut.

Atelier écriture

a Racontez une journée à l'école en imitant le style de Claire Etcherelli.

b Vous êtes au chômage. Écrivez une lettre au ministre du travail en lui expliquant les problèmes que vous avez à trouver un emploi.

c Écrivez un article de 200 mots pour un journal, où vous parlez des possibilités de travail dans le monde moderne.

d «Le travail nuit à la santé.» Que pensez-vous de ce point de vue? Écrivez 250 mots à ce propos.

2 | L'amour

L'amour a inspiré au cours de l'histoire bien des crimes et des passions. Dans ce chapitre, nous allons examiner les différents types d'amour qui peuvent exister, tels que l'amour pur, l'amour pour la famille, l'amour qui tourne mal. Pourquoi a-t-on tant besoin d'amour ? On le recherche à tout moment, même si on le nie. Tâchons d'analyser cette émotion fondamentale.

1 Travail écrit
Remue-méninges : écrivez tous les mots que vous associez à l'amour.

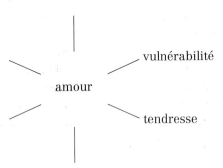

Paul Éluard était un très grand poète français du XXᵉ siècle. Connu principalement pour ses poèmes d'amour, il était membre du mouvement de la Résistance et a écrit un poème très célèbre à cette époque : *Liberté*.

2 Exercice d'écoute
Écoutez ce poème qui prononce l'amour d'un homme pour une femme. Remplissez les blancs avec les mots ci-dessous.

JE T'AIME
Paul Éluard

Je t'aime pour _____ **a** _____ les femmes que je n'ai pas connues
Je t'aime pour _____ **b** _____ les temps où je n'ai pas _____ **c** _____
Pour l'odeur du grand large et l'odeur du pain _____ **d** _____
Pour la neige qui fond pour les _____ **e** _____ fleurs
Pour les animaux _____ **f** _____ que l'homme n'effraie pas
Je t'aime pour _____ **g** _____
Je t'aime pour toutes les femmes que je n'aime pas

Je t'aime pour ta _____ **h** _____ qui n'est pas la _____ **i** _____
Pour la santé
Je t'aime contre _____ **j** _____ ce qui n'est qu'illusion
Pour ce cœur _____ **k** _____ que je ne détiens pas
Tu crois _____ **l** _____ le doute et tu n'es que raison
Tu es le grand _____ **m** _____ qui me monte à la tête
Quand je suis sûr de moi.

---

chaud   vécu   tout   aimer   purs   immortel
sagesse   soleil   premières   mienne   toutes
tous   être

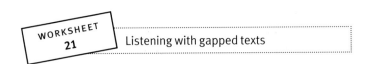

WORKSHEET 21   Listening with gapped texts

---

3 Lecture
Lisez ces définitions. De quel sentiment s'agit-il dans le poème de Paul Éluard ?

aimer – *vt* (lat. *amare*)

a   éprouver pour quelqu'un un sentiment d'affection
b   avoir de l'attachement pour quelque chose
c   trouver quelque chose agréable

amour – *nm* (lat. *amor*)

a   élan physique ou sentimental qui porte un être humain vers un autre
b   goût vif pour quelque chose
c   liaison existant entre deux êtres

4 Travail oral Aimez-vous le poème *Je t'aime* ou le trouvez-vous trop sentimental? Donnez des raisons à votre réponse.

5 Lecture L'amour nécessite d'être deux pour naître. Afin d'arriver à l'extase d'Éluard, il faut trouver son idéal. Répondez aux questions suivantes afin de décrire votre partenaire idéal.

1 Il/Elle serait …
  a ouvert(e)
  b discret/ète
  c exhibitionniste

2 Il/Elle ne serait point …
  a ambitieux/euse
  b avare
  c émancipé(e)

3 Sa meilleure qualité serait …
  a la générosité
  b la sagesse
  c le sens de l'humour

4 Sa pire caractéristique serait …
  a la nervosité
  b l'insécurité
  c la fierté

5 Il/Elle serait toujours …
  a sérieux/euse
  b souriant(e)
  c modéré(e)

Réponse

Il faut savoir que ces jeux ne révèlent jamais la vérité. Il faut donc se contenter de suivre son cœur dans la vie. C'est la seule chose qui assurera le bonheur!

6 Travail écrit Faites la liste des adjectifs qui correspondent aux noms du test, puis la liste des noms qui correspondent aux adjectifs.

7 Travail oral Cherchez la forme féminine de ces adjectifs, ensuite présentez la description de votre partenaire idéal à votre classe. Vous n'êtes pas obligé de dire la vérité!

compréhensif	généreux
doux	remarquable
inspirant	riche
adorable	mignon
aimable	beau
populaire	sûr de lui

J'espère qu'il/elle sera …

Il faut qu'il/elle soit …

Il/elle doit être …

8 Travail écrit Vous espérez trouver votre partenaire idéal. Écrivez une courte annonce humoristique pour un journal.

Recherche célibataire de 25 ans. Beau, actif, doit avoir le sens de l'humour.

Adorable petite fille – 19 ans – recherche garçon tendre et généreux pour s'amuser.

Je l'aime à cause de son sens de l'humour.

Je l'adore parce qu'il me prend toujours au sérieux.

1 Le mariage et le divorce

L'amour idéal existe, pourtant l'amour tourne parfois mal. En France depuis 1993, le nombre des mariages est tombé au niveau le plus bas du siècle. Le nombre des divorces a quadruplé depuis 1960. Pourquoi est-ce qu'on se marie et pourquoi est-ce qu'on divorce? La vie de couple est-elle plus souple de nos jours?

1 Lecture Lisez cet article et trouvez l'équivalent français des expressions ci-dessous.

a partner

b increasing

c to claim

d in good faith

e vice versa

f common-law marriage

g to reconcile

h companionship

i married life

j encouragements

k started

l life expectancy

2 Travail écrit Maintenant, répondez à ces questions.

1 Qu'est-ce qui a changé dans l'attitude des Français face à la vie de couple?

2 Qu'est-ce qui est nouveau dans le mariage aujourd'hui? Quels changements cela a-t-il provoqué?

3 Pourquoi le mariage est-il devenu instable?

WORKSHEET 24 | Reading skills – taking notes

Pourquoi y a-t-il davantage de divorces aujourd'hui?

1 Chacun revendique la possibilité de s'être trompé de conjoint.

Contrairement à ce que l'on pourrait penser, les chiffres du divorce ne traduisent pas un rejet de la vie de couple mais au contraire un attachement croissant à sa réussite et une exigence croissante quant à sa qualité. Plus que jamais, les Français recherchent l'amour et l'harmonie, au point de ne pas accepter de les vivre imparfaitement.

Mais l'amour n'est ni garanti par contrat (y compris celui du mariage) ni éternel. Au nom du réalisme, on revendique donc le droit à l'erreur. Le divorce apparaît alors comme le seul moyen d'éviter que cette erreur n'ait des conséquences définitives sur la vie de ceux qui, en toute bonne foi, l'ont commise. D'autant qu'en ce domaine la réussite d'aujourd'hui peut devenir l'échec de demain. Et réciproquement.

2 Les partenaires veulent être heureux ensemble, mais aussi séparément.

Le divorce s'inscrit dans la même logique que l'union libre. Chacun des partenaires s'efforce de concilier les avantages de la liberté individuelle avec ceux de la vie de couple. Cette aspiration à plus de liberté ne s'accompagne pas d'un recul de la vie affective. Au contraire, l'amour et la tendresse sont des revendications très fortes, plus peut-être que par le passé. Il faut se souvenir que l'amour dans le mariage est une invention récente. Montaigne affirmait en son temps : « Un bon mariage, s'il en est, refuse la compagnie et condition de l'amour. » L'attitude actuelle est différente ; on ne se marie pas si on ne s'aime pas, mais on n'est pas obligé de continuer à vivre ensemble lorsqu'on ne s'aime plus. C'est pourquoi la succession de plusieurs vies conjugales au cours d'une même vie risque de devenir un modèle d'importance croissante.

3 L'instabilité générale pousse à l'instabilité individuelle.

L'environnement social, économique, professionnel est marqué depuis des années par l'instabilité. Le chômage, les pratiques d'une société de consommation qui tend à renouveler en permanence les produits pour les remplacer par d'autres, plus modernes et plus « performants », la présence croissante de la publicité et des médias sont autant d'incitations à l'infidélité et au changement.

Comme la vie matérielle ou professionnelle, la vie affective est donc de plus en plus souvent faite d'une succession d'expériences, vécues avec des partenaires différents. Le *zapping*, inauguré avec la télécommande qui permet de naviguer entre les chaînes de télévision, s'est développé aussi dans la vie sociale et conjugale. De plus, l'allongement considérable de l'espérance de vie fait que la durée potentielle des couples qui se marient aujourd'hui est d'environ 45 ans, contre 17 ans au XVIIIᵉ siècle et 38 ans en 1940. Une perspective souvent ressentie avec angoisse par les jeunes.

3 Travail oral Quels sont les problèmes de notre époque en ce qui concerne le mariage et le divorce? Travaillez en groupes. Prenez le rôle de l'une des personnes ci-dessous. Préparez un discours en adoptant le point de vue qui accompagnerait votre situation imaginaire, et en vous servant du vocabulaire et des idées qui suivent. Ensuite exposez votre discours à la classe.

Lan –
28 ans –
mariée –
très heureuse
– comptable

Claude –
divorcé à l'âge
de 35 ans –
40 ans
maintenant –
vit en couple
depuis
deux ans

Jérôme –
29 ans –
célibataire
qui rejette
toute notion
de mariage

Sophie –
divorcée âgée
de 35 ans qui
espère
retrouver
l'amour

Je suis persuadé(e) que…

Il me semble que…

Moi, j'estime que…

Je suis de l'avis que…

Selon moi…

On se marie par amour, parce qu'on s'aime.

Un contrat de mariage doit être pour la vie.

On se marie par besoin de sécurité.

La vie en couple marié apporte la sécurité financière.

On rejette le mariage en faveur de la cohabitation.

L'union libre est de plus en plus acceptée – c'est un véritable mode de vie.

Les familles nucléaires sont rares, les familles monoparentales de plus en plus nombreuses.

De nouveaux modèles de famille sont en train de se développer.

Le divorce ne fait plus peur.

Le divorce vaut mieux que le conflit conjugal.

La structure familiale de notre époque a profondément changé.

Le bonheur est trop idéalisé.

On essaie de transformer le rêve en réalité.

Grammaire
Adjectives followed by *à* or *de*

- Some adjectives (including adjectives used as nouns) are followed by *à* or *de* plus an infinitive or noun. Many of them are fairly common.

enclin à　　　　*capable de*
prêt à　　　　　*certain de*
le premier à　　*content de*
le seul à　　　　*sûr de*

Examples:
capable d' aimer
le seul à venir
sûr de lui

- Note: ***C'est*** *facile/difficile/possible/impossible **à** …*
  Il est *facile/difficile/possible/impossible **de** …*

4 Travail écrit Traduisez ces expressions en français.

a　ready to wear

b　the first to cry

c　certain of the truth

d　capable of killing

e　the only one who understands

5 Travail écrit «Le mariage ne joue plus son rôle traditionnel dans la société d'aujourd'hui.» Discutez. Écrivez 150 mots minimum à ce propos.

Voici un plan possible:

Introduction

Précisez votre intention

Définition du mariage

Citez des chiffres quant au mariage et quant au divorce

Développement

Pourquoi on se marie

Le rôle du mariage pendant de nombreuses années

Le rôle du mariage a-t-il changé? Pourquoi?

Le mariage a-t-il un avenir?

Conclusion

Résumez votre opinion en vous référant aux paragraphes précédents

2 L'amour, c'est compliqué!

Les jeunes idéalisent souvent le mariage et l'amour. En plus, comme la conseillère conjugale l'a constaté: «La dureté de la vie pousse [les jeunes mariés] à plus de romantisme dans leur vie affective». Mais la réalité de l'amour est difficile. Nous allons analyser cette notion idéalisée de l'amour et nous aborderons aussi plus loin la moralité de l'infidélité.

Quand on s'aime
c'est pour la vie?

"On se dit toujours que l'amour – le nôtre en tout cas – ne ternira jamais. Mais comment savoir?" En deux phrases, Aurélie résume le problème: l'amour qui rime avec toujours, c'est l'idéal absolu, pour ceux qui sont déjà amoureux comme pour ceux qui attendent quelqu'un "qui viendra me proposer quelque chose qui durerait pour la vie", comme le dit une autre Aurélie.

"J'ai peur de m'investir"

Mais cet idéal, on le sent bien, est fragile, menacé en permanence par les hasards de la vie, les vacances "loin des yeux-loin du cœur" ... ou la "meilleure-copine" qui depuis quelque temps joue de la prunelle quand elle croise votre chéri. Alors il y a comme un doute… "Un humain est-il capable d'assumer toute sa vie avec la même personne, de partager toujours les mêmes choses avec elle?" se demande ainsi Marie, 15 ans, qui pense que le sentiment amoureux est un "feu qui brûle au début et s'éteint peu à peu". "Je voudrais bien croire que l'amour puisse durer toujours, avoue Anne, mais j'ai l'exemple de mes parents qui ont divorcé quand j'avais six ans. Alors c'est pas facile d'avoir une vision positive…" Les chiffres ont de quoi mettre du noir dans le rose: en France, un couple sur trois divorce. On comprend que certains, comme Géraldine, s'inquiètent de l'avenir: "J'ai peur. Peur de vieillir, de le voir vieillir, peur qu'il me voie vieillir. Peur de ne pas supporter ses manies, qu'il ne supporte pas les miennes."

Et puis il y a les belles histoires, qu'on a vécues très fort, et qui cassent tout à coup en laissant derrière elles de gros bobos sur le cœur. "J'avais tellement cru que c'était pour la vie que maintenant, j'ai peur de m'investir et de souffrir à nouveau", confie ainsi Gaëlle. Il faut dire que les premières "vraies" histoires d'amour se vivent dans la passion la plus totale, palpitations cardiaques garanties. "Je ne peux plus concevoir la vie sans lui", nous écrit Anne-Lise. "Je suis avec quelqu'un depuis un an et quand je regarde l'horizon, c'est lui que je vois" renchérit Anne.

L'amour pour la vie, on y croit…

"Je suis vraiment très amoureuse et je souhaiterais que cette histoire d'amour dure toute notre vie", rêve Olivia. "Cet été, j'ai rencontré Jérémy. Tout de suite, je me suis dit: c'est lui. S'il me demandait en mariage, je n'hésiterais pas, j'accepterais tout de suite", jure Géraldine.

C'est comme ça: quand on dit "je t'aime", on a souvent envie de rajouter très vite, comme Francis Cabrel, "et je t'aimerai". C'est bien ce qui fait la différence entre un flirt et une histoire d'amour. Parce que l'espoir fait vivre. Parce que se sentir aimé, en confiance, on en a tous besoin. Parce que construire quelque chose à deux, qui dure, ça ressemble de près à l'idée qu'on se fait du bonheur. Alors on y croit. L'amour pour la vie, on en veut. Et pourquoi pas? Pourquoi ne pas y croire? Une fois que la folle passion des débuts est retombée, une fois que le cœur a arrêté de battre à tout rompre au moindre regard, il reste encore plein de choses à découvrir et à inventer à deux, plein de combats à mener en commun, plein de projets à monter ensemble. Ça soude plus sûre-

ment que de se regarder dans le blanc des yeux.

Car le danger est de confondre la passion et l'amour. "La passion n'est pas constructive", raconte Isabelle, qui a mis plus d'un an et demi à se relever de son histoire avec Mikaël. "J'ai aimé Mikaël passionnément pendant deux ans. J'aime Frédéric tendrement, peut-être pour plus longtemps."

Un obstacle à l'amour éternel est bien souvent l'enfermement du couple sur son nombril. Même si les rêves d'amour-fusion (toi + moi = 1) sont bien agréables à caresser, dans les couples qui vivent "collés", on oublie souvent que le compagnon, ou la compagne, est bien un autre, et non un morceau de soi. Plus dur sera le réveil! Pierre et Marie se sont mariés à 20 ans. C'était leur premier amour. Ils n'ont plus rien fait l'un sans l'autre. Jusqu'au jour où, six ans après, Marie est partie. "Il aurait fallu pour se séduire encore que chacun continue d'apporter un souffle d'air frais chez nous. Pierre était devenu mon tendre grand frère", raconte la jeune femme. La recette miracle de l'amour n'existe pas mais il y a toutes les raisons pour qu'un jour, vous aussi viviez votre grande histoire d'amour pour la vie. Même si ce n'est pas forcément la première histoire qui sera la bonne. Pour que ça marche, il faut rester soi-même avec l'élu de son cœur, l'accepter aussi tel qu'il est et vivre à fond le plaisir d'être amoureux. Le grand amour pour la vie se nourrit de la confiance de l'un envers l'autre. Pas de la peur.

Alors n'ayez pas peur. Il n'y a qu'une seule façon de savoir si "quand on aime, c'est pour la vie": essayez vous-même d'inventer une belle histoire à deux qui durera toute la vie. On en reparle dans vingt ans.

1 Exercice d'écoute Écoutez Mathieu qui parle de ses difficultés en ce qui concerne les relations amoureuses. Mettez les phrases ci-dessous dans le bon ordre pour résumer ce qu'il dit.

On s'aperçoit qu'on peut se passer de ses parents.

En général, les filles ne pensent pas trop au futur.

On ne prend pas l'amour au sérieux.

Il faut construire l'amour : c'est un grand édifice.

Les attraits d'une fille disparaissent très vite pour lui.

2 Lecture Lisez le texte à la page 68 où l'on met en question la possibilité du bonheur, puis écrivez un résumé en anglais des opinions des personnes suivantes.

a Aurélie   b Marie   c Anne   d Géraldine

3 Lecture Lisez le texte ci-contre et décidez si les phrases qui suivent sont vraies, fausses ou pas mentionnées.

a Il faut consacrer du temps à l'amour.

b Il faut s'adonner totalement à l'amour.

c L'amour n'a qu'un seul visage.

d Adolescent on bascule très vite dans l'amour.

e Il faut apprendre à se sacrifier afin d'aimer réellement.

Aimer, ça s'apprend

Nous avons besoin de temps pour apprendre à aimer. «**Un des premiers critères de l'amour est le temps, et ce critère est élastique.** Chez les ados, il peut s'agir de quelques semaines comme de quelques jours, explique Xavier Lacroix, philosophe et théologien. Mais il ne suffit pas d'aimer. L'amour est irremplaçable mais il n'est peut-être pas tout. Il faut en plus la volonté de lier deux existences, une complicité, une résonance …»

L'amour a mille facettes: la passion, le désir, le romantisme sont celles que nous découvrons pour la première fois dans les délices de l'adolescence, en rencontrant l'autre, mais aussi en vibrant à une histoire, au ciné comme dans les pages d'un livre. Mais l'amour a d'autres visages. «Pour construire quelque chose, poursuit Xavier Lacroix, il faut pouvoir résister aux moments de turbulences, aux déceptions. Il y aura même des pannes de l'amour. Le sentiment ne peut pas fonder un couple. **La volonté est très importante dans l'amour. Aimer, c'est vouloir du bien à quelqu'un. Et vouloir du bien à quelqu'un, c'est se donner les moyens pour y arriver.** Comme faire des choix par exemple.» Dur de renoncer à des choses à 16–18 ans, dans un monde en plein changement, où l'on aimerait bien choisir en gardant toutes les options!

La véritable question ne serait-elle pas alors: «Suis-je prêt à aimer? Prêt à sacrifier déjà certaines choses pour quelqu'un?» S'aimer vraiment, être ensemble relève d'une vraie exigence. Et ce savoir-faire est l'histoire d'une vie entière.

4 **Travail oral** Regardez les chiffres présentés et préparez une réponse aux questions qui suivent.

a Est-ce qu'il y a des chiffres qui vous surprennent ?

b Quelles sont les différences entre les attitudes des hommes et des femmes ? Commentez.

Parlez-moi d'amour

Proportion d'hommes et de femmes d'accord sur certaines opinions concernant l'amour et la sexualité (18–69 ans, en %)

	Hommes	Femmes
– La fidélité est essentielle pour le bonheur du couple	89	90
– On peut avoir des rapports sexuels avec quelqu'un sans l'aimer	64	36
– L'attirance sexuelle conduit forcément à faire l'amour avec quelqu'un	63	47
– Au cours de son mariage, un homme peut avoir quelques aventures	43	30
– Au cours de son mariage, une femme peut avoir quelques aventures	39	27

INSERM

5 **Travail oral** La fidélité est-elle importante ? A-t-elle un rôle à jouer dans le nouveau millénaire ? Formulez une opinion en vous servant du vocabulaire et des idées ci-dessous.

Pour moi...

Pour ma part...

À mon sens...

Je trouve que ...

La fidélité est le respect de l'autre.

On n'est reponsable que pour soi.

On ne peut pas tolérer l'infidélité.

Tromper une autre personne, c'est immoral.

On ne peut pas être amoureux de deux personnes. Ce n'est pas juste.

L'infidélité tue la confiance, c'est une trahison.

Trahir quelqu'un, c'est immoral.

Vivre perpétuellement dans le mensonge est immoral.

Grammaire Present tense (revision)

It is useful to try to think of verbs in different family groups to help you to remember them.

- *craindre* – to fear, *peindre* – to paint, *plaindre* – to pity, *joindre* – to join

je crains	*nous craignons*
tu crains	*vous craignez*
il/elle/on craint	*ils/elles craignent*

- *connaître* – to know (a person), *paraître* – to seem/look, *apparaître* – to appear

je connais	*nous connaissons*
tu connais	*vous connaissez*
il/elle/on connaît	*ils/elles connaissent*

- *apercevoir* – to notice, *concevoir* – to conceive, *percevoir* – to perceive, *recevoir* – to receive, *devoir* – to have to, *décevoir* – to disappoint

j' aperçois	*nous apercevons*
tu aperçois	*vous apercevez*
il/elle/on aperçoit	*ils/elles aperçoivent*

3 La vie de couple ou la polygamie?

La conception du mariage, de la vie de couple, diffère de pays en pays et de culture en culture. La polygamie – où un homme est marié à plusieurs femmes – est une institution qui vaut la peine d'être examinée de plus près. La polygamie est répandue dans les pays d'Afrique de l'ouest, surtout dans les pays musulmans.

1 Exercice d'écoute

a Écoutez Fodé Sarr, qui est sénégalais et qui nous présente son opinion sur la polygamie. Prenez des notes afin de résumer ce qu'il dit en français.

b Écoutez le passage encore une fois afin de repérer les expressions suivantes. Expliquez-les dans leur contexte.

une conception
une croyance
le premier principe
du point de vue
statistique
systématiquement

3 Travail oral

Voici des phrases qui devraient faciliter la comparaison entre différentes opinions. Préparez un discours oral qui compare la monogamie et la polygamie. Présentez-le à votre classe.

Il faut comparer les deux systèmes.
D'un côté... D'autre côté
D'une part... D'autre part
Il existe des avantages et des inconvénients.
Le revers de la médaille c'est...
Contrairement à ce que l'on pourrait croire
Cependant, en revanche
En dernière analyse

2 Lecture

Lisez maintenant ce passage où Fodé donne plus de détails sur la polygamie, puis complétez ces phrases en choisissant le bon mot pour remplir chaque blanc.

a Chaque père de famille _____ multiplier sa descendance. *(cherche à/cherche de)*

b Le mari doit traiter les femmes de façon _____ . *(inégale/égale)*

c Si les femmes ne peuvent pas être _____ équitablement, il est préférable pour l'homme de ne pas être polygame. *(traités/traitées)*

d Il est difficile pour l'homme _____ s'occuper effectivement de l'éducation de ses enfants. *(à/de)*

e Être polygame, c'est _____ plusieurs personnes. *(d'aimer/aimer)*

f En dernière analyse, il semble que la polygamie ait moins d' _____ que d' _____ . *(avantages/inconvénients)*

D'autres raisons sont évoquées pour la polygamie, comme la tâche qui incombe à chaque père de famille de multiplier sa descendance. La meilleure façon d'accomplir ceci est d'avoir un ménage pluriel.

Cependant, la polygamie s'accompagne d'une condition nécessaire. Le mari doit traiter ses femmes équitablement. Il ne doit pas favoriser une femme au détriment d'une autre. Si les épouses ne peuvent pas être placées sur le même pied, il est préférable pour l'homme de ne pas être polygame.

Les critiques de la polygamie mettent l'accent plutôt sur l'égalité complémentaire de l'homme et de la femme. Certains disent que c'est impossible pour un homme polygame d'avoir une vie de famille harmonieuse. Il existe aussi la difficulté pour l'homme de s'occuper effectivement de l'éducation de ses enfants. Généralement le polygame divise son temps entre plusieurs ménages. Être polygame, c'est avoir plusieurs ménages différents à gérer, c'est aimer plusieurs personnes différentes, c'est partager son cœur entre plusieurs femmes, ce qui est presque impossible.

En dernière analyse, il ressort que la polygamie a plus d'inconvénients que d'avantages.

WORKSHEET
25

Debating – oral
'filler' phrases

4 L'amour impossible

L'amour impossible est un thème qui fascine les écrivains depuis toujours – ce qui est hors de portée, hors d'atteinte. Examinons l'élément tragique d'un tel amour.

1 **Travail oral** Voici deux exemples d'un amour impossible. Ce sont des créations françaises qui ont été adoptées et adaptées par Disney. Préparez une réponse orale aux questions qui suivent.

La Belle et la Bête, film de Jean Cocteau.

Jean Cocteau, cinéaste (1889–1963) Le cinéma de Jean Cocteau répond totalement à ce qu'il attendait lui-même de l'œuvre d'art : «Je crois, disait-il, qu'au lieu de s'évader par une œuvre on est envahi par elle. Ce qui est beau c'est d'être envahi, habité, inquiété, obsédé, dérangé par une œuvre.»

Quasimodo et Esmeralda (tiré du film *Notre-Dame de Paris* de 1956), d'après le roman de Victor Hugo : *Notre-Dame de Paris*.

Victor Hugo (1802–1885) Victor Hugo est l'un des grands écrivains du dix-neuvième siècle. Ses œuvres comprennent romans, poésie et pièces de théâtre. Il était aussi homme politique, défenseur des idées libérales.

a Décrivez ce que vous voyez sur les images.

b Qu'est-ce que vous ressentez devant ces images ?

c Essayez d'analyser vos réactions.

d Pourquoi Jean Cocteau et Victor Hugo voulaient-ils traiter ce genre d'histoire, croyez-vous ?

e Résumez les deux histoires.

Grammaire Linking two verbs

- When two verbs come together, the second verb is in the infinitive and is connected to the first verb in one of three ways:

  1 The first verb is simply followed by an infinitive:

  Il aimait vivre avec elle.

  Ils croyaient se marier pour la vie.

  Ils espéraient avoir des enfants.

  2 The first verb is followed by *à*:

  Ils sont habitués à vivre ensemble.

  Ils passaient leurs temps à ranger la maison.

  3 The first verb is followed by *de*:

  Ils ont décidé d' acheter une maison ensemble.

  Ils essayaient de communiquer.

- There are many verbs in each category, as you can see. They must be learnt by heart. Look up the meanings of any you don't know.

1

adorer to adore
compter to plan
désirer to desire
devoir to have to
espérer to hope
laisser to let
oser to dare
préférer to prefere
prétendre to pretend
pouvoir to be able to
savoir to know
souhaiter to wish
vouloir to want

2

aider à to help
s' amuser à to amuse
apprendre à to learn
arriver à to manage
s' attendre à to expect
commencer à to start
continuer à to continue
encourager à to encourage
hésiter à to hesitate
inviter à to suggest
obliger à to force
perdre son temps à to waste only time
se préparer à to prepare
renoncer à to renounce
réussir à to succeed
servir à to be used for
songer à to think about
tarder à to be late
tenir à to want

3

achever de to finish
s' arrêter de to stop
cesser de to stop
décider de to decide
se dépêcher de to hurry
éviter de to avoid
être en train de to be in the process of
faire semblant de to pretend
se lasser de to be tired
mériter de to deserve
s' occuper de to spent time
oublier de to forget
proposer de to offer
regretter de to regret
rêver de to dream?
risquer de to risk
se souvenir de to remember
tâcher de to try
tenter de to attempt
venir de to just have done something

This list is not exhaustive; add to it as you learn.

---

2 Travail écrit Recopiez ces verbes en ajoutant à chacun un deuxième verbe à l'infinitif précédé de *à* ou *de* si nécessaire.

faire	passer son temps
penser	choisir
sembler	essayer
chercher	finir
finir	refuser
se mettre	

---

3 Travail écrit Traduisez ces phrases en français.

a She was falling in love.

b He was hoping to marry.

c They succeeded in buying their flat.

d We regretted arguing.

e You are wasting your time trying to convince her.

f They are about to get divorced.

Organisez-vous!

Here are some ideas you could try to help you learn by heart:

- Memorise a small number in each category, then try to increase the number gradually.

- Write them on separate pieces of paper, then sort them into groups.

- Write a mixture of verbs from each category, then colour code them.

- Write a list from each category, then try to 'photograph' the lists in your mind.

- When you think you know a number of them, write them out minus the prepositions, then come back later to add the prepositions.

- Choose the verbs you think are most useful and write a simple sentence containing each one. It's often easier to learn things in context. Share ideas in the class – different people learn best in different ways.

5 L'amour familial

Il n'y a pas que le grand amour. Le besoin d'affection est très important au sein de la famille. Et ce n'est pas toujours facile...

1 Lecture
Les sections de ce poème (*Familiale*, par Jacques Prévert) ne sont pas dans le bon ordre. Essayez de reconstituer le poème. Ensuite, écoutez la cassette pour vérifier.

Le père et la mère vont au cimetière
Ils trouvent ça naturel le père et la mère
La vie continue la vie avec le tricot la guerre les affaires
Les affaires la guerre le tricot la guerre
Les affaires les affaires et les affaires
La vie avec le cimetière

La guerre continue la mère continue elle tricote
Le père continue il fait des affaires
Le fils est tué il ne continue plus

Et le fils et le fils
Qu'est-ce qu'il trouve le fils?
Il ne trouve absolument rien le fils
Le fils sa mère fait du tricot son père des affaires lui la guerre
Quand il aura fini la guerre
Il fera des affaires avec son père

La mère fait du tricot
Le fils fait la guerre
Elle trouve ça tout naturel la mère
Et le père qu'est-ce qu'il fait le père?

Il fait des affaires
Sa femme fait du tricot
Son fils fait la guerre
Lui des affaires
Il trouve ça tout naturel le père

faire du tricot/tricoter = to knit

2 Travail oral
Écoutez le poème encore une fois et répondez aux questions suivantes en français.

a Quel est le rôle de chaque membre de la famille?

b Quelle est la réaction des parents lorsque leur fils meurt? Comment trouvez-vous cette façon d'accepter la mort du fils?

c Que pensez-vous de leur vie de famille?

3 Travail oral
Regardez ces images et répondez aux questions.

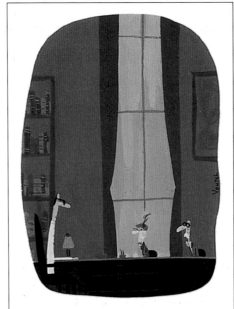

– Nous désirons adopter un enfant de 30/35 ans avec bonne situation.

BEAUCOUP DE GENS PENSENT QUE LEURS PARENTS SONT RESPONSABLES DU GACHIS DE LEUR EXISTENCE...

MAMAN... Tu as gâché ma vie !

Et alors ?

© Cath Tate Cards

a Que voyez-vous sur ces images? Donnez des détails très précis.

b Commentez le texte qui accompagne chaque image.

c Pourquoi ces deux images nous font-elles rire?

d Quels sont les problèmes qu'elles soulèvent?

4 Lecture On parle beaucoup du conflit des générations, mais est-ce un problème réel? Lisez ce texte et relevez les arguments principaux de chaque paragraphe. Êtes-vous d'accord?

Générations
Qui fait quoi?

On vit de plus en plus vieux et en meilleure santé.
Les jeunes, chômage oblige, entrent plus tard dans la vie active.
Du coup, les rôles traditionnels sont bouleversés.
Comment se partagent les responsabilités, les richesses, le travail?

Enfant, adulte, vieillard: autrefois, les générations étaient clairement définies. Et chacune avait sa fonction: la jeunesse était rebelle, l'âge adulte était celui des responsabilités et de la fondation d'une famille, tandis que la vieillesse symbolisait la sagesse. Aujourd'hui, l'allongement de la durée de vie permet la coexistence de quatre, voire cinq générations. Un fait sans précédent dans l'histoire de l'humanité. Or, plus personne n'est à sa place: papy et mamie jouent les globe-trotters, papa est parti habiter chez sa copine, maman sort presque tous les soirs, tandis que – études prolongées et difficulté de trouver un emploi obligent – adolescents et jeunes adultes pantouflent au domicile parental jusqu'à plus d'âge: une enquête de l'Insee révèle qu'en 1996 20 % des 25–29 ans vivent encore chez leurs parents, alors qu'ils n'étaient que 13 % en 1982!

Pour la première fois, le fameux conflit entre les générations semble avoir ainsi disparu au profit d'une sorte de «mono-génération» où des relations de copinage ont remplacé toute hiérarchie familiale. «Être cool», «ne pas se prendre la tête» sont des expressions à la mode. Mais derrière ce discours qui refuse toute forme de conflit, non-dits et tensions s'accumulent. Car éviter les affrontements relationnels, c'est les faire ressurgir dangereusement là où on ne les attend pas. «L'existence de conflits doit être considérée comme la respiration normale des échanges à l'intérieur des familles», insiste Xavier Pommereau, psychiatre spécialiste de l'adolescent et du jeune adulte.

En fait, la génération du baby-boom a fait de son adolescence un mythe et, plus généralement, de la jeunesse «la» valeur à laquelle tout le monde doit souscrire. La jeunesse est un statut, un label de qualité, un droit que tous revendiquent. Pour l'ensemble de la société, il s'agit non seulement de rester jeune, mais de l'être à la mode des baby-boomers, qui, démographiquement majoritaires et économiquement puissants, imposent leurs critères: ce sont les «toujours-jeunes». Figée dans son adolescence tout en avançant en âge, cette génération empêche les autres de jouer leur rôle.

5 Travail écrit Le conflit des générations, qu'est-ce que c'est? Reliez les deux moitiés des phrases suivantes.

Les parents	l'incompréhension parentale
Le conflit des générations	est constamment mise en question
Les enfants se rebellent	contre l'autorité parentale
L'autorité parentale	rejette la culture parentale
Les jeunes	l'harmonie règne
La culture adolescente	ont du mal à dialoguer avec leurs enfants
On méprise	à se renfermer dans leur chambre et à se révolter contre leurs parents
Les jeunes ont tendance	existe depuis toujours
Beaucoup de jeunes voudraient	deviennent de plus en plus autonomes
Quelquefois	rompre les liens familiaux

6 Travail écrit Écrivez une lettre à un magazine où vous donnez votre avis sur le conflit des générations. Est-ce un mythe moderne pour s'assurer que chacun reste à sa place?

De nos jours on parle beaucoup de la santé, de ce qu'il faut manger ou ne pas manger, de l'exercice qu'il faut prendre, de la recherche de la ligne parfaite et du régime idéal. Pourtant, il existe bien des contradictions dans la société actuelle. Il ne faut pas boire trop d'alcool, mais le vin est glorifié. Fumer n'est pas bon pour la santé, mais l'attrait du tabac persiste. La cuisine française est vénérée partout dans le monde, l'art de la table est un art très français, mais la boulimie et l'anorexie sont des désordres alimentaires en hausse. Comment expliquer ces contradictions? Et les grandes maladies de nos jours, telles que le sida, faut-il vraiment les craindre? Voilà ce que nous allons aborder dans ce chapitre.

santé *nf* état d'une personne dont l'organisme fonctionne régulièrement; état de l'organisme, bon ou mauvais

1 **Lecture** La santé ne signifie pas la même chose pour chaque individu. Pour certains, c'est leur raison d'être; pour d'autres, cela importe peu. Lisez ces textes qui démontrent comment les attitudes sont différentes et trouvez l'équivalent français des expressions qui suivent.

La moitié fume et boit

Interruption volontaire de grossesse. Près de 1 jeune fille sur 10 âgées de 16 à 28 ans déclare avoir eu recours au moins une fois à l'IVG. 2% d'entre elles à plusieurs reprises, 6% une fois.

Tabagisme. Près de 1 jeune sur 2 se dit fumeur. Chez les étudiants, 20% consomment entre un demi-paquet et un paquet par jour, 2% plus d'un paquet.

Alcool. La moitié des étudiants boit de l'alcool au moins une fois par semaine.

Haschisch. 36% des 16–28 ans ont fumé un joint au moins une fois. Les garçons s'y adonnent plus que les filles, puisque 74% d'entre elles disent ne jamais y avoir touché.

Calmants. Les 16–28 ans sont 14% à avoir pris au moins une fois des calmants. 17% des étudiants prennent des stimulants.

LES «MÉDECINES DOUCES»

Une alimentation équilibrée, avec un apport important en vitamines, peut limiter votre stress.

Privilégiez les céréales, les germes de blé. Ces aliments fournissent à l'organisme les vitamines B et E. Consommez aussi des agrumes, riches en vitamine C. Enfin, n'oubliez pas les produits laitiers: ils contiennent du calcium. Complétez avec du magnésium et des oligo-éléments comme le zinc et le nickel. En revanche, bannissez de votre régime tout ce qui favorise le stress: café, alcool, graisses…

L'acupuncture donne de bons résultats, mais il faut choisir avec attention son acupuncteur.

Adressez-vous à un médecin avec de l'expérience dans cette technique. C'est une des thérapies les mieux adaptées au stress. Les cures de soleil, peu pratiquées, donnent d'assez bons résultats. Si vous êtes très stressé et basculez progressivement vers la dépression, prenez le soleil le plus possible. Votre moral s'améliorera rapidement. Évidemment, ce sont des cures qui peuvent être facilement suivies l'été, tandis qu'en hiver elles sont plus difficiles.

Les massages ont des effets bénéfiques notables, ce qui a été prouvé plusieurs fois.

Il ne reste qu'à choisir le type de massage. Le massage californien se fait en utilisant des huiles essentielles, en suivant la respiration. L'effet est immédiat: vous ressortirez de la séance complètement détendus. Le shiatsu vient, en revanche, du Japon et consiste à effectuer des pressions sur les zones affaiblies. Il nécessite des séances régulières pour obtenir des effets à long terme. Ce type de massage fait partie des plus pratiqués.

---

a abortion

b addiction to smoking

c become addicted to

d tranquillisers

e a balanced diet

f cut out of your diet everything that encourages stress

g if you are very stressed and sinking into depression

h you will be completely relaxed by the end of the session

i you need regular sessions to achieve long-term results

2 **Travail oral** Préparez une première réaction aux questions suivantes.

a Est-ce que vous croyez que c'est important de prendre soin de sa santé lorsqu'on est jeune?

b Que pensez-vous des médecines douces?

c Est-il important de faire du sport? Pourquoi? Pourquoi pas?

Mots à retenir

avoir recours à   s'adonner à   consommer   toucher à
à plusieurs reprises   fournir   privilégier

1 La nourriture

La nourriture et la santé sont très étroitement liées. Sans une alimentation équilibrée, on risque fort d'être malade. Il faut manger sain! Comment réconcilier alors les plaisirs de la cuisine internationale avec la santé? Il faut de la modération!

1 Exercice d'écoute Le fromage est plus qu'un mets pour les Français, c'est un rite! Écoutez le passage et décidez si les phrases suivantes sont vraies, fausses ou pas mentionnées.

a Le général de Gaulle était de l'avis que la France était un pays qui était difficile à gouverner.

b Tous les Français mangeaient du fromage.

c Henri IV aimait le fromage de brebis.

d Napoléon III préférait le roquefort au camembert.

e Le petit-suisse a été inventé en 1815.

f La révolution des transports et des techniques de conservation a assuré l'avenir du fromage.

CARTE DES FROMAGES DE FRANCE

Fromage de vache
Fromage de chèvre
Fromage de brebis

2 Travail oral La nourriture a aussi inspiré les peintres français. Regardez ces reproductions de tableaux qui décrivent d'autres aspects de la vie gastronomique et préparez une réponse orale aux questions qui suivent.

a Quels objets est-ce que vous voyez sur cette image?

b Comment sont-ils arrangés?

c Où se trouvent ces objets?

d Commentez la lumière du tableau.

e Selon vous, pourquoi Cézanne a-t-il choisi ces objets?

f Est-ce que vous aimez ce tableau? Pourquoi? Pourquoi pas?

Nature morte à la bouilloire

Paul Cézanne (1839–1906)

Toute sa vie, Cézanne a peint des pommes – motif simplifié permettant au peintre de se concentrer sur la technique et la forme.

L'idéal cézannien: «L'art est une harmonie parallèle à la nature.»

Le Marché

Camille Pissarro (1830–1903)

Originaire des Antilles, Pissarro a suivi des études artistiques à Paris, puis s'est inscrit à l'Académie suisse où il s'est lié avec Monet et Cézanne. Il s'intéressait surtout aux thèmes champêtres. Après un bref séjour à Londres, il est retourné en France où il a participé activement à la création de la Société anonyme coopérative des artistes. Vers la fin de sa vie, il s'est livré au décor d'éventails et de porcelaines, ainsi qu'à la gravure et à l'illustration.

a Où se trouvent les femmes ?

b Que font-elles ?

c Comment sont-elles habillées ?

d Comment expliquez-vous l'absence d'hommes dans ce tableau ?

e Avez-vous déjà visité des marchés comme celui-ci ? Préférez-vous les marchés ou les supermarchés ? Donnez des raisons à votre réponse.

© Glasgow Museums, The Burrell Collection

---

3 Lecture Émile Zola était un grand écrivain naturaliste du dix-neuvième siècle. Il a écrit une série de livres basée sur l'histoire d'une famille: les Rougon-Macquart. Tout comme chez Pissarro et Cézanne, la nourriture et la santé ont influencé son œuvre (il a traité surtout le problème de l'alcoolisme). Voici un extrait du *Ventre de Paris* (1873). L'histoire se déroule dans une charcuterie aux Halles, le quartier parisien où se trouvaient autrefois les marchés d'alimentation.

a Lisez le passage et relevez tous les adjectifs qui y figurent.

b Traduisez en anglais de « Ensuite arrivaient… » jusqu'à « dans leurs chapes d'argent ».

les rillettes *rough pâté*
désossé *boned*
fourré *stuffed*
les échines de chantre *songbirds' breasts*
les couleuvres *grass snakes*
les chapes d'argent *silver shells*
les drapeaux *flags*
les étiquettes *labels*

Émile Zola

C'était un monde de bonnes choses, de choses fondantes, de choses grasses. D'abord, tout en bas, contre la glace, il y avait une rangée de pots de rillettes, entremêlés de pots de moutarde. Les jambonneaux désossés venaient au-dessus, avec leur bonne figure ronde, jaune de chapelure, leur manche terminé par un pompon vert. Ensuite arrivaient les grands plats: les langues fourrées de Strasbourg, rouges et vernies, saignantes à côté de la pâleur des saucisses et des pieds de cochon; les boudins, noirs, roulés comme des couleuvres bonnes filles… les saucissons, pareils à des échines de chantre, dans leurs chapes d'argent; les pâtés, tout chauds, portant les petits drapeaux de leurs étiquettes; les gros jambons, les grosses pièces de veau et de porc, glacées, et dont la gelée avait des limpidités de sucre candi.

Le Ventre de Paris, 1873.

4 **Exercice d'écoute** Dans un autre livre, *Nana* (1880), Zola fait mention des filets de sole sauce ravigote. Écoutez cette recette et mettez les instructions à la page 81 dans le bon ordre.

Les Filets de sole sauce ravigote
d'Émile Zola

Préparation :
15 min
Cuisson : 10 min
Pour 4 personnes
2 belles soles
de 600 g chacune
(faire lever les filets
par le poissonnier)
150 g de farine
100 g de chapelure
2 œufs, sel
Pour la sauce :
4 jaunes d'œufs durs
5 échalotes hachées
1 oignon haché
1 cuil. à soupe des aromates suivants :
persil haché
ciboulette hachée
estragon haché
câpres hachés
1 tasse de vinaigrette
à la moutarde

Après les relevés, les entrées venaient de paraître : des poulardes à la maréchale, des filets de sole sauce ravigote et des escalopes de foie gras. Le maître d'hôtel, qui avait fait verser jusque-là du meursault, offrait du chambertin et du léoville.

Nana, 1880.

puis dans les œufs battus et dans la chapelure.

et les disposer sur le plat de service.

ajouter la vinaigrette et bien mélanger.

La sauce sera présentée dans une saucière à part.

les laisser dorer cinq bonnes minutes,

Plonger les filets dans l'huile bouillante,

Passer les filets de sole dans la farine,

les égoutter

Écraser les jaunes d'œufs avec tous les ingrédients prévus pour la sauce,

Grammaire Adjectives

- In the Zola passage from *Le ventre de Paris* there are many adjectives:

  de **bonnes** choses

  choses **fondantes, grasses**

  des jambonneaux **désossés**

  les **grands** plats

  les langues **fourrées, rouges** et **vernies**

- Remember that adjectives must agree with the noun being described in number and gender:

Masc. sing.	Fem. sing.	Masc. pl.	Fem. pl.
bon	bonne	bons	bonnes
rigoureux	-euse	-eux	-euses
inférieur	-eure	-eurs	-eures
parisien	-enne	-ns	-ennes
hâtif	-ive	-ifs	-ives
traditionnel	-elle	-els	-elles
légal	-le	-aux	-ales

- If you have a plural adjective in front of a noun, *des* turns to *de*.

- If an adjective already ends with an *-e*, there is no need to add one for the feminine form.

5 Travail écrit Regardez encore une fois les tableaux reproduits aux pages 78–79. Faites une liste d'adjectifs qui pourraient servir à les décrire.

6 Travail écrit Formez des adverbes à partir des adjectifs tirés du passage du *Ventre de Paris*.

Grammaire Adverbs

- An adverb is a word which describes a verb. In French, adverbs are formed by taking the feminine form of an adjective and adding *-ment*:

  lente → lentement

- You don't need to add an *-e* if the adjective already ends in a vowel:

  vrai → vraiment

Exceptions:

- Look out for adjectives ending in *-ent* or *-ant*:

  impatient → impatiemment

  constant → constamment

- Some add *é* for ease of pronunciation:

  profond → profondément

  énorme → énormément

- In French, a phrase is sometimes used instead of an adverb:

  de façon régulière (régulièrement)

  avec soin (soigneusement)

2 La boulimie

boulimie *nf* sensation de faim excessive, poussant à une consommation exagérée d'aliments

Manger pose de nos jours de plus en plus de problèmes. Surtout parmi les jeunes filles, la boulimie et l'anorexie sont des troubles répandus et n'ont pas de solution facile. Dans les pages qui suivent, nous allons examiner la boulimie et ses effets.

1 Exercice d'écoute Écoutez ces deux jeunes filles qui souffrent de boulimie et qui ont le courage d'en parler. Prenez des notes et faites un résumé de ce qu'elles disent en français.

Mots à retenir

au début   d'habitude   actuellement   à force de
avoir honte   se soucier de   paraître   se sentir à sa place
se rassurer   se faire vomir   se sentir humilié
se rendre compte que   un psychothérapeute

Grammaire The imperfect (revision)

- Remember that the imperfect:

  i) is the equivalent of the English form of 'was/were doing'.
  Je faisais mes devoirs quand tu as téléphoné.

  ii) describes states in the past.
  Les routes étaient dangereuses au XVIIe siècle.

  iii) describes what you used to do.
  J' aimais aller à l'école quand j'étais petit.

- **Formation:**

  Stem (the *nous* form of present tense minus -*ons* + these endings:

je	-*ais*	nous	-*ions*
tu	-*ais*	vous	-*iez*
il/elle/on	-*ait*	ils/elles	-*aient*

«Pendant une crise, un boulimique peut absorber 1 kg de glace, plusieurs paquets de gâteaux, 1 kg de pâtes...»

2 Exercice d'écoute Écoutez Astrid encore une fois et faites la liste de tous les verbes à l'imparfait que vous entendez.

3 Lecture Lisez le passage à la page 83 et trouvez les synonymes des expressions suivantes.

a   surtout
b   correspond à
c   problèmes
d   attaques
e   de suite
f   ne se maîtrise plus

g   un excès de
h   arrive
i   résoudre
j   ouvertement
k   cacher
l   nourrir

Je suis
boulimique

La boulimie. Un trouble alimentaire et psychologique dont souffrent de nombreux adolescents, essentiellement des filles. Prudence, tout de même. Ne sont pas boulimiques tous les gros mangeurs et gourmands. Cette maladie répond à une définition médicale très précise, que nous livre Noëlle Chombart de Lauwe, médecin spécialiste des troubles du comportement alimentaire. **«Pour être reconnu boulimique, il faut avoir eu deux crises de boulimie par semaine, pendant au moins trois mois consécutifs. On entend par crise de boulimie le besoin irrépressible d'ingérer de grandes quantités de nourriture:** en moyenne 3 500 calories par crise, mais cela peut aller jusqu'à 10 000. Il faut savoir que la ration quotidienne et normale est de 2 500 calories pour une jeune fille. Pendant une crise, elle pourra par exemple absorber 1 kg de glace, plusieurs paquets de gâteaux, 1 kg de pâtes. Elle ne se contrôle plus du tout, elle ne peut que subir ses pulsions.» Des pulsions terriblement dures à vivre. **D'un côté, on ne peut se retenir de se «gaver». De l'autre, on a une peur intense de grossir.** Alors, tous les moyens sont bons: gym à outrance, laxatifs et le plus souvent, vomissements provoqués avec les doigts. Bref, on s'installe très rapidement et sans forcément s'en rendre compte, dans un cercle aussi vicieux que douloureux…

Une sorte de toxicomanie

Mais comment peut-on en arriver là? Il n'existe pas de réponse toute faite, ce serait trop simple. On peut quand même dire que la première crise de boulimie survient souvent à un moment difficile de l'existence: problèmes scolaires, rupture avec le petit copain, conflits avec les parents. Mais aussi parfois de façon plus insidieuse, parce qu'on s'ennuie, qu'on est un peu déprimé, qu'on a besoin de combler un sentiment de vide, qu'on n'aime pas son corps. «La nourriture apparaît alors comme une sorte d'objet magique qui va régler tous les problèmes. Puis très vite, la dépendance s'installe. La boulimie obéit à un processus très proche de celui de la toxicomanie», explique Alain Braconnier, psychiatre pour adolescents.
Il faut aussi savoir, et c'est hélas très fréquent, qu'on peut sombrer dans la boulimie suite à un régime trop strict. «Les adolescentes ont souvent du mal à résister à la pression de notre société qui véhicule l'image d'une femme mince, presque androgyne. Certaines se réfugient dans l'anorexie, une autre maladie alimentaire, qui consiste à se priver de nourriture. D'autres dans la boulimie. Parfois, les deux troubles coexistent», constate Alain Braconnier. Quelle que soit la cause de ce mal, **il faut s'en sortir!**

Parler, pour en sortir

S'en sortir, mais comment? Cela n'a rien d'évident. Pour la simple raison qu'on ne vit pas sa boulimie au grand jour. On cherche à la dissimuler, comme une maladie honteuse. Or **la seule façon de briser l'engrenage, c'est justement d'en parler.** Commencez par le plus simple: **allez voir l'infirmière scolaire ou un médecin généraliste. Ils vous orienteront vers les nombreux cetres spécialisés qui existent,** conseille Alain Braconnier.
Ce sera long. Il faudra réapprendre à vous alimenter normalement avec un médecin nutritionniste. Affronter vos problèmes en suivant une thérapie. Mais au bout du chemin, il y a aura la libération…

ISABELLE GRAVILLON

---

4 Lecture Relisez le passage et répondez aux questions suivantes en français.

  a Qu'est-ce que la boulimie?

  b Une crise de boulimie consiste en quoi?

  c Par quels moyens une personne boulimique élimine-t-elle ses calories?

  d Quels genres de problèmes encouragent la boulimie?

  e Que répresente la nourriture pour une personne boulimique?

  f Qu'est-ce qui, dans notre société, encourage la boulimie et l'anorexie?

  g Quels conseils faut-il suivre pour sortir du cercle vicieux?

5 Travail écrit En vous servant du vocabulaire et des faits ci-dessus, rédigez une brochure qui vise les adolescents, en leur expliquant ce qu'est la boulimie, et comment s'en sortir.

3 Le vin et l'alcoolisme

Tout comme les troubles de l'alimentation sont liés à la nourriture, les abus d'alcool ont de graves conséquences sur la santé. Le vin est vénéré en France, pourtant l'alcoolisme y existe comme dans tout autre pays. Comment résoudre cette tension?

1 Travail oral Faites un sondage. Demandez à dix adultes que vous connaissez s'ils aiment le vin. Notez leurs réponses. Quels vins aiment-ils boire? Rouge ou blanc? De quel pays d'origine? Combien en boivent-ils par semaine? S'ils n'en boivent jamais, demandez-leur pourquoi. Comparez les résultats en classe.

2 Travail oral Regardez cette image et préparez une réponse orale à ces questions.

a Où se trouvent ces deux personnes?

b Que font-elles?

c Comment est leur expression? Pourquoi?

d Est-ce que vous auriez aimé les rencontrer? Pourquoi? Pourquoi pas?

e Quelles couleurs dominent ce tableau? Est-ce important?

f Quelle est votre réaction devant ce tableau?

L'absinthe

Edgar Degas (1834–1917)

Sur cette image, Degas livre une image d'une absolue détresse. Il a fait de très nombreuses études de danseuses et chanteuses, mais ici se concentre sur l'absinthe – alcool féroce et rite social.

absinthe = liqueur alcoolique toxique de couleur verte, dont la fabrication a été interdite en France en 1914 parce que la consommation en est très mauvaise pour la santé. Au XIXᵉ siècle, l'absinthe était très en vogue et faisaient de nombreuses victimes.

4 Lecture Lisez ce texte sur les dangers de l'alcool, puis choisissez le bon mot pour remplir les trous dans les phrases qui suivent.

C'est bien connu: quand on aime, on ne compte pas... Alors, 2 verres, 4 verres ou plus, pour vous c'est pas un problème. L'alcool, vous avez toute la vie pour faire attention... Aujourd'hui, c'est ce que vous croyez. Mais ce sera vrai jusqu'à quand?

Boire pour mettre de l'ambiance. Boire pour se défoncer. C'est une manière de vivre sa vie, de se libérer... Mais quand on est entraîné par les copains... Quand pour finir, on ne sait plus ce qu'on dit ou ce qu'on fait... Franchement, elle est où, la liberté?

Fête après fête, soirée après soirée... au bout du compte, c'est plutôt l'alcool qui vous tient. Ça vaut le coup d'y réfléchir deux minutes. Il n'y a pas que de la drogue dont on peut être dépendant...

Alors, regardez ce que vous buvez vraiment!

a On a tendance à penser qu'il n'est pas _____ de prendre un verre.

b On boit pour créer _____ .

c Les amis encouragent _____ .

d L'alcool entraîne plutôt _____ de liberté.

e Il est facile de devenir _____ de l'alcool.

> dépendant   un manque   la participation
> dangereux   de l'atmosphère

3 Exercice d'écoute Les effets de l'alcoolisme sont néfastes. La solution semble être la modération et l'éducation. Écoutez ces trois jeunes. Pourquoi boivent-ils? Faites la liste des raisons qu'ils donnent. Est-ce qu'ils se sentent concernés par le problème de l'alcoolisme? Êtes-vous d'accord avec eux? Pourquoi?

5 Lecture La conception sociale de l'effet de l'alcool n'est pas toujours vraie. Regardons de près ces idées reçues. Reliez chaque citation avec la bonne riposte.

Quelques idées fausses... à mettre au placard

L'alcool, ça me désaltère.

L'alcool, ça me rend plus fort.

Noyé dans l'eau, du coca ou du jus de fruit, l'alcool est moins fort.

L'alcool, ça me réchauffe.

L'alcool ne fait pas grossir.

Moins fort au goût, peut-être! Mais avec ou sans eau, le volume d'alcool reste le même dans le verre!

Dans un premier temps, ça donne cette impression mais cette sensation n'est qu'une question de circulation du sang et de petits vaisseaux qui se dilatent.

C'est plutôt le contraire. L'alcool déshydrate. D'où la "gueule de bois" du lendemain.

Bien sûr que si! Et les calories qu'il apporte favorisent le stockage des graisses.

Pas pour longtemps! L'alcool "coupe les jambes" ... et le reste. On perd ses moyens, même ceux que l'on n'a pas envie de perdre dans l'intimité.

6 Travail oral Êtes-vous d'accord avec ces avis qui expliquent pourquoi les jeunes boivent? Discutez-en avec le reste de la classe.

Pourquoi les jeunes boivent

■ Pour échapper à la routine d'une vie quotidienne ennuyeuse ■ Pour se mettre de bonne humeur ■ Pour ressentir de l'euphorie, une sensation de bonheur ■ Pour vaincre leur timidité, oser aller vers les autres ■ Pour se détendre ■ Pour pouvoir faire croire qu'on a de l'expérience ■ Pour établir plus facilement le contact avec les autres ■ Pour trouver d'autres états de conscience ■ Pour changer notre société malade ■ Pour braver ce qui est interdit par les adultes...

7 Travail oral Préparez une présentation orale sur les difficultés associées à l'alcool, les problèmes qu'il présente pour la société, et votre opinion sur les solutions possibles. Tâchez de vous servir des idées et du vocabulaire ci-dessous.

Pour
On boit pour mettre de l'ambiance, pour se détendre.
Le vin facilite la conversation.
Arroser un événement, trinquer avec quelqu'un, faire la fête, c'est génial.

Contre
Celui qui boit perd ses réflexes, dit des choses qu'il ne pense pas, et perd tout contrôle de soi.
L'alcoolisme fait grossir.
L'excès mène au malheur.
L'ivresse est répugnante.
La consommation d'alcool par les mineurs pose un problème pour la société actuelle.
On pourrait finir avec une cirrhose du foie.

Solutions possibles
L'alcool est trop facilement disponible, il faudrait introduire des lois réglementant la vente d'alcool.
Il faut encourager la modération.
Il faut éduquer les gens concernant les dangers de l'alcoolisme.

Vocabulaire utile
cependant
pourtant
néanmoins
toutefois
il faut constater que

8 Travail écrit Maintenant, écrivez votre opinion sous la forme d'un article de journal.

WORKSHEET
30
Getting started on course work – checking your work

4 Le tabac

Tout comme avec l'alcool, malgré les dangers pour la
santé, les fumeurs s'obstinent et continuent à fumer,
malgré les conseils du ministère de la santé. Le tabac est
responsable de 20 % des décès dus au cancer. 44 % des
hommes et 29 % des femmes fument. Comment trouver
une solution à ce problème ?

1 Travail oral Regardez cette image et répondez aux questions.

a Qu'est-ce que vous voyez sur cette image ?

b Expliquez la question de la femme.

c Est-ce que vous trouvez cette image drôle ?
Pourquoi ?

2 Exercice d'écoute

a Qu'est-ce qui pousse les jeunes à fumer ? Écoutez
Nazim, Ève et Amaury et décidez s'ils sont pour ou
contre le tabac. Donnez les raisons pour vos
réponses.

b Écoutez le passage encore une fois et notez toutes
les expressions qui sont pour ou contre le tabac.

3 Lecture Quels sont les différents types de fumeurs ? Lisez les descriptions ci-dessous et faites correspondre chacune à une catégorie de fumeurs.

"Petit fumeur",
ou fumeur d'après
le repas

Fumeur "social"

Fumeur anxieux

Fumeur adolescent
(ou fumeuse
adolescente)

Fumeur intoxiqué

La cigarette, une par heure environ, vous
permet de prendre de la distance face à
certaines situations et vous évite de faire appel
aux tranquillisants.

Vous fumez deux cigarettes par heure,
ou plus, mais seules quelques-unes vous procurent
un plaisir réel. Les autres sont fumées presque
inconsciemment, elles accompagnent vos activités
et font partie de vos automatismes.

Vous fumez deux ou trois
cigarettes par jour. Vous n'avalez
pas la fumée.

Fumer est pour vous un acte convivial à la
sortie du lycée, un moyen de calmer l'angoisse d'un
examen ou d'un contrôle. C'est aussi – et surtout –
un rite initiatique de passage à l'âge adulte.

Vous vous laissez aller à
fumer plus que vous ne voudriez lorsque vous êtes
en société, pour la convivialité, le geste.

4 Travail oral Regardez cette carte postale qui essaie de mettre en relief les dangers du tabagisme et de l'alcoolisme. Préparez une réponse aux questions qui suivent.

Et, au dos, ce message...

20 ans, c'est l'âge idéal pour avoir un cancer à 40. Parce que le développement des cellules cancéreuses se fait le plus souvent sur 15 à 20 ans. pendant lesquels aucun signe d'alerte n'apparaît. En admettant ainsi que la consommation de tabac reste, chez les 18/30 ans, au niveau actuel, la cigarette sera responsable en France de près de 300 000 morts entre 2020 et 2025. 20 ans, c'est l'âge idéal pour avoir un cancer à 40. Mais si on y réfléchit bien, c'est aussi l'âge idéal pour éviter d'en avoir un.

a Commentez l'usage des couleurs – et sur l'image et dans le texte.

b Résumez le message qui est imprimé au dos de la carte postale.

c Pensez-vous que cette carte postale soit efficace ? Pourquoi ?

5 Travail oral Quels sont les arguments contre le tabac ? Comment à votre avis peut-on encourager les gens à cesser de fumer ? Préparez une présentation orale en vous servant du vocabulaire ci-dessous.

Contre

Le tabagisme cause des problèmes respiratoires.
Le tabagisme provoque le cancer du poumon/la bronchite chronique/la toux.
Le tabac est nuisible à la santé.
Il réduit l'espérance de vie.
Il gêne les non-fumeurs.

Les solutions

Il faut : dissuader les jeunes de fumer.
    prévenir les jeunes du danger.
    interdire la publicité pour le tabac.
    augmenter le prix du tabac.

6 Travail écrit Écrivez un passage en français de 100 à 150 mots suivant ce plan :

Qu'est-ce qui pousse les gens à fumer ?

Quels sont les risques du tabac ?

Quelles sont les solutions possibles ?

Quelle est votre opinion à ce sujet ?

5 Le sida

*De nos jours le sida colore la vie quotidienne. Il faut être
en situation de comprendre cette maladie plutôt que d'en
avoir tout simplement peur.*

Le virus s'attaque...

Il peut être à l'intérieur...

Le corps perd ses défenses, les maladies...

Les nouveaux médicaments
expérimentés aux États-Unis
et en France...

Les médicaments soulagent et...

Ils présentent un espoir certain...

...prolongent la vie

...ne protègent pas du virus et ne guérissent
pas encore du SIDA

...des globules blancs et en prendre
le commandement

...aux défenses de l'organisme

...profitent de cet affaiblissement pour
nous attaquer

...pour les chercheurs et les malades

Grammaire Impersonal verbs

Some verbs are only used in the *il* form. These are
called impersonal verbs. Here is a list of the most
common ones:

il neige	*il vaut mieux*
il pleut	*il faut*
il semble	*il est nécessaire de*
il y a	*il s' agit de*

*Il me semble que je suis
déjà passée par ici.*

1 Lecture Trouvez les bonnes fins de phrases afin de
reconstituer la brochure.

2 Exercice d'écoute Écoutez cette femme qui veut nous
parler de sa séropositivité. Tout en écoutant, mettez ce
qu'elle dit dans le bon ordre.

Je recherche un soutien et un appui.

Je suis une femme avec ma vie et mes projets.

Je suis séropositive et je veux en parler.

Mais je choisis le moment et la personne
à qui j'en parle.

Je risque de me faire rejeter.

La médecine est aujourd'hui incapable
d'éliminer le VIH.

3 Travail écrit Traduisez les phrases suivantes en
français.

a It is better to talk about it.

b It is necessary to be well informed.

c It is a question of prolonging life.

d It seems that many people are still ignorant
about Aids.

4 Travail oral Travaillez avec un partenaire. Vous vous disputez sur ce qui peut transmettre le virus et ce qui ne le transmet pas. Faites un jeu de rôles où vous discutez ce propos. Voici du vocabulaire pour vous aider.

Je suis certain(e) que	Non, ce n'est pas du tout le cas
Je suis persuadé(e) que	Au contraire
Je suis sûr(e) que	Vous vous trompez
Je suis convaincu(e) que	Vous avez tort car

5 Travail écrit Écrivez une lettre à un journal où vous dénoncerez l'ignorance de certaines personnes face au sida. Essayez d'inclure tout ce qu'il faut savoir pour vaincre sa peur face à cette maladie.

Ce qui peut transmettre *Ce qui ne transmet pas le SIDA*

Le virus se transmet lors des relations amoureuses non protégées par un préservatif. Il faut savoir que la pilule ne protège pas du SIDA, qu'il est possible d'attraper le SIDA lors de la première relation sexuelle, comme il est possible d'être enceinte la première fois.

De la mère à l'enfant pendant la grossesse si la mère est séropositive.

Les seringues et les aiguilles contaminées peuvent transmettre le virus.

Jouer ensemble

Soigner les animaux

L'école

Dormir avec une personne séropositive

Manger ensemble

Partager un savon

S'asseoir avec quelqu'un

Habiter avec une personne qui a le virus du SIDA

Téléphoner

Se donner la main

S'embrasser

La piscine

Aller chez le dentiste

Parler avec une personne séropositive

Donner son sang

Utiliser les toilettes publiques

Serrer une personne dans ses bras

Les moustiques

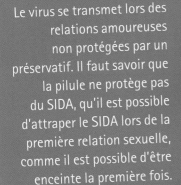

De nos jours, la radio, la télévision et la presse occupent une place très importante dans notre vie. Une personne passe en moyenne six ans de sa vie devant la télé! La publicité a pris une importance énorme dans la vie quotidienne. La technologie est constamment en révolution. Quels seront nos loisirs de demain? Quelles seront les conséquences du numérique? Comment les médias ont-ils réussi à dominer notre vie? Voici les questions que nous allons aborder au cours de ce chapitre.

Lecture De jour en jour les choses bougent. Voici des définitions courantes des médias considérés les plus importants. À vous de relier le médium à sa définition.

a télévision *nf*

b radio *nf*

c presse *nf*

d publicité *nf*

e technologie *nf*

f Internet *nm*

1 système de transmission des sons par ondes hertziennes ou par le numérique

2 ensemble des journaux, revues, magazines, qu'ils soient mensuels, quotidiens, hebdomadaires, etc.

3 ensemble de procédés scientifiquement mis au point employés à la production ou à la transformation de la nature

4 technique destinée à faire connaître une entreprise industrielle, ou à accroître la vente d'un produit en exerçant une action psychologique sur le public

5 transmission par ondes électriques d'images d'objets fixes ou mobiles, et de scènes animées

6 réseau informatique international de documentation et de messagerie

Les films de la semaine

Jeudi 19 février

20.40 Plein soleil
★★★ ▶ Lire ci-contre.
Canal Jimmy

20.50 Les Frères Pétard
★★ Comédie. France. 1986. Réalisateur : Hervé Palud. 1 h 45. Avec : Gérard Lanvin, Jacques Villeret.
M6

20.55 China Girl
★★ ▶ Lire ci-contre.
○ *Téva*

21.00 Le charme discret de la bourgeoisie
★★ ▶ Lire ci-contre.
○ *Paris Première*

21.00 Le temps de l'innocence
★★ Comédie dramatique. Etats-Unis. 1993. Réal. : Martin Scorsese. 2 h 13. Avec : Daniel Day-Lewis, Michelle Pfeiffer.
▶ Lire p. 51.
France 3

21.15 Et dieu créa la femme
★★ Comédie dramatique. France. 1956. Réal. : Roger Vadim. 1 h 30. Avec : Brigitte Bardot, Jean-Louis Trintignant.
Cinétoile

22.00 Manhattan
★★★ ▶ Lire ci-contre.
Comédie

Jeu | 20.40 Canal Jimmy
Plein soleil
Un riche industriel américain charge Tom Ripley (Alain Delon), l'ami d'enfance de son fils Philippe (Maurice Ronet), de rejoindre celui-ci en Italie. Il doit le convaincre de rentrer aux Etats-Unis. A Rome, Philippe mène une vie facile et agréable en compagnie de Marge (Marie Laforêt), sa maîtresse, et de quelques fêtards. Ce qui suscite l'envie et de la jalousie chez Tom... **Le chef-d'œuvre** de René Clément. Un film remarquable servi par les somptu-

Maurice Ronet, Marie Laforêt et Alain Delon.

euses images d'Henri Decae, par la superbe musique de Nino Rota, et par une magistrale direction d'acteurs. A vingt-quatre ans, Alain Delon trouve déjà là l'un de ses plus beaux rôles. Face à lui un excellent Maurice Ronet et une jeune et belle débutante, Marie Laforêt.
L.C.
Suspense. France-Italie. 1959. Réal. : René Clément. 1 h 50. Avec : Alain Delon, Maurice Ronet. ★★★

Jeu | 20.55 Téva
China girl
A New York, Tony Monte, un adolescent italien, s'éprend de la jolie Chinoise Tyan-Hwa. Sa famille désapprouve cette idylle. **L'intrigue, inspirée** de « Roméo et Juliette » et de « West side story », bénéficie d'une mise en scène rythmée et brillante. Un véritable film d'auteur.
A.M.
Drame. Etats-Unis. 1987. Réal. : Abel Ferrara. 1 h 27. Avec : Richard Panebianco, Sari Chang. ★★

Sari Chang.

Jeu | 21.00 Paris Première
Le charme discret...
... de la bourgeoisie. Les Thévenot viennent dîner chez les Sénéchal. Or, le dîner était prévu pour le lendemain. Bunuel, plus diabolique que jamais, s'en donne à cœur joie dans cette satire féroce de la bourgeoisie sur un scénario de J.-C. Carrière.
A.M.
Comédie dramatique. France. 1972. Réal. : Luis Bunuel. 1 h 40. Avec : Fernando Rey. ★★ ○

Diane Keaton.

Jeu | 22.00 Comédie
Manhattan
Les aventures sentimentales d'un intellectuel new-yorkais que sa femme vient de plaquer. **L'une des** œuvres les plus importantes de Woody Allen, peinture implacable du micro-cosme intellectuel new-yorkais, passant aisément de l'émotion au rire.
A.B.
Comédie. Etats-Unis. 1979. Réal. : Woody Allen. 1 h 36. Avec : Diane Keaton. ★★★

Radio-Classique

Informations : 7.00-9.00, Classique affaires ; 19.30, Classique affaires soir.

14.00 Les Après-midi. L'Europe des virtuoses.

16.30 Grand répertoire. Œuvres de Haydn, Beethoven, Kuhlau, Liszt, Chopin. **18.30** Majuscules. Ton Koopman. **19.30** Classique affaires-soir.

20.40 Les Soirées.
Nikolaï Medtner.
Drei Stimmungsbilder, de Medtner, Svetlanov, piano ; *L'Orestie,* ouverture, de Taneiev, par le Philharmonia, dir. Järvi ; *Quatuor à cordes n° 2,* de R. Schumann, par le Quatuor Manfred ; *Huit mélodies op. 24,* de Medtner, Andrew, soprano, Tozer, piano ; Œuvres de Rachmaninov, Medtner.

22.45 Les Soirées... (suite). Œuvres de Brahms, Medtner, Vaughan Williams, Metdner. **0.00** Les Nuits de Radio-Classique.

Mots à retenir

accroître   propre à   les moyens   un réseau   l'ensemble de

1 La presse

Les multimédias pourraient très bien annoncer la naissance d'une cybersociété. Toujours est-il que 54,3% des Français lisent régulièrement un quotidien. La première publication en France date de 1631. La technologie a donc encore du chemin à faire.

1 Exercice d'écoute

Écoutez ce passage, où l'on présente des chiffres sur la lecture de la presse. Copiez la grille et ajoutez les données correctes.

Lecteur régulier de la presse quotidienne:	
Lisent un journal tous les jours:	
Lisent un journal trois à cinq fois par semaine:	
Durée moyenne de lecture:	
Journaux lus avant midi:	
Titres en 1885:	
Titres en 1939:	
Titres aujourd'hui:	

2 Lecture

La presse peut exercer une forte influence sur ses lecteurs: est-ce une influence qui doit être contrôlée? Lisez cet extrait sur la liberté de la presse et insérez les expressions qui suivent au bon endroit.

La liberté de la presse est __a__. La censure est un __b__ dans la société, témoin la situation dans certains pays où les régimes répressifs sont __c__. Dans toute société démocratique, il faut résister aux __d__ de museler la presse à tout prix. Celle-ci a le devoir de __e__ la liberté de parole. La presse a une fonction __f__ mais risque parfois d'exercer une influence immodérée. Il existe bien des exemples de cas où la presse essaie de s'ingérer dans __g__ des gens. Ceci est abominable et à éviter à tout moment.

danger	la vie privée	informative et éducative
garantir	au pouvoir	capitale tentatives

3 Travail oral

Voici quelques titres principaux de la presse française. Lisez les descriptions. Ensuite choisissez l'un des titres et présentez-le aux autres membres de votre classe.

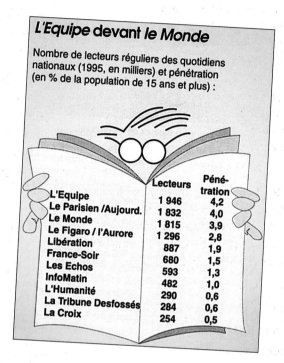

L'Equipe devant le Monde

Nombre de lecteurs réguliers des quotidiens nationaux (1995, en milliers) et pénétration (en % de la population de 15 ans et plus):

	Lecteurs	Pénétration
L'Equipe	1 946	4,2
Le Parisien /Aujourd.	1 832	4,0
Le Monde	1 815	3,9
Le Figaro / l'Aurore	1 296	2,8
Libération	887	1,9
France-Soir	680	1,5
Les Echos	593	1,3
InfoMatin	482	1,0
L'Humanité	290	0,6
La Tribune Desfossés	284	0,6
La Croix	254	0,5

Libération – Fondé en 1973 comme organe gauchiste, *Libé* poursuit un journalisme d'investigation critique.

Le Monde – Le journal français de référence par excellence. Une présentation austère et claire d'où les photos sont en grande partie exclues. *Le Monde* édite différents suppléments: *Le Monde diplomatique, Le Monde de l'éducation.* Ce journal se dit apolitique.

Le Figaro – Le plus vieux journal parisien. Organe traditionnellement modéré, il a depuis 1981 évolué vers une droite plus déterminée.

L'Humanité – Fondé en 1904, *l'Humanité* confond son histoire avec celle du Parti Communiste Français. Son tirage était au plus important en 1946 (400 000 exemplaires).

La Croix – Fondé en 1883, c'est le grand quotidien catholique. Bien qu'accordant une grande importance aux informations religieuses, il offre sur les grands problèmes politiques et sociaux des articles d'une haute tenue.

4 Travail écrit

Inspirez-vous du texte ci-dessus pour décrire les principaux journaux de votre pays.

2 La télévision

Tout comme les journaux, les différentes chaînes de télévision française ont des identités distinctes.

18.00 Les années bleues *Série. France.*
18.25 Touché, gagné !
19.00 Le Bigdil
20.00 Journal
20.40 Le journal des Jeux Olympiques

20.55 Navarro ★ ★

Film TV. France. 1995
Avec: Roger Hanin,
Jacques Martial, Christian Rauth, Daniel Rialet

Un matin, très tôt, une voiture se gare sur le terrain vague d'une usine abandonnée. Un individu s'assied à côté du conducteur et lui tend une liasse de billets. Le conducteur sort un revolver et abat le passager. Peu après, le patron d'une agence de presse est retrouvé mort, littéralement déchiqueté et carbonisé.

Un scénario efficace qui ménage habilement le suspense. La mise en scène est menée tambour battant et les interprètes sont excellents.

22.35 Mari volage
Film TV. Etats-Unis. 1994
Avec: Jack Wagner, Shelley Hack,
Joan Severance, Nicole Eggert
Nick Rawlings est pilote sur les lignes commerciales qui relient Dallas, Hawaii et Chicago. Il tire profit de sa situation professionnelle pour avoir trois domiciles conjugaux avec trois femmes différentes.

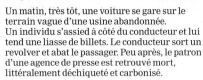

17.50 Hartley, cœurs à vif *Série. Australie.*
18.45 Qui est qui?
19.25 C'est l'heure
20.00 Journal
20.25 Spécial Mots croisés Elections régionales

21.15 Envoyé spécial

Magazine de reportages.

Au sommaire: "2 Be 3: trois garçons dans le vent". Les 2 Be 3 ont vendu un million d'albums en 1997. A quoi tient ce succès? A un soupçon d'authenticité venu de leur enfance commune dans la banlieue parisienne?

Le secret des 2 Be 3, plaire aux enfants sans choquer les parents. Un reportage qui "positive".

23.30 La 25e heure *Magazine de reportages.*
Tourné sur le terrain pendant cinq ans dans dix pays et sur quatre continents, ce documentaire, maintes fois récompensé, suit Mère Teresa, prix Nobel de la paix en 1979, dans les régions les plus troublées du monde.

18.20 Questions pour un champion
18.50 Un livre, un jour "Crimes exemplaires"
18.55 19/20
20.05 Fa si la chanter
20.35 Tout le sport
20.38 Le journal des Jeux Olympiques

21.00 Le temps de l'innocence

Film. Comédie dramatique. Etats-Unis. 1993

Avec: Daniel Day-Lewis, Michelle Pfeiffer,
Winona Ryder, Geraldine Chaplin

New York, au XIXe siècle. Newland Archer, un avocat très en vue, rejoint sa fiancée May Welland dans sa loge à l'opéra. Il y apprend le prochain retour aux Etats-Unis de la comtesse Ellen Olenska, une cousine de May. Celle-ci compte se séparer de son époux, un aristocrate polonais, mais sa famille est contre ce projet et charge Newland de la dissuader de ses velléités d'indépendance. L'avocat fait ainsi la connaissance de la comtesse, dont il tombe immédiatement amoureux.

Une mise en scène parfaite, avec une exacte reconstitution de la société du XIXe siècle. Scorsese a réalisé un vrai travail d'antiquaire et de chroniqueur.

23.55 Qu'est-ce qu'elle dit, Zazie?
Magazine littéraire.
Au sommaire: "En lisant et en cuisinant". Un objet fascinant, aux nombreux mystères: le livre de cuisine. Comment le lit-on? Comment l'écrit-on? Un tel ouvrage a-t-il un auteur ou seulement un éditeur?

CANAL+

18.30 Nulle part ailleurs 2e partie.
20.30 Le journal du cinéma Magazine.

20.35 Planète hurlante

Film. Science fiction. Etats-Unis. 1995

Avec: Peter Weller, Roy Dupuis, Jennifer Rubin,
Andy Lauer

En 2078, aux confins de l'univers, la planète Sirius 6B est ravagée par la guerre. Le puissant consortium industriel du Nouveau Bloc Economique extrait du sol un minéral radioactif, aux effets dévastateurs sur l'écologie.

22.20 Flash infos
22.25 La nuit des rois
Film. Comédie. Grande-Bretagne. 1996
Avec: Helen Bonham-Carter, Imogen Stubbs,
Richard E. Grant
En Illyrie, en 1890. Des jumeaux que seul leur sexe distingue, Viola et Sebastian, sont séparés lors d'un naufrage. Viola entre au service du duc d'Orsino, sous le nom de Cesario et dans des habits masculins. La comtesse Olivia est séduite ...

17.55 Les grandes énigmes de l'Histoire
Le général Patton.
18.25 Papillon, la belle ou la bête *Documentaire.*
19.00 Au nom de la loi Le train.
19.30 7 1/2
20.00 Graph
20.30 8 1/2 Journal
20.40 Soirée thématique La route de la soie

20.45 Sur la piste des caravanes

Documentaire. Allemagne. 1997

Ce n'est qu'à la fin du XIXe siècle que le géographe Ferdinand von Richthofen utilisa le terme "Route de la soie". Cette antique voie reliait Sian, la métropole de la Chine ancienne, à la Rome impériale et à l'Europe médiévale.

Un kaléidoscope enchanteur, où s'enchaînent de superbes images de cette route légendaire.

22.15 Splendeur de la soie
Documentaire. Allemagne. 1998
L'histoire de la soie commence voici près de cinq mille ans, en Chine. En Chine aujourd'hui, des régions entières vivent encore de l'élevage du fameux ver. Il faut le nourrir exclusivement de feuilles de mûrier hachées, jusqu'à cinquante fois par jour. La mondialisation de l'économie touche la sériciculture comme toutes les autres activités humaines.
22.55 Sur la route de la soie
Film. Aventure. Etats-Unis. 1990
Une belle et tragique histoire d'amour filmée dans des paysages grandioses. Avec des scènes de bataille hautes en couleur!

17.55 Les nouvelles aventures de Robin des Bois
18.55 Loïs et Clark
19.50 Les mots d'Eric et Ramzy *Divertissement.*
19.54 6 minutes/Météo
20.10 Une nounou d'enfer
20.40 Passé simple junior 1848, la fin de l'esclavage.
20.40 Décrochages info

20.50 Les frères Pétard

Film. Comédie. France. 1986

Avec: Gérard Lanvin, Jacques Villeret,
Josiane Balasko, Valérie Mairesse

Momo vient de se faire licencier. Son père le chasse du domicile familial. En mal d'argent, il accepte avec Manu, son ami de toujours, de transporter des statuettes depuis Amsterdam pour le compte d'un certain Sammy. Dans le train qui les ramène à Paris, ils découvrent qu'elles sont creuses et remplies de drogue. Sammy paie ses deux convoyeurs avec une partie de la marchandise. Momo devient ainsi dealer malgré lui.

22.35 Le chant des vampires
Film TV. Etats-Unis. 1995
Avec: Michael York, Parker Stevenson,
Elizabeth Barondes, Richard Belzer
Paul Johnson a été débarqué sur Terre sous une apparence humaine dans le but de secourir ses congénères qui ont besoin de sang pour survivre. Mais sur Terre, le sang de Johnson se détériore. Aussi hypnotise-t-il un médecin de l'hôpital pour qu'il mette à sa disposition une infirmière chargée de le perfuser dès que le besoin s'en fait sentir.

1 Travail oral

Travail oral Travaillez en groupes de trois. Regardez les programmes pour ce jeudi soir et choisissez une émission ou un film chacun. Votre tâche est de négocier devant le reste de la classe ce que vous allez regarder ce soir-là.

2 Travail écrit

Travail écrit Essayez d'identifier la nature des différentes chaînes. Quel genre de programmes diffuse chaque chaîne? Écrivez cent mots à ce sujet.

3 Exercice d'écoute

Exercice d'écoute Écoutez cet entretien où Élise Lucet parle de son rôle de journaliste pour le journal de France 3. Répondez aux questions qui suivent en français.

a Que dit Élise Lucet sur son statut de journaliste?

b Quelle est son opinion sur le rôle du journaliste?

c Précisez la politique de France 3 envers ses présentateurs.

d Comment Élise Lucet réussit-elle à rester neutre?

Mots à retenir

justement par rapport à s'appuyer sur davantage
manifestement

4 Lecture

Lecture Lisez cet article et trouvez l'équivalent des expressions suivantes.

a les nouvelles	d en hausse
b en souhaitant	e semblent
c intensifié	f estimées

Information ou voyeurisme?

Le débat sur le voyeurisme de la télévision est régulièrement alimenté par l'actualité. En août 1994, une femme se noie en voulant sauver sa fille de 6 ans, tombée dans un trou d'eau de la baie du Mont-Saint-Michel; l'un des témoins a filmé la scène du haut des remparts avec son Caméscope, sans chercher à intervenir.

Peut-on tout montrer dans les médias, notamment à la télévision, sous prétexte que les individus ont le droit de savoir? Pour les Français, la diffusion de telles images n'est justifiée que si elles ont une valeur d'information ou d'exemple incontestable, comme celles du passage à tabac d'un Noir par la police de Los Angeles. Le problème est accentué par le nombre croissant des cinéastes amateurs (3,5 millions de Caméscopes en France), dont les documents paraissent plus vrais que ceux des professionnels.

Beaucoup de Français reprochent aux chaînes de briser les tabous et de faire des problèmes individuels ou «de société» leur substance quotidienne: homosexualité, sida, drogue, délinquance, alcoolisme, chômage, pollution… Les images qui sont considérées comme les plus violentes sont: la guerre dans un reportage à la télévision (42 %); les photos de famine (32 %); la violence dans un film (30 %); un grave accident de la route (23 %); un reportage sur des grands malades (14 %); des images de jeux vidéo violents (13 %). Pourtant, 61 % des Français estiment qu'il faut laisser les enfants voir des images violentes à la télévision et leur expliquer; 37 % qu'il ne faut jamais montrer aux enfants des images violentes quelles qu'elles soient et qu'il faut les protéger.

5 Travail oral

Travail oral Commentez les chiffres à la fin de cet article. Par exemple:

– Êtes-vous d'accord avec le choix des images considerées comme les plus violentes?

– La plupart des gens considèrent qu'il vaut mieux laisser les enfants regarder des images violentes. Quelle est votre opinion?

3 La violence à la télé

Nous passons six ans de notre vie devant la télé. 95 % des foyers sont équipés d'au moins un téléviseur. 93 % disposent d'un poste en couleur. 34 % ont plusieurs postes. Le voyeurisme s'est installé dans notre société. La question de la violence à la télé, son importance et ses conséquences est fort discutée, soulevant des questions parfois bien difficiles.

1 Exercice d'écoute Écoutez le passage, où deux personnes parlent de la violence à la télé. Lesquelles des opinions suivantes entendez-vous ?

a La banalisation de la violence n'a aucun rapport avec le crime dans la société.

b La radio est un médium qui attire les enfants.

c La télé n'a aucune valeur.

d Quelquefois les émissions ont une valeur éducative.

e Les questions d'actualité n'ont aucun intérêt pour les jeunes.

f On devrait diffuser les films violents plus tard le soir.

g On devrait considérer les effets des jeux vidéo sur les jeunes.

h Les programmes bas de gamme dominent nos écrans.

i La télé encourage la passivité.

j Les jeunes ne sont pas affectés par les images violentes.

k Il n'y a plus de dialogue dans les familles de téléspectateurs.

l Les enfants restent cloués devant la télé.

2 Travail oral Avec lesquelles des opinions ci-dessus êtes-vous d'accord ? Faites deux listes : pour et contre.

3 Travail oral Regardez l'image ci-contre. Qu'est-ce que vous voyez ? Expliquez le commentaire de la mère. Pensez-vous que cette image fasse de l'effet ?

4 Lecture Lisez le passage à la page 95. Traduisez en anglais de « La question... » jusqu'à « ... 12 % d'entre eux ». Ensuite, répondez en français aux questions qui suivent.

Des chercheurs l'affirment : on tue beaucoup moins dans les pays sans télé

La question préoccupe sociologues et politiciens américains depuis les années 60 : quelle place occupe la télé dans le développement et la perception de la violence ? Une étude datant de quelques années révélait que pour plus de 50 % des Français la violence du petit écran les marquait beaucoup plus que celle de la rue, dénoncée par 12 % d'entre eux. Aux États-Unis, de grandes universités comme Harvard ont démontré que dans les zones résidentielles de petites villes américaines calmes, certaines personnes vivent avec le sentiment d'être cernées par la violence. Surtout parmi les retraités. Les chercheurs ont ainsi découvert que ceux qui souffrent le plus de cette angoisse passent une grande partie de leur temps devant la télé à regarder des séries policières et des reportages d'actualité. Le spectacle d'agressions, de mort violente sur le petit écran fausse rapidement leur perception de la réalité. Particulièrement chez les gens n'ayant aucune vie sociale. Mais au-delà de la perception de la violence, la télévision génère-t-elle la violence ?

Une signalétique inefficace

En France, il existe peu de recherches significatives dans ce domaine. Les seules publications intéressantes viennent des États-Unis. L'étude de Brandon Centerwall, de l'université de Washington, révèle que plus un pays est équipé en téléviseurs, plus on y tue. La difficulté est qu'il devient de plus en plus difficile d'observer une société avant et après l'arrivée de la télévision. Selon l'association Les Pieds dans le PAF, les enfants passent autant de temps devant le petit écran qu'à l'école, et l'on peut se demander si la signalétique anti-violence mise en place par le Conseil supérieur de l'audiovisuel est suffisante. Les parents devront donc surveiller les loisirs de leur progéniture et leur expliquer les images qui pourraient les choquer. Un moyen de désamorcer l'angoisse provoquée par ces agressions.

a Aux États-Unis, quel groupe social a le plus peur de la violence ?

b Ils ont tendance à regarder quel genre d'émissions ?

c Cela a quel effet sur leur perception de la réalité ?

d Quelle est la conclusion de l'université de Washington ?

e Trouvez la question clé de cet article.

Pour introduire les phrases

Évidemment
Il est évident que
L'expérience nous montre que
Il va de soi que

Il va sans dire que
Il faut constater que
Tout semble indiquer que

Les noms

les émissions scolaires
un moyen d'évasion
la course à l'audience
le niveau de violence
la diffusion de certaines images
les programmes bas de gamme
la perception de la violence

la censure
les films pornographiques
la banalisation de la violence
les téléspectateurs
le voyeurisme
une valeur éducative
l'accord parental

Les adjectifs

perturbant
nuisible
interdit
divertissant

Les verbes

jouer un rôle énorme
fausser la perception de la réalité
briser les tabous
influencer

5 Travail oral Que pensez-vous de la violence à la télé ? Aurait-elle une influence néfaste sur la société ? Pensez vous qu'on ait tendance à exagérer l'importance de la télé ? La télé aurait-elle une valeur positive ? Préparez une réponse orale à ces questions en vous servant des idées et du vocabulaire ci-contre.

6 Travail écrit Rédigez une réponse écrite à la question suivante.

« La télévision est le fléau de la société moderne. » Écrivez 250 mots à ce propos.

WORKSHEET
35 ⋯⋯ Planning an essay

Organisez-vous!

Rhetorical questions are very useful linguistic tools both in written and oral work. Spark off your argument with a question as in activity 5. You can form your questions in the following ways:

- using a question word: *Que penser de la violence à la télé ?*
- using inversion: *Aurait-elle une influence néfaste sur la société ?*
- using *est-ce que*
- for speech: using the tone of your voice.

4 La publicité

Certains disent que la publicité exploite les femmes, fait appel aux notions matérialistes et déforme la réalité. D'autres prétendent que c'est un miroir quotidien à des fins honorables. Qu'en pensez-vous? Essaie-t-on de nous laver le cerveau?

1 **Travail oral** Lisez cette publicité, puis préparez une réponse orale aux questions qui suivent.

  a Commentez le texte de cette page de publicité.

  b La presse magazine cherche à se différencier de quel médium? A-t-elle du succès?

  c Commentez les couleurs et le style de cette publicité. Qui vise-t-elle?

  d Commentez l'ironie de cette page.

2 **Exercice d'écoute** Écoutez ces publicités. Identifiez les mots-clés et tâchez de caractériser le style de chacune et le public visé – le groupe cible.

3 **Travail oral** Regardez ces commentaires sur des publicités et répondez aux questions qui suivent.

  a Quelle est la proportion image-texte?

  b Qu'est-ce que vous voyez sur chaque image?

  c Quelle impression cherche-t-on à donner?

  d Expliquez le texte de chaque publicité.

  e Quelle est votre réaction personnelle devant ces pubs?

  f Traduisez les commentaires en anglais.

«Un café nommé désir»

CARTE NOIRE

Une campagne exemplaire, la première à oser s'éloigner des codes convenus des cafés (arôme, sélection des grains…). Ce café, devenu geste de tendresse, geste de l'affection, geste du tête-à-tête, allait s'appeler désir. Films sensuels et hollywoodiens se succéderont, amenant les concurrents à fréquenter les mêmes plates-bandes du désir.

«La force tranquille»

FRANÇOIS MITTERRAND

Une élection se gagne à la frange, en convainquant plus d'hésitants que son adversaire. Ainsi cette campagne d'un candidat de gauche se devait-elle d'opter pour un ton conservateur: La force tranquille, avec son arrière-fond de clocheton, son ciel nationaliste et le regard serein de son héros… C'est une belle affiche de droite.

4 Travail écrit Préparez une analyse de cette publicité et affichez-la dans votre salle de classe.

«Révolutionnaire!»

AX Citroën

Deux films consacrèrent les aventures extrême-orientales de l'AX. Après avoir été la première voiture à dévaler la muraille de Chine, elle sera aussi la première à pénétrer dans le temple interdit de Potala. L'AX pouvait être proclamée révolutionnaire. Il fallut six mois de tractations et de bakchichs, mais les embûches politiques, diplomatiques, géographiques et météorologiques en valurent la peine.

5 Travail écrit Traduisez ces phrases en français.

a The advertising campaign is what's (that which is) most important.

b The strategy is to show what people want.

c The consumer knows what he wants.

d Children who watch adverts are often influenced.

Grammaire 'this' and 'that'

Apart from *ce, cette, cet* and *ces* and *celui, celle, ceux, celles* (see page 48), there are other words which mean 'that' in French.

• the relative pronouns *qui* and *que*:

La pub qui passe à la télé. – The advert that's on the TV.

La femme que je connaissais. – The woman that I knew.

• *ce qui* and *ce que*, which are used to refer to a whole idea or phrase, rather than a specific noun:

On prétend que la publicité est un art, ce qui est totalement ridicule. – People say that publicity is an art, which is quite ridiculous.

Ce que le public pense a une importance énorme dans notre travail. – What the public thinks is enormously important in our work.

• *ceci* and *cela* (*ça*), which are used to refer to an idea or a fact/object not previously specified:

Ceci est significatif. – This is significant.

Cela est évident. – That's obvious.

6 Lecture Quels sont les dangers de la publicité? Classez ces avis dans deux catégories: la publicité est dangereuse et la publicité n'est pas dangereuse.

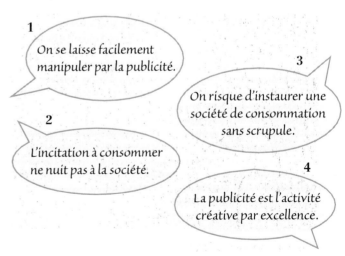

1 *On se laisse facilement manipuler par la publicité.*

2 *L'incitation à consommer ne nuit pas à la société.*

3 *On risque d'instaurer une société de consommation sans scrupule.*

4 *La publicité est l'activité créative par excellence.*

7 Travail écrit Que pensez-vous de la publicité? Elle nous informe ou elle nous incite à consommer plus sans raison? Écrivez 150 mots à ce sujet.

5 La révolution numérique

Grâce au numérique, la télévision nous offrira bientôt un choix énorme de chaînes. Et, qui plus est, on prétend que désormais les jeux vidéo exerceront, eux aussi, une influence néfaste sur le développement social des enfants. L'exclusion sociale pourrait aussi être un produit de la révolution numérique – est-ce plausible? Qu'en pensez-vous?

1 Lecture Lisez ce passage sur la popularité de Lara Croft, héroïne du jeu vidéo *Tomb Raider*. Ensuite, choisissez la définition qui vous semble la meilleure pour les expressions clés qui suivent.

a une multitude de produits dérivés
  i) beaucoup de produits qui tournent mal
  ii) beaucoup de nouveaux produits qui s'inspirent du produit d'origine
  iii) beaucoup de produits qui visent un client particulier

b une nouvelle star dont la popularité commence à dépasser le cercle traditionnel des fanatiques du joystick
  i) seuls les passionnés d'ordinateurs aiment cette vedette
  ii) seuls les fanatiques du cinéma aiment cette vedette
  iii) cette vedette est populaire au-delà des frontières de l'informatique

c la plupart de ces produits ne sont pas commercialisés en France
  i) on peut acheter ces produits en France
  ii) on ne peut pas acheter ces produits en France
  iii) on ne peut acheter ces produits qu'en France

Quelques souvenirs de Lara Croft

MÊME s'ils sont moins populaires que les films, certains jeux vidéo font l'objet de véritables cultes générant une multitude de produits dérivés. Parallèlement aux traditionnels T-shirts et posters, les plus connus sont désormais accompagnés d'une panoplie allant du roman (*Wing Commander, The Pandora Directive, Rise of the Robots, Myst…*) aux figurines à l'effigie des héros (*Duke Nukem, Street Fighter* ou *Final Fantasy*). Avec Lara Croft, l'intrépide héroïne de *Tomb Raider* aux formes généreuses, les spécialistes du marketing tiennent une nouvelle star dont la popularité commence à dépasser le cercle traditionnel des fanatiques du joystick. Les amoureux de la belle peuvent ainsi la retrouver dans la bande dessinée *Lara Croft/ Witchblade* (chez Top Cow), l'entendre chanter sur une chanson produite par Dave Stewart, l'avoir en permanence sous les yeux grâce au calendrier Tomb Raider (de Prima Games), ou se la procurer sous forme de figurine. À part les romans *Myst* et *Atlantis*, traduits et édités par J'ai lu, la plupart de ces produits ne sont pas – encore? – commercialisés en France. On peut toutefois se les procurer en les commandant directement aux États-Unis via Internet.

2 Exercice d'écoute Le numérique part à l'assaut du monde. Grâce à ce langage qui traduit images, sons et textes en 0 et 1, notre vie quotidienne est bouleversée. Qu'est-ce que la numérisation? Écoutez cette explication et complétez la transcription ci-contre.

Mots à retenir

grâce à   consister à   n'importe quel   le logiciel
le disque dur   la disquette

La ___**a**___ consiste à transformer n'importe quel ___**b**___ – texte, son, image – en une suite de 0 et 1, grâce à une méthode de codage. Un ___**c**___ équipé de logiciels de traitement de texte, de son ou d'image, peut créer ou ___**d**___ des documents numériques.

Le stockage revient à ___**e**___ cette information sur un support. Sur les supports ___**f**___ (disques durs, disquettes, bandes…), l'orientation de minuscules particules magnétiques ___**g**___ les 0 et les 1. Sur un support optique (CD-Rom, DVD…), ce sont des encoches qui sont ___**h**___ par un laser.

3 Lecture Quels sont les inconvénients de l'ère du multimédia? Le risque du numérique sera-t-il la solitude? Lisez le texte ci-contre et mettez les résumés dans le bon ordre.

Malheureusement le monde numérique encourage l'isolement et la solitude.

Dans l'avenir le numérique sera omni-présent dans les foyers.

Mais la tentation est de confondre le monde virtuel et le monde réel.

Certains appareils ménagers ont déjà eu un impact très important.

Le multimédia transformera notre vie? Mais c'est déjà fait!

Mots à retenir

être tenté   envahir   bouleverser   le débat
il n'y a pas de quoi s'affoler   au détriment de   cependant
en contrepartie

4 Travail oral De quelle façon la révolution numérique changera-t-elle notre vie quotidienne?
Quels seront les prochains développements?
Êtes-vous d'accord que les jeux vidéo et le monde numérique encouragent l'isolement?
Préparez une réponse orale à ces questions.

«Le risque du numérique, c'est la solitude»

Laurent Maruani, économiste, explique dans cette interview de quelle façon nous pouvons être tentés, avec le numérique, de nous perdre dans «les délices solitaires» et de confondre monde virtuel et monde réel.

Phosphore: Le numérique va-t-il envahir nos existences et bouleverser nos modes de vie?

Laurent Maruani: Le débat n'est plus aujourd'hui de savoir si la technologie numérique va se développer ou non: c'est déjà le cas! Nous n'avons plus le choix, nous sommes dans l'ère numérique avec les CD, le multimédia ou Internet. Certains «adeptes» y voient une véritable révolution qui va changer tous les aspects de nos vies. Mais je pense qu'il n'y a pas de quoi s'affoler devant la nouveauté du numérique. L'adaptation de nos modes de vie n'impose pas une rupture aussi forte que pour les grandes évolutions des dernières décennies: la voiture, la machine à laver, la contraception, la chimie médicale…

Les réseaux numériques comme Internet rassemblent de plus en plus d'utilisateurs, chacun derrière son écran. Est-ce au détriment des relations sociales?

Laurent Maruani: Une majorité de gens ne sont pas aujourd'hui dans le monde numérique. Mais demain, par nécessité, tout le monde sera connecté – de même que télévision, téléphone et Minitel sont aujourd'hui dans quasiment tous les foyers. On peut travailler, jouer ou apprendre par l'intermédiaire du réseau. Cependant, attention à ne pas se laisser enfermer dans les délices solitaires de la vie numérique. Le risque est de confondre ce monde virtuel avec le monde réel. C'est bien d'en profiter, mais il faut prendre le temps du recul et des questions critiques, car les réseaux maintiennent les êtres dans un isolement d'autant plus inhumain qu'on communique électroniquement. En contrepartie, il faut préserver ses relations sociales, cultiver le plaisir de l'écriture, de la parole… C'est une forme de communication très lente, mais quel plaisir de parler!

6 L'ère du multimédia

L'ère du multimédia annonce bien d'autres changements dans la vie. Plus besoin de se déplacer pour faire ses courses!

1 Travail oral Répondez oralement aux questions qui suivent.

a Expliquez la phrase «faire ses emplettes à l'autre bout du monde sans bouger de son fauteuil».

b Précisez comment le cyber-shopping pourrait changer les habitudes des gens.

c Expliquez l'expression «les affaires les plus Net».

d Pensez-vous que le cyber-shopping soit une bonne idée? Pourquoi? Pourquoi pas?

Le canapé Tennessee
à votre idée

DÉCO À LA CARTE
La Redoute
www.redoute.fr

LE CYBER-SHOPPING

Faire ses emplettes à l'autre bout du monde sans bouger de son fauteuil, c'est désormais possible, via Internet où les boutiques en ligne restent ouvertes sept jours sur sept et vingt-quatre heures sur vingt-quatre. Tour d'horizon des affaires les plus Net.

Grammaire Possessive pronouns

- To say 'mine', 'his, 'hers' etc., the pronoun you use must agree in number and gender with the noun it is replacing:

Cet ordinateur est à qui? C'est le mien.

Ce sont les miens ou les tiens?
(les ordinateurs)

- Learn this table by heart:

masc. sing.	fem. sing.	masc. pl.	fem. pl.
le mien	la mienne	les miens	les miennes
le tien	la tienne	les tiens	les tiennes
le sien	la sienne	les siens	les siennes
le nôtre	la nôtre	les nôtres	les nôtres
le vôtre	la vôtre	les vôtres	les vôtres
le leur	la leur	les leurs	les leurs

---

2 Lecture Avec le multimédia, nos loisirs entrent dans la cinquième dimension. Voici deux possibilités, sur la page d'en face. Lisez ces articles et ensuite, trouvez l'équivalent français des expressions suivantes.

WORKSHEET 36 · Reading skills – unknown words

a This module recreates the commands of a real aeroplane

b How do you brake?

c This joystick is the only one on the market to simulate the commands of a helicopter

d For a few months answers to these essential questions have been available on the Internet

e Indispensable for night owls

f Thomas and his partners could soon take an interest in the night life in the provinces

Avec le multimédia, nos loisirs entrent dans la cinquième dimension!

*On peut le faire: atterrir en 747 sur les Champs-Élysées,
admirer le coucher de soleil du 31 décembre 1999 dès aujourd'hui,
visiter un musée de son salon… Bienvenue dans le monde virtuel!*

Incontournable: le manche

Vraoum! Très bien adapté pour la simulation de vol des avions civils, Virtual Pilot Pro bénéficie d'un bon rapport qualité/prix (CH Products, 760 F); il est doté d'une manette de gaz intégrée. Ce qui constitue un plus par rapport au joystick classique.

Le tableau de bord

Allô Papa Tango Charlie! Ce module reproduit les commandes d'un véritable avion. Il s'agit d'un modèle relativement abordable (Aircraft Control Panel, d'Aerosoft, 3 320 F). Mais on trouve aussi des consoles semi-professionnelles ou professionnelles, utilisées dans les écoles de pilotage, dont le prix peut dépasser 100 000 F.

Le simulateur d'accélération

C'est comment qu'on freine? Pro Throttle est une manette de gaz qui simule l'accélération d'un moteur d'avion (CH Products, 830 F). Elle peut être couplée à un joystick et à un palonnier.

Des pédales pour se diriger

Le pied! Ce palonnier est une réplique fidèle du dispositif de commande de direction d'un avion, constitué par une barre articulée sur un pivot qui se manœuvre aux pieds (Flight Link, 3 400 F).

Si vous préférez l'hélico…

Vloop Vloop Vloop! Ce joystick est le seul sur le marché à simuler les commandes d'un hélicoptère. (Flight Link, 2 990 F). Il combine un levier et un palonnier (à dr.). Pour jouer sur la vitesse, il faut un module complémentaire.

Le coussin vibrant

Attention la secousse! Connecté à la carte son de votre micro-ordinateur, il permet de ressentir les vibrations du vol (Aura, 680 F). Compatible Mac et PC, on peut aussi l'utiliser pour des jeux type course automobile et tir. Ou pour écouter le dernier Bashung…

www.serialclubers.com

Des jeunes Parisiens ont créé un guide de la nuit, à l'usage des fêtards de la capitale.

OÙ BOIRE UN VERRE tard le soir à Paris, où danser toute la nuit, où trouver les meilleures fêtes? Depuis quelques mois, les réponses à ces questions essentielles sont sur Internet grâce au site «Serial Clubers». Il propose un guide des endroits les plus branchés, exotiques ou simplement conviviaux de la capitale. Une centaine d'adresses au total, sélectionnées pour leur cadre et leur ambiance. Certains clubs très huppés sont classés selon leur niveau de sélection à l'entrée. Le guide est complété d'adresses ouvertes à toute heure, indispensables au vrai noctambule: bureaux de tabac, stations d'essence, snack-bars, distributeurs de préservatifs…

«C'est un bon moyen de fidéliser les internautes et de créer rapidement une communauté virtuelle de noctambules», explique Thomas Clément, vingt-cinq ans.

Si le succès se confirme à Paris, Thomas et ses partenaires pourraient s'intéresser très prochainement à l'actualité de la nuit en province, notamment à Lyon, Bordeaux et Marseille.

3 Travail écrit Considérez le rôle des médias dans la société actuelle. Quels sont les devoirs et quelles sont les responsabilités des médias de nos jours? Écrivez 250 mots à ce sujet.

Voici un plan possible:

Introduction

les médias à traiter: télé – presse – multimédia

Développement

les avantages et inconvénients offerts par chacun
influence excessive?
valeur éducative?

Conclusion

1 Le racisme

"Le peuple français est un et indivisible": est-ce vrai dans la société d'aujourd'hui? Le racisme est un problème qui attise bien des passions. Certains le trouvent inacceptable, alors que d'autres soutiennent les idées de l'extrême droite. Dans ce chapitre, nous allons essayer d'analyser ce qu'est le racisme. Ensuite, nous allons étudier la montée de l'extrême droite en France et remettre en question les idées du Front national.

1 Travail oral Remue-méninges: quelle est votre réaction aux images ci-contre? Quelle est votre attitude face au racisme? Notez tout ce qui vous traverse l'esprit.

2 Exercice d'écoute Écoutez des jeunes qui parlent du racisme. Copiez le tableau et remplissez les détails en français.

	François-Xavier	Mouloud	Estelle	David
Opinion				
Solutions proposées				
Inquiétudes				

3 Lecture Lisez l'opinion de Liliane Lainé qui est secrétaire nationale du Mouvement contre le racisme et pour l'amitié entre les peuples. Choisissez les expressions correctes pour compléter les phrases qui suivent.

a Les jeunes qui discutent *ont tort/ont raison* de chercher les causes du racisme dans les classes sociales.

b Dans certaines communautés *l'ignorance/la connaissance* de l'autre cause le racisme.

c L'idée qu'il y aurait des races supérieures à d'autres *est/n'est pas* à la base du racisme aujourd'hui.

d L'action individuelle est *très efficace/peu efficace*.

e Il faut *se méfier/encourager* des ghettos à l'intérieur d'une classe.

f Il faut *privilégier/empêcher* l'échange d'information.

« Ça ne suffit pas de lutter seul »

Ces jeunes qui débattent cherchent à faire le lien entre racisme et classes sociales. Mais il n'y a pas plus de racisme dans une classe sociale que dans une autre ! Les inégalités entre certaines populations qui se côtoient peuvent engendrer des comportements racistes. À l'inverse, dans des milieux plus favorisés où les communautés ne se côtoient pas, c'est parfois la méconnaissance de l'autre qui engendre le racisme. Le racisme traverse donc toutes les classes sociales. La meilleure façon de ne pas être raciste est d'avoir conscience que l'on est tous différents. Le plus profond des préjugés racistes correspond certainement à l'approche biologique, l'idée qu'il y aurait des races supérieures à d'autres. C'est ça qui a amené l'holocauste. Aujourd'hui, le racisme se confond presque avec la xénophobie. Il est moins lié à la couleur de la peau qu'à la peur des étrangers. Pour lutter contre le racisme, il faut plus qu'une action individuelle. Les slogans, les imprécations, les discours enflammés, je n'y crois pas du tout. Mieux vaut une action collective, organisée à l'intérieur d'une classe, par exemple. En favorisant tout ce qui mélange des cultures. En évitant les séparations à l'intérieur d'une classe : on y trouve souvent des ghettos noirs et blancs, mais aussi antillais, camerounais, arabes… Ce n'est pas une action contre le racisme qu'il faut alors, mais plutôt une action pour la tolérance et l'égalité, autour de débats qui favorisent le dialogue, donc l'écoute. Et écouter l'autre quand on n'est pas d'accord, c'est déjà une action de tolérance.

Liliane Lainé

4 Lecture Lisez cette lettre de Zazou qui réagit aux opinions de David, Mouloud, Estelle et François-Xavier (voir page 102). Ensuite rédigez votre propre réaction. Que pensez-vous du racisme ? Quelle est la responsabilité des jeunes ?

Eh les jeunes, on se réveille !

Autour de moi, de plus en plus de jeunes tiennent des propos racistes et ont un comportement intolérant. Est-ce normal d'adhérer au FNJ à 15 ans ? Est-ce normal d'entendre constamment de tels propos sur les Arabes ? Je pensais que nous, les jeunes, pourrions montrer ce qu'est la tolérance, que nous saurions dire non aux fausses solutions des faux problèmes.

Zazou (15 ans)

Eh bien non…

2 Qu'est-ce que le racisme?

«Mal nommer les choses, c'est ajouter du malheur au monde.» (Albert Camus)

Trouver une définition du racisme pourrait éviter de commettre l'erreur dont parle Albert Camus. Essayons de mieux comprendre avec l'aide de Tahar Ben Jelloun.

---

1 **Lecture** Le racisme fait partie de ces mots en « -isme » qui, par la magie de leur suffixe, prétendent fonder une théorie à partir d'un nouveau concept. Lisez le passage ci-contre et remplissez les trous en choisissant parmi les mots* dans l'encadré.

* Avant de commencer, essayez d'identifier la fonction grammaticale de chaque mot. Ceci vous aidera beaucoup.

---

2 **Travail oral** Considérez les mots suivants qui sont souvent associés au racisme. Travaillez avec un partenaire et essayez d'établir des définitions adéquates. Vous pouvez utiliser un dictionnaire.

racisme   ghetto

discrimination   génocide

          esclavage

race

      antisémitisme

colonialisme

Le racisme

La race, un concept __a__ , une __b__ opinion, une pratique qui __c__ . Le succès d'un __d__ . L'actualité de cette fin de millénaire n'est faite que de __e__ entre les diverses identités qui __f__ la planète humaine. Cinquante ans après la victoire sur le nazisme, l'Europe est pleine des bruits d'une guerre menée au nom de la " __g__ ethnique".

> vraie mot purification faux peuplent
> conflits tue

---

3 **Lecture** Écrivain marocain de langue française, Tahar Ben Jelloun est né en 1944. Il a publié de nombreux essais, recueils de poèmes, récits et pièces de théâtre. Il a publié cette conversation avec sa fille après avoir assisté à une manifestation contre le racisme avec elle. Voici son introduction:

Un enfant est curieux. Il pose beaucoup de questions et il attend des réponses précises et convaincantes. On ne triche pas avec les questions d'un enfant. C'est en m'accompagnant à une manifestation contre un projet de loi sur l'immigration que ma fille m'a interrogé sur le racisme. Nous avons beaucoup parlé. Les enfants sont mieux placés que quiconque pour comprendre qu'on ne naît pas raciste mais qu'on le devient. Parfois. Ce livre, qui essaie de répondre aux questions de ma fille, s'adresse aux enfants qui n'ont pas encore de préjugés et veulent comprendre. Quant aux adultes qui le liront, j'espère qu'il les aidera à répondre aux questions, plus embarrassantes qu'on ne le croit, de leurs propres enfants.

Tahar Ben Jelloun, *Le racisme expliqué à ma fille* © Editions du Seuil 1998

Mots à retenir

précis convaincant quiconque les préjugés

4 Lecture Dans son livre, Tahar Ben Jelloun propose une définition des mots que vous avez déjà rencontrés. Faites correspondre les mots et les définitions et comparez-les avec les vôtres. Quelles définitions préférez-vous? Trouvez vous-même les mots à retenir.

a C'est la destruction systématique et méthodique d'un groupe ethnique.

b C'est le fait de séparer un groupe social ou ethnique en le traitant plus mal.

c C'est un comportement assez répandu, commun à toutes les sociétés. Il consiste à se méfier des personnes ayant des caractéristiques physiques et culturelles différentes des nôtres, et même à les mépriser.

d C'est le droit de propriété appliqué à un être humain. L'esclave est totalement privé de liberté. Il appartient corps et âme à celui qui l'a acheté.

e C'est le nom d'une petite île en face de Venise, en Italie. En 1516 les Juifs de Venise furent envoyés dans cette île, séparés des autres communautés. C'est une forme de prison, c'est une discrimination...

f C'est le racisme anti-juif.

g Il existe un genre humain dans lequel il y a des hommes et des femmes, des personnes de couleur, de grande taille ou de petite taille, avec des aptitudes différentes et variées. Et puis il y a différentes races animales. Le mot «race» ne doit pas être utilisé pour dire qu'il y a une diversité humaine. Le mot «race» n'a pas de base scientifique. Il a été utilisé pour exagérer les effets de différences apparentes, c'est-à-dire physiques. On n'a pas le droit de se baser sur les différences physiques – la couleur de la peau, la taille, les traits du visage – pour diviser l'humanité de manière hiérarchique, c'est-à-dire en considérant qu'il existe des hommes supérieurs par rapport à d'autres qu'on mettrait dans une classe inférieure.

h On envahit le pays, on dépossède les habitants, on met en prison ceux qui refusent cette invasion, on emmène les hommes valides travailler dans le pays colonisateur.

1 racisme

2 discrimination

3 race

4 colonialisme

5 ghetto

6 génocide

7 esclavage

8 antisémitisme

5 Travail oral Regardez cette bande dessinée. Quel est le point essentiel que vous en tirez?

Le racisme en France est souvent lié aux problèmes des banlieues. Un jeune réalisateur français – Matthieu Kassowitz – a tourné un film qui a provoqué un scandale, tant il était dur mais réaliste. Ce film s'appelle La Haine.

6 Exercice d'écoute

Dans son film, Matthieu Kassowitz traite de la vie dans les cités, du harcèlement policier et des préjugés racistes. Lisez d'abord les questions qui suivent, puis écoutez une critique du film. Prenez des notes afin de répondre en français aux questions.

a Qui sont les personnages principaux du film?

b Où vivent-ils?

c Selon vous, pourquoi le réalisateur a-t-il choisi ces trois personnages?

d Résumez la scène dont ce monsieur parle.

e Quelle est la réponse des jeunes des cités face au racisme et à la violence?

Écoutez le passage une dernière fois afin de repérer l'equivalent français des expressions suivantes:

visibly
intolerance
assailants
to purge
one doesn't fight violence through violence
in their everyday life

7 Lecture

Il y a quand même de l'espoir. Lisez maintenant la conclusion de Tahar Ben Jelloun sur la diversité culturelle et les possibilités d'enrichissement mutuel dans la société actuelle.

Classez ses idées selon les catégories suivantes.

À encourager	À éviter
donner l'exemple	blesser et humilier
les beaux mots heureux	les mots dangereux

Conclusion

La lutte contre le racisme doit être un réflexe quotidien. Notre vigilance ne doit jamais baisser. Il faut commencer par donner l'exemple et faire attention aux mots qu'on utilise. Les mots sont dangereux. Certains sont employés pour blesser et humilier, pour nourrir la méfiance et même la haine. D'autres sont détournés de leur sens profond et alimentent des intentions de hiérarchie et de discrimination. D'autres sont beaux et heureux. Il faut renoncer aux idées toutes faites, à certains dictons et proverbes qui vont dans le sens de la généralisation et par conséquent du racisme. Il faudra arriver à éliminer de ton vocabulaire des expressions porteuses d'idées fausses et pernicieuses. La lutte contre le racisme commence avec le travail sur le language. Cette lutte nécessite par ailleurs de la volonté, de la persévérance et de l'imagination. Il ne suffit plus de s'indigner face à un discours ou un comportement raciste. Il faut aussi agir, ne pas laisser passer une dérive à caractère raciste. Ne jamais se dire: «Ce n'est pas grave!» Si on laisse faire et dire, on permet au racisme de prospérer et de se développer même chez des personnes qui auraient pu éviter de sombrer dans ce fléau. En ne réagissant pas, en n'agissant pas, on rend le racisme banal et arrogant. Sache que des lois existent. Elles punissent l'incitation à la haine raciale. Sache aussi que des associations et des mouvements qui luttent contre toutes les formes de racisme existent et font un travail formidable.

À la rentrée des classes regarde tous les élèves et remarque qu'ils sont tous différents, que cette diversité est une belle chose. C'est une chance pour l'humanité. Ces élèves viennent d'horizons divers, ils sont capables de t'apporter des choses que tu n'as pas, comme toi tu peux leur apporter quelque chose qu'ils ne connaissent pas. Le mélange est un enrichissement mutuel.

Sache enfin que chaque visage est un miracle. Il est unique. Tu ne rencontreras jamais deux visages absolument identiques. Qu'importe la beauté ou la laideur. Ce sont des choses relatives. Chaque visage est le symbole de la vie. Toute vie mérite le respect. Personne n'a le droit d'humilier une autre personne. Chacun a droit à sa dignité. En respectant un être, on rend hommage, à travers lui, à la vie dans tout ce qu'elle a de beau, de merveilleux, de différent et d'inattendu. On témoigne du respect pour soi-même en traitant les autres dignement.

Juin-octobre 1997

8 Travail écrit

Tahar Ben Jelloun parle des organisations qui luttent contre toutes les formes du racisme. Voici l'adresse de SOS racisme et de la Licra (Ligue internationale contre le racisme et l'antisémitisme). Écrivez-leur pour avoir plus d'informations sur leur travail.

SOS Racisme: 14 cité Griset, 75011 Paris

Licra: 40 rue de Paradis, 75010 Paris

3 La montée de l'extrême droite

Ayant défini le racisme, nous allons maintenant considérer la philosophie du Front national et examiner son enracinement en France. Les lois sur l'immigration et les problèmes quotidiens des immigrés seront traités plus loin. Portons notre attention à présent sur les origines de l'intolérance.

1 Travail oral Regardez ces statistiques et préparez une réponse orale aux questions suivantes.

a Expliquez le mot «recensement».

b Expliquez chaque catégorie différente.

c Est-ce qu'il y a des chiffres qui vous surprennent?

a Comment expliquez-vous la montée du nombre d'étrangers résidant en France au cours des années?

b Selon vous, pourquoi viendraient-ils des différents continents?

c Quelles sont les conséquences pour la France, croyez-vous?

Étrangers et immigrés en France (au recensement de 1990)

Étrangers : 3,6 millions
Étrangers nés en France : 0,7 million
Étrangers nés à l'étranger : 2,9 millions

Immigrés : 4,2 millions
Étrangers nés à l'étranger : 2,9 millions
Français par acquisition nés à l'étranger : 1,3 million

Évolution du nombre d'étrangers en France

	1954	1975	1982	1990
Nombre d'étrangers (en millions)	1,7	3,4	3,6	3,6
Nationalités (en %)				
Europe	84,0	62,0	48,5	41,3
Afrique	13,5	35,0	43,5	46,8
Asie	2,5	3,0	8,0	11,9

---

2 Lecture Lisez ce passage qui parle de l'impact du Front national.

a Prenez des notes en français sous les titres suivants:

Son histoire	Ses victimes
Son succès	Son influence
Ses valeurs	

b Recopiez le tableau ci-dessous et relisez l'article. Classez toutes les expressions des trois premières phrases selon leur fonction grammaticale et cherchez-en le sens.

Nom	Adjectif	Verbe
parti *m*	seul	coïncider

Le Front national sur le chemin du pouvoir?

Depuis 1945, le Front national est le seul parti français d'extrême droite à avoir une audience de masse.

Son succès coïncide avec celui d'autres mouvements similaires en Europe. Tous profitent de la crise des structures de l'économie libérale, de la perte de confiance dans les institutions démocratiques, du questionnement légitime sur l'identité nationale au sein d'une Europe intégrée.

Populiste, ultranationaliste, xénophobe et autoritaire, le FN n'est pas un fascisme car il ne rompt explicitement ni avec la démocratie parlementaire, ni avec le capitalisme.

C'est un parti de la droite radicale qui érige la Nation en valeur suprême, rejette les valeurs républicaines d'égalité et d'universalisme, défend une économie fondée sur la petite entreprise individuelle et où le rôle de l'État serait réduit au minimum. Il désigne comme principaux responsables des problèmes de la France l'immigré, l'étranger ou le Juif. Devenu désormais en France la seconde force de la droite, le Front national s'inscrit dans une logique de conquête du pouvoir.

3 Exercice d'écoute

Écoutez ce journaliste qui parle de la montée de l'extrême droite lors des élections régionales et cantonales de 1998. Prenez des notes en français sur ce qu'il dit en les classant dans les catégories suivantes.

Les régions où le FN a progressé
Les causes possibles de cette progression
L'extrême gauche
L'extrême droite
Les Verts

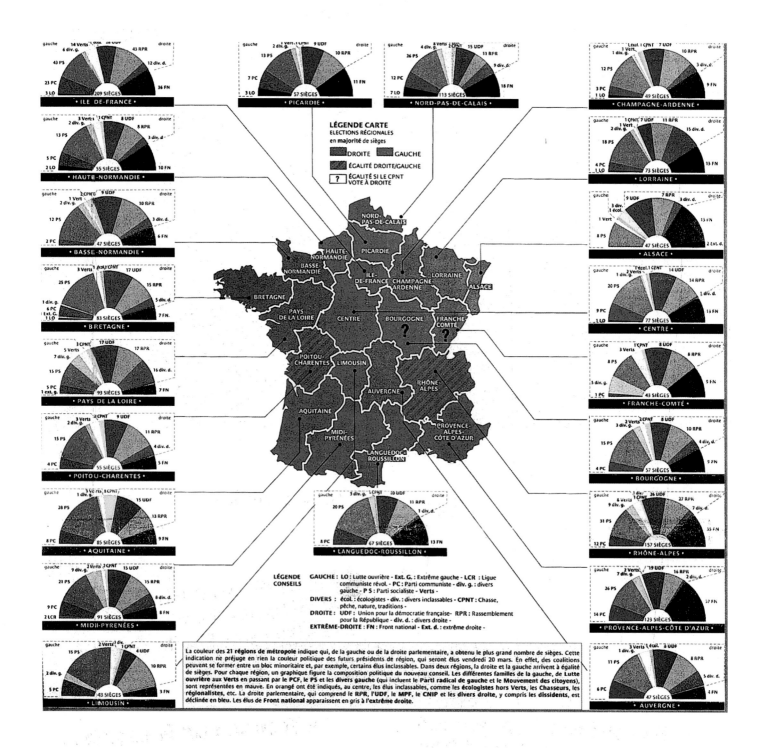

4 La politique du Front national

1 **Lecture** Voici quelques-unes des idées du Front national. Lisez-les puis reliez chacune au titre qui lui correspond.

L'État et la démocratie

Le FN propose l'expulsion de tous les étrangers.

L'Europe

Le FN n'admet ni le pluralisme politique, ni les principes républicains d'égalité. Il considère la Déclaration des droits de l'homme inutile.

Le FN veut garder sous le contrôle de l'État les transports, les communications, l'énergie et l'armement. Pour le reste, le FN favorise la petite entreprise et le petit commerce.

Le FN rejette l'intégration européenne et se présente en unique défenseur de l'indépendance nationale.

L'immigration

L'économie

2 **Travail oral** Jean-Marie Le Pen a été le premier président du Front national. C'est lui qui a créé le parti actuel. Il contrôle entièrement la vie et l'expression publique du parti. Le FN doit beaucoup de son succès à l'image de son chef. Il a été responsable de la création de plusieurs slogans politiques qui ont attiré les Français au FN. Traduisez ces slogans en anglais et tentez d'expliquer leur succès auprès de la population française.

Les Français d'abord...

Trois millions d'étrangers, trois millions de chômeurs – l'équation est facile à faire.

Je dis tout haut ce que les Français pensent tout bas.

La France aux Français...

3 Lecture Le Front national de la jeunesse est une organisation lepéniste qui distribue un matériel de propagande varié, destiné à un public jeune.

Cette organisation s'appuie sur un esprit de révolte plutôt qu'un message conservateur. Lisez cet article sur le FNJ pour répondre ensuite aux questions.

Lisez ces phrases et décidez si le contenu est vrai, faux ou pas mentionné :

a Les adhérents du FNJ doivent se conduire selon un certain code.

b Le rap est considéré comme une bonne chose.

c L'usage du verlan est souhaitable.

d Les dents en or sont à recommander.

e Tout ce qui est américain est défendu.

f Le FNJ veut renforcer une culture française.

g Mickey et Superman sont des figures vénérées.

h Le FNJ soutient les droits de l'homme.

Ce que le FNJ n'aime pas

Quand le Front national de la jeunesse (FNJ) organise une «journée culturelle», ses militants sont invités à adopter un comportement bien précis: «Si vous voulez rester chez nous, il ne faut pas lire *Charlie-Hebdo* ou *Métal hurlant*», conseille aux jeunes un aîné très applaudi. Qu'il soit américain (Public Enemy) ou français (NTM), le rap est «un moyen de propagande en faveur d'une guerre civile». Et les tags sont de «hideux graffitis», aussi peu recommandables que le verlan, la casquette portée à l'envers ou le pantalon extra-bouffant.

Ces «modes étrangères» sont à bannir. Ainsi que tous les fruits de «l'impérialisme américain». Les jeunes lepénistes sont ainsi invités à ne plus fréquenter les MacDonald, à ne plus boire de Coca et à ne plus porter de Nike. Le journal du FNJ a dressé la liste des produits alimentaires prohibés, du whisky au ketchup en passant par le hamburger, le T-Bone, l'apple-pie, le chewing-gum, les corn flakes, les cookies, le beurre de cacahuète, le milk-shake ou le pop-corn. À leur place, parce qu'il veut «inculquer aux plus jeunes une culture d'enracinement», bien française, elle, le FNJ préconise le cognac, la sauce béarnaise, le croque-monsieur, etc.

Le cinéma américain n'est pas épargné: Mickey et Superman sont voués aux gémonies. Plus sérieusement, le FNJ n'aime pas non plus les droits de l'homme, au motif qu'il s'agirait de «la nouvelle religion prônée par le nouvel ordre mondial» dont les USA sont les hérauts.

4 Lecture Marie Darrieussecq, jeune écrivain français, a écrit une vignette futuriste qui imagine la France sous le Front national en l'an 2048. Mi-Oreille (qui n'a que la moitié d'une oreille et qui est donc «inférieur») assiste aux exécutions et réfléchit sur la vie sous les Frontistes. Lisez le texte à la page suivante et prenez des notes sur ce que vous apprenez au sujet de:

a la hiérachie sociale

b Mi-Oreille lui-même

c sa famille

d le président

e Ecnarf

f les exécutions

Une Grande Fête française

Pour la Grande Fête française, ils avaient eu le droit de quitter l'école un peu plus tôt. Les hymnes expédiés, le serment au président avalé à la course, ils avaient formé la file et marché en direction de l'hôtel de région. Sur le chemin, des groupes folkloriques convoqués de tous les coins de France faisaient danser et chanter les spectateurs. On allait pendre les avortées, éventrer les avorteuses, égorger les professeurs traîtres, brûler vifs les journalistes vendus, empaler les bougnouls, électrocuter les avortons métèques dans le ventre des salopes, écarteler les pédés et faire rendre gorge aux derniers mauvais Français.

Sur les écrans géants, retransmis en direct de partout, on voyait les jupes rouges, vertes ou jaunes tournoyant au son des musiques locales, les coiffes traditionnelles, les arceaux décorés, les géants de papier mâché, les fritures et les berlingots, les chevaux de bois, les grandes roues, et les figurines des mauvais Français, que de grosses dames hilares renversaient à coups de tomates. Toutes les fêtes de France réunies pour un seul jour, le Jour de la Grande Fête française, une atmosphère joviale et bon enfant: le discours du président commençait sur tous les écrans.

Pour les petits écoliers d'élite du groupe scolaire Jean-Marie-Le-Pen, de la capitale, le président était là pour de vrai, sur une haute estrade barrée de flammes bleu blanc rouge, entouré de gardes du corps, beau comme un Dieu et droit comme la justice, et la maîtresse leur soufflait, la voix tremblante et la larme à l'œil, d'écouter, en plus de la vérité qui lui sortait de la bouche, la tournure grammaticale parfaite de son beau français, le style noble et impérissable de ses périodes, les imparfaits du subjonctif et les passés simples à la première personne: avec un tel président notre langue éternelle resterait à l'abri des charabias macaques, tout en se nourrissant de nos impérissables chansons patoisantes.

Mi-Oreille n'avait jamais tout à fait maîtrisé les imparfaits du subjonctif, ni les chansons patoisantes, mais se débrouillait assez bien en anglo-saxon et même en mauvais français, grâce à la collection de disques réprouvés que lui avait léguée son père avant de disparaître, et qu'il écoutait au casque tard le soir. Il s'intéressait pour le moment aux autocars grillagés qui se garaient lentement sur la place. Il essayait de lire, à travers les grillages, la terreur de tous ces gens que l'on allait réduire en charpie. Les échafauds étaient dressés à soixante mètres exactement des manèges; un long débat avait eu lieu entre une ligue de vertu et un groupe de députés sur la distance à mettre entre les yeux des enfants et les supplices. Une file de moins-de-douze-ans s'était formée à la base de la grande roue, ils attendaient leur tour pour une vue plongeante. Mi-Oreille dédaignait de tels mouvements, de loin on voyait suffisamment, il comptait rester pour le début puis échapper au groupe et profiter du couvre-feu exceptionnellement retardé. Il en avait assez de rentrer chez sa grand-mère, elle radotait, cent fois elle lui avait raconté l'histoire de ses parents, et combien c'était mieux avant. Sa grand-mère, il le savait, était une *réactionnaire*. En plus de sa collection de disques, elle avait réussi à sauver quelques numéros d'*Ecnarf*, la petite revue de ses parents; *Ecnarf*, lui avait dit sa grand-mère, c'est la France à l'envers, parce qu'on n'est plus en France aujourd'hui, on est dans l'envers de la France. Mi-Oreille écoutait puis repartait à l'école, il trouvait que tout ça sentait le roussi.

La seule chose qu'il savait pour le moment, c'est que les Jeunesses frontistes, qu'il devait rejoindre cet été pour le jour de ses dix ans, ça ne lui disait pas trop. Avec son lobe d'oreille en moins, c'était toujours un combat pour lui, de parvenir à s'intégrer. Il lui fallait des mois pour convaincre les autres qu'il était exactement comme eux. Au groupe scolaire Jean-Marie-Le-Pen, il avait à peu près réussi son coup. Mais aux Jeunesses, tout deviendrait beaucoup plus dur.

Il resta pour les avortées, pour les avorteuses, puis demanda à la maîtresse de l'excuser pour vomir. Un peu plus loin on dressait un grand bûcher, d'aspect assez grotesque puisque les bûches étaient remplacées par des livres, des quantités de livres, plus que Mi-Oreille n'en avait jamais vus. Il s'approcha prudemment. Sa grand-mère avait disparu plusieurs fois à cause de livres; elle était toujours revenue, mais très fatiguée, et souvent il s'était dit qu'il resterait tout seul à cause de la bibliothèque qu'elle s'obstinait à conserver. Mi-Oreille saisit entre deux doigts un titre qui l'avait fasciné, c'était *Ecnarf*, un numéro qui manquait à sa grand-mère, datant de 2038, à l'époque où ce type des statues s'était fait momifier: on le voyait sur la couverture et tout bizarrement dessiné, Bruno Mégret. Des cris venus des échafauds fendaient les musiques joyeuses, Mi-Oreille contemplait sa trouvaille, 2038 c'était l'année de sa naissance, sa grand-mère serait contente. Un vigile lui arracha la revue et le jeta à terre d'un coup de matraque, il eut le temps d'esquiver les énormes godillots et se mit à ramper – rejoindre vite les jambes des gens, les pieds sautillants des groupes folkloriques et disparaître dans la foule – là.

Il s'était éloigné vers la Seine, il avait trouvé un banc. Son oreille cuisait, le coup de matraque sur sa vilaine cicatrice – sa mère, accouchant en prison, l'avait marqué d'un coup de dents pour le rendre inadoptable. Souvent Mi-Oreille se demandait si sa vie n'aurait pas été plus tranquille, loin des livres et de toutes ces vieilles histoires, s'il avait pu être adopté par une famille de miliciens comme tous les fils de disparus. Il aurait eu une maison agréable, un bon matériel hi-fi, un ordinateur, des tas d'avantages à l'école et une tenue de sport complète. Il aurait été comme tout le monde, comme tout le monde en mieux. Il aurait eu les idées claires. Jamais ce bizarre sentiment d'inquiétude ne l'aurait abattu, comme de plus en plus souvent, et il se serait senti l'héritier légitime d'une famille de bons Français.

L'air se faisait plus doux, mais ce n'était pas l'été qui approchait, l'été redoutable qui l'emporterait, lui Mi-Oreille, dans les casernes des Frontistes; c'était le bûcher qui flambait, et qui soufflait de longues lames d'air chaud. L'odeur du papier brûlé dévalait jusqu'à la Seine, caramélisait l'atmosphère, les gens dansaient et chantaient en rond, Mi-Oreille percevait jusqu'au trépignement de leurs talons. Il pleurait bêtement maintenant, comme une fille, tout seul sur ce banc, il aurait voulu que quelqu'un lui prenne la main et l'emmène très loin.

Il n'y avait presque plus de bruit. On entendait seulement crépiter, siffler et crachoter les dernières feuilles des livres qui se tordaient sur elles-mêmes. Mi-Oreille ne se rappelait plus si le couvre-feu avait sonné. Un dernier bus passait sur la voie rapide, lumières éteintes. Les lampadaires en mode économique rougeoyaient sur les vitrines vides, les tas d'ordures pourrissaient et les chien maigres filaient au ras des murs, le macadam fendu ne résonnait que du pas des vigiles. C'était la première fois que Mi-Oreille restait dehors si tard. Il s'allongea et décida d'attendre, qu'un milicien le ramasse, ou que le jour se lève.

So far, all the verbs you have learnt have been in the same mood – the indicative, indicating fact. The subjunctive is a new mood, often introducing a degree of doubt or subjectivity, but also simply being required after certain structures. These must be learnt and absorbed as with any other grammatical feature.

You will be primarily concerned with the present subjunctive.

Formation:

- *ils/elles* form of the present tense, remove *-ent* and replace with the following endings:

je	-e	nous	-ions
tu	-es	vous	-iez
il/elle/on	-e	ils/elles	-ent

Example: *remplir* → *ils **rempliss**ent*

que je remplisse	*que nous remplissions*
que tu remplisses	*que vous remplissiez*
qu' il/elle remplisse	*qu' ils/elles remplissent*

* It is normal practice to put *que* in front of a subjunctive standing by itself, as the use of the subjunctive is dependent on something else, either a verb or a structure.

To familiarise yourself with the subjunctive form, put these verbs into the subjunctive:

regarder   finir   attendre   discuter

- Some important irregulars:

faire	**aller**	**pouvoir**
que je fasse	*que j' aille*	*que je puisse*
que tu fasses	*que tu ailles*	*que tu puisses*
qu' il/elle fasse	*qu' il/elle aille*	*qu' il/elle puisse*
que nous fassions	*que nous allions*	*que nous puissions*
que vous fassiez	*que vous alliez*	*que vous puissiez*
qu' ils/elles fassent	*qu' ils/elles aillent*	*qu' ils/elles puissent*

avoir	**être**	**savoir**
que j' aie	*que je sois*	*que je sache*
que tu aies	*que tu sois*	*que tu saches*
qu' il/elle ait	*qu' il/elle soit*	*qu' il/elle sache*
que nous ayons	*que nous soyons*	*que nous sachions*
que vous ayez	*que vous soyez*	*que vous sachiez*
qu' ils/elles aient	*qu' ils/elles soient*	*qu' ils/elles sachent*

- The following verbs follow a regular pattern other than for the *nous* and *vous* forms, where the stem reverts to the normal form:

prendre   venir   devoir   tenir   boire

que je prenne	*que nous prenions*
que tu prennes	*que vous preniez*
qu' il/elle prenne	*qu' ils/elles prennent*

Uses of the subjunctive

- After these expressions:

bien que *quoique* }– although	*afin que* *pour que* }– so that
*à moins que – unless	*jusqu' à ce que* – until
pourvu que – provided that	*sans que – without
à condition que – on condition that	*avant que – before
*de peur que – for fear that	

il faut que	vouloir que
il se peut que	aimer que

- With verbs of thought and opinion and those with an element of doubt:

regretter que	avoir honte que
être content que	*avoir peur que

- In a question or a negative form which implies doubt:
Crois-tu vraiment qu' il vienne ? – Do you really think he'll come?

* After these expressions, add *ne* before the following verb, e.g. *de peur qu' il ne vienne*.

---

5 **Travail écrit** Traduisez ces phrases en français.

  a I'm afraid my friend may be racist.

  b It is necessary for us to find a solution.

  c Although the situation is difficult, it is not impossible.

  d We must act so that our dignity remains intact.

  e I want him to leave.

6 Travail écrit Écrivez une rédaction de 250 mots sur le sujet suivant. Essayez d'utiliser le subjonctif autant que vous pouvez.

«La lutte contre le Front national est la lutte universelle du savoir contre l'ignorance.» Discutez.

Voici une suggestion de plan :

Introduction

Le FN – sa politique

Le FNJ – sa politique

Développement

Les causes du racisme

Les opposants du FN – leur opinion

Conclusion

Votre avis

7 Travail oral Préparez une présentation orale au sujet du racisme. Organisez vos idées selon les rubriques suivantes.

- Le racisme, qu'est-ce que c'est ?
- Les différentes manifestations du racisme
- Les causes du racisme
- Le cas de la France
- La politique du FN
- La lutte contre le racisme

Essayez d'inclure des statistiques et des exemples concrets pour illustrer votre présentation.

8 Travail oral Préparez une présentation orale exposant votre réaction personnelle face au racisme. Organisez vos notes dans l'ordre suivant:

Les différentes sortes de racisme

Les causes possibles du racisme

La motivation du Front national

Voici du vocabulaire pour vous aider.

On peut repérer...	la montée de l'extrême droite
Nous pouvons constater...	la banalisation des idées racistes
Il existe...	le problème du chômage
...est évident/répandu	le problème du logement
le racisme religieux	la peur de l'autre
le racisme institutionnalisé	le refus de l'autre
l'antisémitisme	l'intolérance envers autrui
le génocide	la haine
la purification ethnique	l'ignorance
la xénophobie	les préjugés racistes

Grammaire Comparatives and superlatives

There are some very idiomatic uses of these in French. Make a note of them as you come across them.

Adjectives

bon	meilleur	le/la/les meilleur(e/s/es)
mauvais	pire	le/la/les pire(s)
	plus mauvais	le/la/les plus mauvais(es)

Adverbs

bien	mieux	le mieux
mal	plus mal	le plus mal

9 Travail écrit Traduisez ces expressions en anglais.

C'est pour le mieux

On fera du mieux qu'on pourra

Je ferai de mon mieux

Le mieux serait de...

On ne peut mieux

Vous allez mieux ?

Il vaut mieux.

Faute de mieux

Tout est pour le mieux dans le meilleur des mondes.

Il y a pas mal de choses à faire.

Pour le meilleur et pour le pire

Cet enfant ne pourrait pas être pire.

Le pire serait de...

5 La condition féminine

Liberté, Egalité, Fraternité … Le mot «fraternité» sous-entend des liens entre les hommes, une présence masculine – et les femmes dans tout ça? Différents ou/et égaux? Les femmes et les hommes ont-ils les mêmes droits? À vous d'en décider.

---

1 **Travail écrit** Trouvez les bonnes fins de phrases (les phrases complètes sont traduites en anglais pour vous aider). Êtes-vous d'accord avec ces déclarations? Écrivez votre réaction à chacune.

La condition féminine	les stéréotypes	*The position of women has improved.*
Les droits de la femme	s'est effectuée	*Women's rights are recognised.*
L'émancipation	s'est améliorée	*Emancipation is a reality.*
La libération de la femme	sont reconnus	*Women's liberation has been achieved.*
On désapprouve	existe de plus en plus	*People disapprove of stereotypes.*
Le sexisme	est un fait	*Sexism has been overcome.*
La répartition des rôles	est mise en valeur	*The different roles have changed.*
L'égalité des chances	a changé	*Equality of opportunity is recognised as a good thing.*
L'égalité des sexes	a été surmonté	*Sexual equality exists more and more.*

---

2 **Exercice d'écoute** Homme/femme: parlons maintenant des différences. Écoutez attentivement les opinions de l'acteur Jean-Marc Barr et de l'actrice Clotilde Courau sur les rôles respectifs de l'homme et de la femme dans la société actuelle et prenez des notes en français. Résumez leur opinion en 50 mots.

3 **Travail oral** Regardez cette image et préparez une réponse orale aux questions suivantes.

   a Qu'est-ce que vous voyez sur cette image?

   b Expliquez le texte.

   c Pourquoi la femme pleure-t-elle?

   d Est-ce que vous trouvez cette carte drôle? Pourquoi?

VRAI / FAUX

On peut dire «une peintre» et «une écrivaine»

V R A I Mais depuis le 11 mars 1986 seulement, date à laquelle a été légalisé (par circulaire ministérielle) l'emploi du féminin pour les noms de métiers, fonctions, grades ou titres. La féminisation prend plusieurs formes, selon la fin du nom: avec un «e» muet, pas de changement (une peintre); avec une autre voyelle, on ajoute un «e» (déléguée, élue); avec une consonne, le nom reste identique (médecin) ou prend un «e» (écrivaine, huissière, mécanicienne); «teur», devient «teuse» si le «t» appartient au verbe de base (acheteuse), sinon «trice» (animatrice); enfin «eur» devient «euse» (éboueuse).

6 Une perspective historique

Le sort des femmes n'a pas toujours été facile et il a fallu beaucoup de lois pour l'améliorer. Nous allons examiner comment certaines lois ont changé la condition féminine. Lisez plus loin...

1 Travail écrit

Lisez cet article et faites la liste des dates clés. Ensuite trouvez l'équivalent français des expressions suivantes.

a   as obvious as that might seem

b   maternity leave

c   pregnancy

d   termination

e   backstreet abortions

f   in particular

g   fertilisation

Des lois pour améliorer le sort des femmes

S'il y a bien une différence objective entre les sexes, c'est que les femmes font des enfants et pas les hommes... Eh bien, aussi évident que cela puisse paraître, les législateurs ont mis très longtemps à en tenir compte. Et pourtant, ce n'est pas sans conséquences, notamment sur la santé.

Ainsi, le congé maternité n'est apparu qu'en 1909 et il ne durait alors que huit semaines, sans salaire. Le congé est passé à quatorze semaines en 1966 et le maintien du salaire à 90 % date de 1971.

La légalisation de la contraception, en 1967 (loi Neuwirth), a aussi permis d'améliorer les conditions de vie des femmes: avant l'invention de la pilule, les grossesses incontrôlées et trop rapprochées pouvaient dégrader durement leur santé.

Troisième mesure, la légalisation de l'interruption volontaire de grossesse, IVG, a été défendue par Simone Veil en 1975. La ministre de la Santé d'alors y voyait le moyen d'éviter les nombreuses maladies et les décès liés aux avortements clandestins. Aujourd'hui, cette loi soulève encore des débats passionnés: l'Église catholique, notamment, considère que la vie humaine commence dès la fécondation et que l'interrompre est donc un crime.

2 Lecture

Dans le domaine de la politique, les femmes ont dû lutter pour l'égalité. Copiez le tableau ci-dessous et lisez l'article suivant, afin de remplir les trous.

Événement	Date
L'Assemblée nationale affiche un record historique.	‒‒‒‒
‒‒‒‒‒‒‒‒‒‒‒‒‒‒‒‒	1944
Le suffrage universel est introduit pour les hommes.	‒‒‒‒
‒‒‒‒‒‒‒‒‒‒‒‒‒‒‒‒	1991
% des députés qui sont des femmes	
Grèce	‒‒‒‒
France	‒‒‒‒
Suède	‒‒‒‒

elle passe son bac depuis 1919

La politique: peu féminisée

Le 1er juin 1997, la nouvelle Assemblée nationale affiche un record historique: 10,2% des députés sont des femmes (la précédente n'en avait que 5,9%). Pas de quoi pavoiser pourtant, car en Europe, nous ne battons que la Grèce (5,7%) et nous restons bien loin derrière la Suède (40,4%). En France, le droit de vote et l'éligibilité des femmes ne date que de 1944. Cinquante-quatre ans, c'est peu pour faire évoluer des siècles de préjugés.

Lorsque le suffrage universel est instauré une première fois en 1793, il est réservé aux hommes. Au début du XXe siècle, malgré la montée de mouvements féministes, dont les virulentes suffragettes anglaises, la plupart des femmes trouvent encore normal d'être écartées de la politique. Et lorsqu'en 1991, pour la première fois en France, une femme a été nommée Premier ministre (Édith Cresson), la presse et les hommes politiques ont rivalisé de critiques misogynes («Elle est fragile», «Elle minaude à l'Assemblée», «Ses sourires énervent les députés»...)

7 La place sociale de la femme

Simone de Beauvoir a joué un rôle énorme dans la prise de conscience de la condition féminine. La publication de son livre Le Deuxième Sexe *a provoqué un débat international sur les différences entre les hommes et les femmes et surtout sur la tentative de la femme de s'évader de l'espace restreint qui lui avait été assigné.*

1 **Lecture** Lisez cet article sur le livre de Simone de Beauvoir et préparez une réponse écrite aux questions qui suivent.

  a Selon Simone de Beauvoir, qu'est-ce qui explique la soumission de la femme?

  b Comment la vie d'une femme se déroule-t-elle?

  c Comment Simone de Beauvoir a-t-elle échappé au sort que la société lui imposait?

  d Quelle est la citation tirée du *Deuxième sexe* qui résume sa théorie centrale? Expliquez l'essentiel du constat.

La révolution du «Deuxième Sexe»

«On ne naît pas femme, on le devient.» Ainsi peut-on résumer la théorie centrale de l'essai de Simone de Beauvoir, *Le Deuxième Sexe*, publié en 1949. Qualifiant ainsi le sexe féminin, car il passe toujours après le sexe masculin, Simone de Beauvoir dénonce cette hiérarchie et l'oppression qui en découle. Pour cette agrégée de philosophie, ce sont des faits socioculturels qui expliquent la passivité de la femme et sa soumission à l'homme et non une quelconque «nature féminine». Enfant, la fillette est «brimée et mutilée» par les éducateurs et la société. À l'âge adulte, la femme s'investit dans l'amour, qui implique pour elle une «totale démission au profit d'un maître». La libération passe par l'indépendance économique, diagnostique cette intellectuelle, qui a été extrémiste au point de refuser d'avoir des enfants. La sortie de ce livre a entraîné des réactions violentes en France. Publié aux États-Unis en 1953, *Le Deuxième Sexe* est vite devenu une des références principales du mouvement féministe.

Simone de Beauvoir est née à Paris le 9 janvier 1908. Agrégée en philosophie en 1929, elle a enseigné à Marseille, Rouen et Paris jusqu'en 1943. À part *Le Deuxième Sexe*, elle a publié plusieurs romans et essais, et ses *Mémoires*. Pendant 51 ans, elle a connu une amitié intime avec Jean-Paul Sartre, jusqu'à la mort de Sartre en 1980. Simone de Beauvoir est morte en 1986.

2 **Travail oral** Réfléchissez aux questions suivantes, puis faites part de vos réponses au reste de la classe.

Comment peut-on résumer l'essentiel des croyances de Simone de Beauvoir?

Selon Simone de Beauvoir, est-ce que c'est la société qui forge la réalité féminine? Quels facteurs entrent en jeu?

Selon Simone de Beauvoir, la femme est-elle définie par rapport à l'homme?

La situation a-t-elle changé depuis la deuxième guerre mondiale? Comment?

Est-ce que la condition féminine est la même partout dans le monde?

Voici quelques idées:

le sexisme existe toujours

on impose beaucoup de choses aux femmes

le rôle de la femme est différent suivant la société

la vie des femmes et des hommes est dictée par la société

l'égalité n'existe pas, c'est la différence qui est importante

il est facile de créer des stéréotypes

les femmes ont travaillé pendant la guerre – leur situation a donc changé

la libération de la femme est un fait

3 **Exercice d'écoute** Écoutez un reportage sur la vie des femmes afghanes depuis l'instauration de la loi coranique. Mettez les titres suivants dans l'ordre du reportage.

Les lois actuelles

Les conditions de vie

Les conséquences de la désobéissance

Le rôle de la communauté internationale

Les vêtements féminins

4 Travail oral Regardez cette photo. Préparez une réponse orale aux questions suivantes.

a   Qu'est-ce que vous voyez sur cette image?

b   Que pensez-vous de ces vêtements?

c   Commentez la présence de la jeune fille qui ne porte pas de burqa.

d   Décrivez son expression.

e   Accepteriez-vous de porter une burqa? Pourquoi? Pourquoi pas?

f   Dans quelle mesure pensez-vous que la société ait le droit de déterminer les habitudes vestimentaires de quelqu'un?

5 Lecture Lisez ce résumé de *L'enfant de sable* par Tahar Ben Jelloun, et l'extrait qui en est tiré.

L'enfant de sable

Quartier populaire d'une ville arabe. Un père de famille qui n'a eu «que» sept filles et vit la honte d'être sans héritier mâle, décide que, quoi qu'il arrive, son prochain enfant sera un homme. L'enfant naît. C'est une fille. Mais seules la mère et la vieille sage-femme (proche de la mort) seront dans le secret. Pour le reste, Ahmed – qui vient de naître – est présenté(e), annoncé(e) et élevé(e) comme s'il s'agissait d'un garçon. Le livre raconte – par la bouche d'un conteur qui est en possession du «journal» d'Ahmed – la vie de celui (ou celle) qui incarne la révolte du père contre la fatalité.

Inspiré d'un «fait divers» authentique, le roman d'Ahmed est le récit troublant, ambigu, tendu d'un homme artificiel, en somme, découvrant peu à peu dans le trouble la signification de ce qu'on lui dissimule: son propre sexe.

Ma retraite a assez duré. J'ai dû dépasser les limites que je m'étais imposées. Qui suis-je à présent? Je n'ose pas me regarder dans le miroir. Quel est l'état de ma peau, ma façade et mes apparences? Trop de solitude et de silence m'ont épuisé. Je m'étais entouré de livres et de secret. Aujourd'hui je cherche à me délivrer. De quoi au juste? De la peur que j'ai emmagasinée? De cette couche de brume qui me servait de voile et de couverture? De cette relation avec l'autre en moi, celui qui m'écrit et me donne l'étrange impression d'être encore de ce monde? Me délivrer d'un destin ou des témoins de la première heure? L'idée de la mort m'est trop familière pour m'y réfugier. Alors je vais sortir. Il est temps de naître de nouveau. En fait je ne vais pas changer mais simplement revenir à moi, juste avant que le destin qu'on m'avait fabriqué ne commence à se dérouler et ne m'emporte dans un courant.

Sortir. Émerger de dessous la terre. Mon corps soulèverait les pierres lourdes de ce destin et se poserait comme une chose neuve sur le sol. Ah! L'idée de me soustraire à cette mémoire me donne de la joie. J'avais oublié la joie! Quel soulagement, quel plaisir de penser que ce seront mes propres mains qui traceront le chemin d'une rue qui mènerait vers une montagne! Je sais! J'ai mis du temps pour arriver jusqu'à cette fenêtre! Je me sens léger. Vais-je crier de joie ou chanter? Partir et laisser cette vie défaite comme si quelqu'un venait de la quitter brusquement. Ma vie est comme ce lit et ces draps froissés par la lassitude, par les nuits longues, par la solitude imposée à ce corps. Je vais partir sans mettre de l'ordre, sans prendre de bagages, juste de l'argent et ce manuscrit, unique trace et témoin de ce que fut mon calvaire. Il est à moitié noirci. J'espère écrire des récits plus heureux dans l'autre moitié. J'empêcherai les bêtes funestes de s'y glisser et laisserai les pages ouvertes aux papillons et à certaines roses sauvages. Ils dormiront sur un lit plus doux où les mots ne seront pas des cailloux mais des feuilles de figuier. Ils sécheront avec le temps sans perdre les couleurs ni les parfums.

J'ai enlevé les bandages autour de ma poitrine, j'ai longuement caressé mon bas-ventre. Je n'ai pas eu de plaisir ou, peut-être, j'ai eu des sensations violentes, comme des décharges électriques. J'ai su que le retour à soi allait prendre du temps, qu'il fallait rééduquer les émotions et répudier les habitudes. Ma retraite n'a pas suffi; c'est pour cela que j'ai décidé de confronter ce corps à l'aventure, sur les routes, dans d'autres villes, dans d'autres lieux.

Tahar Ben Jelloun, *L'enfant de sable* © Editions du Seuil 1998

6 Travail écrit Écrivez 500 mots sur le sujet suivant.

«Les femmes et les hommes ne seront jamais égaux. La femme a trop souffert.» Commentez!

Voici une suggestion de plan et du vocabulaire utile pour chaque partie de la dissertation.

Introduction

Essayez de poser des questions dans l'introduction afin de dégager les thèmes à aborder.

Développement

La situation aujourd'hui :

le rôle des femmes
la position de l'homme – des raisons à cela

> l'émancipation des femmes
> l'égalité des chances
> être autonome
> le danger du harcèlement sexuel
> le mouvement féministe
> les stéréotypes
> le sexisme

Le rôle traditionnel de la femme – perspective historique

> être déterminé par sa fonction de procréation
> se culpabiliser
> une liberté limitée
> la maternité
> les pressions sociales
> rester au foyer
> être conditionné
> la vie professionnelle

L'attitude de la société :

des lois pour améliorer le sort des femmes
citer l'article «une politique peu féminisée»

> la carrière   à travail égal, salaire égal

D'autres sociétés :

citer l'article sur la burqa
L'enfant de sable

Conclusion

Votre avis

Organisez-vous!

Writing essays in French is just like writing them in English – but with one added difficulty! Here are some hints to help:

- Make sure you understand the instructions absolutely. There will often be a statement of opinion which you are asked to discuss: as well as checking your understanding of the French, think about your reactions to the opinion and the line you are going to follow in your essay.

- Make a plan, as detailed as you can. Write down your ideas, in French, under headings. Make a note, too, of relevant vocabulary and phrases. You will find examples of useful phrases for developing arguments throughout this book.

- Your introduction should briefly explain the key points of your plan. The main body of your essay should then deal with the various points you wish to make, in turn. In your conclusion, link back to the introduction to summarise the thread of your argument and explain how you have reached the conclusion you have.

- Each pararaph should explore an idea, justified where possible by facts and quotations.

- Make sure that the paragraphs are linked, and that each one is relevant to the subject.

- Try to move from the concrete to the abstract, and to 'personalise' your essay by including your own thoughts and ideas.

- Use French that you know. If you're not sure how to say something in French, try to say it another way using language you are more confident of.

- When you have finished, check your French carefully for major grammatical errors. Do the verbs agree with their subject, and adjectives with the noun they are describing?

8 La sexualité

Dans le domaine de la sexualité aussi, la société impose des codes. La façon dont on mène sa vie est souvent due aux croyances ou aux convictions philosophiques ou religieuses, mais aussi aux choix de l'individu. La sexualité est problématique pour les uns, sans problèmes pour les autres. Certaines sociétés condamnent l'homosexualité. D'autres l'encouragent, voire, la vénèrent.

1 Exercice d'écoute Écoutez Éric qui parle de son homosexualité et décidez si les phrases suivantes sont vraies, fausses ou pas mentionnées.

a Sa famille a mal réagi.

b Éric parle très ouvertement de sa sexualité.

c Il a été ahuri par les réactions de ses copains.

d Personne ne parlait de la sexualité à l'école.

e Éric regrette son homosexualité.

2 Travail oral Vous allez préparer un débat sur l'homosexualité: «La société moderne n'a rien à craindre de l'homosexualité.»

Dans un premier temps, décidez si les avis suivants sont pour ou contre l'homosexualité. Dans un deuxième temps, présentez votre point de vue.

> C'est un péché mortel – contre nature !

> Est-ce souhaitable dans une société moderne ? Je ne le pense pas.

> Les habitudes sexuelles sont une affaire purement personnelle.

> Nous ne sommes plus inassimilables. Tant mieux.

> La conduite privée entre adultes consentants ne nous regarde point. C'est à eux de décider.

> La famille nucléaire n'existe plus. Il faut confronter les préjugés.

> Il faut expulser ce fléau de la société.

> Après une longue oppression, ça s'améliore.

> On est de moins en moins marginalisés, acceptés de mieux en mieux.

> La vie en couple comprend différentes sortes de couples.

> Être ouvertement homosexuel, c'est découragé.

> Avoir des préjugés contre les homosexuels, on ne peut plus se permettre ces attitudes.

> On a le droit de se comporter comme bon nous semble.

> C'est impensable, c'est contre nature.

> Il ne s'agit plus du coup d'une damnation éternelle.

> On se méfie de l'homosexualité.

> C'est une matière privée, je n'ai rien contre.

> Cela ne fait de tort à personne.

3 Travail écrit Rédigez une réponse écrite à la même question.

6 | La francophonie

Vous le savez déjà – on parle le français ailleurs qu'en France. Ces pays et régions font partie du monde francophone. Dans certains d'entre eux, comme la Belgique wallonne, le français est la langue maternelle. Dans d'autres, par exemple la Tunisie, c'est la langue administrative ou officielle. Dans ce chapitre, nous allons considérer un aperçu des cultures, littératures, géographies et actualités qui proviennent des pays et régions francophones.

1 Une langue en butte aux attaques

De nos jours, le monde anglophone s'étend géographiquement et économiquement à travers les médias – surtout le cinéma – et les sociétés multinationales. Le Québec, qui est devenu province francophone du Canada il y a 200 ans mais qui garde toujours un fort mouvement pour devenir indépendant du Canada, ressent cette forme d'impérialisme culturel comme une attaque contre l'essence même de ses citoyens. Là-bas, comme ailleurs, il existe des campagnes pour sauver la langue française.

1 Lecture Lisez ce texte et reliez les deux moitiés des phrases qui suivent.

Quand le Québec pratique la «police des langues»

Au Québec, les panneaux «stop» ont été remplacés par la mention «arrêt». Les radios sont soumises à des quotas de diffusion de chansons francophones. Les enfants des immigrants doivent aller dans une école française. Et, dans le commerce, le droit d'être servi en français est garanti. Des amendes sont même prévues pour les contrevenants! Avec la loi 101, votée en 1977, qui fait du français la seule langue officielle et de travail, le Québec s'est engagé, disent ses détracteurs, dans une «police des langues», qui dissuade les immigrants anglophones d'Asie – notamment les riches et dynamiques Chinois de Hong Kong – de venir s'y établir. Cette politique volontariste n'a pas eu, il est vrai, pour l'instant que des effets positifs. La compagnie d'assurances canadienne anglophone *Sun Life* a ainsi transféré, au début des années quatre-vingt, son siège de Montréal à Toronto. Mais les francophones font valoir que, sur les 1 200 entreprises étrangères installées au Québec, 67% sont américaines et que la loi a parallèlement poussé les entreprises françaises à venir s'installer dans la «Belle province»...

Les radios doivent faire passer

Les commerçants

Si l'on ne parle pas le français

La politique du soutien du français

Cette mesure a produit

Cependant, il y a aujourd'hui

parlent à leurs clients en français.

empêche les immigrants anglophones de venir s'installer.

un minimum de chansons francophones.

un nombre élevé d'entreprises françaises au Québec.

on risque d'avoir à payer une amende.

des effets positifs et négatifs.

2 Travail oral Travaillez avec un partenaire. Classez les opinions ci-dessous sous les rubriques «pour» et «contre» la loi 101. Ensuite, essayez d'y ajouter des opinions personnelles.

Je trouve que la loi soutient les entreprises françaises.

Selon moi, c'est ridicule parce que le Québec y perdra commercialement.

Il faut insister sur sa langue même en dépit des effets négatifs.

Pour moi, une langue, ça représente l'hégémonie culturelle, le mode de vie d'un pays.

Il faut encourager les immigrants anglophones à s'installer ici afin de soutenir l'économie québécoise.

Coûte que coûte, il faut privilégier le patrimoine représenté par notre langue.

Aujourd'hui il s'agit d'un village global – pourquoi maintenir ces divisions linguistiques artificielles?

N'est-ce pas plus important de vivre avec d'autres communautés que de privilégier nos traditions individuelles?

WORKSHEET 37 — How to express agreement and disagreement

3 Exercice d'écoute Écoutez Josée qui parle du Mouvement séparatiste au Québec. Prenez des notes en français sur ce qu'elle dit afin d'écrire un résumé de 250 mots.

4 Travail oral Inspirez-vous des propos de Josée pour préparer une présentation du point de vue soit d'un séparatiste québécois, soit d'un anglophile québécois – à vous de choisir!

WORKSHEET 38 — Giving oral presentations

2 Une diversité géographique

Les pays francophones partagent peut-être une langue, mais ils se distinguent par leur géographie, entre autres. La géographie détermine le mode de vie, l'industrie et, dans une certaine mesure, les habitudes et les mœurs. Certains prétendent qu'elle influence également l'esprit et la mentalité des gens.

1 Exercice d'écoute Écoutez ce dialogue entre un journaliste tunisien qui parle du paysage de son pays, et décidez si les phrases qui suivent sont vraies ou fausses.

a M. Touati adore l'odeur de poisson.

b Il y avait toujours beaucoup de femmes au café.

c Quand M. Touati était petit, il y avait beaucoup de touristes à Mahdia.

d Il faisait extrêmement chaud à Mahdia pendant l'été.

e La mer à Mahdia était un peu sale.

f Au coucher du soleil, la mer était calme et de couleur argent.

g Selon M. Touati, le désert inspire l'admiration et la peur en même temps.

2 Lecture La littérature d'un pays et la vision qu'il a de lui-même sont fondées, en partie, sur leurs particularités géographiques. Plusieurs auteurs ont évoqué les couleurs et les saveurs de leur pays natal ou d'adoption dans leur œuvre littéraire. Lisez attentivement cet extrait de *L'Étranger*, d'Albert Camus.

Nous sommes descendus dans la banlieue d'Alger. La plage n'est pas loin de 1
l'arrêt d'autobus. Mais il a fallu traverser un petit plateau qui domine la mer
et qui dévale ensuite vers la plage. Il était couvert de pierres jaunâtres et
d'asphodèles tout blancs sur le bleu déjà dur du ciel. Marie s'amusait à en
éparpiller les pétales à grands coups de son sac de toile cirée. Nous avons 5
marché entre des files de petites villas à barrières vertes ou blanches,
quelques-unes enfouies avec leurs vérandas sous les tamaris, quelques autres
nues au milieu des pierres. Avant d'arriver au bord du plateau, on pouvait
voir déjà la mer immobile et plus loin un cap somnolent et massif dans l'eau
claire. Un léger bruit de moteur est monté dans l'air calme jusqu'à nous. Et 10
nous avons vu, très loin, un petit chalutier qui avançait, imperceptiblement,
sur la mer éclatante. Marie a cueilli quelques iris de roche. De la pente qui
descendait vers la mer nous avons vu qu'il y avait déjà quelques baigneurs.

L'ami de Raymond habitait un petit cabanon de bois à l'extrémité de la
plage. La maison était adossée à des rochers et les pilotis qui la soutenaient 15
sur le devant baignaient déjà dans l'eau. Raymond nous a présentés. Son ami
s'appelait Masson. C'était un grand type, massif de taille et d'épaules, avec
une petite femme ronde et gentille, à l'accent parisien. Il nous a dit tout de
suite de nous mettre à l'aise et qu'il y avait une friture de poissons qu'il avait
pêchés le matin même. Je lui ai dit combien je trouvais sa maison jolie. Il m'a 20
appris qu'il y venait passer le samedi, le dimanche et tous ses jours de congé.
«Avec ma femme, on s'entend bien», a-t-il ajouté. Justement, sa femme riait
avec Marie. Pour la première fois peut-être, j'ai pensé vraiment que j'allais
me marier.

3 Travail écrit Répondez aux questions suivantes.

a L'extrait de *L'Étranger* est écrit au passé composé et à la première personne. Quel effet est-ce que cela nous fait ?

b Relevez tous les exemples de fleurs dans le passage. Quelles couleurs y sont attachées ? Quelle image avez-vous devant les yeux ?

c Relevez toutes les couleurs qui se rapportent à d'autres choses dans le passage.

d «le bleu déjà dur du ciel» (4) Pourquoi cette description du ciel est-elle inattendue ? À votre avis, est-elle efficace ?

e «on pouvait voir déjà la mer immobile et plus loin un cap somnolent et massif dans l'eau claire» (9–10) Commentez l'usage de l'adjectif «immobile» pour décrire la mer. Un cap peut-il être somnolent ?

f Comment est la vie quotidienne de l'ami de Raymond ?

g Quelle impression de la vie et de la banlieue d'Alger nous donne la description de Camus ? Est-ce que ce portrait vous attire ?

Albert Camus, *L'étranger* © Editions Gallimard

3 Des destinations touristiques

1 **Travail oral** Regardez cette photo de l'Île Maurice, située dans l'océan Indien. Remue-méninges: dressez une liste de tous les mots auxquels la photo vous fait penser. Que ressentez-vous face à la photo?

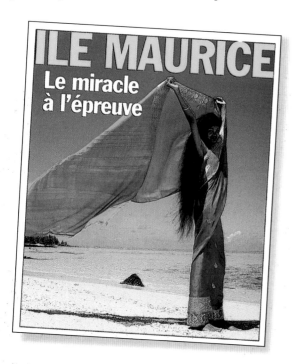

2 **Travail oral** Cette photo paraît dans un guide touristique. À votre avis, est-ce qu'elle représente bien son sujet? Discutez-en, en vous servant des expressions et phrases ci-dessous.

> le désir d'aller en vacances
>
> l'exotisme
>
> la femme qui personnifie l'île
>
> le désir de s'échapper
>
> le calme et la beauté
>
> l'illusion
>
> La photo ne s'intéresse qu'à...
>
> La photo ne nous montre que la moitié de l'histoire.
>
> Il faut toujours mettre une jolie fille en couverture pour que les gens lisent l'article.
>
> La photo fera augmenter le secteur touristique de l'Île Maurice.
>
> La photo attirera une mauvaise sorte de touristes.
>
> L'Île Maurice doit sans doute offrir beaucoup plus que de belles plages.

3 **Lecture** Lisez l'article suivant, qui décrit un type de paysage très courant en Afrique – l'oasis, un lieu calme et abondant après la soif du désert. Ensuite, répondez aux questions.

NEFTA
PERLE DU JÉRID

"Si vous voulez connaître de visu un petit coin du Paradis, visitez Nefta", dit un adage du sud. L'antique Nepte est une oasis attrayante avec ses mille sources, ses 200 koubas blanches, ses minarets et sa somptueuse corbeille ainsi que ses nombreuses mosquées qui lui ont valu le titre de "Petite Koufa" ou "Le Kairouan du désert".

À quelques lieues de Tozeur, à la lisière d'un plateau dénudé et érodé par les vents de sable où perlent sous le soleil le quartz et le silice, Nefta s'étend majestueusement dans son vert écrin. De loin, "la perle du Jérid" paraît tel un tapis négligemment oublié par les anges sur le sable du désert, par une nuit d'été.

Les hommes y écoutent passer le temps distillé par la clepsydre de la vie se transformant en pâtres des étoiles. Ici, pendant la nuit les grappes des étoiles paraissent si proches que l'on a envie de les cueillir. La ville est en gradins sur les berges d'une rivière. On ira suivre les ruisseaux et flâner sous les palmiers. On s'arrêtera devant un Marabout. On admirera cette architecture de villages bibliques rappelant aussi celle de l'Andalousie. Architecture qui a attiré plus d'un cinéaste mondial à venir tourner à Nefta, véritable studio en plein air. Rossellini a choisi ce village pour recréer la vie du Messie. On assistera aussi au merveilleux coucher du soleil. La voix du Muezzin s'élève dans les cieux égrenant l'appel à la prière dans le calme et la splendeur.

Les douces ombres violettes du soir commencent à descendre tandis que le couchant s'incendie de pourpre.

a Où se trouve Nefta par rapport à Tozeur?

b À quoi ressemble Nefta vue de loin?

c Pourquoi pense-t-on à cueillir les étoiles?

d Qu'est-ce qui s'est passé à Nefta, grâce à son architecture?

e Quelles sont les couleurs que l'auteur associe au coucher du soleil?

4 Exercice d'écoute Écoutez un Sénégalais qui parle de sa vie à Dakar – capitale du Sénégal – et de sa vie à Londres. Écrivez un résumé de l'entretien.

WORKSHEET 39 | Writing a summary of a listening passage

5 Lecture Reliez les textes aux photos correctes. Ces photos vous donnent-elles envie de visiter le Sénégal? Pourquoi?

a Sur les marchés, les produits sont toujours présentés par petits lots. De gauche à droite, on reconnaît des aubergines noires et rouges, des petites tomates, de la courge et des gombos.

b Ces longues pirogues forment l'un des paysages les plus typiques du Sénégal.

c Les maisons du village de Gorée arborent des couleurs joyeuses qui confèrent au village son aspect presque provençal.

d Les plages de sable fin de la Casamance incitent au repos.

e La pêche est très importante pour l'économie du Sénégal. 200 000 personnes sont employées dans ce secteur.

f La plongée sous-marine est pratiquée toute l'année au Sénégal et particulièrement dans la Presqu'île de Dakar.

Carte d'identité

Situation:	à env. 4 200 km de Paris (6h de vol).
Superficie:	196 192 km^2, soit un peu plus du tiers de la France.
Point culminant:	581 m.
Climat:	ensoleillé et chaud la plus grande partie de l'année. Saison des pluies de juin à octobre.
Côtes:	700 km de côtes sablonneuses ouvertes sur l'océan Atlantique.
Population:	8 000 000 hab.
Capitale:	Dakar (1 800 000 hab.).
Religions:	musulmane (80 %); chrétienne (10 %); animisme omniprésent.
Mœurs:	polygamie courante.
Langue officielle:	français.

6 Travail écrit À partir de cette carte d'identité, et des photos et légendes ci-dessus, écrivez un texte pour encourager les visites au Sénégal.

4 Vivre dans un pays francophone

Quoique les pays francophones soient parfois exotiques et d'une beauté sans pair, il n'est pas toujours évident de s'y installer et de s'y intégrer sans difficultés. Affronter les différences culturelles, c'est une expérience positive pour certains, infernale pour d'autres.

1 Exercice d'écoute

Écoutez attentivement le récit personnel de Ghalia, une jeune femme marocaine vivant actuellement en Tunisie, après avoir passé quelques années en France. À vous de relier les bonnes moitiés de phrases pour révéler ce qu'elle dit!

1 J'ai eu ma maîtrise de littérature à Marrakech

2 J'ai visité la Tunisie deux fois auparavant

3 Alors que le Tunisien aspire à une vie plus occidentalisée

4 Il y a un sentiment de solidarité

5 Bien sûr, la langue française est présente

a beaucoup plus développé au Maroc.

b surtout dans les milieux sociaux aisés et intellectuels.

c avant même de penser m'y installer, en tant que touriste.

d et puis je suis allée faire mon doctorat à Lille.

e le Marocain reste attaché à ses racines et à ses traditions.

2 Exercice d'écoute

Écoutez maintenant Dinah qui parle de son année comme assistante en Martinique. Prenez des notes sur ce qu'elle dit selon les titres suivants.

Le premier mois
Prise de conscience
La vie quotidienne

3 Lecture

Driss Chraïbi est un écrivain marocain qui a quitté le Maroc pour aller vivre en France. Lisez cet extrait de son livre *Les Boucs*, qu'il a écrit en France en 1976.

UN petit Berbère cirait des souliers à Bône. Ils étaient noirs et appartenaient à un prêtre.

– Comment t'appelles-tu? lui demanda le prêtre.

– Yalann Waldik, dit le Berbère.

– Que fais-tu et quel âge as-tu, mon enfant?

– Je suis cireur et j'ai dix ans.

Le prêtre poussa un soupir.

– Dans dix ans, que seras-tu, je te le demande?

– Dans dix ans, je serai un cireur de vingt ans, si Dieu le veut.

Le prêtre se mit en colère.

– Considère, mon enfant, dit-il. Si tu étais en France, tu apprendrais déjà le latin et le grec et dans dix ans tu serais un homme.

Longtemps, le petit Berbère le regarda, stupéfait. Pour la première fois, il calcula, supputa, supposa. Puis il ferma sa boîte de cireur comme on ferme la porte d'un passé – et s'en alla. Il persuada son père de vendre son dernier bouc, lui expliquant qu'avec le prix de ce bouc il pourrait en acheter mille, dans dix ans. Et il s'embarqua vers la France.

Et le prêtre dit à voix haute:

– J'ai sauvé une âme.

Waldik quitte Alger pour se rendre en France. Mais ses espoirs d'une vie meilleure se heurtent à la vérité: muni d'une carte de chômage, il apprend vite l'exploitation, la révolte et la haine en constatant la misère des immigrés maghrébins.

4 Travail oral Travaillez avec un partenaire. À vous de décider du sort de Waldik : imaginez-lui une vie différente en France. Préparez une présentation à faire devant la classe, en vous servant des expressions et scénarios ci-contre.

À mon/notre avis   Au contraire

Selon moi/nous   Sans doute

Je suis de l'opinion que

L'histoire de Waldik s'améliorera. Il se retrouvera dans un pays accueillant et chaleureux.

Les portes des grandes sociétés lui seront ouvertes.

Il décrochera un poste de cadre chez Dom-Pérignon.

Waldik s'inscrira à la Sorbonne pour étudier les Sciences politiques.

Il deviendra chef de syndicat chez Renault.

Dès son arrivée, il sera logé chez une famille française moyenne ; après quelques années il épousera la fille cadette.

5 Travail écrit Imaginez que vous êtes Waldik et que vous venez d'arriver en France. Écrivez une lettre à un ami où vous décrivez vos premières impressions.

6 Travail oral Remue-méninges : regardez ce dessin et expliquez-le. («Raus» veut dire «Dehors» en allemand.)

5 Le rôle de la femme dans les pays francophones

Passons maintenant au rôle de la femme dans les différents pays francophones. Évidemment, chaque pays a des lois et des habitudes qui lui sont spécifiques ; il convient cependant d'étudier ici la position et le statut des femmes dans deux pays très différents – les Antilles et l'Algérie.

1 Lecture Lisez attentivement ce texte qui traite de l'attitude envers la mère dans la mythologie antillaise, puis répondez aux questions.

a Trouvez dans le texte les mots et les phrases qui sont synonymes des expressions ci-dessous.

cela ne se fait pas	manifestement confondus
découvrir	habitude
à travers cette puissance et sa dévotion totale	un travailleur de plus
le rocher	l'obéissance

b À votre avis, est-ce que l'auteur du texte a une attitude positive ou négative envers le rôle des mères antillaises? Utilisez les expressions ci-dessous pour donner vos opinions.

D'après moi...	À mon avis...
Je pense que...	J'estime que...
Je suis d'avis que...	Je crois que...

PAROLE ET REGARD

La mythologie antillaise a fait de la mère, pardonnez, de la maman (il est de mauvais ton d'employer «mère» aux îles à cause de la dureté du mot) une figure qui détient un pouvoir presque magique. Il lui permet de déceler la tromperie et d'avoir un discours de l'ordre de la vérité. Sa parole vaut plus qu'aucune autre. Il est inutile d'essayer d'échapper à son regard qui devine un désarroi ou un secret, qui juge, car le lien maternel est indélébile: c'est comme un langage qui se passe de mots, de formulations. Par cette force et par son dévouement entier à ses enfants, son abnégation totale, elle est le roc sur lequel la famille s'amarre. Elle lui donne sa définition, sa stabilité, sa protection tout au long de la vie. Certains appellent cela de la douceur attentive; d'autres, de la tyrannie: les deux sont indéniablement mêlés! Pourtant, comment se plaindre quand la maman dispense généreusement sa chaleur réconfortante, quand sa fonction première est de soigner les blessures, de prendre en charge les problèmes et de nourrir les enfants, tous ceux qui ont faim. C'est pourquoi la société antillaise accepte la circulation des enfants d'un foyer pauvre à un autre plus aisé ou sans enfant – généralement celui de la marraine ou du parrain. Plus que la fonction économique de cette coutume (chez les plus défavorisés, l'enfant apporte un surplus de main-d'œuvre à la famille d'accueil en échange de son entretien), elle est révélatrice des valeurs antillaises: on ne laisse pas un enfant avoir de la peine. En Martinique, aujourd'hui, les femmes représentent plus de 45 % de la population active et, signe des temps urbains, le nombre de divorces augmente chaque année, dans toutes les classes d'âge. Les femmes préfèrent de plus en plus leur indépendance à la soumission passive.

FEMMES EN ALGÉRIE

Depuis la fin du XIXᵉ siècle les femmes d'Algérie n'ont pas cessé de faire l'objet de manipulations. Elles ont été source d'intérêts latents durant la période coloniale, la guerre d'Algérie et après l'indépendance. Elles ont en effet servi la cause nationale durant la longue période coloniale, avec les moyens dont elles disposaient. Malgré leur dépolitisation, elles ont participé à la guerre à leur manière. Après l'indépendance, dans un pays qui entendait incarner l'avant-garde en matière d'émancipation des masses, la libération des femmes aurait dû être un objectif déterminant. Or les autorités n'ont pas remis en question des pratiques archaïques comme le statut des femmes.

CETTE SITUATION VA PRÉVALOIR, À CÔTÉ d'un effort d'éducation indéniable, quoique relatif. Le groupe le plus "féministe" au sens occidental (c'est-à-dire aspirant à une égalité légale des sexes) est sorti, pour l'essentiel, du mouvement d'émancipation par l'école. Il est le fait de femmes lettrées, francophones, appartenant à une catégorie sociale privilégiée, que rejoint toute une jeunesse, de plus en plus consciente, assoiffée de liberté.

Il y a, par ailleurs, de plus en plus de femmes qui se réclament d'un autre type de féminisme, celui-là d'inspiration islamiste. Ce sont celles de la mouvance Hamas de Mahfoud Nahnah et de Ennahdha (de Abdallah Djaballah), le plus souvent lettrées en arabe et appartenant aux couches moyennes, ce qui leur permet d'avoir de l'influence auprès de milieux analphabètes et d'intervenir dans des milieux défavorisés. Sociologiquement, cette catégorie est intéressante car elle tente d'évoluer à la fois dans le cadre de la loi islamique (c'est-à-dire acceptant le statut personnel, le port du voile constituant un indice) et de la modernité qui "permettrait" de travailler et de se mobiliser (en mobilisant les autres femmes) pour défendre les valeurs de l'islam.

DEPUIS 1984, AVEC L'APPARITION DU code de la famille, qui se prétend inspiré de l'islam, les femmes n'ont pas cessé de lutter contre cette vision régressive du monde où la polygamie est maintenue. Leur assujettissement aux hommes est officiellement proclamé: la famille patriarcale consacrant le mâle revient à l'ordre du jour. En matière d'héritage, la femme est lésée par rapport à l'homme. En matière de divorce, elle perd tout, jusqu'au toit conjugal, même si elle a de nombreux enfants en bas âge à sa charge.

2 Lecture Lisez maintenant le texte sur la page d'en face, qui aborde la question des femmes en Algérie, puis trouvez les expressions françaises qui correspondent aux expressions anglaises qui suivent.

a The women of Algeria have continually been manipulated.

b Despite their lack of political power, they played their own role in the war.

c The authorities did not challenge archaic practices such as the status of women.

d aspiring to sexual equality before the law

e joined by young women who are increasingly aware and thirsty for freedom

f increasing numbers of women who are seeking a different type of feminism

g which gives them influence in areas with high illiteracy rates

h since it is attempting to develop within the framework of both Islamic law and modernity

i the patriarchal family, devoted to the male, is back in style

Mots à retenir

la période coloniale   les moyens
à leur manière   remettre en question
à la fois   le port du voile
défendre les valeurs
l'assujettissement
revenir à l'ordre du jour

3 Travail oral Préparez une réponse orale aux questions suivantes.

a Selon l'article *Femmes en Algérie*, comment les femmes ont-elles été trahies par les autorités après l'indépendance de l'Algérie ?

b Quelles sont les deux catégories de femmes qui militent en Algérie ?

c Donnez un exemple d'une loi qui assujettit la femme à l'homme.

4 Travail écrit Relisez l'article et prenez des notes en vous concentrant sur deux aspects de base : les deux groupes de femmes en Algérie, et leur statut juridique. Servez-vous de vos notes pour rédiger un résumé de l'article (environ 100 mots). Voici des expressions pour vous aider.

Il convient de distinguer deux catégories

D'une part... d'autre part

La laïcité et la religion se heurtent

En ce qui concerne

Quant à

Ces femmes partagent toutefois le même statut juridique

Il convient de souligner (le fait) que

Grammaire Use of nouns

In French, nouns are often preferred where verbs would be used in English. Look at these examples:

He told us that he would take part in the World Cup.

Il nous a fait part de sa participation à la Coupe du Monde.

5 Travail écrit Trouvez le nom correspondant à chacun de ces verbes tirés du passage *Femmes en Algérie*, pour compléter les phrases suivantes.

intervenir   appartenir   participer   permettre

mobiliser   disposer   cesser   évoluer

a Elle avait toute sorte d'instruments à sa _____.

b Sa _____ au jeu l'avait mené droit au zéro.

c L' _____ de l'ONU a été avantageuse.

d La _____ de la violence dans la guerre d'indépendance a entraîné la paix.

e L' _____ des langues constitue un sujet en soi.

f Le professeur nous a accordé la _____ de sortir.

g La _____ des troupes a provoqué une mauvaise réaction.

h L'identité est fondée sur l' _____ à un groupe quelconque.

6 Une diversité culturelle

La culture d'un pays s'exprime de maintes façons. Que ce soit par la littérature ou la poésie, par les beaux-arts ou les arts plastiques comme la photo et le cinéma, ou même par le sport, l'important est d'avoir une culture pleine et abondante. À travers leur histoire et leur identité, les pays francophones ajoutent une richesse à l'héritage de la langue française.

---

1 Exercice d'écoute et travail oral Écoutez cet extrait du *Cahier d'un retour au pays natal*, la première œuvre d'Aimé Césaire, saluée comme le texte fondamental de la génération de la négritude*, ainsi que les deux poèmes qui suivent. Préparez une réponse orale à ces questions.

a Quelle est l'importance du rythme dans ces trois poèmes?

b Comment le rythme est-il créé?

c Comment la forme du poème de Damas nous affecte-t-elle?

d Ces trois poèmes sont pleins d'une énergie abondante. Tâchez d'en analyser le langage afin d'identifier d'où vient cette vitalité.

* négritude = ensemble des valeurs culturelles et spirituelles du monde noir

---

Ils sont venus ce soir où le

    tam

       tam

         roulait de

      rythme

     en rythme

   la frénésie des yeux

  la frénésie des mains

     la frénésie des pieds...

et je me sentais entrer en possession de moi-même.
(PIGMENTS, Léon Damas)

Et elle est debout la négraille

la négraille assise
inattendument debout
debout dans la cale
debout dans les cabines
debout sur le pont
debout dans le vent
debout sous le soleil
debout dans le sang
    debout
      et
       libre

Le carnaval se déchaîne
En groupes à pieds, avec des cris,
Des chansons, des rires,
Et surtout sans oublier, les ti-bois,
Les tambours bel-air, les cha-cha, les maracas
en tête menant la fête,
Et ça saute, ça sautille, ça se trémousse,
Les bras en l'air,
Dans une ambiance folle, délirante, effrénée:
Méysé zé dàm bésé ba, bésé ba, bésé ba.
Bésé ba!
(Chanson populaire: C'EST ÇA, LA MARTINIQUE!)

2 Lecture Lisez cet article sur le dernier film de Safi Faye. Née à Dakar, elle a étudié l'ethnologie et le cinéma à Paris. Sa dernière réalisation s'appelle *Mossane, chant de femme*, et a pris plus de six ans pour voir le jour. Faites correspondre ces titres aux paragraphes du passage.

On peut lire sur le visage de Mossane les sentiments qu'elle n'a pas le droit d'énoncer.

Il s'agit et d'un mariage et de l'amour.

Ce film est une célébration de la vie.

Le film de Safi Faye que nous attendons depuis longtemps vient de sortir.

Mossane
Chant de femme

Enfin visible, le film de Safi Faye s'impose par la sensualité de sa caméra. Conte traditionnel et fable existentielle qui nous parle d'hier comme d'aujourd'hui, il confirme son auteur comme principale réalisatrice africaine.

Vu superficiellement, *Mossane* est une histoire de mariage forcé de plus. Vieux schéma? Cinéma calebasse? Plat réchauffé? Certainement pas: ce film a la modernité de l'éternité. Non celle d'une Afrique prétendue immémoriale, mais celle de la lutte de la vie. *Mossane* tisse une fine analyse d'un sujet qui ne peut perdre en acuité: le destin adolescent. La jeune Mossane est belle, trop belle sans doute, au point que les enfants délaissent souvent le foot pour l'aider: *"Dès qu'ils la voient, ils la suivent et le match est foutu!"* Belle au point que les jeunes étudiants en rêvent avec humour: *"Ferme les yeux: il fait nuit!"* Et, bien sûr, trop belle pour pouvoir librement choisir son mari, elle qui aime un étudiant désargenté. *"Quand la terre ne produit rien, il n'y a plus de morale"*: le mariage forcé par intérêt pour la dot se met vite en place.

Sur ce récit des plus classiques, Safi Faye construit un film bourré de sensibilité. Sa caméra épouse les corps et les inscrit dans les décors avec grâce. Elle se fait proche des personnages qu'elle respecte infiniment et capte ainsi sur le visage de l'adolescente, malgré tout ce qui ne se dit pas, la détermination et la révolte d'une vie qui refuse de se laisser enfermer. Seule sa grand-mère est lucide: *"Mossane n'est pas heureuse. On ne brûle pas un arbre qui porte des fruits!"*

Même s'il rappelle avec mélancolie que le bonheur n'est pas de ce monde, ce film est un vigoureux et touchant appel contre les immobilismes, une affirmation de vie.

3 Travail écrit Traduisez ce texte en français.

SAFI FAYE
(SENEGAL)

Faye's first contact with film was in 1966 when, whilst working as a teacher in Dakar, she met the French ethnologist Jean Rouch. As a result she took part in his film *Petit à Petit* and began to study film herself. She made two shorts, *La Passante* (*The Passer-By*) and *Revanche* (*Revenge*) before going on to make her first feature length movie, *Kaddu-Beykat* (*Letter from my Village*) in 1976. This is largely in documentary form and is about Faye's own village but a fictional love story is introduced. As Faye herself has said:

"I needed to introduce a fictional element in order to have something around which to organise what had been revealed about the economic problems. And what could be better than a love story?"

4 Travail oral En groupes, dressez une liste de tous les écrivains français et francophones que vous connaissez. Quels livres ont-ils écrit? Faites également une liste des films en langue française que vous connaissez.

5 Travail de recherche Choisissez un pays francophone et faites des recherches sous les rubriques suivantes afin d'en faire un exposé.

a   L'histoire du pays

b   L'économie du pays et les industries principales

c   Les caractéristiques géographiques

d   La situation politique

e   Les rapports avec la France

f   La cuisine

g   Autre chose? À vous de choisir!

7 Atelier lecture

«J'écris d'abord pour mon peuple. Et celui-ci sait qu'une *kôra* n'est pas une harpe non plus qu'un *balafong* un piano. Au reste, c'est en touchant les Africans de langue française que nous toucherons mieux les Français et, par-delà mers et frontières, les autres hommes.»

Léopold Sédar Senghor © Editions du Seuil 1964

Chef de famille, chômeur, pauvre et considéré, Ibrahima Dieng reçoit un providentiel mandat de Paris; il essaie d'en toucher le montant…; d'espoir fou en amères désillusions commencent alors ses tribulations.

La grande habileté de Sembène Ousmane a consisté, dans ce récit, à reconstituer un monde à partir du plus modeste des événements. Ce monde, c'est le petit peuple africain des villes, à la frontière ambiguë de l'Afrique traditionnelle, et de l'autre, celle de l'administration, de la bureaucratie, de la police, etc… Sembène, qui connaît au plus près cette situation de pauvreté et cette ambiguïté, en évoque admirablement la présence et la parole, le mouvement et la couleur, le cynisme et l'innocence; lucide, et bienveillant, c'est la vie quotidienne du peuple africain urbain d'aujourd'hui – ce peuple encore démuni et toujours déçu – qu'il donne authentiquement à voir et à comprendre.

UN CIEL TROP BLEU

"La petite fille pense, avec délices, qu'elle va, dans un tout petit moment, s'immerger dans le bleu du bonheur parfait… Or, elle ressent un mouvement brusque de sa maman qui, dans un bruit assourdissant, la précipite brutalement dans son cauchemar, à l'intérieur même du maudit poste de télévision."

Rachida Titah trace la vie de figures féminines – proches sûrement de la petite fille qu'elle a été, de la mère, de la grand-mère qu'elle est – dans l'Algérie d'aujourd'hui, monde de lumière devenu noir de violence et de terreur.

Le grand mérite de l'auteur est de nous faire vivre fraternellement le quotidien de ces filles d'Algérie – la naissance, l'amour, la guerre, la mort dans la ville et au village – dans une proximité qui nous est d'autant plus douloureuse qu'elle nous est devenue familière.

Rachida Titah, née à Tlemcen en 1939, vit aujourd'hui à Alger. Enseignante, membre d'Amnesty International, elle a publié, chez le même éditeur: *La galerie des absentes. La femme algérienne dans l'imaginaire masculin*, 1996.

PERPETUE

Après avoir passé six années dans un camp de concentration pour opposition au régime de Baba Toura, Essola revient dans son village natal et décide d'enquêter sur la mort de sa jeune sœur, Perpétue, disparue entre temps.

À travers les témoignages de ceux qui ont connu la jeune femme pendant ces six années, Essola a la révélation stupéfiée du martyre vécu par Perpétue en son absence. Mariée ou plutôt vendue par les siens à un jeune fonctionnaire – type même du raté –, Perpétue mène une vie misérable à Oyolo, où elle sert plutôt d'esclave que d'épouse à son mari. Mais bientôt celui-ci jette sa femme dans les bras d'un commissaire de police tout-puissant et devient ainsi, enfin, un personnage craint et honoré, de surcroît, militant fervent du régime de Baba Toura. Nous assistons à la dégradation progressive de Perpétue, à sa résignation de bête blessée à mort, cette mort qui, un matin, mettra fin à son calvaire.

À ce roman écrit avec le pittoresque des anciens conteurs noirs s'ajoute une dimension nouvelle qui est politique. Mongo Beti dénonce de façon souvent féroce la médiocrité des fonctionnaires, leur corruption, le régime de dictature policière qui sévit dans le pays, la grande misère de tout un peuple opprimé par un gouvernement pourri jusqu'à la moelle, la condition d'esclave de la femme africaine. Le combat pour l'Indépendance avait fait naître dans le cœur de beaucoup l'espoir d'un monde nouveau et d'une liberté reconquise. Malheureusement, l'Indépendance s'est révélée un leurre; Ruben tué, ses partisans emprisonnés, les colonialistes ont su placer avant leur départ des hommes à leur solde. La situation se révèle alors pire qu'avant. L'homme noir persécute son frère, le maintient dans un état de sous-développement tant physique qu'intellectuel.

Perpétue, jeune noire digne et courageuse mais broyée et finalement achevée, est le symbole de cette jeune Afrique qui désire acquérir sa liberté et recouvrer enfin sa dignité.

Après la publication de ses deux premiers romans: *Mission terminée* (Prix Sainte-Beuve) et *Le Roi miraculé*, la critique a été unanime pour reconnaître en Mongo Beti un des meilleurs écrivains noirs contemporains. Son nouveau roman, *Perpétue*, touchera un nombreux public assez ignorant du fait africain depuis sa décolonisation, et confirme un grand talent.

L'Auteur:

Mongo Beti est né en 1932 au Cameroun, dans la région de Yaoundé.

Il arrive en France en 1951 pour faire ses études supérieures de lettres classiques à Aix-en-Provence puis à Paris. Il est marié, père de trois enfants. Agrégé de lettres, il est actuellement professeur dans un lycée de province. Il a publié quatre romans: Le Pauvre Christ de Bomba, Le Roi miraculé, Mission terminée *et* Les deux mères de Guillaume Ismaël Dzewatama.

Patrick Chamoiseau
Solibo Magnifique

© Editions Gallimard

Fort-de-France, pendant le carnaval. Devant son public médusé, le conteur Solibo Magnifique meurt, foudroyé par une égorgette de la parole. Autostrangulation? Ou meurtre? Toute l'assistance est soupçonnée, notamment Bateau Français, dit Congo, fabricant de râpes à manioc, et qui aurait empoisonné Solibo avec un fruit confit. Bouaffesse et Évariste Pilon mènent l'enquête, allant jusqu'à garder à vue Patrick Chamoiseau lui-même. Quant à Congo, suspect numéro un, il

sera laminé. Ce que, d'interrogatoire en interrogatoire, les deux policiers vont pourtant révéler, c'est l'univers caduque, au seuil de l'oubli, des Maîtres de la parole, des grands conteurs qui avaient, tel Solibo, *le goût du mot, du discours sans virgule*.

Patrick Chamoiseau est né en 1953 à Fort-de-France, en Martinique, et a fait des études de droit et d'économie sociale. Il a déjà publié du théâtre. *Chronique des sept misères*, son premier roman, a été suivi en 1988 de *Solibo Magnifique*.

Dans plusieurs pays francophones, le français est la langue officielle mais les gens parlent une langue un peu différente chez eux. Aux Antilles, par exemple, ils parlent créole. Lisez cette chanson créole et les traductions.

ADIEU FOULARDS, ADIEU MADRAS

Refrain
Adieu foulards, Adieu Madras
Adieu Grains d'or, Adieu Colliers-choux
Doudou au moin i ka pati
Hélas, hélas, cé pou toujou   bis

I
Bonjou Missié le Gouveneu
Moin vini fe on ti petition
Pou mandé ou autorisation
Laisser doudou an moin ban moin   bis

II
Mademoiselle c'est bien trop ta
Doudou a ou ja embaké
Batiment la ja su la boué
Bientot i ké apareiller   bis

Refrain
Adieu Foulards, Adieu Madras
Adieu Grains d'or, Adieu Colliers-choux
Mon amoureux va partir
Hélas, hélas, c'est pour toujours   bis

I
Bonjour Monsieur le Gouverneur
Je suis venu faire une petite pétition
Pour vous demander l'autorisation
De laisser mon amoureux avec moi   bis

II
Mademoiselle c'est bien trop tard
Votre amoureux est déjà embarqué
Le navire est déjà sur la jetée
Bientôt il va appareiller   bis

Refrain
Farewell bandanas, Farewell madras
Farewell «Grains d'or», Farewell «Colliers-choux»
My lover is goine away
Alas, alas, it's forever   bis

I
Good morning governor, sir,
I'm here to present a petition
To ask for yur authorization
To let my lover stay with me   bis

II
My dear lady, it's far too late
Your lover is already aboard
The ship is anchored out in the bay
And will soon cast off to sail away   bis

environnement *nm* ensemble des facteurs physiques, chimiques et biologiques dont dépendent la vie et la postérité d'une population animale, végétale ou humaine

L'environnement et son aspect écologique est un sujet qui préoccupe toutes les générations et qui implique et les individus et les gouvernements. Sommes-nous en train de détruire notre environnement? Quelles sources d'énergie sont les meilleures? Lesquelles faut-il choisir? Comment améliorer la qualité de l'air dans nos villes? Que faire sur le plan mondial? Voici des questions que nous allons tenter d'aborder dans ce chapitre...

1 **Lecture** Considérons les différentes sources possibles d'énergie. Reliez les définitions aux termes corrects.

1   l'énergie éolienne
2   l'énergie nucléaire/ le nucléaire
3   l'énergie solaire
4   l'énergie marémotrice
5   l'hydro-électricité
6   la houille blanche
7   la géothermie
8   le gaz
9   le pétrole
10 le charbon

a   énergie qui exploite la chaleur interne de la terre
b   énergie qui utilise la force des marées
c   corps combustible noir qu'on extrait du sol
d   énergie obtenue à partir des chutes d'eau
e   synonyme d'hydro-électricité
f   énergie qui exploite le vent
g   source d'énergie combustible naturelle, qui s'échappe de certaines couches géologiques
h   huile minérale naturelle combustible
i   énergie qui exploite le soleil
j   production d'une grande quantité d'énergie par la fission des éléments lourds ou la fusion des éléments légers

2 **Lecture** Classez les énergies mentionnées dans l'exercise 1 dans les catégories suivantes. (Il se peut que certaines énergies figurent dans plusieurs catégories.)

les énergies douces

les énergies renouvelables

les énergies polluantes

les sources d'énergie inépuisables

les combustibles fossiles

les combustibles organiques

3 **Exercice d'écoute** Écoutez attentivement. Décidez qui parle!

a   quelqu'un qui est pour les sources d'énergie traditionnelles
b   quelqu'un qui croit que l'éducation résoudra le problème
c   quelqu'un qui est écologiste

4 **Travail oral** Que pensez-vous des sources d'énergie qui sont mentionnées ci-dessus? Faites part de votre opinion à votre partenaire.

WORKSHEET 47   Définitions

5 Exercice d'écoute

Écoutez ce député qui parle de la politique énergétique et des problèmes qu'elle soulève. Mettez les expressions suivantes dans l'ordre dans lequel vous les entendez. Cherchez d'abord le sens si vous n'en êtes pas sûr.

a la politique énergétique

b la réponse idéale

c la situation est complexe

d les facteurs économiques

e le mouvement écologiste

f l'approvisionnement en énergie

g répondre aux besoins énergétiques

h rentable

i favoriser

j les partisans

k les opposants

l la pollution atmosphérique

6 Lecture

La radioactivité et le risque d'accidents font peur à beaucoup de gens. Lisez cet article sur les installations nucléaires en France et rédigez une réponse écrite aux questions qui suivent.

DANGER NUCLÉAIRE
Aucune région n'est totalement à l'abri

CETTE CARTE indique les principales installations nucléaires dans notre pays : centrales, usines de retraitement, centres de stockage des déchets, sites miniers. Pour ces derniers, nous n'avons indiqué que les plus importants.
Attention : la proximité d'un de ces sites ne signifie pas forcément qu'il y ait danger ... sauf en cas d'accident. Nos informations sont fondées sur l'inventaire national établi par l'Andra (Agence nationale pour la gestion des déchets radioactifs). Celui-ci recense plus de 1 000 sites où se trouvent des produits radioactifs, souvent en toutes petites quantités : centres d'études, établissements travaillant pour la défense nationale, entreprises et hôpitaux utilisant des radio-éléments, décharges ...
Cet inventaire est disponible gratuitement auprès de l'Andra (tél. 01 46 11 80 20 21, ou Minitel 3614 Andra).

a Que fait-on des déchets nucléaires ?

b Les sites nucléaires sont-ils à éviter à tout prix ?

7 Travail oral

Les déchets nucléaires ont quelquefois des résultats perturbants. Regardez et commentez cette image en répondant aux questions.

a Qu'est-ce que vous voyez sur cette image ?

b Pourquoi y a-t-il des ampoules sur les branches ?

c Expliquez la forme des racines de l'arbre.

d Quelle est la fonction de l'oiseau dans cette image ?

e Commentez le rôle de l'homme qui arrose cet arbre.

8 Travail écrit

Vous avez absorbé jusqu'à présent beaucoup d'informations sur les différentes formes d'énergie. Imaginez que vous êtes le président d'un pays sans énergie. Vous allez rédiger un paragraphe en français où vous expliquerez votre choix de source d'énergie pour votre pays en parlant des avantages et des inconvénients de trois sources différentes en ce qui concerne le pays que vous gouvernez.

1 La pollution urbaine

polluer *vt* polluer un lieu, une rivière, etc – les rendre malsains ou dangereux en y répandant des matières toxiques

Ces dernières années, la pollution urbaine a provoqué une prise de conscience collective. Les rues sont de plus en plus encombrées et dans les grandes villes les asthmatiques souffrent terriblement, surtout les enfants et les personnes âgées. Il est temps d'envisager des solutions nouvelles, mais quelles sont-elles?

1 Lecture Lisez ce texte sur les mesures écologiques possibles pour réduire le niveau de la pollution urbaine, puis reliez les titres qui suivent aux bons paragraphes.

Nos villes vont changer d'air

Bus propres, voitures électriques, circulation alternée et développement du vélo. Face à la pollution urbaine, voici le temps des projets alternatifs.

1 APRÈS LE TEMPS des polémiques, voici venu celui de la prise de conscience collective. Les alertes à la pollution se multiplient, à Paris et dans sa région bien sûr, mais aussi dans d'autres grandes villes comme Lyon ou Strasbourg. La pollution urbaine est déclarée grand fléau de société: 91% des Français estiment que l'air vicié des villes qu'ils habitent est un phénomène grave.

2 Ce grand tourbillon a balayé les clichés des hommes politiques. Ils croyaient leurs concitoyens égoïstes et individualistes, chérissant par-dessus tout leur automobile, et ils découvrent dans les sondages des résultats surprenants: 72% sont prêts à limiter l'usage de la voiture en centre-ville et 76% sont partisans de développer les transports publics, même au détriment des voitures.

3 La journée du 1er octobre 1997 fera l'effet d'un électrochoc. Chacun s'attendait à un soulèvement populaire contre la mesure de circulation alternée mise en place pour la première fois dans la capitale. Au contraire, c'est une franche bonne humeur qui régnera ce jour-là dans les rues parisiennes. Déjà, le 9 septembre, les Rochelais avaient plébiscité la première «journée sans voitures» organisée par leur maire, Michel Crépeau.

4 Leurs yeux enfin dessillés, les hommes politiques sont désormais attendus au tournant. Certains, en panne d'imagination, placent leur salut dans la voiture «propre». La méthode est simple: pour diminuer la pollution, il suffit que le moteur ne carbure plus de la même façon. Un certain nombre de constructeurs commercialisent des modèles équipés au GPL, un carburant qui ne pourra pas fournir plus de 5% du parc automobile. La voiture électrique, quant à elle, a été un échec retentissant: trop chère, pas assez autonome. Reste la voie de l'avenir, ouverte récemment par Toyota: la voiture hybride, propulsée alternativement par un moteur à explosion (essence ou diesel) sur route et un moteur électrique en ville.

5 Cette voiture propre n'est pourtant pas la panacée. La pollution atmosphérique n'est pas l'unique motif de mécontentement des citadins qui, contre la dictature de la bagnole, aspirent aussi à se réapproprier un espace public envahi par une marée de métal et défiguré par des rues devenues routes. Ils exigent une autre ville, servie par d'autres modes de déplacement. Un thème sur lequel travaillent précisément les responsables du Groupement des autorités responsables de transports (Gart), une association de 200 collectivités territoriales, des petites villes aux grandes métropoles. «Très clairement, les choses bougent depuis quelques mois, constate Pierre Bernard, un de ses représentants, et 1998 sera une année très riche en initiatives concrètes.»

6 L'année qui s'ouvre sera d'abord celle des plans de déplacement urbains (PDU) prévus par la loi sur l'air. D'ici au mois de décembre, toutes les villes de plus de 100 000 habitants devront rendre leur copie. Il s'agira de rééquilibrer la place de l'automobile par rapport à celle des transports en commun en s'efforçant d'organiser l'anarchie qui règne aujourd'hui. «Cette réflexion, qui touche à tous les aspects de notre vie quotidienne – urbanisme, voirie –, devrait donner lieu à de grands débats, estime Pierre Bernard. Et il y aura des arbitrages politiques difficiles à faire entre les différentes catégories de population – commerçants, artisans, chauffeurs de taxi ou simples citoyens.»

7 Dès la fin de l'année 1998, une vingtaine de villes seront équipées en bus au gaz naturel véhicule (GNV). L'image symbolique calamiteuse de l'autobus crachotant son diesel a, semble-t-il, choqué les élus, et déjà Nice, Nantes, Poitiers, Lille et Strasbourg viennent de renouveler leur parc. La RATP, qui traînait les pieds, s'est vue contrainte par l'État d'acquérir une partie de sa flotte en GNV.

8 L'idée d'une combinaison vélo-transports en commun fait son chemin. Au-delà d'un trajet de 7 km, le vélo n'est pas considéré comme un mode viable de déplacement. Mais, si l'on prévoit des parkings sécurisés et que l'on offre la possibilité d'emporter son vélo dans les transports en commun, comme cela se fait aux Pays-Bas ou en Autriche, on peut espérer une diminution de l'usage de la voiture. Les nouvelles rames des lignes régionales de chemin de fer sont déjà pourvues d'emplacements réservés. Et un accord Gart-Club des villes cyclables se propose de développer cette solution.

9 On recense déjà 90 projets de transports en commun en site propre (bus ou tramways isolés de la circulation automobile), dont 33 hors Île-de-France. Un vaste chantier de près de 80 milliards de francs, très créateur d'emplois, qui ouvre une voie de reconversion partielle de l'industrie automobile en crise. Encore faudrait-il que les ressources budgétaires soient suffisantes. L'État, qui finance ces projets à hauteur de 16%, a considérablement augmenté son enveloppe cette année (600 millions de francs). Mais, pour bien faire, il lui faudrait doubler la mise. D'où l'idée, proposée par le Gart, de créer une ressource nouvelle – quelques centimes de taxe supplémentaires sur le carburant –, mais qui se heurte encore au conservatisme des fonctionnaires du Budget.

DOMINIQUE FOING

a Les hommes politiques ont été surpris par le manque d'égoïsme des citoyens.

b Le public a accepté la circulation alternée sans se plaindre.

c Il s'agit de privilégier les transports en commun.

d La bicyclette jouera un rôle important.

e Il faudra financer toutes ces initiatives.

f Le public commence à s'inquiéter de la pollution.

g Les citadins souhaitent un réseau de transports en commun plus sophistiqué.

h Certains hommes politiques tablent sur la voiture propre.

i Les autobus qui crachotent le diesel vont disparaître.

2 **Travail oral** Dans l'article à la page précédente, l'on a beaucoup parlé d'une voiture propre. L'auteur a constaté que la voiture électrique a échoué. Comment s'assurer que les voitures deviennent plus propres ?
Étudiez les propositions du ministre de l'Environnement – Dominique Voynet – et préparez une présentation orale pour persuader le Conseil des ministres de ses idées.

Pollution : Voynet veut mettre l'auto au pas

La ministre de l'Environnement a présenté une série de propositions qui, si elles étaient appliquées, seraient très contraignantes pour les automobilistes.

Pastille verte
Elle permettra aux véhicules qui la possèdent de rouler même les jours de pollution alternée. Qui aura la pastille ? Toute les voitures dites propres (GPL, GNV, électriques), toutes les voitures essence catalysées. La discussion reste ouverte en ce qui concerne les diesels catalysés.

Circulation alternée
En cas de niveau 3*, ou prévision de niveau 3, l'alternance s'applique aux numéros d'immatriculation pairs ou impairs. Seule la première série de chiffres est prise en compte (et non le numéro du département).

La fin de ce nombre, pair ou impair, donnera le visa pour conduire un jour de pollution.
Seuls Paris et Strasbourg ont décidé pour le moment de mettre en place ce système.

Pot catalytique
Obligatoire depuis le 1er janvier 1993 sur les modèles essence, il permet d'éviter près de 90 % des émissions d'oxyde d'azote (Nox). Les diesels, eux, ne sont catalysés que depuis le 1er janvier 1997. Dans ce type de moteur, l'efficacité de la catalyse est malheureusement très limitée en raison du mélange air-gazole particulier. En outre, les particules émises par les diesels ne sont absolument pas filtrées.

Bridage moteur à 130 km/h
Pour qu'une voiture ne dépasse pas 130 km/h, deux solutions sont possibles. Un petit rupteur électronique placé au niveau de l'allumage permet de couper celui-ci dès que la vitesse est atteinte. Ou alors, et c'est le bridage utilisé par les motos : une astuce permet de réguler le régime au niveau du collecteur.

* Niveau 3 = niveau élevé de pollution atmosphérique.

---

3 **Exercice d'écoute** Écoutez cet entretien avec Dominique Voynet, ministre de l'Environnement, où elle parle de la prise de conscience nécessaire de la part des Français en ce qui concerne leur mode de vie. Remplissez d'abord les blancs avec les mots que vous entendez. Quels sont ses idées principales ? Êtes-vous d'accord avec ses idées ? Pourquoi ? Pourquoi pas ?

Quelle est votre évaluation globale de l'état de notre environnement ?

La situation est plutôt médiocre dans les zones ___**a**___. Les efforts ___**b**___, notamment sur l'eau et les déchets, doivent être ___**c**___. Mais ce qui me frappe, c'est la ___**d**___ des citoyens malgré le peu de moyens qu'on leur donne. Ils veulent être entendus, posent des questions, ne se satisfont pas des réponses toutes faites, demandant à être ___**e**___ à l'élaboration des choix. Cela est très satisfaisant. C'est comme ça que l'on change les choses, pas seulement à coups de décrets et d'incitations fiscales. ___**f**___ des responsables des collectivités publiques se traduit difficilement sur le terrain. Ils veulent sortir du ___**g**___, mais acceptent de construire encore une rocade et ___**h**___ qui vont de pair. Une des responsabilités de l'État est de donner l'impulsion aux élus locaux, notamment sous forme de financements. Je dois les aider à être politiquement ___**i**___, même si ce n'est pas très ___**j**___.

4 Travail oral Voici les résultats d'un sondage réalisé par le journal *Libération* auprès de ses lecteurs. Regardez les statistiques et préparez une réponse orale à ces questions.

a Expliquez en d'autres termes les questions posées. Par exemple :

Réduire les tarifs dans les transports en commun – cela veut dire diminuer le prix des transports publics.

b Est-ce qu'il y a des chiffres qui vous surprennent ? Pourquoi ?

c Quelle proposition vous semble la plus raisonnable ? Pourquoi ?

d Commentez la réaction à l'idée d'augmenter le prix du gasoil.

e Répondez aux questions vous-même en justifiant vos réponses.

D'ACCORD POUR POLLUER MOINS... SANS PAYER PLUS

Les réactions des Français aux mesures susceptibles d'être appliquées

Base : ensemble des Français

Question : Êtes-vous favorable ou défavorable à chacune des mesures suivantes susceptibles d'être appliquées lors des pics de pollution ?

	Très favorable	Plutôt favorable	Ensemble favorable	Plutôt défavorable	Très défavorable	Ensemble défavorable	NSP
• Réduire les tarifs dans les transports en commun	58	35	93	4	2	6	1
• Encourager le covoiturage pour limiter le nombre de véhicules en circulation	41	41	82	11	5	16	2
• Réduire la vitesse maximale autorisée	29	38	67	20	11	31	2
• N'autoriser la circulation qu'aux voitures électriques ou munies d'un pot catalytique	24	38	62	24	12	36	2
• Brider les moteurs afin de rendre impossible les vitesses supérieures à 130 km/h	32	25	57	20	21	41	2
• Installer une circulation alternée en fonction du numéro d'immatriculation des véhicules	15	31	46	30	21	51	3
• Augmenter le prix du gasoil	8	13	21	33	44	77	2

Voilà ce qu'on lui dit nous, à la pollution.

5 Travail oral Commentez cette publicité en répondant à ces questions.

a Qu'est-ce que vous voyez sur cette image ?

b «M», qu'est-ce que ça veut dire ?

c Pourquoi voit-on le ciel bleu derrière ?

d Commentez le texte de la publicité.

Grammaire The passive

Most verbs that you have learnt until now will have been active, although you may have used the passive without realising. The passive involves an action being 'done' to someone or something, rather than someone actively doing the action him or herself.

For example:

We are harming the earth – active – 'we' are doing the harming.

The earth is harmed – passive – it is being harmed.

Formation: the appropriate form of the verb *être* + the past participle (which must agree with the subject).

Dominique Voynet is admired. – *Dominique Voynet est admirée.*

The world was created. – *Le monde a été créé.*

The project has been abandoned. – *Le projet a été abandonné.*

Avoiding the passive

The passive proper is used less frequently in French than in English. There are a number of ways of avoiding it:

- Using *on*:

  On doit protéger la nature. – Nature must be protected.

  On pollue la mer. – The sea is being polluted.

  * *On nous parle des problèmes de l'environnement.* – We are told about environmental problems.

  * Intransitive verbs – verbs which do not take a direct object – do not have a passive. In such cases, the idea of passive can only be expressed using *on*.

- Using reflexive verbs:

  L'environnement se dégrade. – The environment is being destroyed.

  Cela se fait tout seul. – It is easily done.

- Turning the sentence around:

  'The air is polluted by petrol fumes' becomes *Les vapeurs d'essence polluent l'air.*

On pollue les rivières.
Ça se fait facilement.

---

6 Travail écrit Traduisez ces phrases en français. Attention aux accords!

a The ozone layer is under threat (threatened).

b Coal is burnt.

c Nuclear power was criticised.

d Fossil fuels have been denounced.

e Wind energy is used.

f Electricity is produced.

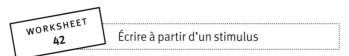

WORKSHEET 42 — Écrire à partir d'un stimulus

---

7 Travail écrit « La voiture – bénédiction ou menace ? » Rédigez une réponse de 250 mots à ce sujet.

Voici quelques idées pour vous aider :

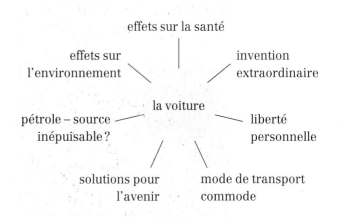

effets sur la santé

effets sur l'environnement

invention extraordinaire

la voiture

pétrole – source inépuisable ?

liberté personnelle

solutions pour l'avenir

mode de transport commode

2 Le recyclage

On dit que nous sommes maintenant une société de consommateurs. Et consommation veut dire production de déchets et rejet des emballages utilisés tous les jours. A-t'on pris conscience de la nécessité du recyclage? Y-a-t'il des progrès dans ce domaine?

1 Exercice d'écoute Écoutez des personnes qui parlent de la consommation et du recyclage. Lesquelles des opinions suivantes entendez-vous?

g *Les ordures ménagères feront bientôt l'objet d'études.*

e *Les conteneurs verts devraient être disponibles dans toutes les villes.*

h *Le triage des déchets commence à la maison.*

a *Malheureusement le recyclage n'est pas très répandu.*

f *L'élimination des déchets doit se faire de façon efficace.*

i *Le recyclage du papier et du verre est essentiel dans la société moderne – quel gaspillage autrement!*

b *Le public a tendance à penser que ce sont les producteurs qui sont responsables de l'environnement, non pas les consommateurs eux-mêmes.*

c *L'emballage me dégoûte! Tant de plastique et de papier. Ça ne sert à rien.*

d *On est quand même conscient du fait que les CFC nuisent à l'environnement.*

3 Exercice d'écoute Écoutez Thierry Lavoux, chef du département Études à l'Institut français de l'environnement, à Orléans. Répondez à ces questions en anglais.

a According to Thierry Lavoux, why do people come to France?

b What progress has been made over 20 years?

c Which problems does Thierry Lavoux identify as being the most serious?

d What point does Thierry Lavoux make about the role of the car?

2 Travail oral Êtes-vous d'accord avec tous les avis ci-dessus? Donnez votre opinion à un partenaire.

4 Travail écrit Écrivez un résumé en français de ce que dit Thierry Lavoux.

5 Lecture

Lecture Lisez cet article qui parle de la collecte des déchets dans l'avenir et décidez si ces phrases sont vraies ou fausses.

a La carte à puce aide le tri.

b L'opération se fait près de Nantes.

c Un ordinateur enregistre la quantité des déchets.

d Le contribuable sera facturé selon le poids annuel de ses déchets.

e Les coûts de collecte remontent.

Les poubelles deviennent intelligentes près de Nantes

NANTES
de notre correspondant

Une puce électronique grosse comme une pièce de 5 francs va-t-elle modifier en profondeur la collecte et le traitement des déchets ménagers en France ? Elle équipe désormais les deux mille poubelles des habitants de la commune de Sorinières, dans l'agglomération nantaise. Grâce à elle, à chaque ramassage des conteneurs, l'informatique embarquée dans les camions de la société Grandjouan-Onyx identifie le poids et le volume des déchets ménagers ainsi que le foyer qui les a produits.

« FAIRE ÉVOLUER LES MENTALITÉS »

L'opération devrait être plus facile si la facture lui est présentée avec le poids annuel de ses propres déchets : *« Nous vivons dans une époque consumériste. Les gens veulent savoir ce qu'ils paient et pourquoi ils paient. »* Surtout lorsque les coûts de collecte et de traitement explosent en raison d'une masse de déchets de plus en plus importante et de réglementations de plus en plus sévères. *« Ce qui coûtait moins de 400 francs la tonne voici dix ans, coûte aujourd'hui 1 000 francs en moyenne »*, explique M. Renaume, PDG de la filiale nantaise Grandjouan-Onyx.

6 Lecture et travail écrit

Lecture et travail écrit La situation quant aux décharges d'ordures s'améliore, mais il reste toujours beaucoup à faire. Lisez cet article et rédigez une explication des chiffres suivants :

92	3/4	2000
2002	50	339
1976	100	396

7 Travail oral

Travail oral Vous êtes le chef d'un parti écologique qui cherche à persuader la population de mieux assumer la responsabilité du recyclage. Préparez un discours intitulé : « Faire évoluer les mentalités » où vous insistez sur l'importance du recyclage pour l'avenir de la planète. Vous devez mentionner les éléments ci-dessous.

le recyclage l'emballage

la nature les conteneurs verts

l'énergie les déchets ménagers

l'ozone

Déchets: moins de décharges, mais plus de fumées

CE QUI VA MIEUX

Bientôt, les décharges d'ordures ménagères ne seront plus qu'un mauvais souvenir. La loi de 92 sur les déchets impose, à l'horizon 2002, de réserver les décharges aux seuls « résidus ultimes » issus des opérations de traitements. À charge pour tous les départements de créer des centres de tri, de recyclage ou de compostage et des usines d'incinération.

• Point vert

La moitié du verre jeté est recyclée, soit trois fois plus qu'il y a dix ans.

CE QU'IL RESTE À FAIRE

Si les efforts sont bien engagés, les trois quarts des régions mettent encore plus de la moitié de leurs déchets en décharge. Et avec plus de 100 projets d'usines d'ici l'an 2000, l'incinération est devenue de loin le premier mode de traitement des déchets. Au grand désarroi des populations locales qui s'inquiètent des conséquences des fumées et des Dioxine … Le ministère de l'Environnement a demandé aux départements de revoir leur copie et de développer aussi le compostage et le recyclage.

Pour le verre, recyclage sévère

Lancée en 1976, la récupération du verre est entrée dans les mœurs. Dans cinq ans, on prévoit que les 3/4 du verre usagé seront recyclés.

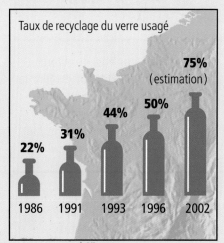

Taux de recyclage du verre usagé

1986	1991	1993	1996	2002
22%	31%	44%	50%	75% (estimation)

Source: éco-emballages

• Point noir

La production de déchets augmente inexorablement depuis quinze ans (339 kg par habitant en 89, 396 en 93).

3 L'écologie

écologie *nf* système très précaire qui assure le bien-être de la Terre

On associe souvent l'environnement et surtout la nécessité de le protéger à des images de la nature. Il est vrai que pour beaucoup de personnes, c'est la nature qui capte l'attention. De plus en plus, on parle de l'esprit et de l'importance du bien-être. Ce besoin est souvent traduit par un exode des villes pendant les périodes stressées – on se réfugie dans la nature. Mais la nature est une ressource fragile...

1 Exercice d'écoute Écoutez ces jeunes qui parlent de l'environnement et de la nature, et de leur importance dans leur vie. Repérez les synonymes des expressions suivantes.

a les grandes villes

b le processus de réutilisation des produits

c la terre

d fondamentales

e la plupart

f introduire des lois

g une renaissance

h convaincu

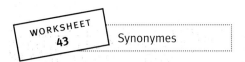

WORKSHEET
43
Synonymes

2 Travail écrit Vous êtes directeur dans un centre créé pour éveiller la conscience de la nature chez les jeunes. Préparez une brochure pour inviter les jeunes à venir à la recherche de la nature chez vous.

3 Travail oral Êtes-vous écolo ? Faites ce test, puis comparez vos réponses avec celles de votre partenaire. Essayez ensuite de définir votre position vis-à-vis de l'écologie.

Êtes-vous écolo ?

C'est dans l'air (enfin, celui qu'on arrive encore à respirer), on devient tous un peu vert. Mais êtes-vous plutôt vert pâle ou vert bouteille (recyclée bien sûr) ?

1 Soirée déguisée sur le thème de la nature :
a) Vous arrivez fleurs dans les cheveux, flûte au bec et oiseaux chantant sur vos épaules.
b) Vous vous déguisez en parpaing, mais un parpaing vert pour montrer votre optimisme.
c) Vous arrivez nu(e) : vous aviez compris soirée naturiste.

2 Le recyclage des biens de consommation et des ordures, vous êtes pour, bien sûr :
a) « J'y mettrais bien deux ou trois profs de ma connaissance. »
b) « Ouais, mais trois poubelles différentes, je m'emmêle les pinceaux. »
c) « Je n'utilise déjà que du recyclé ; même mes T-shirts, c'est ceux de mon grand frère. »

3 Vous avez déjà fait un geste pour l'environment :
a) Vous vous êtes mis au macramé pour produire vous-même vos sous-vêtements.
b) Vous avez vu trois fois *Le Monde du silence*.
c) Vous shootez dans les pigeons qui polluent votre trottoir.

4 Choisissez votre cause écolo :
a) Pour la réintroduction des tamagoshis dans leur environnement naturel.
b) Contre l'heure d'été qui bouleverse votre biorythme personnel.
c) Contre le carburant au colza dont la culture intensive pollue les nappes phréatiques.

5 Citez une profession écologique :
a) Journaliste : on recycle leurs papiers pour emballer le poisson ou allumer un feu de cheminée.
b) Immigré parisien dans l'Ariège : il a tendance à élever biologiquement ses fromages de chèvre.
c) Patron d'industrie automobile : rien qu'à les écouter, on a envie de s'inscrire chez les Verts.

6 Il vous est déjà arrivé de manger bio :
a) « Assez souvent, en fait, je connais un super magasin où on trouve de tout, même du dentifrice aux algues. »
b) « Le jour où ma mère a lu que le soja, c'était bon pour la santé. Ça s'est arrêté le lendemain, quand elle a entendu que c'était mauvais pour les artères. »
c) « À chaque fois que je saute un repas. »

7 A quoi seriez-vous prêt pour qu'on respire mieux en ville :
a) Prendre votre vélo, même si vous habitez à 20 km du bahut.
b) Tanner vos parents pour qu'ils passent au GPL.
c) Pratiquer le « co-scooterage » avec votre amoureux (se).

8 Votre résolution écolo pour 2000 :
a) Boycotter la coupe du monde de football : tous ces joueurs qui piétinent le gazon, c'est insupportable.
b) Ne plus coller vos chewing-gums sous la table.
c) Mettre vos bouteilles de verre dans le container adéquat.

Beaucoup de gens prétendent être écologistes, mais à l'échelle mondiale sommes-nous en train de détruire notre habitat? Il existe des problèmes sérieux, surtout celui du réchauffement de la planète.

---

4 Lecture Lisez ce passage qui expose les différents éléments du réchauffement de la planète. Remplissez les blancs avec les mots de l'encadré.

L' __**a**__ est un gaz. La __**b**__ d'ozone empêche la majeure partie des rayons __**c**__ qui sont nuisibles à la vie d'atteindre la surface terrestre. Les CFC que l'on trouve dans certains __**d**__ et dans les réfrigérateurs anciens détruisent la couche d'ozone. Il y a même un __**e**__ dans la couche d'ozone au dessus de l'Antarctique, ce qui fait que les rayons __**f**__ entrent et réchauffent la planète.

Les glaces polaires __**g**__, ce qui pose des problèmes pour de nombreuses raisons.

Le dioxyde de carbone – le gaz __**h**__ – est un gaz qui contribue à l'effet de serre. Tout ce qui est donc incinéré, ainsi que la pollution causée par les voitures, __**i**__ la situation.

La __**j**__ d'un pourcentage de la planète est due au réchauffement terrestre.

Les __**k**__ qui jouent le rôle de « puits » de CO2 ont été mis à mal par la déforestation et n'absorbent plus le surplus de gaz.

Pourtant, certains scientifiques rejettent la notion du réchauffement – quel est votre avis?

écosystèmes couche désertification nuisibles fondent
aggrave ultra-violets trou ozone aérosols carbonique

Notre planète s'est réchauffée de 0,6°C en cent ans.

---

5 Travail oral Qu'est-ce qu'on peut faire pour réduire l'effet de serre? Préparez une liste de suggestions à l'oral. Essayez d'utiliser les expressions suivantes.

	Verbes utiles
Il est essentiel de	bannir
Il faut	interdire
On aurait intérêt à	introduire
On devrait essayer de	réduire
Il vaudrait mieux	surveiller
On ferait bien de	

6 Lecture Voici des exemples des conséquences du réchauffement de la planète. Quel désastre décrit-on ? Reliez les titres aux textes qui conviennent.

1 Un désert envahissant

a Les colonies coralliennes sont sensibles à la température. Selon Bernard Thomassin, directeur de recherche au CNRS, «deux degrés de plus pendant quelques heures sont supportables, mais pas pendant trois semaines». Un récif sur dix serait déjà touché, notamment sur les côtes du Costa Rica, du Panama et de Colombie, où les effets du courant El Niño se surajoutent au réchauffement des océans. Déjà fragilisés par la pollution et l'augmentation en puissance des ouragans, les récifs ne joueront plus leur rôle de régulateurs naturels.

b Quinze jours de pluie sans discontinuer, des précipitations quotidiennes de 20 à 30 mm, un millier de kilomètres de terre immergée, 100 000 personnes évacuées, plus de 120 victimes : les inondations de juillet 1997 en Allemagne et en Pologne pourraient être le signe d'un climat de plus en plus perturbé.

2 Les océans se réchauffent

3 Des précipitations de plus en plus abondantes

c Aucun glacier n'est épargné. La situation est frappante dans les Alpes où, selon les Nations Unies, 10 à 20 % de la couverture glaciaire a fondu depuis 1980. Dans l'Himalaya, un recul de 25 % est attendu d'ici à 50 ans. Selon une étude de la Nasa, la calotte glaciaire du nord du Groenland serait en train de fondre, libérant $8\,km^3$ de glace par an, soit une élévation de 0,02 mm du niveau de l'océan et un amincissement de 2,5 cm de la glace.

d Le réchauffement de la planète va accroître le cycle de l'évaporation. Or, 1g d'eau qui se condense produit 500 calories, ce qui rend l'atmosphère très énergétique, conditions propices à une multiplication des ouragans. Si leur nombre ne semble pas avoir évolué, leur intensité s'est accrue : aux États-Unis, Hugo (1989), Andrew (1992) et Opal (1995) ont causé 300 milliards de francs de dégâts.

4 L'intensité des cyclones augmente

e Selon les Nations Unies, 40 % des terres émergées de la planète sont touchées par le phénomène de la désertification et 105 millions d'hectares supplémentaires (environ deux fois la superficie de la France) ont été ainsi définitivement stérilisés ces dix dernières années.

5 La végétation gagne du terrain

f L'élévation de la température favorise l'avancée du désert, mais également, dans l'hémisphère Nord, la reproduction des arbres. Selon les observations satellitaires de la Nasa, la surface occupée par la végétation dans les régions septentrionales s'est accrue de 10 % depuis 1981. La limite devrait remonter de 150 à 500 km d'ici à 2100, ce qui entraînera une disparition de la toundra arctique, écosystème vital pour la faune.

6 Les glaciers commencent à fondre

7 Exercice d'écoute Écoutez maintenant cet homme scientifique qui parle des conséquences sérieuses de la destruction des forêts tropicales. Prenez des notes et rédigez un résumé en français.

8 **Lecture et travail écrit** Lisez cet article sur les forêts d'Indonésie, puis répondez aux questions suivantes.

a Pourquoi faut-il protéger les forêts primaires des îles de Bornéo et de Sumatra ?

b Décrivez le parc de Kayan Mentarang.

c Résumez le nombre des différents animaux rares mentionnés.

d Quels sont les problèmes pour l'avenir ?

Les forêts primaires d'Indonésie dernier sanctuaire des tigres et rhinocéros

Deux cents écosites extrêmement fragiles ont été répertoriés à travers le monde par le WWF. Les protéger revient à assurer la diversité de la vie sur notre planète.

C'est en Indonésie, sur les îles de Sumatra et de Bornéo que se trouvent les forêts primaires, considérées comme parmi les plus anciennes et les plus diversifiées de la planète. Pour préserver ces joyaux, des parcs nationaux ont été créés. À Bornéo, le parc de Kayan Mentarang abrite plus de 200 espèces de plantes dont près d'une soixantaine ne se retrouvent nulle part ailleurs. Parmi elles, 32 variétés de rhododendrons, autant d'orchidées et surtout la plus grande fleur de monde, le lys nauséabond (*Rafflesia*), dont la corolle peut atteindre jusqu'à 90 centimètres de diamètre sur 2 centimètres d'épaisseur ! Plus de 500 variétés d'oiseaux y vivent ainsi qu'une centaine d'espèces de mammifères dont de nombreux primates : gibbons, nasiques et surtout orangs-outangs.

Des forêts de plus en plus colonisées

Ces derniers sont moins de 30 000. Quant aux ours de Malaisie, rarissimes, les biologistes n'arrivent pas à estimer le nombre de survivants ... À Sumatra, les tigres, victimes du braconnage, seraient moins de 250 sur toute l'île. Leurs cousins de Java et de Bali, eux, ont complètement disparu.

La situation des rhinocéros n'est pas plus enviable : dans le parc national de Kerinci, qui abrite le volcan du même nom, les tigres ne dépassent pas 200 individus. C'est pourtant là qu'ils sont les plus nombreux !

L'avenir des forêts est tout aussi hypothétique : en l'an 2000, l'Indonésie comptera plus de 2000 millions de citoyens. Depuis 1990, le WWF tente de sensibiliser les ethnies des forêts, mais de nouveaux habitants s'installent aux abords des zones protégées et défrichent pour cultiver le pin et l'eucalyptus. Les braconniers traquent l'ébène, le bois de fer, le santal et le teck. Pour lutter contre ces méfaits, le WWF cherche à associer tous les habitants à la gestion et la protection des parcs naturels. Mais là aussi, tout est vierge et tout reste à faire.

9 **Travail oral** Vous êtes représentant du WWF en France. Préparez une présentation orale pour les élèves de votre âge afin de leur expliquer le problème des forêts d'Indonésie.

10 **Travail écrit** Écrivez un article de journal où vous lancez un appel à une prise de conscience collective en ce qui concerne la destruction de l'environnement. Vous pouvez inclure toutes les informations que vous avez étudiées au cours de ce chapitre. À vous de choisir.

Comment écrire un article de journal

1 Décidez quel sera votre gros titre.

2 Planifiez le contenu. Chaque paragraphe doit avoir un message. S'il s'agit de persuader des gens de votre point de vue, il faut inclure des arguments et des statistiques.

3 Écrivez un français soigné : il est très utile de lire un article de journal avant de commencer – *Libération* (http://www.liberation.fr/multi/altern/index.html) ou *Le Monde* (http://www.lemonde.fr) sur Internet peut-être – et de souligner les expressions pouvant vous être utiles.

4 Voici un exemple de plan :

GROS TITRE

Les grands problèmes	Solutions possibles	Conclusion
– pollution	– transports	– l'avenir
– changements climatiques	– sources d'énergie	
– déforestation	– recyclage	
	– prise de conscience	

En France, comme ailleurs, il existe de nombreux problèmes sociaux qui peuvent, pour la majeure partie, se regrouper en un seul mot – l'exclusion. Aujourd'hui on parle souvent des «exclus», des gens qui vivent ou qui se sentent en marge de la société. Au cours de ce chapitre nous allons examiner la vie de ces exclus tels que les malades du sida, les toxicomanes, les habitants des quartiers défavorisés, les SDF (les Sans Domicile Fixe) et même les personnes du troisième âge.

1 Le sida

Tout d'abord nous allons considérer le problème du sida, qui demeure une maladie très grave dont les moyens de traitement, même s'ils ont beaucoup progressé, ne permettent pas encore la guérison. Les personnes séropositives ou atteintes du sida sont moins rejetées qu'au début de l'épidémie mais sont toujours exclues.

1 Lecture Lisez ce récit personnel d'une femme séropositive. Ensuite répondez aux questions qui suivent.

Je suis séropositive
et j'ai choisi de le dire

Christine est une jeune femme séropositive. Bénévole à l'association le Kiosque et de l'Action jeunes conseil santé, elle fait de la prévention auprès des jeunes dans des collèges et des lycées de la région parisienne.

Il y a quelques années, j'étais anorexique. En 1991, on m'a fait un bilan complet à l'hôpital. Quelques jours plus tard, j'ai reçu une lettre où on me disait qu'il fallait approfondir certains examens. Je suis allée dans un laboratoire et quand je suis venue chercher les résultats, la secrétaire m'a dit que tout allait bien à part un résultat qui était positif. J'étais inquiète.

Le lundi, je suis allée chez le médecin avec ma mère. Devant elle, il m'a annoncé que j'étais séropositive. C'était très dur à accepter. Ma mère a tout de suite incriminé l'hôpital. Elle a demandé mon dossier médical pour rechercher si j'avais été transfusée. Alors je lui ai dit que j'avais sûrement été contaminée lors de relations sexuelles. J'étais sortie pendant cinq mois avec un copain, c'était ma première histoire et aussi ma première expérience sexuelle. J'étais tellement angoissée que je ne me suis pas protégée. Le sida, c'était loin de moi... Je savais que ça existait, mais j'appréhendais trop mon premier rapport sexuel. Je n'ai pas osé proposer le préservatif, j'avais peur de la réaction de mon copain.

Après l'annonce de ma séropositivité, beaucoup de gens m'ont rejetée. J'ai dégringolé pendant un an. Pour moi, il n'y avait plus d'avenir, je pensais sida = mort. Quelques mois plus tard on m'a emmenée d'urgence à l'hôpital, j'avais des boules de sang qui apparaissaient dans la bouche et c'etait uniquement dû à l'anxiété. Une semaine plus tard, quand je suis sortie, j'étais dans une nouvelle phase, j'avais retrouvé un dynamisme.

Peut-être parce que j'avais été très proche de la mort. Alors j'ai coupé les ponts avec tout ce qui m'entourait, puisque cet environnement familial était nocif pour moi.

J'ai mis deux ans à remonter la pente, mais quel changement ! Maintenant je me sens bien dans ma tête. Mes interventions auprès des jeunes m'apportent énormément.

Ma vie de tous les jours n'est pas tellement différente de celle d'une personne séronégative. La grosse différence, ce sont les relations. Quand tu rencontres quelqu'un, si tu dis que tu es séropositive le regard de l'autre change, tu n'es plus la même personne.

Je n'ai pas de relations amoureuses et, à vrai dire, je n'y crois plus trop. J'ai rencontré quelqu'un une fois, mais je pense que ma séropositivité était trop difficile à assumer pour lui. Je ne lui en veux pas. Il a sans doute eu peur et je le comprends. Il faut arriver à vivre avec sa séropositivité. Ça prend du temps. Mais petit à petit on se reconstruit.

a Trouvez dans le texte l'équivalent des expressions suivantes.

i) a immédiatement mis en cause
ii) je craignais
iii) je n'ai pas eu le courage de suggérer
iv) j'avais failli mourir
v) je ne suis pas fâchée contre lui

b Trouvez le français pour :

i) they gave me a complete check-up
ii) I was so anxious
iii) I went downhill
iv) I broke off communications
v) gradually

c Répondez aux questions suivantes en français.

i) À votre avis, en quoi le travail de Christine consiste-t-il ?
ii) Comment Christine a-t-elle appris qu'elle était séropositive ?
iii) Quelle a été la réaction de la mère de Christine ?
iv) Qu'est-ce que Christine a dû expliquer à sa mère ?
v) Quelle a été sa propre réaction après l'annonce de sa séropositivité ?
vi) Comment a-t-elle pu se stabiliser ?
vii) En quoi sa vie est-elle différente de celle d'autres jeunes ? Pourquoi ?

Grammaire
Present perfect and pluperfect

The **present perfect** (*le passé composé*) is the main tense used to describe events in the past.

Formation : auxiliary (present tense of *avoir* or *être*) + past participle

Remember :
• Regular past participles :
  er verbs – *é*   *ir* verbs – *i*   *re* verbs – *u*
• Many verbs have irregular past participles, e.g. *J'ai reçu.*
• Reflexive verbs are also formed with *être*, e.g. *Je ne me suis pas protégée.* If the auxiliary is *être*, the past participle must agree with the subject.

The **pluperfect** tense (*le plus-que-parfait*) is used to situate verbs further back in the past ('I had gone').

Formation : imperfect of *avoir* or *être* + past participle
Examples: *j'avais trouvé* – I had found ; *elle était partie* – she had left.

2 Exercice d'écoute Écoutez ces statistiques concernant le sida en France et insérez les chiffres que vous entendez au bon endroit. Y a-t-il des chiffres qui vous surprennent ? Lesquels ? Pourquoi ?

En France, depuis l'apparition du virus __a__ personnes (__b__ adultes et __c__ enfants) ont été officiellement déclarées malades du sida (situation au 30 septembre 1996). __d__ sont mortes. Mais ces chiffres sont sous-évalués, car de nombreux cas n'ont pas été répertoriés, surtout au début de l'épidémie. En fait, le nombre réel de cas de sida est estimé entre __e__ et __f__ , et le nombre de décès entre __g__ et __h__ . Attention : il ne s'agit pas du nombre de personnes séropositives, qui est estimé autour de __i__ . Si, au départ, comme en Amérique du Nord et dans la plupart des pays européens, les homosexuels et les usagers de drogue ont été les plus touchés par le virus du sida, aujourd'hui les personnes contaminées par une relation hétérosexuelle représentent environ __j__ des nouveaux cas de sida (1 cas sur 4 est une femme).

3 Lecture Relisez l'article à la page précédente et relevez tous les verbes au passé composé et au plus-que-parfait.

4 Travail écrit Traduisez ces phrases en français.

a Christine had been anorexic.
b Her mother thought that she had had a transfusion.
c 'I knew how I had become HIV positive.'

5 Travail écrit On se sert souvent du plus-que-parfait au discours indirect. Écrivez les phrases suivantes en ajoutant des verbes au plus-que-parfait.

a Elle m'a raconté que...
b Il nous a expliqué que...
c On m'a dit que...
d Il m'a confié que...
e Le journaliste nous a appris que...
f On a annoncé que...

2 La drogue

La lutte contre le sida et la lutte contre la toxicomanie sont aujourd'hui indissociables: en France, près de 40% des utilisateurs de drogue par voie intraveineuse sont séropositifs ou malades du sida.

Le problème de la drogue existe dans tous les pays et touche toutes les couches sociales. Du paysan qui cultive les stupéfiants à l'état brut jusqu'au toxicomane, il y a tout un réseau de trafiquants et de dealers qui profitent financièrement de la vente illicite de la drogue. La répression a-t-elle été efficace? N'a-t-elle pas été assez dure ou devrait-on adopter d'autres moyens de s'attaquer aux problèmes tels que la dépénalisation ou la légalisation?

1 Travail oral Regardez cette photo de jeunes drogués. Imaginez leur vie et les circonstances qui les ont amenés à la toxicomanie. Utilisez les verbes suivants pour en discuter.

> se droguer
> s'injecter
> échapper à la grisaille de la vie quotidienne
> être à la recherche de nouvelles sensations
> fuir les problèmes de famille
> sombrer dans le désespoir
> s'enfermer dans un cercle vicieux
> être en état de manque
> faire une cure de désintoxication
> faire un traitement de substitution de méthadone

2 Exercice d'écoute Écoutez maintenant l'extrait d'une interview au sujet de la révision de la législation sur les stupéfiants avec, en premier lieu, Claude Olievenstein, Directeur Médical du Centre Marmottan, et avec, en deuxième lieu, Claude Bartolone, député du Parti Socialiste de Seine-Saint-Denis. Répondez ensuite aux questions suivantes.

a Claude Olievenstein

   i) Que veut-il que l'on garde dans la législation actuelle?

   ii) Quel est le problème de la substitution, d'après lui?

   iii) Quel stupéfiant devrait-on légaliser, à son avis?

   iv) Pourquoi préfère-t-il la légalisation à la dépénalisation de cette drogue?

   v) Quel est son avis vis-à-vis de l'usage des autres drogues?

   vi) Pourquoi est-il contre la répression?

b Claude Bartolone

   i) Claude Bartolone parle de la polytoxicomanie. Que veut-il dire par là?

   ii) Pourquoi pense-t-il que le ministre de l'Intérieur est en faveur de la dépénalisation du cannabis?

   iii) Quel problème envisage-t-il à l'égard de la dépénalisation?

> *décliner son identité* = to prove one's identity

3 Travail oral Regardez ce dessin humoristique qui nous montre une réunion des ministres d'État avec, à l'ordre du jour, la dépénalisation des drogues douces. Préparez une réponse orale à ces questions.

PAS QUESTION DE DÉPÉNALISER LES DROGUES DOUCES !

a L'homme tout à droite, que symbolise-t-il ? Qui est-il ?

b Reconnaissez-vous Lionel Jospin ? Dominique Voynet ?

c Quelle est la signification de la plante ? Que font les ministres ?

d Que dit le ministre de l'Intérieur ?

e Trouvez-vous ce dessin drôle ?

4 Travail oral En France les spécialistes de la toxicomanie réclament une dépénalisation de l'usage des drogues. Où vous situez-vous dans ce débat qui provoque bien des controverses ? Classez les phrases suivantes sous les rubriques « pour » ou « contre » la dépénalisation.

a *L'alcool fait plus de ravages que le cannabis.*

b *Les jeunes commencent par les drogues douces puis passent aux drogues dures.*

c *Toute drogue nuit énormément à la santé.*

d *De nombreux crimes sont commis sous l'influence de la drogue.*

e *On n'a pas encore trouvé d'équivalent de l'alcooltest pour le cannabis.*

f *On verrait une augmentation du nombre des usagers de drogues.*

g *La théorie de l'escalade des drogues douces vers les drogues dures est fausse.*

h *Les toxicomanes ne doivent pas être considérés comme des criminels mais comme des victimes.*

i *Les gens fumant des joints en public auraient une très mauvaise influence sur les enfants.*

j *Il ne faut pas nier que le cannabis peut aussi nuire au cerveau.*

k *Des peines de prisons pour les toxicomanes et d'autres usagers de drogue ne résoudraient pas le problème. On trouve toutes sortes de drogues en prison.*

l *Cette société est devenue trop laxiste à l'égard des drogues.*

m *Les jeunes seraient tentés de fumer davantage de marijuana.*

n *On ne doit pas changer la loi simplement parce qu'elle n'est pas respectée.*

o *La législation est démodée, car il y a un très grand nombre de personnes en infraction.*

Maintenant préparez un débat. Prenez des rôles pour ou contre la dépénalisation et présentez vos arguments de façon convaincante.

5 Travail écrit Écrivez une lettre à un journal où vous vous déclarez pour ou contre la dépénalisation du cannabis.

Mots à retenir

la toxicomanie
les couches sociales
les stupéfiants
un réseau
en premier lieu
en deuxième lieu
vis-à-vis de
réclamer
une augmentation
la théorie de l'escalade
laxiste
en infraction

3 Les habitants des quartiers défavorisés

L'insécurité touche aussi les habitants des quartiers défavorisés, qui ont souvent l'impression que personne ne s'occupe de leurs problèmes, que personne ne fait rien pour améliorer leur vie monotone et difficile.

1 **Lecture** Lisez cet extrait sur un quartier pauvre dans la banlieue parisienne et répondez aux questions qui suivent.

Fière banlieue

1 Nous sommes au cœur d'une cité, à Aulnay-sous-Bois, en Seine-Saint-Denis. Le paysage est uniforme, HLM vétustes, quotidien pris au ralenti, magasins qui ne rouvrent qu'en fin d'après-midi, quelques habitants tenant les murs des bâtiments.

2 Selon les termes politico-socio-économiques, ce quartier, hissé au nord de la banlieue, fait partie des 'zones à risques'. La violence urbaine est partout. Pour la contrer, le gouvernement y va de ses propositions et engagements. Le ministre de l'Intérieur promet l'embauche de vingt mille policiers, adjoints de sécurité, dans le cadre des emplois-jeunes, dont une partie sera envoyée illico dans les quartiers sensibles. Dans les municipalités, certains maires, trop rares, commencent à travailler avec les jeunes à l'amélioration de leur cadre de vie.

3 Au sud d'Aulnay-sous-Bois, les jeunes de la Rose des Vents, édifice dépendant du Secours Catholique, croient au rétablissement de la dignité des habitants des cités. Loin de toute démagogie, on discute franchement de réinsertion, de réhabilitation des quartiers, de respect des droits, de tolérance, de dialogue et d'écoute.

4 Créatrice d'un véritable engouement pour la vie, Micheline Croute a monté diverses structures chargées d'aider les jeunes dans leur activité quotidienne. Soutien scolaire, organisation de vacances et loisirs, aide aux familles les plus démunies. Le lycéen qui passe son bac incite le petit 6ème à venir en cours du Soutien

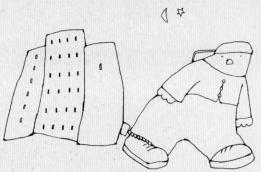

scolaire. Là, des bénévoles se chargent d'expliquer un exercice mal assimilé. Les enfants ont très tôt envie de vivre au lieu de survivre, de se battre contre la fatalité. « Il s'agit souvent du simple besoin d'un espace, pour éviter de tenir le cahier sur leurs genoux, de la nécessité de trouver une parole qui puisse répondre à leur inquiétude », ajoute-t-elle.

5 La réalité du dehors n'est pas gaie. Confrontés à la lassitude et au désespoir de leurs parents, à l'indifférence du monde pavillonnaire, au manque d'écoute des responsables locaux. Il semble que la cité est un monde à part qu'on ne veut pas regarder de trop près. Les centres de loisirs se limitent aux enfants de 12 ans, les S.M.J. accueillent les jeunes jusqu'à leurs 18 ans. Aux autres la débrouille, l'exclusion à peine voilée. « Pour nous, il n'y a plus rien », note Farid, 19 ans. « On se reporte sur le foot pour ne pas galérer le dimanche. »

6 Ici, la délinquance qui, assure-t-on, est très minoritaire, ne veut pas être à l'ordre du jour. D'ailleurs beaucoup de ces jeunes envisagent d'opter pour le métier d'éducateur de rue, afin d'être à proximité des aspirations de leur quartier. « Le plus inquiétant », prévient Farid, « c'est de voir comment nos petits frères grandissent. À ce rythme, ils seront pires que nous, car personne ne les préserve des dérives, personne ne nous donne les moyens de les aider. »

a Mettez ces titres de paragraphes dans le bon ordre.

Des moyens de s'attaquer à la délinquance en ville et en banlieue.

Toutefois il y a beaucoup de bonne volonté parmi les jeunes pour améliorer leur situation.

L'aspect triste de la banlieue

Une mise en place de structures qui facilitent le côté pratique de la vie des jeunes.

Une tentative de rendre aux habitants le sens de leur valeur personnelle.

Les jeunes doivent faire face à un manque d'intérêt pour leurs problèmes.

b Trouvez dans le texte l'équivalent des tournures suivantes.

  i) on a l'impression que la vie de tous les jours se déroule très lentement
  ii) afin d'y faire face
  iii) se mettent à collaborer
  iv) des volontaires entreprennent
  v) des gens qui habitent des maisons individuelles

c Expliquez en français en vos propres termes les expressions ci-dessous.

  i) HLM vétustes
  ii) des « zones à risques »
  iii) illico
  iv) on se reporte sur le foot
  v) personne ne les préserve des dérives

d Traduisez en anglais les 4ème et 5ème paragraphes.

2 **Travail écrit** Dans d'autres grandes villes du monde, les problèmes peuvent être encore pire – et s'étendent quelquefois aux enfants. Lisez cet article et faites-en un résumé de 50 mots.

À inclure :
– le mode de vie des enfants
– leur passé
– la deuxième génération
– le nombre des enfants

ENFANTS DES RUES : LE FROID, LA FAIM, LA PEUR.

Orphelins, enfants maltraités, enfants aban-donnés, fugueurs… Fuir pour vivre dans la rue, un monde pourtant infernal. À 6 ou 10 ans, ils doivent se débrouiller seuls pour manger, s'habiller, se laver. Ils sont victimes de maltraitances et de sévices sexuels, exploités comme des esclaves, sans toit, sans accès aux soins, sans droits. Leur désarroi est infini.

« Les enfants des rues souffrent tellement qu'ils peuvent en devenir fous », explique Pilar, psychiatre.

Pire : sur les trottoirs des grandes métropoles, on croise de jeunes adolescents, déjà parents, qui élèvent leur bébé là, sans abri, dans des conditions de sécurité et d'hygiène inacceptables. La deuxième génération, les enfants des enfants des rues… Quelles chances ont-ils de survivre ?

Il est difficile de recenser cette population. Ils seraient au moins 100 millions dans les rues de Tananarive, du Caire, de Lima, de Guatemala Ciudad… mais aussi 3 millions sur les trottoirs des villes européennes.

Si vous les avez croisés lors d'un voyage, ils vous ont mendié quelques pièces, ils vous ont peut-être agacé à force de vouloir cirer vos chaussures ou laver votre voiture. Mendiants, petits voleurs…dans la plupart des grandes métropoles du monde ils sont là, gênants, méprisés, battus, raflés. Parfois tués.

Regardons de l'autre côté du miroir. À quoi ressemble la vie des enfants des rues ? Comment en sont-ils arrivés là ?

WORKSHEET **44** Dissertation – organiser vos paragraphes

3 **Travail écrit** Imaginez que vous habitez un quartier défavorisé. Rédigez un article de 250 mots pour un magazine, où vous décrivez la vie quotidienne des habitants et vos craintes et espoirs pour l'avenir.

4 Les SDF

L'exclusion concerne surtout les SDF (les Sans Domicile Fixe) qui dorment dans des cartons ou des centres provisoires. La spirale de l'exclusion commence souvent par le chômage. Sans emploi, pas d'argent pour payer un logement. Ceux qui ont plus de 25 ans peuvent toucher le RMI (le revenu minimum d'insertion), qui est seulement de 2 225 FF par mois actuellement, mais n'oublions pas qu'un quart des chômeurs a moins de 25 ans.

1 **Travail oral** Travaillez avec un partenaire. Dressez une liste de toutes les raisons pour lesquelles les gens se trouvent sans domicile, puis partagez votre liste avec le reste de la classe.

2 **Travail oral** Regardez cette photo de Gérard, ancien cuisinier, maintenant RMIste sans travail ni logement fixe. En travaillant à deux ou à trois imaginez le parcours de sa vie. Comment en est-il arrivé là ? Imaginez les événements qui ont marqué sa vie. Comment vit-il maintenant ? Comment se sent-il ?

2 225F par mois !

① Après treize années passées sans travailler, cet ancien cuisinier ne croit plus au lendemain. Alors, il essaye de joindre les deux bouts avec ses 2225 francs mensuels de Revenu minimum d'insertion (RMI). Sans trop penser à l'avenir, ni au passé d'ailleurs...

② Jusqu'en 1980, Gérard n'avait pourtant rien à envier à personne. Cuisinier, il trouvait sans mal de bonnes places : Monte-Carlo, Luxembourg et même New York... Un métier passionnant, mais pas toujours compatible avec une vie de famille. "Je faisais souvent des saisons loin de chez moi. Pour ma femme et mes enfants, cela n'était pas toujours très drôle."

③ Karine et René, aujourd'hui âgés de 23 et 21 ans, n'ont pas beaucoup profité de leur père. De leur mère non plus, d'ailleurs... Serveuse de restaurant, la femme de Gérard avait, elle aussi, des horaires très lourds.

④ Les disputes entre Gérard et sa femme se font de plus en plus fréquentes. Il faut dire qu'à cette époque, le cuisinier est plutôt mal dans sa peau. "J'ai eu beaucoup de mal à encaisser la mort de mon père. Il n'était pas comme ma sœur et ma mère qui me méprisaient à cause de mon métier."

⑤ Et puis un jour de 1980, une dispute tourne mal. Le couple se sépare. Gérard lance quelques affaires dans un sac de voyage, saute dans sa voiture et part à l'aventure. Il laisse tout : la maison qu'il avait achetée à crédit avec son épouse, ses habits et même sa collection de disques de Johnny... En quelques secondes, Gérard a tourné la page, mais aussi tout perdu. Logement, famille, amis, puis, très rapidement, son emploi.

⑥ Seul, sans ressources puisqu'il n'a droit à aucune allocation chômage, Gérard part de plus en plus à la dérive. "J'ai fait la route pendant plusieurs années. Au moins, je ne risquais pas de croiser quelqu'un que je connaissais."

⑦ Il y a six ans, Gérard décide pourtant de revenir à Saint-Étienne. Il veut repartir du bon pied, et surtout retrouver du travail. "Mais je n'avais plus ma place parmi ma famille. Je n'ai même pas cherché à revoir mes enfants. Le regard des gens dans la rue me fait déjà mal. Je n'aurais pas pu supporter celui de Karine et René..."

⑧ Impossible de trouver un emploi fixe. En désespoir de cause, il s'adresse au Centre communal d'action sociale, qui l'aide à faire sa demande de RMI. "Je n'avais plus le choix. Sans ressources, je serais inévitablement devenu clochard. Le RMI ce n'est pas grand-chose, mais cela permet quand même de garder un embryon de vie normale et un peu de dignité."

⑨ Gérard ne veut pas être assimilé à ces SDF qu'il qualifie, avec un mépris largement teinté de peur, de "clochards". "Moi, j'ai un toit. Modeste, mais un toit quand même !", insiste-t-il. La mairie lui laisse, en effet, l'usage d'un garage vide où il s'est installé sommairement. Pas de chauffage, pas d'électricité, mais un matelas posé par terre, un petit Camping gaz, quelques casseroles.

⑩ Voilà toute la richesse de Gérard. "Je me débrouille pour obtenir des colis de nourriture et de vêtements au Secours populaire ou aux Restos du cœur. Je fais la fin des marchés pour récupérer les invendus. Avec tout ça, j'arrive à vivoter."

3 Lecture Lisez ce que raconte Gérard sur sa vraie vie à la page 150 et reliez chaque titre au bon paragraphe.

a Le chômage a suivi la rupture de son mariage.

b Son travail de cuisinier n'etait pas toujours compatible avec la vie de famille.

c La vie d'un vagabond.

d La mort de son père l'a rendu déprimé.

e Un logement précaire: un garage vide.

f Sa vie quotidienne aujourd'hui.

g Les enfants n'ont pas beaucoup profité de leur père.

h Gérard vit au jour le jour depuis treize ans.

i Gérard veut tenter sa chance de nouveau.

j Le RMI.

4 Travail écrit Essayez maintenant d'écrire les questions que la journaliste aurait pu poser à Gérard lors de l'interview.

5 Exercice d'écoute et travail écrit Écoutez cet extrait d'une interview avec Pierre de Saintignon, directeur général du Groupe Darty et l'un des fondateurs de la Fondation agir contre l'exclusion (FACE). FACE rapproche les chefs d'entreprises et les exclus dans l'objectif de créer des emplois, car, sans travail, il est difficile de trouver sa place dans la société.

a **Première partie**

Répondez en français à ces questions.

i) Combien de personnes reçoivent le RMI?

ii) Pourquoi l'aspect « insertion » laisse-t-il à désirer ?

iii) Que faut-il faire pour améliorer cet aspect ?

iv) D'après Pierre de Saintignon le travail est primordial. Pourquoi ?

v) Quelle sorte d'emplois pourrait-on créer pour aider les RMIstes ?

vi) Quel est le rôle de l'État dans la lutte contre l'exclusion ?

vii) Qu'est-ce qui s'est passé à Marseille ?

viii) Quel est l'avantage de ceci pour les jeunes ?

b **Deuxième partie**

Remplissez les blancs.

– **C'est inéluctable cette aggravation de l'exclusion ?**

– Je ne suis pas étonné que l'on ___a___ croire cela. Mais si c'est pour s'___b___contenter, et alors ___c___ un mode de vie à l'américaine – chacun pour soi, et que les plus forts ___d___ – alors je n'___e___ crois pas, je ne ___f___ pas y croire.

J'ai vu trop de gens ___g___ , alors qu'ils ___h___ dans des situations invraisemblables pour ne pas croire que les choses peuvent changer.

Qui ___i___ trouver normal qu'une famille ___j___ avec moins de quatre mille francs de RMI par mois ? On ne peut pas ___k___ résigner ___l___ cela. Et ___m___ au fait que des gens, ___n___ plus en plus ___o___ , n'aient ___p___ rôle dans la société.

c **Troisième partie**

Faites un résumé en anglais des mesures prises par FACE pour créer des emplois.

Mots à retenir

la spirale de l'exclusion   compatible   la rupture
précaire   primordial   l'aggravation   démuni

Grammaire   The conditional perfect

This tense is often used when the other verb in the sentence is in the pluperfect tense and is preceded by *si* ('if').

Formation: auxiliary (conditional tense of *avoir* or *être*) + past participle

Examples:

faire	*arriver*
j' aurais fait	*je serais arrivé(e)*
tu aurais fait	*tu serais arrivé(e)*
elle/il/on aurait fait	*il/elle/on serait arrivé(e)*
nous aurions fait	*nous serions arrivé(e)s*
vous auriez fait	*vous seriez arrivé(e)(s)*
elles/ils auraient fait	*ils/elles seraient arrivé(e)s*

Si je n' avais pas perdu mon travail, je ne me serais jamais retrouvé dans la rue. – If I hadn't lost my job, I would never have found myself on the streets.

6 Travail écrit
Remplissez les blancs dans les phrases suivantes en vous servant des auxiliaires qui conviennent.

a Si je n'_____ pas devenue assistante sociale, je n'_____ jamais travaillé avec des exclus.

b S'il n'_____ pas été déprimé, il n'_____ jamais quitté sa maison et sa famille.

c Si le gouvernement lui _____ fourni une aide psychologique et une formation, il _____ été plus facilement réinséré dans la société.

d Si le chômage n'_____ pas autant augmenté, il y _____ eu beaucoup moins d'exclus.

e S'ils _____ obtenu des diplômes, ils _____ eu moins de mal pour trouver du travail.

7 Travail écrit
Inventez cinq phrases avec le conditionnel passé.

8 Travail oral
Regardez les posters et les chiffres sur cette page. Préparez une réponse orale aux questions qui suivent.

a Qu'est-ce que vous voyez sur cette image ?
b Quelles personnes cette publicité vise-t-elle ?
c Commentez le slogan en bas du poster.

Les cités et la France

Avez-vous l'impression que, dans votre quartier, il y a plutôt beaucoup de ... (en %)

	Habitants des cités	Ensemble des Français
– chômage	64	41
– problèmes financiers	61	42
– vandalisme	49	23
– problèmes familiaux	47	29
– gens qui se sentent seuls	46	37
– enfants défavorisés	42	19
– trafic de drogue	33	15
– racket	25	9

a Y a-t-il des chiffres qui vous surprennent ?

b Comment expliquer le fait que les habitants des cités sont plus sensibles à ces problèmes ?

a Qu'est-ce que vous voyez sur cette image ?
b Expliquez le slogan du poster.
c Que pensez-vous du fait que le chômage arrive parfois à créer des emplois ?

9 **Lecture et travail écrit** Lisez cet article qui parle des efforts fait par le gouvernement français pour aider les chômeurs de longue durée. Préparez une réponse écrite aux questions suivantes.

a Quelles mesures les personnes suivantes ont-elles prises afin d'améliorer le sort des chômeurs longue durée?
  i) Jean-Claude Gayssot
  ii) Martine Aubry

b Traduisez le dernier paragraphe de cet article en anglais.

10 **Travail écrit** Rédigez une réponse de 250 mots à la déclaration suivante: «L'État ne fait pas actuellement assez d'efforts pour réinsérer les plus démunis dans la société.» Discutez.

Voici un plan possible:

Introduction
– définition de l'exclusion

Développement
– qui est exclu et pourquoi
  le sida
  la drogue
  les cités
  les SDF
– le rôle de l'État et les solutions possibles

Conclusion

L'État débloque 500 millions de francs pour aider les chômeurs de longue durée

Martine Aubry devait annoncer, samedi 3 janvier, le versement d'une dotation exceptionnelle à l'Unedic et avancer de trois mois la préparation du projet de loi sur l'exclusion. Jean-Claude Gayssot a décidé de baisser le prix des transports pour les sans-emploi en région parisienne

LA LUTTE contre l'exclusion n'attend plus. Au terme d'un déjeuner à l'Hôtel Matignon avec le premier ministre, vendredi 2 janvier, Martine Aubry, ministre de l'emploi et de la solidarité, a décidé brusquement d'avancer une conférence de presse qui n'avait été prévue que pour le mardi 6 janvier. Objet: faire le point sur son action dans le domaine de l'exclusion.

D'un point de vue politique, il est apparu maladroit de prévoir une expression publique de Mme Aubry seulement mardi alors que d'autres ministres sont les invités, dimanche, d'émissions télévisées. Évidemment interrogés sur ces occupations et l'attitude du gouvernement, tant Dominique Strauss-Kahn, ministre de l'économie, des finances et de l'industrie, sur TF 1, que Dominique Voynet, ministre de l'environnement et de l'aménagement du territoire, sur France 3, auraient été contraints à des généralités dans l'attente de précisions venant de la ministre directement compétente.

Celle-ci a donc choisi de ne pas différer davantage ses annonces. La principale d'entre elles devait être le déblocage de 500 millions de francs de l'État au profit de l'Unedic. Cette somme concerne l'allocation de formation-reclassement (AFR) qui se substitue à l'allocation unique dégressive pour les allocataires en formation répondant à certains critères. L'AFR permet à son bénéficiaire, lorsqu'il a travaillé au moins six mois, de suivre une formation, d'un maximum de trois ans, de nature à faciliter son reclassement, en donnant la priorité aux chômeurs faiblement qualifiés. Selon la CFDT, ce sont 180 000 à 200 000 chômeurs qui sont, chaque mois, en formation AFR. Alain Juppé avait décidé, lors du renouvellement de la convention Unedic en décembre 1996, d'alléger la participation de l'État au financement de cette allocation.

Mme Aubry devait également rappeler les mesures prises par le gouvernement depuis le début du conflit. On estime à Matignon que celles-ci sont faiblement médiatisées car elles ont essentiellement une application locale. À Marseille, le montant de l'aide globale débloquée a atteint 14 millions de francs. Cette somme, dans les Bouches-du-Rhône comme dans d'autres départements, a été rassemblée à partir de reliquats de l'Unedic et de la caisse d'allocations familiales.

Enfin, la ministre de l'emploi devait annoncer une accélération dans le dépôt du projet de loi sur l'exclusion que le gouvernement prépare depuis plusieurs mois: le texte sera soumis à un conseil des ministres au premier trimestre. Par rapport aux prévisions établies en novembre 1997, ceci correspond à une accélération de trois mois. Les pouvoirs publics estiment que le travail inter-ministériel est suffisamment avancé pour permettre ce nouveau calendrier.

Mme Aubry devait aussi rendre public le contenu de trois circulaires. La première tend à corriger les dérives qui ont été constatées, ces dernières années, dans l'accès aux contrats emploi-solidarité (CES).

Une autre circulaire est consacrée à la relance du volet insertion du RMI, considéré par les acteurs sociaux comme insuffisant. En 1996, en effet, la moitié seulement des allocataires avaient signé un contrat d'insertion, comme la loi l'exige pour tous théoriquement. Le ministère demande d'abord aux préfets de faciliter l'accès des bénéficiaires du RMI aux mesures d'emploi aidé, en fixant des objectifs chiffrés. Les RMistes de moins de trente ans devront voir leur accès aux emplois-jeunes facilité. Tous les allocataires présents dans le dispositif depuis sa première années d'existence, en 1989, soit environ 100 000 personnes, devront être reçus individuellement pour établir des nouveaux contrats d'insertion conformes à leur situation.

Le troisième texte doit s'attaquer aux difficultés rencontrées par les acteurs du secteur de l'insertion par l'économique. La circulaire entend renforcer le soutien financier apporté par l'État aux entreprises d'insertion, généralement destinées à des publics en très grande difficulté.

Olivier Biffaud
et Jérôme Fenoglio

5 Le troisième âge

Certaines personnes du troisième âge se sentent elles aussi exclues de la société. Elles ont parfois l'impression d'être inutiles, de ne plus servir à rien. Comment doit-on s'attaquer à ce problème? Quelles solutions peut-on envisager?

1 **Travail oral** Travaillez avec un partenaire et décidez si ces avis sur la vieillesse sont positifs ou négatifs.

Le travail m'a tout de suite manqué. J'errais, j'ai dû entreprendre quelque chose et vite…

a

Je ne voulais pas sombrer dans l'inactivité.

c

Je consacre mes heures libres à la lecture et à mes petits-enfants – quel bonheur!

f

Pour moi, la retraite, c'est une libération. C'est l'occasion de relancer sa vie, de faire tout ce qu'on a toujours voulu faire.

b

Je me sens «confit» à la fin de ma vie.

d

J'ai affronté le vide et ensuite j'ai décidé de me présenter comme conseiller municipal. Plus de vide depuis.

e

2 **Exercice d'écoute** Écoutez Evelyne Laury-Pinéda, ex-responsable des ressources humaines et de la formation des cadres chez IBM, qui travaille bénévolement pour l'association Agir. Rédigez un paragraphe en français sur ce qu'elle dit, en incluant les points suivants:

– ce qu'elle faisait avant la retraite
– ce qu'elle a fait au début de la retraite
– ce qu'elle fait maintenant.

Attention aux abbréviations:
CAP (Certificat d'Aptitude Professionnelle)
   = vocational training certificate
bac + 5 = le baccalauréat plus cinq ans d'études universitaires
CV = curriculum vitae

3 **Lecture** Quant aux personnes âgées qui ne jouissent plus d'une bonne santé, ça peut poser énormément de problèmes à leur famille. Incombe-t-il trop aux familles de s'occuper de leurs parents âgés? L'État devrait-il accepter plus de responsabilité financière vis-à-vis des soins aux personnes âgées? Lisez l'article à la page suivante et trouvez dans le texte l'équivalent français des expressions suivantes.

a can no longer have them in their care
b his wife's life has been a real tale of suffering
c one after the other
d she feels guilty
e she can't stand it any longer
f homes with medical care are very expensive
g her pension isn't any more than

Le vieillissement de la population met en jeu les solidarités familiales

Lorsque la personne âgée devient dépendante, les familles ne peuvent plus assumer sa charge. Sonia Bouvier explique avec pudeur qu'elle est «fatiguée» de s'occuper de sa mère de 87 ans et son mari confie que sa femme «vit un véritable calvaire depuis des années». Deux fois par jour, parfois plus, Mme Bouvier va voir sa mère à l'autre bout de la ville pour vérifier que l'aide à domicile est bien venue, que sa mère ne s'est pas salie après le passage de l'infirmière.

«Ma belle-mère ne sait plus ce qu'elle fait, raconte Pierre Bouvier. Elle cache les repas que les services municipaux lui apportent, ou alors elle mange vingt yaourts d'affilée et se rend malade. La nuit, elle quitte son appartement en chemise de nuit pour aller demander l'heure dans la rue et oublie le numéro de code de son immeuble.» Il reprend, ému: «Ça nous a gâché la vie. Parfois, quand ma femme rentre, elle est dans un état épouvantable. D'ailleurs, elle prend des tranquillisants. Personne ne peut nous seconder, le frère de ma femme est reparti en Pologne. Le médecin nous dit de prendre ma belle-mère chez nous, mais ce n'est pas possible. Elle ne dort jamais, marche tout le temps. C'est moi qui ne pourrais pas supporter.»

Sonia Bouvier cherche un établissement qui pourra accueillir sa mère, mais elle «culpabilise». Sa fille Pierrette, trente-deux ans, l'encourage: «J'ai peur pour ma mère, elle a soixante-dix ans, elle n'en peut plus.» Le problème est aussi financier, car les établissements médicalisés sont très onéreux, au moins 12 000 francs par mois à la charge de la famille. La grand-mère ne pourra pas les assumer, car sa retraite ne dépasse pas 5 000 francs mensuels. Les enfants et les petits-enfants seront donc soumis à l'obligation alimentaire et devront payer.

---

4 Travail écrit Relisez l'article et préparez une réponse écrite aux questions suivantes.

a Décrivez la routine journalière de Sonia Bouvier.

b Décrivez le comportement de la belle-mère de Pierre Bouvier.

c Quel effet ce comportement a-t-il eu sur la vie familiale de Sonia et Pierre?

d Résumez les problèmes financiers qui aggravent la situation.

---

5 Travail écrit Rédigez une réponse écrite à la question suivante:

Quels sont les problèmes de la vieillesse et pour les personnes âgées et pour leurs familles, et quelles mesures pourrait-on prendre pour les résoudre?

Dans votre dissertation essayez de soigner votre style et d'employer quelques-unes des expressions ci-contre. Attention! Elles sont suivies du subjonctif!

> bien que quoique pourvu que à condition que
> pour que afin que à moins que ... ne + verbe
> de peur que ... ne + verbe

Avant de commencer la dissertation, préparez-vous en traduisant les phrases ci-dessous en français. Utilisez un dictionaire pour vous aider.

a Although the retirement age is 65, many older people would like to carry on working.

b Provided they are in good health, older people should have work opportunities.

c Unless they are rich, old people often cannot afford a nursing home.

d The government should provide more money for the care of old people so that they can have a place in a nursing home if necessary.

e Although the majority of very old people are looked after by their relatives, a minority, who suffer from serious illnesses, cannot be looked after by their families.

f Some old people never talk about their problems for fear of being a burden to their families.

WORKSHEET 46 Écrire un français plus soigné

---

6 Travail écrit Écrivez un article de journal qui vise les jeunes francophones et où vous avez pour but de leur expliquer les problèmes de l'exclusion actuellement.

Tâchez de mentionner différentes sortes d'exclusion et de suggérer quelques solutions possibles sur le plan individuel ainsi que le plan politique.

Qu'est-ce que l'art pour vous? Comment réagissez-vous devant une œuvre d'art? Appréciez-vous la sculpture, la peinture, la littérature, la musique, le cinéma, l'architecture? Que pensez-vous de l'art moderne? Au cours de ce chapitre, nous allons examiner, quelques exemples de la culture artistique française.

1 La littérature

Charles Baudelaire (1821–1867) a écrit Les fleurs du mal, une collection de presque tous ses poèmes écrits avant 1857. Certains poèmes ont été condamnés. On les a jugés trop osés pour l'époque. Comme le constate le critique Gaëtan Picon: «L'œuvre de Baudelaire n'est pas une œuvre poétique parmi d'autres: elle est une révolution, la plus importante de toutes celles qui ont marqué le siècle: elle décide de ce qui désormais portera à nos yeux les couleurs de la poésie.»

1 Exercice d'écoute Écoutez ce poème de Baudelaire, puis préparez une réponse écrite aux questions suivantes.

  a Relevez toutes les images de la nature dans ce poème.

  b Relevez toutes les références à la lumière et à la musique.

  c Commentez le rythme et la forme du poème.

  d Pour vous, ce poème est-il plutôt positif ou négatif (plus près « des fleurs » ou « du mal »)?

  e Expliquez le titre du poème – *Harmonie du soir*.

HARMONIE DU SOIR

Voici venir le temps où vibrant sur sa tige
Chaque fleur s'évapore ainsi qu'un encensoir;
Les sons et les parfums tournent dans l'air du soir;
4 Valse mélancolique et langoureux vertige!

Chaque fleur s'évapore ainsi qu'un encensoir;
Le violon frémit comme un cœur qu'on afflige;
Valse mélancolique et langoureux vertige!
8 Le ciel est triste et beau comme un grand reposoir.

Le violon frémit comme un cœur qu'on afflige,
Un cœur tendre, qui hait le néant vaste et noir!
Le ciel est triste et beau comme un grand reposoir;
12 Le soleil s'est noyé dans son sang qui se fige.

Un cœur tendre, qui hait le néant vaste et noir,
Du passé lumineux recueille tout vestige!
Le soleil s'est noyé dans son sang qui se fige…
16 Ton souvenir en moi luit comme un ostensoir!

La pièce de théâtre Cyrano de Bergerac a été écrite par Edmond Rostand vers la fin du XIXᵉ siècle. Le personnage principal Cyrano, qui a un nez énorme, est basé sur une personne réelle. Suivant la tradition classique du théâtre – quoique parodiant certains éléments – Rostand a connu un grand succès avec sa pièce. Le film de Jean-Paul Rappeneau où Gérard Depardieu a joué le rôle de Cyrano (1994), a renouvelé la popularité de la pièce.

2 Exercice d'écoute Écoutez cet extrait où Cyrano parle de son nez et remplissez les blancs (page 157).

LE VICOMTE
Attendez! Je vais lui lancer un de ce traits!...
Il s'avance vers Cyrano qui l'observe, et se campant devant lui d'un air fat.
Vous... vous avez un nez... heu... un nez... très grand.

CYRANO, *gravement*
Très.

LE VICOMTE, *riant*
Ha!

CYRANO, *imperturbable*
C'est tout?...

LE VICOMTE
Mais...

CYRANO
Ah! non! c'est un peu court, jeune homme!
On pouvait dire... Oh! Dieu!... bien des choses en somme...

En variant le ton, – par exemple, tenez:
___a___ : « Moi, Monsieur, si j'avais un tel nez,
Il faudrait sur-le-champ que je me l'amputasse! »
___b___ : « Mais il doit tremper dans votre tasse:
Pour boire, faites-vous fabriquer un hanap! »
___c___ : « C'est un roc!... c'est un pic!... c'est un cap!
Que dis-je c'est un cap?... C'est une péninsule! »
___d___ : « De quoi sert cette oblongue capsule?
D'écritoire, Monsieur, ou de boîte à ciseaux? »
___e___ : « Aimez-vous à ce point les oiseaux
Que paternellement vous vous préoccupâtes
De tendre ce perchoir à leurs petites pattes? »

___f___ : « Ça, Monsieur, lorsque vous pétunez,
La vapeur du tabac vous sort-elle du nez
Sans qu'un voisin ne crie au feu de cheminée? »
___g___ : « Gardez-vous, votre tête entraînée
Par ce poids, de tomber en avant sur le sol! »
___h___ : « Faites-lui faire un petit parasol
De peur que sa couleur au soleil ne se fane! »
___i___ : « L'animal seul, Monsieur, qu'Aristophane
Appelle Hippocampéléphantocamélos
Dut avoir sous le front tant de chair sur tant d'os! »
___j___ : « Quoi, l'ami, ce croc est à la mode?
Pour pendre son chapeau, c'est vraiment très commode! »
___k___ : « Aucun vent ne peut, nez magistral,
T'enrhumer tout entier, excepté le mistral! »
___l___ : « C'est la mer Rouge quand il saigne! »
___m___ : « Pour un parfumeur, quelle enseigne! »
___n___ : « Est-ce une conque, êtes-vous un triton? »
___o___ : « Ce monument, quand le visite-t-on? »
___p___ : « Souffrez, Monsieur, qu'on vous salue,
C'est là ce qui s'appelle avoir pignon sur rue! »
___q___ : « Hé, ardé! C'est-y un nez? Nanain!
C'est quequ'navet géant ou ben quequ'melon nain! »
___r___ : « Pointez contre cavalerie! »
___s___ : « Voulez-vous le mettre en loterie?
Assurément, Monsieur, ce sera le gros lot! »
Enfin parodiant Pyrame en un sanglot:
« Le voilà donc ce nez qui des traits de son maître
A détruit l'harmonie! Il en rougit, le traître! »
– Voilà ce qu'à peu près, mon cher, vous m'auriez dit
Si vous aviez un peu de lettres et d'esprit.

Marguerite Duras (1914–1996) a gagné le prix Goncourt en 1984 pour L'amant – *un roman autobiographique où elle raconte son enfance au Mékong.*

3 Lecture Voici les deux premières pages de *L'amant*. Lisez l'extrait, puis répondez aux questions suivantes.

a Expliquez l'usage du passé composé et de l'imparfait dans le premier paragraphe.

b Faites un dessin de son visage tel qu'elle le décrit à l'âge de 19 ans.

Un jour, j'étais âgée déjà, dans le hall d'un lieu public, un homme est venu vers moi. Il s'est fait connaître et il m'a dit: « Je vous connais depuis toujours. Tout le monde dit que vous étiez belle lorsque vous étiez jeune, je suis venu pour vous dire que pour moi je vous trouve plus belle maintenant que lorsque vous étiez jeune, j'aimais moins votre visage de jeune femme que celui que vous avez maintenant, dévasté. »

Je pense souvent à cette image que je suis seule à voir encore et dont je n'ai jamais parlé. Elle est toujours là dans le même silence, émerveillante. C'est entre toutes celle qui me plaît de moi-même, celle où je me reconnais, où je m'enchante.

Très vite dans ma vie il a été trop tard. À dix-huit ans il était déjà trop tard. Entre dix-huit ans et vingt-cinq ans mon visage est parti dans une direction imprévue. À dix-huit ans j'ai vieilli. Je ne sais pas si c'est tout le monde, je n'ai jamais demandé. Il me semble qu'on m'a parlé de cette poussée du temps qui vous frappe quelquefois alors qu'on traverse les âges les plus jeunes, les plus célébrés de la vie.

Ce vieillissement a été brutal. Je l'ai vu gagner mes traits un à un, changer le rapport qu'il y avait entre eux, faire les yeux plus grands, le regard plus triste, la bouche plus définitive, marquer le front de cassures profondes. Au contraire d'en être effrayée j'ai vu s'opérer ce vieillissement de mon visage avec l'intérêt que j'aurais pris par exemple au déroulement d'une lecture. Je savais aussi que je ne me trompais pas, qu'un jour il se ralentirait et qu'il prendrait son cours normal. Les gens qui m'avaient connue à dix-sept ans lors de mon voyage en France ont été impressionnés quand ils m'ont revue, deux ans après, à dix-neuf ans. Ce visage-là, nouveau, je l'ai gardé. Il a été mon visage. Il a vieilli encore bien sûr, mais relativement moins qu'il n'aurait dû. J'ai un visage lacéré de rides sèches et profondes, à la peau cassée. Il ne s'est pas affaissé comme certains visages à traits fins, il a gardé les mêmes contours mais sa matière est détruite. J'ai un visage détruit.

Que je vous dise encore, j'ai quinze ans et demi.

C'est le passage d'un bac sur le Mékong.

2 La musique

La chanson française a une place importante dans la culture française. Les paroles sont souvent porteuses de messages. Étudiez et écoutez ces trois chansons afin d'approfondir votre connaissance des chansonniers.

1 a Mettez les couplets dans le bon ordre.

b Traduisez en anglais le premier couplet de la chanson. Faites attention aux tournures et au rythme !

Les amants d'un jour (Édith Piaf)

Et dans ce décor
Banal à pleurer
C'est corps contre corps
Qu'on les a trouvés.

Mais ils m'ont planté tout au fond du cœur
Un coup d'leur soleil et tant de couleurs
Que ça me fait mal (bis)

Les Faubouriens
(Théophile-Alexandre Steinlen, 1894)

Ils sont arrivés
Se tenant par la main,
L'air émerveillé
De deux chérubins.

Portant le soleil,
Ils ont demandé
D'une voix tranquille
Un toit pour s'aimer
Au cœur de la ville.

Et dans ce décor
Banal à pleurer
Il me semble encor'
Les voir arriver.

Moi j'essuie les verres
Au fond du café
J'ai bien trop à faire
Pour pouvoir rêver.

Et quand j'ai fermé la porte sur eux,
Y avait tant d'soleil au fond de leurs yeux
Que ça m'a fait mal (bis)

Remplis de soleil,
On les a couchés
Unis et tranquilles
Dans un lit creusé
Au cœur de la ville.

On les a trouvés
Se tenant par la main
Les yeux refermés
Vers d'autres matins.

Et je me rappelle
Qu'ils ont regardé
D'un air attendri
La chambre d'hôtel
Au papier jauni.

Et je me rappelle
Avoir refermé
Dans le petit jour
La chambre d'hôtel
Des amants d'un jour.

Moi j'essuie les verres
Au fond du café,
J'ai bien trop à faire
Pour pouvoir rêver.

Et dans ce décor
Banal à pleurer
Y'a toujours dehors
La chambre à louer...

Moi j'essuie les verres
Au fond du café
J'ai bien trop à faire
Pour pouvoir rêver.

Paroles et musique d'Édith Piaf
1956

NE ME QUITTE PAS (Jacques Brel)

Ne me quitte pas
Il faut oublier
Tout peut s'oublier
Qui s'enfuit déjà
Oublier le temps
Des malentendus
Et le temps perdu
À savoir comment
Oublier ces heures
Qui tuaient parfois
À coups de pourquoi
Le cœur du bonheur
Ne me quitte pas
Ne me quitte pas
Ne me quitte pas
Ne me quitte pas

Moi je t'offrirai
Des perles de pluie
Venues de pays
Où il ne pleut pas
Je creuserai la terre
Jusqu'après ma mort
Pour couvrir ton corps
D'or et de lumière

Je ferai un domaine
Où l'amour sera roi
Où l'amour sera loi
Où tu seras reine
Ne me quitte pas
Ne me quitte pas
Ne me quitte pas
Ne me quitte pas

Ne me quitte pas
Je t'inventerai
Des mots insensés
Que tu comprendras
Je te parlerai
De ces amants-là
Qui ont vu deux fois
Leurs cœurs s'embraser
Je te raconterai
L'histoire de ce roi
Mort de n'avoir pas
Pu te rencontrer
Ne me quitte pas
Ne me quitte pas
Ne me quitte pas
Ne me quitte pas

On a vu souvent
Rejaillir le feu
De l'ancien volcan
Qu'on croyait trop vieux
Il est paraît-il
Des terres brûlées
Donnant plus de blé
Qu'un meilleur avril
Et quand vient le soir
Pour qu'un ciel flamboie
Le rouge et le noir
Ne s'épousent-ils pas
Ne me quitte pas
Ne me quitte pas
Ne me quitte pas
Ne me quitte pas

Ne me quitte pas
Je ne vais plus pleurer
Je ne vais plus parler
Je me cacherai là
À te regarder
Danser et sourire
Et à t'écouter
Chanter et puis rire
Laisse-moi devenir
L'ombre de ton ombre
L'ombre de ta main
L'ombre de ton chien
Ne me quitte pas
Ne me quitte pas
Ne me quitte pas
Ne me quitte pas.

(c) Éditions Intersong-
Paris, Paris, 1959.

La vie n'est qu'un moment
(MC Solaar)

À chacun sa nostalgie, la mienne
C'était les colonies et les pâtes de fruits
Né du cosmos quand j'entre dans le globe
Dans le sud on m'appelle Clode
La vie est belle mais la chômage est
   partout
Tout est flou, Afflelou est dans l'coup
J'ai invité le Pape à la Gay-Pride
Pour écouter Docteur Dre de "Let me ride"
Je pense être sain mon monde est propre
Ne fais pas des rimes pour me prendre
   pour Monsieur Propre
Gangster, non je n'ai pas le temps
Pour moi la vie n'est qu'un moment.

La vie n'est qu'un moment

J'ai vendu des merguez pour me faire du
   pèze
Pèze réinvesti dans des frites merguez
Si la vie est boucle, la boucle est bouclée
J'opte pour un style que personne n'a
   looké
Qu'est-ce qu'on en a à battre de l'audimat
Dans le monde du rap, je suis le Claudimat
Je représente la rime hexagonale,
Populaire, littéraire pur scandale
J'aime leur style mais crée le mien
Et n'ai rien à voir avec le rap américain
Et si les rimes t'arrivent comme un calmant
C'est que la vie n'est qu'un moment.

La vie n'est qu'un moment

Yo, on a pas le temps de jouer, la vie
   n'est qu'un moment
On fait de l'art mâture pour atteindre le
   firmament
Pour le moment on laisse des traces
On apprend à vivre dans le but d'être
   efficace
Tous les hommes sont égaux,
"Il faut quand même battre le frère
quant il est faux"
Si la Tour Eiffel est en flamme
Je deviendrais le point culminant de
   Paname
Le style donne,
Dis-moi pourquoi me faire passer pour Al
   Capone
Pour ma cousine, j'ajoute un élément
Prends ton temps, la vie n'est qu'un
   moment.

La vie n'est qu'un moment

---

2 Travail oral Préparez une réponse orale aux questions suivantes.

a Quels sont les thèmes principaux de ces trois chansons?

b Peut-on dire que les chansons en général sont basées sur des thèmes universels? Lesquels?

c Laquelle des chansons préférez-vous? Donnez des raisons à votre réponse.

d Selon vous, pourquoi tant de gens s'intéressent-ils à la musique?

e Choisissez l'une des trois chansons et écrivez une critique pour un journal.

---

3 Travail oral Faites une présentation orale de votre chanson préférée du moment.

3 La peinture

La France a un patrimoine culturel très riche. Elle a toujours accueilli beaucoup de peintres célèbres de pays différents, tout en produisant des peintres elle-même.

1 Travail oral Regardez ces tableaux qui ont été peints par Henri Matisse. Préparez une réponse orale aux questions suivantes.

© Succession H. Matisse/DACS 2000

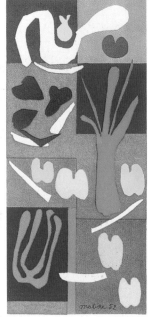

© Succession H. Matisse/DACS 2000

© Succession H. Matisse/DACS 2000

Henri Matisse (1869–1954)
Séduit par les impressionnistes, surtout Cézanne, Matisse a fini par réunir un groupe d'artistes connu sous le nom des « Fauves ».

a Quelles couleurs dominent ?

b Quelle est votre réaction devant ces tableaux ?

c Est-ce que vous les aimez ? Pourquoi ? Pourquoi pas ?

d Lequel préférez-vous ? Pourquoi ?

Inventez des titres pour ces tableaux. Vérifiez à la page 272.

2 Travail oral Préparez une analyse orale des tableaux suivants. Présentez votre travail sous les titres suivants :

– le concret
– l'impression
– votre réaction personnelle

La rue Montorgueil, Claude Monet (1840–1926)
Les tableaux des impressionnistes exposés en 1874 ont créé un vrai scandale. Sans dessin préalable, Monet et ses amis ont couvert leurs toiles de petites touches de couleur pure qui font taches et brouillent le contour des formes. Ils donnent à leurs tableaux l'aspect d'esquisses pour exprimer « un sentiment juste de la nature et de la vie ».

Pommes et oranges, Paul Cézanne (1839–1906)
Cézanne simplifie les formes et réduit « tout à la sphère, au cône et au cylindre ».

4 Le surréalisme

Le surréalisme consiste à rejeter toute notion de logique ou de morale et à mettre en juxtaposition des images incongrues – tels un homard et un téléphone – pour explorer l'inconscient. D'origine française (fondateur André Breton) le mouvement surréaliste a dominé l'art et la littérature pendant les années 20 et 30.

---

1 Lecture Voici une définition du surréel. Mettez les parties de ces phrases dans le bon ordre.

par une fuite hors du réel. Seule l'imagination dans

de résister

à la tyrannie des contraintes extérieures.

une totale liberté

à « la vraie vie »

de l'esprit peut permettre

Le surréalisme postule un retour

---

2 Exercice d'écoute Écoutez cette description d'un film surréaliste *Un chien andalou* et décidez si les phrases suivantes sont vraies, fausses, ou pas mentionnées. Après avoir écouté le passage, faites une description de l'image de l'œil et de votre réaction devant cette scène.

a *Un chien andalou* a été tourné en 1928.

b Dalí a rêvé d'un nuage.

c Buñuel a rêvé d'une main pleine de fourmis.

d La scène de l'œil coupé est choquante.

e On a utilisé un œil d'agneau pour cette scène.

---

3 Travail écrit Voici un résumé de la définition du surréalisme et de sa méthode adoptée de création. Traduisez le passage en anglais.

Le mot surréalisme désigne à la fois une attitude particulière devant la création littéraire, l'art et la vie en général, et un mouvement culturel daté dans l'histoire. C'est **Guillaume Apollinaire** qui, le premier, emploie le mot surréaliste. Le mot recouvre alors son expérience de créateur laissant libre cours à sa fantaisie.

Et c'est **André Breton** qui en propose une définition aussi sérieuse et théorique que célèbre. « *Automatisme psychique pur par lequel on se propose d'exprimer, soit verbalement, soit par écrit, soit de tout autre manière, le fonctionnement réel de la pensée. Dictée de la pensée, en l'absence de tout contrôle exercé par la raison, en dehors de toute préoccupation esthétique ou morale.* »

---

4 Travail oral Regardez ces tableaux et préparez une réponse orale aux questions suivantes.

a Décrivez ce que vous voyez sur ces deux tableaux.

b Quels sont les éléments inattendus ?

c Que pensez-vous des titres de ces tableaux ? Lequel préférez-vous ? Pourquoi ?

Golconde, René Magritte
© The Menil Collection, Houston

La Trahison des images
1929, René Magritte
© Los Angeles County Museum of Art

La durée poignardée, René Magritte © ADAGP Paris and DACS London 2000

---

5 Travail oral Choisissez le tableau sur ces deux pages qui vous plaît le plus. Faites des recherches sur l'œuvre du peintre. Préparez un exposé pour votre classe.

5 La photographie

La photographie se range aussi sous l'égide des beaux-arts et occupe une place très importante dans la société moderne. La recherche du «bel hasard de l'instant» a obsédé les grands photographes français depuis toujours.

1 Exercice d'écoute Écoutez cette description du travail d'Henri Cartier-Bresson et répondez aux questions suivantes en français.

  a Que font les personnes dans les photos de Cartier-Bresson ?

  b Quelles sortes d'objets figurent dans ses photos ? Quel est leur but ?

  c Du point de vue artistique, en quoi consiste une photo ?

Robert Doisneau, *Le ruban de la mariée*, 1951

2 Travail oral Étudiez les photos sur cette page et préparez une réponse orale aux questions suivantes.

  a Qu'est-ce vous voyez sur chaque photo ?

  b Qu'y a-t-il d'étonnant dans chaque photo ?

  c Le photographe a-t-il pu, à votre avis, saisir l'instant ?

  d Aimez-vous ces photos ? Pourquoi ?

  e Essayez d'analyser les éléments importants d'une bonne photo.

Atget, *Intérieur de modiste*, 1910

6 Le cinéma

Le cinéma est aussi très important dans les pays francophones. Le cinéma a été inventé par des Français – les frères Lumière – et depuis son invention tient une place prédominante dans la culture artistique française. De nombreux metteurs en scène français connaissent une renommée mondiale.

1 Exercice d'écoute

Écoutez François Truffaut qui parle de son amour pour le cinéma. Ses films figurent souvent dans le hit-parade des meilleurs films dans l'histoire du cinéma. Choisissez les opinions ci-dessous qui correspondent le mieux à son point de vue.

a Je n'ai pas hésité à filmer la mort.

b J'étais déjà trop âgé pour tourner *Jules et Jim*.

c Tout ce que fait un enfant à l'écran, il semble le faire pour la première fois.

d Je m'intéressais plus au couple qu'à l'enfant.

e Jean-Pierre Léaud a improvisé cette scène avec la psychologue.

f Ma vraie manière, c'est la comédie dramatique.

g Je voulais donner un rôle sérieux à Catherine Deneuve.

h Quand on est devant la caméra, on a tendance à couper trop vite.

2 Lecture

Lisez cet article sur François Truffaut. Avec un partenaire, identifiez les points clés de l'article, et rédigez ensuite un résumé de 50 mots environ.

François Truffaut naît le 6 février 1932 à Paris, sous le signe du Verseau. Son père, Roland Truffaut, est architecte-décorateur et sa mère travaille comme secrétaire à *l'Illustration*.

La famille Truffaut réside rue Henri-Monnier, en dessous du quartier Pigalle-Montmartre. Si on ne maltraite pas le petit François, on ne s'en occupe pas beaucoup non plus. Il passe nombre de ses journées chez les nourrices ou chez ses grands-mères maternelle et paternelle. Sa mère ne supporte ni le bruit, ni son fils à qui il est interdit de jouer, que ce soit dans l'appartement ou dans la rue. Il fait donc tout pour ne pas manifester sa présence et se réfugie dans le silence et la lecture. Il fréquente l'école maternelle de la rue Clauzel. C'est un enfant soumis, discret, qui a peu d'amis et ne participe pas aux jeux de groupes.

Plus tard, sa scolarité sera perturbée et il changera plusieurs fois d'école. Pendant la guerre, il habite rue de Navarin, comme son ami Claude Vega dont la mère, effrayée par la maturité de ses lectures, surnommait François «mon petit Voltaire». Ce dernier, qui a découvert son premier film en 1940 (il s'agit de *Paradis perdu* d'Abel Gance avec Fernand Gravey et Micheline Presle) dans un grand cinéma près du square d'Anvers, la Gaieté Rochechouart, partage avec Claude Vega la passion du cinématographe. Bien que n'ayant pas toujours les mêmes goûts, ils s'échangent des photos de leurs films favoris. Le jeune Truffaut va régulièrement en «piquer» pour son ami. Ils vont ensemble rire en voyant les films de Sacha Guitry.

Le cinéma va occuper une place croissante dans la vie du jeune Truffaut, devenir peu à peu toute sa vie. La France est occupée, sa famille est indifférente: il s'évade dans le cinéma. Sa passion pour les films vient renforcer celle qu'il porte aux livres. Ce sont des plaisirs secrets; il lit en cachette les livres de sa mère et se rend au cinéma quand ses parents sortent. Cette double existence l'amène à aller voir plusieurs fois les mêmes films, ce qui deviendra chez lui une habitude et constitue sans doute une excellente formation de cinéphile. Son rapport au cinéma est lié à la clandestinité, à l'angoisse, au temps – la séance peut être interrompue par une alerte ou par l'obligation de rentrer avant le retour de ses parents – ; il n'en est que plus attentif à ce qui se passe sur l'écran, dont il retient tout: si sa scolarité ne se déroule pas sans heurts (il est renvoyé de plusieurs écoles), il se révèle un spectateur extrêmement sérieux et appliqué. Pour ne pas en perdre une miette, il se place le plus près possible de l'écran, réduisant ainsi la distance qui le sépare de l'illusion, du monde des images. Il voit ainsi une dizaine de fois le *Roman d'un tricheur* de Sacha Guitry, dont il connaît le commentaire par cœur. Truffaut racontait lui-même qu'en 1945 – il a alors treize ans – à la suite d'une crise familiale, il regarda ce film quatre fois de suite.

3 Travail écrit

En vous servant du vocabulaire ci-dessous, écrivez la critique d'un film que vous avez vu récemment. Quand vous aurez terminé, travaillez avec un partenaire et essayez d'identifier les erreurs – verbes, accords, orthographe. Ensuite, essayez d'améliorer mutuellement la qualité du langage, en trouvant des synonymes pour les mots que vous avez utilisés plus d'une fois.

Noms utiles
la bande sonore
le scénario
le metteur en scène
le thème de ce film
le personnage principal
les cinéphiles
la représentation
le point culminant
le dénouement

Verbes utiles
adapter
créer
s'inspirer de
interpréter
se dérouler

Adjectifs utiles
émouvant
ironique
réaliste
surprenant
spirituel
tendu

Hervé Dalmais, *Truffaut* © Editions Rivages 1987

7 L'architecture

«Seule entre tous les arts, l'architecture charge notre âme du sentiment total des facultés humaines.» (Paul Valéry, poète)

---

1 Exercice d'écoute La France – et surtout la capitale – jouit d'une certaine réputation en ce qui concerne l'architecture moderne. Le Président François Mitterrand a souhaité avec les Grands Travaux créer une capitale pour le nouveau millénaire. Écoutez les descriptions de ces bâtiments et faites correspondre la bonne description à la bonne image.

a Le Grand Louvre avec sa pyramide

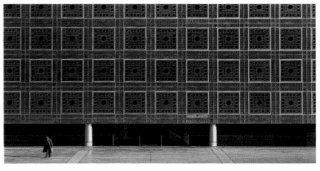

d L'institut du monde arabe

b La Grande Arche de la Défense

e Le musée d'Orsay

c Le centre Georges Pompidou

f La bibliothèque François Mitterrand

2 Travail écrit Écoutez les descriptions une deuxième fois et prenez des notes sur les caractéristiques principales de ces bâtiments. Ensuite, faites un exposé de vos réactions et opinions sur ce type d'architecture.

3 Lecture Le Corbusier a introduit un élément social dans l'architecture. Sa vision était de créer des unités sociales où la vie serait un plaisir. Depuis, malheureusement, sa vision a été mal interprétée et ses idées déformées. Le Corbusier serait-il responsable des tours en béton des banlieues ? Lisez les paragraphes ci-contre sur sa vie et son œuvre, puis faites correspondre les paragraphes avec les titres suivants.

a Son idée était de construire des complexes entiers où logements, espaces verts et loisirs seraient intégrés.

b À première vue, cette structure ne s'accorde pas avec ses idées.

c Le Corbusier souhaitait bâtir des domiciles d'utilité.

d Il pensait que l'on devait s'éloigner du concept de la maison individuelle.

4 Travail écrit « L'architecture moderne – crime contre l'esthétisme. » Défendez ou rejetez ce propos.

Le Corbusier, Charles-Édouard Jeanneret, dit (1887–1965)

1 Architecte, urbaniste, peintre et théoricien français d'origine suisse très influent et d'une grande force imaginative. Sa préoccupation majeure fut l'urbanisme et la recherche d'un style nouveau pour la construction de logements fonctionnels. Après la Seconde guerre mondiale, il créa grâce à un système complexe, appelé Modulor, un style anti-rationnel qu'illustre la chapelle de Ronchamp, œuvre majeure de cette période.

2 Avec ses plans pour un système d'habitat collectif, Le Corbusier entendait se défendre d'une «folle» conception urbaine consistant à ne bâtir que des maisons mono-familiales et des villes sans visage.

3 Il plaidait pour des gratte-ciel intégrés dans l'unité urbanistique, avec des fonctions et un site prédéterminés. Les services communs pouvant se calculer avec précision, le rêve de la cité-jardin pouvait être parallèlement réalisé : au pied de chaque gratte-ciel, il restait assez de place pour l'aménagement de vastes espaces verts. Sur le toit-terrasse de l'Unité se trouvent plusieurs locaux sportifs et une crèche. À l'intérieur de l'édifice, il y a des magasins, un médecin, une laverie etc.

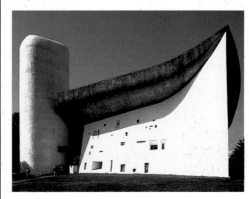

4 Les contours de la chapelle de pèlerinage de Notre-Dame-du-Haut sont tendres comme des dunes. La toiture se voûte sur les murs incurvés comme le chapeau d'un champignon sur son pied. Les fenêtres, clairsemées sur la façade à intervalles irréguliers, s'ouvrent par d'étroites ouvertures sur l'extérieur. En revanche, à l'intérieur, elles s'élargissent en des cavernes enfouies dans les parois épaisses. Une intime atmosphère mystérieuse se dégage de l'édifice, qui semble à première vue fort éloigné du rationalisme de Le Corbusier.

5 Travail oral La tour Eiffel, construite par Gustave Eiffel en 1889 pour une grande exposition, est complètement démontable. Monument relativement jeune, la tour est d'une importance iconique pour la France. Sa construction a provoqué bien des protestations. À l'époque, Maupassant, écrivain très connu, déjeunait au restaurant de la tour tous les jours puisque c'était le seul endroit où il n'aurait pas à regarder cette tour monstrueuse. Qu'en pensez-vous? Voici quelques représentations de la tour : laquelle préférez-vous? Donnez des raisons à votre réponse.

Grammaire **The future perfect**

- The future perfect is a fairly straightforward tense which is translated by 'will have'.

- **Formation**: future tense of the auxiliary (*avoir* or *être*) + past participle
  Examples:
  J' aurai parlé. – I will have spoken.
  Elle sera partie. – She will have gone.

- Like any other compound tense, rules of agreement and conjugation with *avoir* or *être* apply.

- The only thing to watch out for – as with the future – is an implied future perfect, normally after words like these:

quand	*aussitôt que*
lorsque	*dès que*
une fois que	

- French is a much more precise language than English, and the future perfect must be used if it is implied. Study this sentence in English:
  I will do it when I've finished.
  This translates into French as *Je le ferai quand j'aurai fini* (literally, 'I will do it when I will have finished').

Marc Chagall, *Les mariés de la tour Eiffel*, 1928 © ADAGP, Paris and DACS, London 2000

Pol Bury, 1964 © ADAGP Paris and DACS London 2000

Armand Bourgade, 1889

Robert Doisneau, 1982

Robert Delaunay, 1926

6 Travail écrit Traduisez ces phrases en français. Attention aux accords!

a She will have learnt many things.

b Of course I'll have done that.

c They will have already left.

d I will soon have read all his books.

e I will do it as soon as I have finished this film.

f I will go to Cannes when I have completed my next movie.

g When I'm 30 I will have visited all the European capitals.

8 La subvention des arts

1
Travail écrit Voici une liste d'adverbes utiles. Cherchez leur équivalent anglais dans un dictionnaire. Puis, utilisez chaque adverbe dans une phrase au sujet des beaux-arts. Lisez-les à votre classe.

évidemment	naturellement
absolument	théoriquement
apparemment	totalement
autrement	notamment
certainement	complètement
effectivement	considérablement

Grammaire — The conditional perfect

- This tense is often used in a sentence containing a *si* clause with the verb in the pluperfect.

- **Formation:** conditional of the auxiliary (*avoir* or *être*) + past participle

Examples:
S'il avait vu l'exposition, il aurait été très content.
Si j'avais su que Paris était si belle, je serais venue plus tôt.

2
Lecture Faut-il subventionner les arts? Dressez deux colonnes – pour et contre – et décidez où les opinions suivantes devraient figurer.

a L'art moderne semble dénué de sens.

b Tant que les gens n'ont rien à manger, les subventions pour les beaux-arts sont un scandale.

c L'architecture moderne est un scandale.

d Celui qui n'apprécie pas ce qui est abstrait est philistin.

e Les bourses encouragent le travail original.

f L'argent encourage la créativité.

g Les gens font n'importe quoi pour attirer l'attention – c'est ridicule, ce n'est pas de l'art dans le sens propre du terme. Ça n'a rien à voir avec l'esprit esthétique.

h Les fonds mettent l'opéra à la portée de toutes les bourses.

i On devrait plutôt investir dans la société, non pas dans les films.

j Financer l'industrie française est le seul moyen d'entrer en concurrence avec les Américains.

k L'art pour l'art n'est plus valable de nos jours.

3
Travail écrit Traduisez ces phrases en français.

a If I had painted it, I would have added…

b If I had built it, I would have included…

c If I had written it, I would have concentrated on…

4
Travail écrit Inventez des phrases à partir du modèle suivant.
Si j'avais rencontré Matisse, je lui aurais dit que…
François Truffaut
Le Corbusier
Édith Piaf
René Magritte
Gustave Eiffel

5
Travail oral et travail écrit
«Financer les arts = argent perdu!» Faites un remue-méninges en classe à ce propos. Donnez ensuite votre avis par écrit en 250 mots environ.

> **éthique** *nf* principes moraux auxquels une société adhère

L'éthique, c'est ce qui fait de nous des êtres «civilisés». Ce sont les règles morales selon lesquelles nous menons notre vie. Notre société nous en impose certaines.

D'autres ont davantage à voir avec notre intégrité personnelle. Au cours de ce chapitre, nous allons aborder des questions très importantes et qui sont pour la plupart extrêmement sensibles, telles que la peine de mort et le droit à l'avortement. Que ces questions soient réglementées par notre système légal ou par notre conscience individuelle, chacun peut et devrait avoir une opinion à leur sujet. Gardez en tête ce vieux dicton : Qui ne dit mot consent…

1 L'expérimentation animale

Dans un premier temps, considérons la vivisection et son existence dans la société actuelle. Certains prétendent que les tests, les expériences sur les animaux, sont essentiels. D'autres disent le contraire, que l'expérimentation animale est inutile, cruelle et qu'elle ne sert à rien. Quel est votre avis?

1 **Travail oral** Regardez cette brochure. Préparez une réponse orale aux questions suivantes.

a Expliquez le titre de cette brochure.

b Expliquez la proportion des instruments (le compte-gouttes, la seringue et le scalpel) par rapport à celle du lapin.

c La position des instruments a-t-elle de l'importance?

d Commentez les couleurs de la brochure.

2 Exercice d'écoute Écoutez Michel, représentant de la Ligue française contre la vivisection, qui parle devant une manifestation. Notez en français ce qu'il dit sur les choses suivantes.

La sécurité publique   Les moyens de financement des tests

L'état des animaux   L'anesthésie

3 Exercice d'écoute Écoutez cette jeune fille qui souffre de fibrose cystique. Elle nous offre une autre perspective sur les tests sur les animaux. Faites une transcription de ce qu'elle dit.

4 Lecture Lisez cette brochure sur la branche spéciale bio-médicale. Traduisez en anglais le titre (en majuscules). Ensuite, reliez les verbes et les expressions disloqués. Notez ceux que vous ne connaissez pas dans votre cahier de vocabulaire.

Ces centaines de millions d'animaux que l'on tue

On ébou   On amp   par le froid, par la faim, par la soif

On électro   On dis   des électrodes, des cathéters

On no   ecte   toxique

illante   du tabac, du haschisch

On irr   On br   ste

LA BRANCHE SPÉCIALE

On ass   On fait mourir   de sommeil

On inf   cute

On prive   ute fou   n'importe quoi

On in   des os

On imm

BIO-MÉDICALE

On greffe   des semaines, des jours, des mois

On brise   On fait fumer   alcoolique

obilise pendant   ie   ûle

On rend   omme

On plante   adie

On te   loque les vertèbres

On rend

5 Travail oral En vous servant des exemples ci-contre et du vocabulaire ci-dessous, préparez une présentation orale sur l'expérimentation animale. Vous êtes pour ou contre ? À vous de décider! Justifiez votre réponse.

L'expérimentation animale, c'est ...
Infliger les souffrances à un animal, c'est ...
  cruel et injuste
  impensable
  atroce
  inouï
  imposer sa force quand on devrait protéger

Je préconise l'arrêt total des expériences médicales sur les animaux, en faveur des méthodes in vitro.

L'expérimentation animale est essentielle pour faire des progrès dans le domaine médical.

Les animaux ne souffrent pas toujours.

Si on ne peut pas expérimenter, les êtres humains qui sont gravement malades souffriront.

Une grande découverte est imminente, on ne peut pas se passer des animaux.

6 Travail écrit Réalisez une brochure contre l'expérimentation animale.

• Si vous vous intéressez aux animaux, faites des recherches à propos :
  – de l'élevage des animaux
  – des espèces menacées
  – des sports sanguinaires

2 Le clonage et la modification génétique

Cloner, c'est reproduire à l'identique une cellule ou un individu. Cette idée, et surtout le clonage humain, soulève des questions éthiques énormes. Le domaine des sciences porte une lourde responsabilité à cet égard. Qu'est-ce que le clonage exactement et quelle est votre opinion sur la moralité du clonage? Quels sont nos devoirs envers nos descendants?

1 Lecture Regardez ce graphique qui montre le processus qui mène à la naissance de Polly, clone de brebis «humanisé» – c'est-à-dire possédant un gène humain. Votre tâche est de reconstituer le graphique en indiquant quelle légende doit remplir chaque blanc.

Polly, clone de brebis «humanisé»

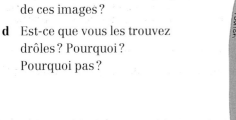

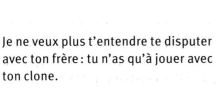

1

Cellule prélevée sur le pis

3

4

6

Extraction du noyau

7

Ovocyte sans noyau

2

Ovocyte

5

8

a Brebis n°2, "donneuse" d'ovocytes

b Prélèvement d'un gène humain et transfert dans la cellule

c Brebis n°1, "donneuse" du patrimoine génétique initial de Polly

d Sous l'influence d'un champ électrique, fusion des membranes et transfert du noyau de la brebis n°1 dans l'ovocyte de la brebis n°2

e Brebis porteuse

f Naissance de Polly: agnelle génétiquement identique à la brebis n°1, avec en plus le gène humain lui permettant par exemple de produire un médicament

g Embryon artificiel pourvu d'un gène humain

h Implantation dans l'utérus

2 Travail oral Regardez ces trois images et préparez une réponse orale aux questions qui suivent.

a Pour chaque image:
- Décrivez ce que vous voyez.
- Quelle est l'idée principale?
- Commentez le texte.

b Quels sont les sentiments humains derrière chaque image?

c Comment caractériser le style de ces images?

d Est-ce que vous les trouvez drôles? Pourquoi? Pourquoi pas?

J'aimerais bien avoir des amis. Des vrais, je veux dire.

Je ne veux plus t'entendre te disputer avec ton frère: tu n'as qu'à jouer avec ton clone.

C'est ce que j'aime chez toi: tu es différent des autres.

3 Lecture Lisez l'article suivant sur le clonage et écrivez un résumé de cent mots en français. Organisez votre résumé suivant les titres ci-contre.

Les retombées du clonage sur :

a la médecine

c la recherche

b l'élevage et l'agriculture

d l'environnement.

Bientôt, des miracles au fond des pipettes

Les scientifiques ont identifié quatre secteurs d'activité où le clonage pourra avoir des retombées: la médecine, l'élevage et l'agriculture, la recherche et l'environnement.

La médecine
C'est dans ce domaine que les résultats les plus rentables sont attendus, car le clonage permettrait d'améliorer la fabrication des animaux dits transgéniques. Le patrimoine génétique de ces animaux a été modifié par adjonction d'un gène humain, afin qu'ils produisent des protéines utiles pour soigner certaines maladies chez l'homme. Mais ils coûtent très cher à fabriquer. Or, grâce au clonage, les prix de revient pourraient chuter.

Avantage énorme pour l'industrie pharmaceutique: il semble plus simple, donc moins coûteux, de fabriquer des animaux au patrimoine génétique modifié à partir d'une cellule non-sexuelle. Et une fois que la petite bête a intégré le bon gène, il ne reste plus qu'à fabriquer des clones qui, tous, auront la même caractéristique que « l'original ». Parallèlement, les recherches vont bon train pour essayer «d'humaniser» des porcs, en leur transférant des gènes humains. Ce qui rendrait certains de leurs organes – cœur, foie, poumon – compatibles avec ceux de l'homme et on pourrait effectuer des greffes.

L'élevage et l'agriculture
Certains pensent déjà que la poule aux œufs d'or vient de franchir la porte de la ferme. Une bonne vache qui produit du lait par citerne, un bœuf à la viande exquise, un porc sans gras, un mouton à la toison parfaite, font rêver plus d'un éleveur. Et ce rêve peut devenir réalité. Il suffira de sélectionner un animal d'élite pour obtenir, dès que celui-ci sera adulte, tout un troupeau de clones d'élite.

Mais tous les experts sont d'accord: la méthode n'est pas suffisamment au point pour songer à passer à la production de masse. Et on court le risque d'appauvrir la diversité génétique des races. De plus, les consommateurs voudront-ils vraiment déguster des steaks issus d'animaux clonés ?

La recherche
On a réussi à créer une brebis à partir d'une seule cellule non-sexuelle. On savait que chaque cellule contenait l'ensemble du patrimoine génétique avant de se spécialiser sur une fonction (poumon, cœur, cerveau …), mais on n'avait jamais pu utiliser ce potentiel. On va désormais mieux comprendre le fonctionnement des cellules et la manière dont elles sont capables de se « reprogrammer ».

De plus, de nombreux animaux manipulés – chez qui l'on a introduit un gène favorisant la maladie – servent de « modèles » pour étudier certaines affections (cancer, Alzheimer, maladies cardiaques, diabète, mucoviscidose). Là encore, le clonage serait une manière de réduire les coûts.

L'environnement
Le clonage est peut-être l'avenir de la faune en voie de disparition! Actuellement, 140 espèces de mammifères sont en danger. Parmi elles, le rhinocéros noir d'Afrique, le panda géant, le tigre d'Indochine, l'antilope du Tibet. Il suffirait de les cloner pour les sauvegarder à tout jamais. Et la planète pourra alors dire: merci!

---

4 Lecture Lisez l'article ci-contre où Dominique Lecourt, philosophe, parle de ses peurs en ce qui concerne le clonage. Ensuite, décidez si les phrases sont vraies, fausses ou pas mentionnées.

a Nous nous méfions plus des clones que des jumeaux.

b Les cloneurs sont fous de vouloir reproduire un sujet humain.

c Les jumeaux ont souvent une diversité génétique prononcée.

d La fabrication des clones ne serait pas délibérée.

e Être humain, c'est être différent.

f Le sort de la famille est mis en question.

« Ni père, ni mère, ni Famille »

Les jumeaux nous fascinent, les clones nous horrifient. Que l'image de soi puisse être celle d'un autre nous donne le vertige. Le narcissisme de ceux qui se sont portés volontaires pour le clonage ne frise-t-il pas la folie? Nous jugeons dérisoire ce désir d'immortalité qu'ils déclarent de cette façon. Nous n'admettons pas qu'un sujet humain soit reproductible à l'identique. Nous avons d'ailleurs raison de ne pas l'admettre. Même «vrais», des jumeaux n'ont de semblable que l'apparence physique. Il existe toujours entre eux la différence de deux histoires singulières. Chacun des deux a son identité propre. Il en irait de même des clones. Celui d'Einstein, par exemple, aurait les traits de son original, mais il pourrait être nul en maths et détester le violon! Néanmoins, c'est le hasard qui préside à la conception des jumeaux. Une volonté délibérée déciderait de la fabrication de clones. Cette volonté suscite notre répulsion. Nous savons aussi que l'identité de chacun d'entre nous ne se construit qu'en affirmant sa différence d'avec les autres. Ces autres sont d'abord nos parents, de l'un et l'autre sexe. Comment devenir un sujet humain dans ces conditions? Si le rôle de la sexualité, dans la procréation et les généalogies humaines, se trouvait ainsi aboli, il n'y aurait plus de fait ni père, ni mère, ni famille au sens où nous l'entendons. Serait-ce un bien? Ou un mal?

---

5 Travail écrit Écrivez une petite histoire comique de science-fiction intitulée «Mon clone me manque».

---

6 Travail oral Remue-méninges : avec un partenaire ou dans un groupe de trois personnes, faites un remue-méninges sur les dangers et les avantages du clonage. S'il le faut, cherchez des expressions dans un dictionnaire ou demandez à votre professeur.

Nous avons examiné le clonage de Polly et le clonage humain. Passons maintenant aux autres organismes génétiquement modifiés (OGM) – les produits alimentaires – et considérons les conséquences pour la nature et les problèmes éthiques soulevés.

Il y a un drôle de **gène** dans mon assiette

OGM … Derrière ce sigle au goût d'ovni, qui signifie «Organisme génétiquement modifié», se profile sans doute une des plus grandes révolutions du XXIe siècle. Au point qu'un économiste américain, Jeremy Rifkin, nous prédit un prochain «siècle biotech»! «Jamais, au cours de son histoire, l'humanité n'a disposé d'une technologie qui lui offrait un tel contrôle sur les forces de la nature, à l'exception, peut-être, de la bombe atomique», affirme le patron de la Foundation for Economic Trends (Fondation des tendances économiques, à Washington). Avant de s'inquiéter: «À qui fera-t-on croire qu'un pouvoir aussi inouï ne présente aucun risque substantiel?»

Pourquoi les OGM se développent-ils dans l'**agriculture** ?

Jusqu'ici, les applications du génie génétique concernaient surtout la médecine. Mais les agriculteurs sont très intéressés par les modifications génétiques de certaines plantes. Dans quel but? Rendre leurs cultures résistantes à des attaques d'insectes dits «ravageurs» ou de maladies. Et si les plantes se défendent toutes seules, les pesticides (herbicides et insecticides) chimiques très polluants ne seront plus aussi nécessaires.

D'importantes recherches sont en cours pour l'introduction de gènes de résistance à des conditions difficiles: sécheresse, froid, salinité …

Les OGM sont-ils **dangereux** ?

Ces applications remplissent d'optimisme des biologistes, comme le Pr Axel Kahn, président pendant dix ans de la Commission du génie moléculaire, directeur de recherche à l'Institut national de la santé et de la recherche médicale (Inserm) et directeur scientifique adjoint de … Rhône-Poulenc: «La population

mondiale augmente. Comment allons-nous la nourrir? On est au bout des possibilités de la productivité agricole. Donc il faut améliorer les variétés végétales. Serait-il raisonnable de se passer du génie génétique?»

Claude Fauquet, directeur de recherche à l'Orstom, un institut de recherche français qui aide les pays du tiers-monde, précise: «À l'heure actuelle, les plantes tropicales ne produisent guère plus de 10 % de leur potentiel. On pourrait multiplier par cinq, six ou dix la production de ces plantes. En effet, elles ont toutes des problèmes de maladies, d'insectes, de ravageurs qui limitent leur production, parce que l'on n'a pas encore les connaissances nécessaires pour pouvoir exprimer leur formidable potentiel.»

Ainsi donc, les OGM pourraient, sans dommage, assurer la fin de la faim dans le monde … Tous les experts ne partagent pas ce bel optimisme. Car si un certain nombre de chercheurs en agronomie, en biologie et même en médecine prédisent des progrès inédits pour l'humanité grâce aux OGM, d'autres tirent la sonnette d'alarme. Des personnalités aussi incontestables que Patrice Courvalin, directeur de recherche à l'Institut Pasteur, dénoncent publiquement les risques que la diffusion des plantes transgéniques font courir à la santé humaine et à l'environnement. Actuellement, des gènes de résistance aux antibiotiques sont utilisés pour la fabrication de certains OGM, simplement pour leur commodité. Mais ces gènes résistants pourraient passer des plantes génétiquement modifiées vers des bactéries animales, dans les intestins du bétail qui aurait mangé du maïs transgénique par exemple. Et ces bactéries animales pourraient à leur tour se transmettre à celles de l'homme.

Le risque, c'est que demain, un plus grand nombre de maladies deviennent impossibles à soigner parce que les bactéries résistent aux antibiotiques.

Allons-nous tous manger «**biotech**» ?

Ces mises en garde ont mis le grand public en alerte. Résultat: les consommateurs regardent leurs assiettes de travers et boudent les aliments issus de produits transgéniques. 88 % des Français se déclaraient inquiets devant les risques éventuels liés à ces nouveaux produits, selon une étude du Centre de recherche pour l'étude, la documentation et l'observation des conditions de vie (Credoc). D'ailleurs, les responsables des hypermarchés (Carrefour, Leclerc, Auchan …) ne s'y sont pas trompés. Ils adhèrent aux inquiétudes de leurs clients et exigent une réglementation claire sur l'étiquetage des produits alimentaires comportant des ingrédients transgéniques.

L'été dernier, les industriels ont acheté des pleines pages de publicité dans la plupart des quotidiens et magazines français pour vanter les mérites des biotechnologies, à grand coup de «Agir en harmonie avec la nature» (Novartis), de «Pour protéger la vie, nous l'explorons sous toutes ses formes» (Rhône-Poulenc) et même de «Vous avez le droit de savoir ce que vous mangez, surtout quand c'est meilleur» (Monsanto). OGM is money. Big money !

Les États-Unis, où 23 espèces de plantes transgéniques (maïs, soja, colza, coton, tomates, courgettes, pommes de terre …) sont déjà cultivées, ne cessent d'ailleurs de faire pression sur les États européens pour qu'ils autorisent les importations massives de leurs maïs et soja transgéniques. Malgré tout, un virage semble être pris par l'Union européenne. Cette résistance des États européens aux OGM signe-t-elle le commencement d'une prise de conscience face aux dérives du «siècle biotech»? Les décideurs européens semblent en tout cas avoir entendu les inquiétudes des citoyens-consommateurs. Ainsi que les avertissements des scientifiques. •

7 **Exercice d'écoute** Écoutez ce passage où l'on parle des menaces des OGM pour la nature et mettez les phrases suivantes dans le bon ordre.

a Les plantes transgéniques assurent une meilleure récolte.

b Un nombre élevé de Français est troublé par les OGM.

c Modifier la constitution génétique d'une plante peut affecter d'autres plantes et créer des problèmes.

d Les OGM doivent présenter des qualités spécifiques pour être valables.

8 **Lecture et travail écrit** Lisez l'article ci-contre et préparez une réponse écrite aux questions suivantes.

a Qu'est-ce qui excite et qu'est-ce qui inquiète Jeremy Rifkin en ce qui concerne les OGM ?

b Pourquoi les agriculteurs s'intéressent-ils aux modifications génétiques de certaines plantes ?

c Quelle est l'opinion des partisans des OGM quant à la faim dans le monde ?

d Et quelle est l'opinion de ceux qui s'y opposent ?

e Quelle est l'attitude des consommateurs ?

f Comment expliquez-vous que les industriels placent des pages de publicité dans les magazines afin de vanter les mérites des biotechnologies ?

9 **Exercice d'écoute** Écoutez le passage et résumez en français les arguments pour et contre les OGM.

10 **Lecture et travail oral** Pour ou contre ? Lisez les phrases suivantes et décidez si elles sont pour ou contre le clonage ou les OGM.

a Il faut se méfier de manipuler le vivant.

b Le clonage humain c'est traiter l'être humain comme du bétail.

c Cela suscite la répulsion.

d La productivité mettra fin à la faim dans le monde.

e Il ne faut pas faire confiance à la seule morale des scientifiques.

f C'est une aubaine pour les sciences.

g Je suis hostile à toute interférence génétique.

h Le désir d'immortalité est dangereux.

i Ces découvertes facilitent la recherche dans le domaine des maladies comme le cancer.

j Manipuler la nature et le vivant, c'est contre la nature.

k Fabriquer des clones d'élites fait penser à la philosophie des Nazis.

l Je déplore ceux qui ne veulent pas accepter le progrès.

m Nous ignorons les conséquences du clonage sur le plan psychique, sociologique, économique et juridique.

n Il faut interdire le clonage dès maintenant.

o L'homme joue à l'apprenti-sorcier.

11 Adoptez l'un des rôles suivants et faites un débat sur l'éthique du clonage et des OGM.

– député écologique opposé au clonage

– scientifique qui est pour le clonage

– philosophe qui s'inquiète sur les possibilités idéologiques du clonage

– agriculteur qui cultive les OGM

12 **Travail écrit** Rédigez un article de 250 mots pour un journal où vous exposez votre opinion personnelle à propos du clonage et des OGM.

3 Le bien contre le mal

Le concept du péché fait partie de l'éthique religieuse. Les sept péchés capitaux font partie de l'enseignement chrétien et ont toujours été à la base de l'éthique individuelle dans les pays occidentaux. Aucune loi ne les régimente, bien que leur abus puisse conduire à des actes criminels sur le plan juridique. Ils concernent plutôt la moralité personnelle qui affecte la façon dont nous nous comportons avec les autres ou au sein de la société.

1 Lecture

Voici les sept péchés capitaux de jadis. Ont-ils toujours le même impact dans notre société ? Ou de nouveaux péchés, liés à notre mode de vie, sont-ils en train d'émerger ? Reliez chaque terme à la bonne définition et commentez le pourcentage de gens qui estiment que ce péché peut toujours être considéré comme un péché capital.

WORKSHEET 47 — Définitions

a Sentiment de désir mêlé d'irritation et de haine contre la personne qui possède un bien qu'on n'a pas. Contrairement au cliché, les femmes (37%) la rejettent plus que les hommes (26%). Les jeunes (26%) la tolèrent mieux que leurs aînés (35%). Normal : les seconds ont le pouvoir. Et elle est plus dénoncée à droite (36%) qu'à gauche (30%). Le clivage libéralisme-égalitarisme.

b Amour de la bonne cuisine. Plus fustigée par les femmes (17%) que par les hommes (14%), elle n'est plus un péché (9%) pour les cadres supérieurs, mais le reste pour certains ouvriers (26%).

c Attachement excessif à l'argent. Le premier des péchés capitaux indispose plus les femmes (71%) que les hommes (62%). En dépit des discours sur la parité des sexes, l'homme tiendrait-il toujours les cordons de la bourse ? Les revenus de plus de 300 000 F annuels sont plus accommodants (61%) que ceux de 180 000 à 300 000 (73%). Un écart qui matérialise peut-être la frontière séparant les revenus issus du travail et du patrimoine.

d Violent mécontentement accompagné d'agressivité. Logiquement plus rejetée par les patrons que par les employés, elle est finalement mieux acceptée par les hauts revenus !

e Recherche et pratique des plaisirs sexuels. La chair ne demeure un péché qu'à un point près ! Les femmes sont plus intransigeantes que les hommes (55% contre 46%); les moins de 35 ans (48% contre 52% après) et les urbains (42% à Paris), plus permissifs. Malgré le sida, la révolution sexuelle est un acquis.

f Goût pour l'oisiveté. Si les hommes et les jeunes s'accordent plus le droit à la paresse, plus on a de bas revenus (63% pour les moins de 108 000 F annuels contre 41% pour les plus de 300 000 F), plus on la condamne. La culpabilité marche toujours : si on est pauvre, c'est de notre faute !

g Opinion très élevée que quelqu'un a de lui-même. Péché théologique majeur, puisqu'il revient à contester la primauté de Dieu, l'orgueil est fustigé surtout par les femmes (64%) et les employés (66%). En revanche, les agriculteurs (48%), les Parisiens (54%), les hommes (56%) et les hauts revenus (57%) le tolèrent mieux.

1 La colère

2 La paresse

3 La gourmand[ise]

4 L'orgueil

5 L'envie

6 L'avarice

7 La luxure

2 Travail oral

Si les sept péchés capitaux ne sont pas forcément les plus grands péchés de nos jours, lesquels peuvent être considérés comme de nouveaux péchés capitaux ? Regardez les résultats de ce sondage effectué par le magazine *Ça m'intéresse*. Préparez une réponse orale aux questions suivantes.

a Quelles sont les différences principales entre les sept péchés capitaux et ceux qui sont affichés dans ce tableau ? Comment expliquez-vous ce changement ?

b Êtes-vous d'accord avec les « péchés » qui sont mentionnés ? En ajouteriez-vous d'autres ? Lesquels ? Pourquoi ?

c Lesquels supprimeriez-vous ? Pourquoi ?

d Y a-t-il des chiffres qui vous surprennent ?

e Commentez les différences principales entre :
   i) les hommes et les femmes ;
   ii) les plus de 35 ans et les moins de 35 ans ;
   iii) la gauche et la droite.

SONDAGE Voici une liste de conduites généralement condamnables. Lesquelles, selon vous, peuvent être considérées comme de nouveaux péchés capitaux ?

En %	Ensemble	Hommes	Femmes	– de 35 ans	+ de 35 ans	Gauche	Droite
La violence	93	91	95	93	93	91	95
La corruption	90	90	89	88	91	90	93
Le fanatisme	83	84	81	78	85	85	86
La drogue	74	69	79	66	79	70	82
La pollution	73	75	71	72	74	74	68
L'intolérance	71	68	74	72	70	76	68
Le gaspillage	70	67	72	67	71	71	65
L'indifférence	59	57	60	60	59	67	50
Le mensonge	55	54	55	55	54	58	53
La passivité	38	40	36	40	37	41	38

4 L'euthanasie

Le mot «euthanasie» vient du grec et veut dire «mort douce». Les progrès en médecine ont fait que nous pouvons prolonger la vie médicalement à l'infini mais cela en vaut-il la peine? Si quelqu'un réclame le droit à l'euthanasie, faut-il le lui accorder? Et qui décide? La plupart des pays considèrent l'euthanasie comme un crime mais elle est légale aux Pays-Bas dans le cadre de procédures très strictes. Elle est également légale en Uruguay. L'euthanasie est peut-être une des questions éthiques les plus complexes de nos jours.

1 Travail oral Travaillez à deux ou en groupes. Lisez cette définition de l'euthanasie afin d'être en situation de donner vous-même une définition. Cherchez tout le vocabulaire que vous ne connaissez pas dans un dictionnaire.

L'euthanasie est un mot fourre-tout. Formellement, selon le Petit Robert, il s'agit d'une «mort douce et sans souffrance, survenant naturellement ou grâce à l'emploi de substances calmantes ou stupéfiantes». Mais dans le langage courant, l'euthanasie est perçue plutôt comme «un usage des procédés qui permettent de hâter ou de provoquer la mort pour délivrer un malade incurable de souffrances extrêmes, ou pour tout motif d'ordre éthique».

Pour schématiser, on aurait tendance à distinguer **l'euthanasie passive** qui correspondrait à ce que les médecins appellent «d'arrêt ou la limitation de traitements», associé à l'emploi de médicaments pour éviter que la personne ne souffre. Et **l'euthanasie active** qui consiste en un geste actif du médecin (une injection par exemple), entraînant la mort à très court terme.

2 Exercice d'écoute Écoutez attentivement ce médecin réanimateur qui participe à un groupe de réflexion éthique sur l'arrêt des soins en réanimation et sur la question du consentement. Répondez aux questions suivantes.

a Quelle est la différence entre la situation en France et aux États-Unis?

b Combien de personnes ont répondu au questionnaire?

c Que représentent ces chiffres?

33%   83%   46%   32%

l'acharnement thérapeutique = unnatural prolongation of life

3 Travail oral Quelle est votre opinion de l'euthanasie? En employant le vocabulaire ci-dessous, préparez une présentation orale pour ou contre.

Certains disent…
D'autres prétendent…
Pour ma part…
En fin de compte…
En dernier lieu…
L'euthanasie, c'est provoquer la mort de façon délibérée, c'est dangereux.
Il faut condamner/interdire/autoriser l'euthanasie.
L'euthanasie active est un assassinat.
On doit mettre fin à une vie qui est à son terme.
Ceux qui la réclament ont le droit à l'euthanasie.
Ceux qui perdent l'envie de vivre…
     … sont atteints d'un mal incurable.
     … devraient avoir le droit de mourir dans la dignité.
Il faut faire appel à la conscience du médecin.

4 Travail écrit «Chaque personne a le droit de mourir dans la dignité.» Écrivez 250 mots sur ce sujet.

5 La peine de mort

La peine de mort est un sujet qui anime bien des débats. Abolie dans l'Hexagone et presque partout en Europe, elle existe toujours dans maints pays du monde. Une société a-t-elle le droit de prendre la vie à quelqu'un, quoi qu'il ait fait?

---

1 Exercice d'écoute Écoutez ce représentant d'Amnesty International, qui parle du travail de son organisation pour lutter contre la peine de mort. Répondez aux questions suivantes en anglais.

a What empirical facts does Amnesty hold up to support its opposition to the death penalty?

b Which argument runs contrary to basic human rights?

c Which methods of execution are mentioned?

Écoutez encore une fois et indiquez quand vous entendez les expressions suivantes.

- la condamnation à mort
- les erreurs judiciaires
- les crimes de sang
- l'abolition de la peine de mort
- des fondements
- justifier la torture
- des droits de l'Homme

---

2 Travail oral En utilisant le vocabulaire et les faits ci-contre, formulez votre propre opinion sur la peine de mort – êtes-vous pour ou contre et pourquoi? Soyez prêt à défendre votre point de vue. Faites un débat!

La peine de mort va à l'encontre des droits de l'homme.

Un homme n'a pas le droit d'en condamner un autre à mort.

Comment oser appliquer la loi suprême, c'est-à-dire celle de Dieu?

Le risque d'erreurs judiciaires est trop grand.

On devrait supprimer la peine de mort, c'est un crime contre l'humanité.

La peine de mort a forcément un effet dissuasif.

Œil pour œil, dent pour dent.

Ceux qui ont commis des crimes atroces n'ont aucun droit à la vie.

L'assassinat d'un enfant c'est la pire chose.

On devrait punir le terrorisme par la peine capitale.

Il va sans dire que...
Il est évident que...
Or...
Justement...
D'ailleurs...
Qui plus est...

LA PEINE DE MORT: CINÉMA...

En 1996, alors que de plus en plus d'États américains rétablissaient la peine de mort, Hollywood entrait dans le débat avec un film percutant: La dernière marche, *de Tim Robbins. Susan Sarandon et Sean Penn y incarnaient une religieuse accompagnant un condamné à mort durant les dernières semaines de sa vie. Inspiré d'une histoire vraie*, le film prend position contre la peine capitale, mais avec une présentation très honnête des arguments des deux camps: la parole est donnée à la fois aux parents de la victime et à ceux du condamné. Le sujet était plutôt ardu mais il a passionné le public américain.*

En 1995, un autre film, La mort en dédicace, *de Charles Finch, avait abordé le même sujet d'une manière sans doute un peu moins fouillée, mais déjà avec un casting particulièrement prestigieux, puisque Sharon Stone y campait une condamnée à la peine capitale métamorphosée par les années passées en prison.*

* *Sœur Helen Prejean raconte son expérience dans* La dernière marche, *Éd. Presses Pocket.*

...ET RÉALITÉ

➔ *38 États américains (sur 51) ont rétabli la peine de mort. Ceux qui exécutent le plus* depuis 1976 sont: le Texas (154); la Virginie (51); la Floride (43); et le Missouri (32).*

➔ *446 détenus ont été exécutés depuis le rétablissement de la peine de mort: 313 par injection létale; 138 par électrocution; 10 en chambre à gaz; 3 par pendaison; 2 par un peloton d'exécution.*

➔ *24 États autorisent la peine de mort pour les mineurs. L'âge minimum est fixé à 16 ans dans 20 d'entre eux et à 17 ans dans les 4 autres (Texas, Caroline du Nord, New Hampshire, Géorgie). Depuis 1977, 11 mineurs ont été exécutés, dont 7 au Texas. 43 attendent actuellement leur exécution.*

➔ *Au 1er avril 1998, les couloirs de la mort U.S. comptaient 3 387 condamnés.*

* *Au 18/06/1998.*

3 Lecture Lisez ce passage où Albert Camus raconte la réaction de son père après avoir assisté à une exécution. Trouvez les expressions dans le passage qui correspondent aux mots suivants.

a un meurtrier
b dégoûtant
c empiré

d on considéra
e aller
f raconte

Réflexions sur la Guillotine

Albert Camus est un auteur français contemporain dont la vie et l'œuvre sont indissociables; il a écrit des romans, des pièces de théâtre, des essais philosophiques tout en étant journaliste durant une grande partie de sa vie. L'absurde et la condition humaine sont deux de ses préoccupations essentielles.

Peu avant la guerre de 1914, un assassin dont le crime était particulièrement révoltant (il avait massacré une famille de fermiers avec leurs enfants) fut condamné à mort en Alger. Il s'agissait d'un ouvrier agricole qui avait tué, dans une sorte de délire de sang, mais avait aggravé son cas en volant ses victimes. L'affaire eut un grand retentissement. On estima généralement que la décapitation était une peine trop douce pour un pareil monstre. Telle fut, m'a-t-on dit, l'opinion de mon père, que le meurtre des enfants, en particulier, avait indigné. L'une des rares choses que je sache de lui, en tout cas, est qu'il voulut assister à l'exécution, pour la première fois de sa vie. Il se leva dans la nuit pour se rendre sur les lieux du supplice, à l'autre bout de la ville, au milieu d'un grand concours de peuple. Ce qu'il vit, ce matin-là, il ne l'a jamais raconté. Ma mère rapporte seulement qu'il rentra en coup de vent, le visage bouleversé, refusa de parler, s'étendit un moment sur le lit et se mit tout d'un coup à vomir. Il venait de découvrir la réalité qui se cachait sous les grandes formules dont on la masquait. Au lieu de penser aux enfants massacrés, il ne pouvait plus penser qu'à ce corps pantelant qu'on venait de jeter sur une planche pour lui couper le cou.

Il faut croire que cet acte rituel est bien horrible pour arriver à vaincre l'indignation d'un homme simple et droit et pour qu'un châtiment qu'il estimait cent fois mérité n'ait eu finalement d'autre effet que de lui retourner le cœur. Quand la suprême justice donne seulement à vomir à l'honnête homme qu'elle est censée protéger, il paraît difficile de soutenir qu'elle est destinée, comme ce devrait être sa fonction, à apporter plus de paix et d'ordre dans la cité. Il éclate, au contraire, qu'elle n'est pas moins révoltante que le crime et que ce nouveau meurtre, loin de réparer l'offense faite au corps social, ajoute une nouvelle souillure à la première.

Improving your written French

Written French and spoken French can be quite different. Just as in English, you need to use a different register. Here are some ways you can raise the level of your written French:

- Introduce ideas with phrases such as *il est évident que…* and *il va sans dire que…* rather than just launching into an idea.

- When developing your argument, use words such as: *pourtant, cependant, néanmoins, toutefois, par conséquent, donc* (instead of *alors*), *également* (instead of *aussi*).

- Find synonyms for common words such as *avoir, être, dire, sujet*:

  il y a – il existe

  être – constituer, comprendre, se montrer, s'avérer

  dire – constater, souligner, proposer, prétendre, mentionner, attirer l'attention sur, affirmer

  sujet – thème, argument, thèse, propos, idée

- Avoid repetition.

- Show off your use of the subjunctive.

- Ask rhetorical questions.

- Use abstract language where you can. This is easier than it sounds as the French and English equivalents are often similar, e.g. *l'abstraction, l'imagination, la psychologie, l'idéologie*. (Both languages draw on Latin or Greek for these words.)

- Divide your arguments into segments, introduced by suitable phrases:

  Premièrement … , Deuxièmement … , Finalement/Enfin …

  Dans un premier temps … , Dans un deuxième temps

- Avoid overuse of *je*.

- Use as wide a variety of expressions as you can.

  a Read a French newspaper article and see how many of the above features you can spot. Make a list.

  b Look back through this chapter and see how many of the above features you can find. Make a list.

  c Look up *avoir, être, dire* and *sujet* in the dictionary to see how many synonyms you can find.

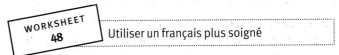

WORKSHEET 48 | Utiliser un français plus soigné

4 Travail écrit Rassemblez vos idées et écrivez une rédaction de 250 mots : « La peine de mort – punition inadmissible dans une société civilisée. »

6 L'avortement

Certaines questions éthiques impliquent une décision individuelle, plutôt que collective – considérons, dès maintenant, l'avortement. Voici un sujet délicat du point de vue éthique et un domaine où les croyances religieuses entrent en jeu. La décision est souvent difficile à prendre. Se faire avorter est-il un délit? Une femme devrait-elle avoir le droit de choisir? Un fœtus est-il un être vivant? Voici les questions auxquelles on va essayer de répondre.

La croisade anti-IVG des «survivants» de la loi Veil

1 Vendredi 3 juillet, 9 heures, ils se retrouvent à 250 devant l'hôpital Rothschild (Paris XIIe). Sandales fluos à talons compensés, pantalons moulants, nombril à l'air, ongles vernis avec des paillettes. Les filles sont hip-hop, branchées. Les garçons, comme beaucoup d'adolescents: casquette, jeans immenses, walkman. Moyenne d'âge: 18 ans. Il y a quelques très jeunes couples accompagnés de bébés.

2 Ils se font appeler «les survivants». Se mettent à danser, chanter, et distribuent leurs tracts. «100% joie de vivre, 0% de violence, 0% d'avortements». Ils collent leurs affiches sur les réverbères. Ils se donnent rendez-vous comme le font les raveurs avant une soirée techno: messages sur un répondeur, que les uns et les autres répercutent. Ils faxent leurs communiqués au petit bonheur la chance, en neutralisant le numéro d'émission. Ces fax disent: «Les survivants à l'avortement légalisé, c'est des jeunes, nés après 1975, issus d'une génération amputée d'un quart de ses membres (250 000 avortements par an sur 750 000 naissances) et qui se demandent par quel hasard ils sont en vie. Ils trouvent révoltant que chacun n'ait pas droit à sa place au soleil. Cette loi, acceptée par leurs parents, eux ne l'ont pas choisie.»

3 «Rescapé». Le terme «survivant», repéré par ses équipes dès mai 1997, a remplacé celui de «rescapé». Le groupe lyonnais est du genre lycéens branchés, avec un goût pour la musique techno et une bonne descente de boissons alcoolisées. Le plus jeune a 15 ans, la plus âgée 25 ans. Blandine, en première littéraire: «Quand ta mère elle te dit: "On t'a pas avortée parce que les délais étaient dépassés, mais ton père il ne voulait pas", on se dit: ma vie, elle tient à pas grand-chose. Donc, je suis une pas grand-chose.» Blandine a été enceinte deux fois. La première grossesse s'est terminée par une fausse couche. La deuxième par un avortement. Elle a

rencontré les «survivants» il y a un mois. «Depuis, j'exulte, je laisse parler les trois vies qui sont en moi. Ma part de responsabilité dans cette société, c'est d'aider les filles qui sont passées par là, qui sont toutes seules.»

4 Traumatismes. Blandine passe ses nuits en discothèque. À danser. Et maintenant à convaincre. «C'est dingue, le nombre de filles qui subissent des avortements. C'est génial de pouvoir en parler entre nous.» Thibault, 18 ans, qui passe en terminale STT («le bac G3 de votre époque»): «Les parents, ils ne se rendent pas compte ce que ça fait aux enfants de raconter: "On a avorté une fois ou deux."» Anne, lycéenne: «Ma mère, quand elle était enceinte de ma sœur, elle a eu la toxoplasmose. On lui a dit: votre fille risque d'être sourde muette, il vaut mieux avorter. Elle a tenu le coup. Maintenant, ma sœur, elle a 16 ans, c'est une déesse, trop belle, trop douée.» Les filles, surtout, semblent fascinées par les histoires innombrables des copines, copines de copines ayant avorté et ne s'en étant pas remis. Elles parlent d'elles. De ces bébés qu'elles ont perdus, persuadées qu'on les a «fait» avorter. D'Anne-Sophie, une Parisienne qui s'est retrouvée «en cloque» à 17 ans, qui a décidé de le garder envers et contre tous, sauf son père qui l'a félicitée pour avoir «choisi la vie». Anne-Sophie et son bébé sont la justification ultime de leur lutte. Quand on leur parle contraception, ces jeunes filles éclatent de rire: «On est hyper pour!» Un choix qui les démarque de l'ultra-droite catholique et qu'elles estiment cohérent avec leur lutte contre l'avortement.

5 Engagement. On leur reproche de fonctionner comme une secte? «Est-ce une secte de vouloir être «100% joie de vivre», dit Nicolas, 20 ans, DJ techno. D'ailleurs, ils ne sortent pas qu'entre survivants, «c'est la preuve qu'on n'est pas une secte». La joie de vivre, expliquera Carole, «c'est qu'on aime les

femmes, jamais on ne les culpabilisera. Pour nous, les filles qui avortent sont des victimes».

6 Ils tiennent à se différencier violemment des «fachos». Les «fachos» sont pour la peine de mort. Eux contre. Les «fachos» sont racistes. Eux se disent antiracistes. Ils militent ou ont milité à Agir contre l'exclusion, à SOS Racisme, à Amnesty. Il y a quelques Arabes dans la bande. Un photographe lyonnais, présent lors d'une action, affirme pourtant avoir reconnu parmi eux deux militants du FN.

7 Croyance. Sont-ils catholiques? Deux, sur les quinze. La plupart des autres ne sont même pas baptisés. «Mes parents, quand ils m'ont eue, ils vivaient en communauté, en Ardèche. Ils n'étaient pas très copains avec le curé.» Mais, bon, puisqu'ils ne parlent ni politique, ni religion, «on n'en sait rien».

8 Choc. La mère de Florent est psychologue dans un hôpital et conduit les entretiens obligatoires avant l'IVG: «On se prend le bec régulièrement. Elle est dans le système. Ses copines sont des féministes, encore pire qu'elle.» De leurs parents, qui souvent «hallucinent» de voir ce pour quoi militent leurs enfants: «Ils ne peuvent rien me dire, puisqu'eux aussi ils étaient dans la rue en 68 à gueuler.» «Ils lisent Libé, alors ils seront pas supercontents de me voir publiquement dans ce truc.» La mère de Sandra n'en revient toujours pas: «Je me suis battue pour la libération des femmes, et entendre ma fille tenir ces discours réacs me fait juste penser qu'on a dû rater quelque chose dans la transmission de nos valeurs. Je lui ai demandé: "Et si tu te faisais violer?" Elle m'a répondu: je mènerai ma grossesse à terme et je le ferai adopter. Pour mon mari, elle s'est fait embarquer dans un truc de fachos.» Embarquée ou non, Sandra est une pasionaria: «Vous le voyez qu'on a ça dans les tripes, c'est pas du bidon.»

1 Lecture Lisez attentivement cet article sur «les survivants» qui sont opposés à l'avortement. Ensuite, faites correspondre les titres ci-dessous aux paragraphes de l'article.

a   La réaction des parents

b   Leur réseau de distribution

c   Leur philosophie

d   Histoires personnelles

e   Leur religion

f   Leurs idées politiques

g   Leur composition

h   L'expérience de Blandine

2 Exercice d'écoute Écoutez attentivement le Docteur Marion Lemerre qui parle des dangers de supprimer l'avortement. Remplissez les blancs dans le passage suivant.

Avant tout, en supprimant _____**a**_____ , on court le risque d'encourager _____**b**_____ , comme dans le passé, qui ont parfois des conséquences mortelles. Il faut laisser de côté _____**c**_____ pour l'instant et insister sur la santé de l'individu, c'est-à- dire la femme et son _____**d**_____ comme elle veut. La liberté de l'avortement et de la contraception, à mon avis, et je souligne que c'est une opinion _____**e**_____ , a amélioré l'état de santé général des femmes.

3 Travail oral Quelle est votre opinion à ce propos? En employant le vocabulaire ci-dessous, préparez une présentation orale pour ou contre l'avortement.

Il faut constater…	La vérité est que…
Je suis persuadé(e) que…	Il importe de comprendre que…
On ne peut pas tolérer…	Certes…
Il ne fait aucun doute que…	

Se faire avorter n'est pas une décision facile à prendre.

Ceci constitue un sujet délicat.

Une femme a le droit de disposer de son corps comme elle le veut.

Supprimer l'avortement libre mènera à une hausse du nombre d'avortements clandestins.

Tuer un fœtus va à l'encontre des droits de l'homme.

Supprimer un être humain, c'est un péché mortel.

Les victimes de viol sont un cas à part.

Supprimer l'avortement, c'est du fanatisme religieux.

Tuer un fœtus, c'est un assassinat.

Il y a des gens qui sont pour la peine de mort mais contre l'avortement: c'est une contradiction.

Grammaire Present participle

Formation: *nous* form of the present tense minus *ons*, + *ant*

Exceptions: *avoir – ayant*
être – étant
savoir – sachant

The present participle ends in '-ing' in English. Be careful, however, because there are many ways to translate the English present participle into French, e.g.

- via the infinitive:

  Jouer au tennis, c' est amusant. – Playing tennis is amusing.

- via a noun:

  Il aime la pêche. – He likes fishing.

Uses of the present participle

1   It can stand by itself:

   Sachant la vérité, il avait honte. – Knowing the truth, he was ashamed.

2   It can be used with *en*, meaning 'on', 'in', 'by':

   En réagissant ainsi, il a révélé sa culpabilité. – By reacting in that way, he revealed his guilt.

3   It can be used with *tout en* to give the idea of doing two things at the same time:

   Il sifflait, tout en travaillant. – He whistled while he worked.

4   *En courant* and other such participles of action can be attached to verbs like *entrer, sortir, monter* and *descendre* to enhance their meaning.

   Elle est sortie en courant. – She came running out.

4 Travail écrit Traduisez ces expressions en anglais, puis inventez des phrases en français qui se rapportent au contenu de ce chapitre, en vous servant des expressions suivantes.

en critiquant	en rejetant
en légiférant	en soutenant
en niant	en supprimant
en s'opposant	

WORKSHEET 50   Exercices de manipulation

Dans ce chapitre, nous allons considérer différents moyens de transport – aussi bien privés que publics – à la disposition des populations de la France et du monde francophone. Comme vous le constaterez, certains moyens de transport existent depuis très longtemps, alors que d'autres témoignent du progrès technologique qui détruit les barrières physiques de notre monde.

1 **Lecture** La publicité pour les voitures devient de plus en plus tangentielle! Lisez ces slogans pour des voitures ci-contre et trouvez quel type d'acheteur ils visent.

1 Les hommes qui veulent attirer les femmes.

2 Les gens pour qui la sécurité est très importante.

3 Les gens qui aiment se faire remarquer.

4 Les gens pour qui l'esthétique est importante.

5 Les familles.

2 **Travail oral** Travaillez en groupes. Choisissez le type de voiture que vous achèteriez pour le groupe et justifiez votre choix. Les rubriques ci-dessous vous aideront peut-être à faire votre choix.

Ça me fait penser à l'évasion, à la liberté.

J'aime bien le sens de l'humour dans cette publicité.

C'est trop long – il faut que le slogan soit bref et percutant!

C'est stupide de toujours faire la comparaison entre les célibataires et les familles.

Cette publicité joue sur la femme-objet – c'est vieux jeu.

Au moins cette publicité montre le prix de la voiture!

On peut faire des économies en achetant cette voiture.

3 **Travail oral** Présentez votre choix à vos collègues, et faites la comparaison entre votre choix et celui des autres groupes.

a
IL Y A CEUX QUI CHOISISSENT LES SPORTS D'HIVER. LE TEMPS DES LONGUES SOIRÉES D'HIVER, DE LA CONDUITE SUR GLACE, SUR NEIGE, DES JOYEUSES GLISSADES. IL Y A CEUX QUI CHOISISSENT LES SPORTS D'ÉTÉ. LE TEMPS DES SPORTS DE PLEINAIR, DES LONGUES JOURNÉES D'ÉTÉ, DU PLAISIR DE LA CONDUITE SPORTIVE EN TOUTE LIBERTÉ.

b
La voiture familiale que les célibataires vont vous envier. Jusqu'à 8 300 F d'économies

c
Même si les femmes vous aiment pour votre voiture, au moins elles vous aiment.

d
Vous ne saurez plus jamais si c'est vous ou votre voiture que l'on regarde. À partir de 99 000 F.

e
PARFOIS ON ÉPROUVE LE BESOIN DE RETRAVAILLER SES LIGNES.

1 Le permis de conduire

Quand on est jeune on rêve d'avoir son permis le plus tôt possible.
Le processus pour en arriver là est différent d'un pays à un autre.
Considérons le système français.

1 **Travail oral** Tout d'abord, travaillez avec un partenaire. Faites un remue-méninges : pourquoi les jeunes veulent-ils avoir leur permis ? Partagez vos idées avec celles de votre classe.

2 **Exercice d'écoute** Écoutez bien Bruno Dorier, qui parle de sa préparation pour passer son permis de conduire. Répondez aux trois questions suivantes, puis formulez trois questions que vous aimeriez poser à Bruno.

   a Selon Bruno, pourquoi est-ce plus facile de rouler à la campagne que dans une grande ville ?

   b Quelles sont les trois parties d'un cours de conduite ?

   c Comment est-ce que Bruno a appris le Code de la Route ?

3 **Lecture** Voici le texte de l'interview avec Bruno. Lisez-le attentivement afin de prendre des notes sur le système français relatif au permis de conduire.

4 **Travail écrit** Servez-vous de vos notes pour écrire un article destiné à des étudiants de français plus jeunes que vous. Concentrez-vous sur les ressemblances et les différences entre l'examen en France et en Grande-Bretagne. Par exemple, en Grande-Bretagne les leçons de conduite ne comprennent pas le Code de la Route (il faut étudier le Code chez soi). Vous pourriez commencer comme ça :

En France et en Angleterre, il faut prendre des leçons de conduite . . .

N'oubliez pas de simplifier votre style – il est très important, quand vous écrivez quoi que ce soit, de toujours penser à vos lecteurs.

En France, on peut apprendre à conduire dans une auto-école ou «en conduite accompagnée» (c'est-à-dire avec quelqu'un ayant le permis). Il est interdit de conduire tout seul une voiture privée avant d'avoir son permis.

J'ai commencé à prendre mes premières leçons de conduite lorsque j'avais dix-huit ans. J'habite dans une petite ville de province et donc les premières leçons se sont déroulées sur des petites routes de campagne – c'est beaucoup plus facile qu'en ville pour commencer, car il n'y a ni feux, ni beaucoup de circulation. Chaque cours dure une heure et est composé de trois parties :

(1) utiliser la voiture : changement de vitesses, freins, phares, essuies-glace ;

(2) rouler parmi les autres automobilistes, en respectant les panneaux, les feux, les priorités ;

(3) faire des manœuvres pour pouvoir se garer, faire demi-tour, démarrer en côte.

En même temps, j'ai appris le Code de la Route.
J'ai étudié les panneaux de signalisation dans un livre et les situations réelles avec des diapositives à l'auto-école.

Après une trentaine d'heures de cours, j'étais prêt pour l'examen du permis de conduire. J'ai roulé pendant une demi-heure avec l'examinateur à mes côtés et mon professeur à l'arrière. Après quelques manœuvres délicates, quelques kilomètres sur la Nationale, un tour en centre-ville, et beaucoup de sueurs froides, j'ai finalement reçu mon papier rose m'autorisant à conduire sur toutes les routes du monde ... à une vitesse maximale de 90 kilomètres par heure la première année bien sûr.

2 Prendre la route

*Ça y est, vous avez votre permis!
Mais quelles sont les responsabilités
du conducteur? À quels problèmes
faut-il faire face?*

1 Lecture Actuellement, la
responsabilité morale du
conducteur est fort discutée.
L'alcool au volant est très mal vu –
et avec raison. Lisez bien les
slogans ci-dessous: quels sont les
dangers de l'alcool au volant?

*Boire ou conduire,
il faut choisir!*

*Alcool au
volant, mort au
tournant.*

*Rouler bourré,
c'est couler
bourré!*

*Tu t'es vu quand
t'as bu?*

*Consommer avec
modération.*

*Il n'y a que quelques
degrés entre la vie
et la mort.*

*Si tu bois,
ne roule pas!*

*Rouler ou boire,
il faut savoir.*

2 Travail oral De tous ces slogans,
lequel vous paraît le plus persuasif?
Et le moins persuasif? En groupes,
classez les par ordre décroissant et
justifiez votre décision.

3 Exercice d'écoute Écoutez cette conversation. C'est vendredi soir… Écrivez
un résumé de 50 mots en français.

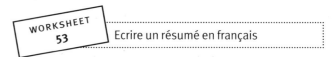

WORKSHEET 53 — Ecrire un résumé en français

4 Travail écrit En vous servant des expressions que vous avez entendues, entre
autres, écrivez le scénario d'une campagne d'information ayant pour objet
de persuader les jeunes de ne pas conduire après avoir bu. Votre scénario
peut prendre la forme d'un monologue, d'une conversation entre deux
personnes, ou bien d'une scène avec plusieurs acteurs.

5 Lecture Avant de se mettre en route, il faut bien connaître son itinéraire.
Les cartes Michelin sont très connues. Lisez ce texte et répondez en français
aux questions qui suivent.

Lorsque le fabricant de
pneumatiques Michelin
lança dans le public ses
guides et ses cartes,
apparut un drôle de
bonhomme fait d'un
assemblage de pneus, qui
devint le fameux
« bibendum » (ci-contre).
Établies à partir de la
carte d'état-major,
privilégiant le tracé des
routes, les cartes
Michelin, à des échelles
diverses, permettent aux
utilisateurs de la route de
voyager sans crainte de se
perdre. Une hiérarchie
des couleurs différencie
les routes – rouge pour les
nationales, jaune pour les
départementales, simple
trait noir pour les
chemins vicinaux –
aidant l'automobiliste à
choisir son itinéraire.

a Comment s'appelle le bonhomme Michelin?

b Quels étaient les avantages des premières cartes Michelin pour les
utilisateurs de la route?

c Résumez la hiérarchie des couleurs des routes.

6 Lecture

De nos jours, les longs trajets en voiture se font presque toujours sur les autoroutes. Les relais d'autoroutes, indispensables pour fournir des lieux de repos aux conducteurs fatigués, ont pris peu à peu l'aspect de véritables centres commerciaux. Lisez ce texte tiré du livre *Avec mon meilleur souvenir* de Françoise Sagan et trouvez les synonymes des expressions suivantes.

a ceux qui abordent l'autoroute

b avoir presque été

c la glace

d sages

e déterminés

f on prend du recul

g passer

ET PUIS ces haltes de béton, de soda et de monnaie où se réfugient, rescapés de leurs propres réflexes, les aventuriers de l'autoroute. Et le repos, là, le silence, là, le café noir, là, ce café qu'on pense avoir failli être le dernier tant ces camions étaient fous, à Auxerre, tant on n'y voyait plus rien soi-même, à Auxerre, sous les giboulées et sur le verglas. [...] Tous ces héros prudents, pressés, silencieux que l'on rencontre toutes les nuits sur les autoroutes et dans leurs cafétérias, fatigués, tenaces, avant tout soucieux de ce qu'il y ait encore cent kilomètres entre Lyon et Valence ou entre Paris et Rouen, mais qu'il n'y ait plus, entre Mantes et Châlons, que tant de parkings et tant de pompes. Alors on se réfugie dans ces escales, on se retire du grand jeu, pour cinq minutes, et intact, sauvé, à l'ombre d'un panneau d'essence, on voit filer commes des kamikases ses suiveurs ou ses doublés de l'heure précédente.

Françoise Sagan,
Avec mon meilleur souvenir
© Editions Gallimard, 1984

7 Lecture

Lisez maintenant ce poème de Gérard de Nerval qui décrit les étapes du siècle dernier – tout à fait différentes de celles d'aujourd'hui. Remplissez les blancs avec les mots de l'encadré.

En voyage, on s'arrête, on descend de voiture ;
Puis entre deux maisons on passe à ____**a**____,
Des chevaux, de la route et des fouets étourdi,
L'œil fatigué de voir et le corps ____**b**____

Et voici tout à coup, silencieuse et verte,
Une vallée humide et de lilas ____**c**____,
Un ruisseau qui murmure entre les peupliers,
Et la route et le bruit sont bien vite ____**d**____ !

On se couche dans l'herbe et l'on s'écoute ____**e**____,
De l'odeur du foin vert à loisir on s'enivre,
Et sans penser à rien on regarde les ____**f**____ ...
Hélas ! une voix crie : «En voiture, messieurs !»

oubliés   cieux   l'aventure   couverte
vivre   engourdi

8 Exercice d'écoute

Écoutez les conseils de Bison Futé. De quelles routes s'agit-il ? Quels conseils donne-t-il ?

Bison Futé vous fournit toutes les informations dont vous aurez besoin pour vos déplacements.

9 Exercice d'écoute

Écoutez ce reportage sur les problèmes de route pendant les vacances d'été. Écrivez un résumé en anglais de ce que vous entendez.

3 Autres problèmes de route

Le monde moderne nous oblige à nous déplacer, à bouger. Nous sommes sans cesse confrontés à des problèmes de circulation, de congestion – et bien sûr la pollution nous concerne tous. Quels sont les problèmes quotidiens auxquels il faut faire face? Et comment les résoudre? Lisez plus loin…

J' _____ à Cagnes-sur-Mer, un peu en dehors de Nice, et je _____ dans le centre de Nice, alors tous les jours je fais le même parcours en voiture pour me _____ à mon travail. Je _____ l'autoroute pour la plupart de mon trajet, et je _____ _____ 5F pour le péage. Contrairement aux autres grandes villes de France, le réseau autoroutier autours de Nice n' _____ pas gratuit! Puisque je _____ dans le centre de Nice, j' _____ beaucoup de difficulté pour me _____ , et parfois je _____ les cinq dernières minutes de mon trajet à pied. Je _____ très attention à la sécurité et j' _____ toujours ma ceinture, car j' _____ déjà été témoin de plusieurs accidents qui _____ peur à _____ .

La circulation à Nice _____ à son maximum entre 7h30 et 8h30, et aussi entre 18h et 19h, et il y _____ souvent des embouteillages pendant ces heures de pointe. J' _____ de la chance car je _____ à mi-temps, de midi à 17h30, mais il m' _____ souvent de _____ un bouchon en _____ de Nice. Mon pire souvenir _____ d'il y _____ deux ans, quand je _____ du travail. J' _____ sur la Promenade des Anglais, et je m' _____ à _____ à droite pour _____ l'autoroute, quand soudain un chauffard _____ arrivé à toute allure sur ma droite et a _____ mon aile droite. Heureusement, j' _____ pu _____ la voiture et personne n' _____ _____ blessé, mais j' _____ _____ très très peur!

1 **Exercice d'écoute** Écoutez le récit de Cathy, une automobiliste française, qui décrit son trajet habituel à Nice, et remplissez les blancs.

2 **Travail oral** Préparez une présentation orale sur votre trajet habituel pour venir au lycée. Si vous venez à pied ou que votre trajet se déroule sans problèmes, faites appel à votre imagination.

3 **Travail oral** Travaillez avec un partenaire. À deux, faites le test ci-dessous oralement pour voir si vous êtes «bouge-toujours» ou «cocooning». Comment votre classe est-elle divisée?

4 **Travail écrit** La plupart des adjectifs peuvent être transformés en noms abstraits. Notez tous les adjectifs du texte, et écrivez à côté le nom, en vous servant de l'exemple ci-dessous.

bonne – la bonté

Etes vous plutôt «bouge-toujours» ou «cocooning»?

Pour vous détendre un peu en attendant le prochain week-end à prix réduit, voici un test qui devrait vous permettre de vous situer par rapport à cette question essentielle: «bouge-toujours» ou «cocooning»? Carte 12–25 ou prix Découverte 12–25?

1. Votre petit(e) ami(e) habite:
A. A 300 kilomètres de chez vous.
B. La maison (la rue) voisine.

2. C'est dimanche et il pleut:
A. Direction la plage pour marcher (et chanter) sous la pluie.
B. Séance magnétoscope.

3. Fringues, disques, livres…:
A. Vous parcourez la France entière pour trouver l'introuvable.
B. Vous les achetez en bas de chez vous.

4. Il y a une rave à 100 km de chez vous:
A. Vous y allez.
B. Vous la suivez sur le web.

5. On vous offre un disque:
A. De la transe Goa.
B. Une petite musique de chambre.

6. Un vieux copain de lycée se marie:
A. Vous n'êtes pas invité(e) mais vous y allez quand même.
B. Vous envoyez des fleurs.

7. Votre film préféré:
A. «Le Tour du monde en 80 jours».
B. «Fenêtre sur cour».

8. Avec les 50% que vous allez économiser sur vos voyages en train, vous achetez:
A. Des billets de train.
B. Des places de ciné.

9. Votre devise:
A. «Les voyages forment la jeunesse».
B. «Chi va piano va sano».

10. Quelle carte possédez-vous?
A. Carrissimo, Interrail, Carte Orange, etc.
B. Aucune.

Résultats du test

• **Vous avez une majorité de A:**
Vous pensez que les voyages forment la jeunesse et vous avez raison. Mais pour vous: pas question de payer le prix fort. Vous avez donc sûrement le Carrissimo, vous savez maintenant qu'il va être remplacé par la Carte 12–25 et que cette nouvelle carte est faite pour vous…

• **Vous avez une majorité de B:**
Vous êtes plutôt du genre «on line» que «sur les rails» et si vous n'aimez pas le train-train, vous n'en êtes pas pour autant un voyageur dans l'âme. Pourtant, le train vous réserve de bonnes surprises, soit 25%* de réduction, dès votre premier voyage. C'est le charme du tarif Découverte 12–15. Et comme vous allez y prendre goût, il existe aussi la Carte 12–25 qui vous permet de payer vos billets deux fois moins cher*. Tentant, non?

Dans la limite des places disponibles pour ce tarif.

5 Lecture

5 Lecture Comment réduire la circulation? Il existe des possibilités pour améliorer la situation. En voici quelques exemples.

a Lisez les textes et trouvez l'équivalent français des expressions suivantes.

i) suspected effects on health
ii) questions regarding the greenhouse effect
iii) say they agree with the idea
iv) it would be desirable
v) car sharing
vi) in other words
vii) to work from home
viii) sliproads
ix) share petrol costs

Le covoiturage: emploi d'une seule voiture par plusieurs personnes, qui s'entendent entre elles et utilisent leur voiture à tour de rôle pour aller travailler.

Le «site propre»

Le «site propre» isole le transport public de la circulation automobile. Les «sites propres» de rue restent compatibles avec les activités des autres usagers de l'espace public, piétons et cyclistes notamment.

Allo Stop M° *Strasbourg Saint-Denis*
84, passage Brady, 10e- T. 246 00 66
Pour ceux qui sont las de lever le pouce sans succès sur les bretelles d'autoroute, cet organisme a eu la bonne idée de mettre en rapport automobilistes et auto-stoppeurs. Ces derniers se voient réclamer une contribution modeste de 35 f par voyage ou de 130 f pour un forfait annuel. Ils peuvent également être invités à partager les frais d'essence avec leur convoyeur: 15 centimes au kilomètre. Ouvert de 9 h à 19 h 30 (jusqu'à 18 h le samedi). Fermé le dimanche.

Changer les mentalités

Le développement des pratiques de «cabotage» n'empêche pas l'évolution des opinions relatives à la mobilité urbaine. Les embouteillages, l'inconfort de l'espace public, sa dangerosité, la pollution de l'air et ses effets soupçonnés sur la santé, les interrogations quant à l'effet de serre, tout un faisceau d'opinions converge pour modifier le point de vue des citadins sur leur environnement. C'est ainsi que plus de 70 % d'entre eux se déclarent d'accord avec l'idée selon laquelle il serait souhaitable de réduire l'usage de la voiture en ville.

* cabotage = navigation de port en port. Au sens figuré, multiples déplacements de proximité.

Les grandes métropoles ont un sacré métro de retard!

Le secret du succès des villes leaders dans le domaine des transports? La multi-modalité, autrement dit la diversité des services: ces capitales offrent le choix entre bus, trains, tramways, vélos, véhicules peu polluants. Les villes les plus novatrices sont celles qui mènent une politique globale en limitant les déplacements en voiture privée et en optimisant les transports publics, ainsi que la gestion du trafic.

À Amsterdam, une voie est réservée aux fans du covoiturage

Dans le centre-ville d'Amsterdam, le nombre de places de stationnement a ainsi été limité à une pour dix emplois. Pour inciter les habitants à travailler à domicile et ainsi à moins circuler, 2 000 maisons ont été construites avec 20 m² supplémentaires. C'est aussi dans la capitale des Pays-Bas qu'a été créée la première voie urbaine européenne réservée au covoiturage.

COUP DE CHAPEAU

Copenhague
Quelque 300 000 vélos y circulent, dont 2 000 mis gratuitement à disposition par la ville. Ils assurent 30 % du trafic, à égalité avec les transports en commun et les voitures. D'où une circulation fluide. En outre, les hôpitaux, écoles et entreprises qui génèrent nombre de déplacements sont situés à proximité d'une station de bus ou de train et loin des axes routiers.

BONNET D'ÂNE

Londres
Si le «tube» (métro) et les bus à impériale font partie du folklore londonien, ils symbolisent aussi la vétusté des transports publics de la ville. Et si ce métro est le plus étendu du monde (266 stations sur 400 km), il est le plus cher et le plus ancien (1863). Seul un quartier à Camden expérimente des bus peu polluants.

7 Travail oral Vous faites partie d'un groupe qui est pour l'une des initiatives décrites ci-dessus. Préparez une présentation orale destinée aux lycéens pour les persuader de l'importance de votre initiative.

8 Travail écrit «Il faut privilégier les transports en commun même au prix de la liberté individuelle.» Êtes-vous d'accord avec cette opinion? Rédigez votre réponse entre 250 et 300 mots.

Aspects à envisager:
– le temps qu'on passe dans la voiture
– la pollution
– les accidents de la route
– le prix et la fiabilité des transports publics
– le covoiturage et l'auto-stop
– les droits des chauffeurs

b Vous avez déjà entendu parler d'autres idées pour réduire la circulation en ville? Avec vos collègues, faites-en une liste.

6 Exercice d'écoute Écoutez cette entrevue avec le PDG d'une société comme Allo Stop et répondez aux questions suivantes.

a Qu'est-ce qui a poussé M. Chassis à créer la société Allons-Y?

b Que dit-il sur les gens qui prennent des personnes en stop?

c Quels renseignements est-ce que les gens qui téléphonent à Allons-Y doivent fournir?

d Une fois les renseignements pris, qu'est-ce qui se passe?

e Combien est-ce que cela coûte?

4 Le métro

Les transports en commun permettent d'éviter la circulation et de contribuer à la protection de l'environnement. Le métro parisien est un exemple sans pair d'un système de transport urbain. Souterrain ou sur viaduc, il constitue le «moyen de transport propre» intégral le plus connu et le plus ancien.

1 **Lecture** Lisez ce texte sur l'homme qui a dessiné les entrées de métro les plus reconnues.

Né le 10 mars 1867 à Lyon, Hector Guimard est connu pour le Style Guimard – l'art nouveau qui trouve sa réalisation la plus connue sous la forme des entrées du métro. Le Style Guimard se résume en trois mots : Logique, Harmonie et Sentiment.

Un peu d'histoire

Vers la fin du dix-neuvième siècle, on veut doter Paris d'un chemin de fer souterrain.

En 1899, un concours pour l'édification des entrées du métropolitain est ouvert en août. Les architectes qui s'y présentent n'obtiennent pas la commande.

En 1900, Guimard propose ses dessins. C'est à lui que nous devons ces entrées classiques, qui à l'époque n'étaient pas au goût de tous.

2 **Exercice d'écoute** Écoutez les renseignements sur le service métro/RATP et répondez aux questions.

a Quelles sont les catégories de personnes qui peuvent prendre le métro sans payer ?

b Dans quelles conditions est-ce que les animaux peuvent monter dans le métro ?

c Trouvez trois similarités et trois différences entre le système parisien et un système que vous connaissez.

3 **Exercice d'écoute** Écoutez ce jeune Parisien qui parle de son expérience du métro.
Notez ce qu'il dit en français sur les avantages et inconvénients du système.

4 Travail oral
Remue-méninges : comment persuader les voyageurs de prendre le métro plutôt que leur voiture ? Faites une liste de toutes les idées qui vous viennent à l'esprit.

5 Exercice d'écoute
Écoutez cette conversation entre un groupe de jeunes qui parlent de leurs attitudes envers le métro, et répondez aux questions suivantes.

a Quels sont les deux projets pour ce soir ?

b Comment vont-ils aller d'un endroit à l'autre ?

c Quelle est l'opinion d'Aimée sur le règlement du métro concernant le transport des animaux ?

d Pourquoi ?

e Quelles sont les deux différences entre le métro de Paris et celui de Londres, selon Aimée ?

6 Travail oral
Le métro est parfois un lieu dangereux. Dans vos groupes, discutez de ce que vous voyez sur la photo.

Cela se passe où exactement ?

Qu'est-ce que la personne est en train de faire ?

Pourquoi porte-t-elle un revolver ?

Selon vous, qui est-ce ?

Quel est son métier ?

Lætitia Marquet. Elle appartient à la « brigade civile » du métro.

7 Lecture
Lisez cet article qui décrit le travail de Lætitia Marquet et répondez aux questions suivantes.

a Quels sont les armes de service que porte Lætitia ?

b Quels sont les caractéristiques des voleurs à la tire ?

c Comment Lætitia fait-elle pour rester incognito ?

Au voleur !

● 2 141 agressions dans le métro en 1996.
● La plupart du temps, du vol à la tire.

LA POLICIÈRE A DE LA TENUE.

Plan Vigipirate oblige, sont présents sur les quais, les rames et les couloirs : gendarmes mobiles, soldats, fonctionnaires de police en tenue et Groupe de protection et de sécurité des réseaux (agents RATP). Le Service de protection et sûreté métro est, lui, chargé de faire face au fléau du sous-sol, le vol à la tire.

Lætitia Marquet a vingt-trois ans, et coince avec une belle désinvolture son arme de service dans le creux de ses reins : « Un Rüger, cinq cartouches, l'arme administrative pour les femmes, car la crosse est plus petite que celle des Manhurin. » Lætitia est fonctionnaire de police et appartient à la « brigade civile » du SPSM. C'est dire qu'elle se balade habillée comme vous et moi dans les couloirs du métro et se confond dans la masse des voyageurs. La différence, évidemment, c'est qu'elle a été formée à des techniques de self-défense et que, sous son blouson, il y a des menottes, une bombe lacrymogène et, dans son sac, un bâton de défense, plus, bien entendu, l'arme de service, le Rüger...

Tout ça pour un objectif : capturer le pickpocket si possible la main dans le sac.

Elle aime, comme elle dit, « chasser », et même, hors service, il lui arrive désormais de repérer d'un coup d'œil le pickpocket prêt à l'action : « Toujours à l'avant ou en bout de quai, pour sortir plus rapidement à la station suivante. Souvent avec un journal ou un blouson plié sur le bras. » La plupart des pickpockets « travaillent » aux mêmes heures et aux mêmes endroits, alors Lætitia et son équipe attendent, avec eux, les arrivées d'Eurostar (gare du Nord), déboulent avec les groupes de touristes en direction du Sacré-Cœur (station Anvers) et... le petit monde du vol à la tire connaît parfaitement celui des brigades civiles. Comment alors ne pas, à son tour, se faire repérer ? « Je change de look en permanence, lunettes, casquettes, look un peu relâché avec jean et surchemise ou alors l'inverse, tailleur-pantalon, veste cintrée etc. » En langage administratif, cette tenue-là s'appelle « la tenue bourgeoise ».

8 Travail écrit
Écrivez une petite histoire de 100 mots environ sur un incident qui vous est arrivé dans le métro. Vous pouvez faire appel à votre imagination !

WORKSHEET 54   Dissertation libre

5 Les grèves des transports

Un autre problème qui peut troubler le service du métro – et tous les transports publics – c'est la grève chez les employés.

1 Lecture Lisez l'extrait suivant de *Zazie dans le métro*, de Raymond Queneau. Vous noterez sans doute que ce roman qui date de 1939 contient beaucoup d'expressions argotiques. Essayez d'en repérer tous les exemples.

—Tonton, qu'elle crie, on prend le métro?

—Non.

—Comment ça, non?

Elle s'est arrêtée. Gabriel stope également, se retourne, pose la valoche et se met à espliquer.

—Bin oui: non. Aujourd'hui, pas moyen. Y a grève.

—Y a grève.

—Bin oui: y a grève. Le métro, ce moyen de transport éminemment parisien, s'est endormi sous terre, car les employés aux pinces perforantes ont cessé tout travail.

—Ah les salauds, s'écrie Zazie, ah les vaches. Me faire ça à moi.

—Y a pas qu'à toi qu'ils font ça, dit Gabriel parfaitement objectif.

—Jm'en fous. N'empêche que c'est à moi que ça arrive, moi qu'étais si heureuse, si contente et tout de m'aller voiturer dans lmétro. Sacrebleu, merde alors.

À cause de la grève des funiculaires et des métrolleybus, il roulait dans les rues une quantité accrue de véhicules divers, cependant que, le long des trottoirs, des piétons ou des piétonnes fatigués ou impatients faisaient de l'auto-stop, fondant le principe de leur réussite sur la solidarité inusuelle que devaient provoquer chez les possédants les difficultés de la situation.

Trouscaillon se plaça lui aussi sur le bord de la chaussée et sortant un sifflet de sa poche, il en tira quelques sons déchirants.Les voitures qui passaient poursuivirent leur chemin. Des cyclistes poussèrent des cris joyeux et s'en allèrent, insouciants, vers leur destin. Les deux roues motorisées accrurent la décibélité de leur vacarme et ne s'arrêtèrent point. D'ailleurs ce n'était pas à eux que Trouscaillon s'adressait.

Il y eut un blanc. Un encombrement radical devait sans doute geler quelque part toute circulation. Puis une conduite intérieure, isolée mais bien banale, fit son apparition. Trouscaillon roucoula. Cette fois, le véhicule freina.

—Qu'est-ce qu'il y a? demanda le chauffeur agressivement à Trouscaillon qui s'approchait. J'ai rien fait de mal. Je connais le code de la route, moi. Jamais de contredanses. Et j'ai mes papiers. Alors quoi? Vous feriez mieux d'aller faire marcher le métro que de venir emmerder les bons citoyens. Vous êtes pas content avec ça? Bin, qu'est-ce qu'il vous faut!

Raymond Queneau, *Zazie dans le métro* © Editions Gallimard

2 Lecture Tout le monde est atteint par les grèves des transports. Lisez les phrases suivantes. Ensuite classifiez-les selon leur position: sont-elles en faveur de la grève, ou s'opposent-elles à la grève?

Si les gens ne font plus la grève, ça veut dire que les patrons ont gagné.

Les grèves sont une perte de temps: l'ère des travailleurs militants est passée.

Sans les grèves, les capitalistes peuvent faire ce qu'ils veulent!

Sans nos revendications pour une paie juste, tout le monde travaillerait pour rien du tout.

Les grévistes ne font qu'attaquer les bonnes gens en les empêchant de travailler.

Avec le taux de chômage qu'il y a, c'est irréfléchi de faire la grève.

C'est la faute des grévistes que le pays souffre économiquement.

Regardez les conditions de travail dans les pays où ils ne font pas la grève, par exemple en Thaïlande.

Les gens qui font la grève sont des paresseux qui veulent être payés à ne rien faire.

Le droit à la grève est un droit fondamental.

3 Travail oral Organisez un débat de classe, avec des intervenants soutenant chacune des deux positions.

4 Travail écrit À Paris, en janvier 1989, les travailleurs du métro ont fait la grève pendant plus d'une semaine. L'armée a dû envoyer des cars militaires pour que les gens puissent regagner leur travail, et rentrer la nuit. Imaginez que cela se passe chez vous – qu'arriverait-il? Écrivez un paragraphe de 100 mots environ.

Grammaire: Revision

The conditional is formed by adding these endings to the infinitive:

je	…ais	nous	…ions
tu	…ais	vous	…iez
il/elle/on	…ait	ils/elles	…aient

S'il y avait la grève, nous ne sortirions pas le soir.
S'il y avait la grève, il n'y aurait* plus de métro.
S'il y avait la grève, les voitures seraient* reines.

*Note these two common irregulars.

6 Le train

Le TGV est un très grand succès français. Connu partout dans le monde, le réseau de ce train rapide va croissant et s'étend de plus en plus sur l'Hexagone.

---

1 Lecture Lisez cet article sur le TGV dans la région de Lyon et décidez si les phrases suivantes sont vraies, fausses ou pas mentionnées.

a Le voyage de Lyon à Nantes dure 15 heures.

b On pourra également aller à Édimbourg en TGV.

c Le comité départemental et régional de tourisme travaille très étroitement avec la SNCF.

d Les programmes «Destinations» offrent une formule train-logement.

e Le nombre de voyages sur Lille augmente actuellement.

---

2 Travail oral L'Eurostar relie la France et la Grande-Bretagne. Expliquez cette publicité pour l'Eurostar. Pensez-vous qu'elle soit efficace? Donnez des raisons à votre réponse.

Lyon fait sa promotion TGV

«Notre objectif est de faire savoir qu'il y a un TGV entre Lyon et Nantes et que ce n'est pas un voyage de 15 heures!», affirme Guy Choudin, directeur commercial de la SNCF à Lyon. Entre Lyon et Nantes, mais aussi vers Rennes, Turin, Bruxelles, Londres et Marseille. Pour promouvoir l'offre TGV sur ces six villes, la région SNCF de Lyon reconduit et amplifie cette année son opération «Destinations» avec ses partenaires touristiques – office ou comité départemental et régional de tourisme.

Des semaines d'animation (avec stands, programmes de loisirs, jeux-concours) sont organisées en parallèle dans les villes où s'arrête le TGV, moyen d'*«aller profiter sur place»* (avec quatre directs sur Bruxelles ou dix sur Londres par exemple), lors de courts ou moyens séjours individuels. Les programmes Destinations proposent en outre un «assortiment touristique» avec hôtel, voiture, visites, etc. Une formule qui a fait ses preuves, selon les responsables de la SNCF: les voyages sont en hausse de 17% sur Lille et de 13% sur Marseille.

Claude FERRERO

---

3 Travail oral Vous êtes représentant d'Eurostar. En vous servant des informations ci-dessous, préparez une présentation pour encourager les voyageurs à prendre l'Eurostar.

PENDANT VOTRE VOYAGE

Vous trouverez à bord de tous les Eurostar: **des cabines téléphoniques** situées à l'entrée des voitures 4, 8, 12 et 15. **Deux espaces-bars** en voitures 6 et 13. Pour les personnes voyageant avec de jeunes enfants, **deux coins nursery**, équipés de tables à langer, sont disponibles en voitures 1 et 18. **Si vous avez besoin de réchauffer un biberon** vous pouvez vous adresser à notre personnel de restauration dans l'une des voitures-bars, il se fera un plaisir de vous aider. Pendant votre voyage, notre personnel de bord est bien entendu à votre disposition.

Votre avis nous intéresse
Si vous souhaitez faire des commentaires ou exprimer des vœux relatifs à vos voyages en Eurostar, n'hésitez pas à nous écrire à l'une des adresses suivantes:
Customer Relations Department, Eurostar House, Waterloo Station, LONDON SE1 8SE, UK
Centre Clientèle Eurostar, Boîte Postale 264, 59504 Douai Cedex, France.
SNCB Voyageurs International/NMBS Reizigers International, bureau VI/RI.025 B
Eurostar Rue de France, 54 Boîte 5-6, Frankrijkstraat 54, bus 5-6, B-1060
BRUXELLES/BRUSSEL, Belgium.

Eurostar en chiffres

- 2 motrices, 18 voitures, 394 m de longueur, 800 tonnes de masse totale en charge.
- 300 km/h en service commercial; mais entre Londres et le Tunnel, Eurostar traverse le Kent à 160 km/h.
- 12 moteurs 12 200 kW de puissance en traction.
- 766 places dont 206 en 1ère (24 places réservées aux voyageurs First Premium) et 560 en 2ème.

Avec Eurostar, le monde merveilleux de Disneyland Paris ® s'offre à vous!

Le monde magique de Disneyland Paris® n'a jamais été si près avec Eurostar!
Et si vous allez en famille à Disneyland Paris®, goûter un peu de rêve? A trois heures de Londres-Waterloo-International ou deux heures d'Ashford-International, le monde magique de Disney s'offre à vous! La liaison directe Eurostar est maintenant assurée tous les jours jusqu'au 26 septembre 1999. Tous les trains directs Eurostar à destination de Disneyland Paris® sont non-fumeurs. Pour plus de renseignements: appelez, au Royaume-Uni, le 08706000782 ou depuis l'étranger +441233617575.

7 S'envoler

L'avion a transformé le XXe siècle. Le monde est beaucoup plus petit de nos jours. La France a un rôle important à jouer dans l'avenir des transports aériens.

---

1 Lecture Lisez ce passage qui parle des nouvelles autoroutes du ciel et choisissez les mots corrects pour remplir les blancs. Attention – il y a des mots dans l'encadré dont vous n'aurez pas besoin !

dangereux	navettes	aériennes	réseau
rassurent	la sécurité	l'accélération	garder
introduit	dépendre de	le ralentissement	introduisent
se passer	la disposition	parallèles	perpendiculaires
le ciel	embouteillages aériens	rejeté	

Les ___**a**___ existent, eux aussi. Chaque année, les compagnies aériennes ___**b**___ de nouveaux vols et, par contraste avec les voitures, ___**c**___ jusqu'à l'arrêt complet est hors de question. Pour éviter les bouchons dans ___**d**___, un nouveau ___**e**___ de routes aériennes a été mis en place. Ces autoroutes du ciel se composent de voies ___**f**___. Les avions sont obligés de ___**g**___ leurs distances.

C'est à l'approche des aéroports que c'est le plus ___**h**___, donc on a ___**i**___ des sens giratoires. Les avances technologiques ont permis aux avions de ___**j**___ des balises terrestres. Ces mesures améliorent la sécurité.

---

2 Lecture Malheureusement, tout le monde n'aime pas voyager en avion. Lisez le texte ci-contre et répondez aux questions suivantes.

a Quels sont les quatre types de passagers qui ont peur ?

b Pourquoi est-ce que l'auteur pense que c'est illogique d'avoir peur de voler ?

c En quoi consiste la formation contre la peur ?

d Quel est l'effet de cette formation, dans la majorité des cas ?

e Inventez des sous-titres pour chaque section.

---

3 Travail écrit Vous allez faire une grande fête et vous voulez absolument qu'un(e) ami(e) vienne y participer. Le problème, c'est qu'il/elle habite en Australie, et qu'il/elle a peur des avions. Vous tenez à le/la convaincre de venir. Écrivez une lettre en lui faisant part de la formation décrite dans l'article.

Le centre antistress

Souvent inavouée, négligée, la peur en avion est à la fois très répandue et individuelle. Air France traite le problème par des stages personnalisés.

Longtemps, la peur en avion fut un sujet tabou. Inavouable, ou alors entre soi. Souvent négligé aussi, même s'il n'était pas ignoré par les compagnies aériennes. Air France a été l'une des premières au monde à prendre le problème au sérieux, et son traitement du même coup en créant, à l'initiative de Noël Chevrier, commandant de bord, et Marie-Claude Dentan, psychologue auprès de la compagnie, le «Centre antistress aéronautique», en 1993.

Car le problème est sérieux. Et nous concerne tous. Les chiffres varient – sur un sujet aussi délicat on peut comprendre pourquoi – mais on estime qu'entre 10 et 20 % des candidats au voyage aérien ont peur de l'avion. Marie-Claude Dentan, qui travaille depuis longtemps sur le sujet, distingue plusieurs «grandes familles» de passagers «stressés»: les «terriens» qui, parfaitement à l'aise sur le sol, envisagent le pire à la seule idée de le quitter, les «décideurs», habitués à commander ou tout au moins à contrôler les actes de leur vie – ou celle des autres – et qui se sentent complètement démunis dès lors qu'ils doivent remettre, fût-ce le temps d'un vol, leur destin entre les mains d'autrui; ceux qui ont peur de l'enfermement ou sont angoissés de perdre leurs repères habituels, sans oublier ceux qui ont «volé» longtemps sans la moindre inquiétude jusqu'au jour où un incident particulier, mécanique ou même météorologique, par exemple, les a confrontés à une situation jugée par eux «traumatisante». Tout s'est bien terminé mais le souvenir demeure, tenace, obsédant même.

Fille de l'ignorance, d'une expérience malencontreuse et (ou) de préjugés tenaces, la peur comme on dit ne se commande pas. Rien à voir avec les faits. Toutes les statistiques le prouvent: l'avion est, de très loin, un moyen de transport ultra-sûr; les règlements de sécurité internationaux auxquels obéissent toutes les grandes compagnies affiliées à l'OACI[1] et à l'IATA[2] sont à la fois draconiens et impératifs; ces compagnies elles-mêmes et Air France en

particulier s'imposent plus d'exigences encore concernant leurs personnels et leurs appareils: il n'empêche, l'avion reste à la fois mystérieux et «magique». Il a beau obéir à des règles très rigoureuses de la physique et de l'aérodynamique, il demeure encore dans l'inconscient collectif comme un défi à une sorte de «loi naturelle» qui rendrait tout à fait improbable le vol d'engins plus lourds que l'air.

Ce qui est évidemment faux, mais reste toujours à démontrer.

Tel est précisément le but des stages proposés par Air France au cours desquels les pilotes de la compagnie vous diront tout, mais vraiment tout, sur les lois de l'aérodynamique, les pratiques de la navigation aérienne, de la préparation des vols au décollage et à l'atterrissage, de la mécanique à la météo – ah les fameuses turbulences ! – avec, au passage, toutes les réponses aux questions que vous n'osiez pas poser.

Exposés, schémas, tout cela pourrait vous sembler bien théorique. Mais le stage ne s'arrête pas là. Après les discours, le vol au long cours. New York ? Hong Kong ? La traversée des océans ? Le survol des montagnes ? Les orages ? Les tempêtes ? Vous allez les vivre dans un «vrai» cockpit, celui des simulateurs de vol du centre d'instruction d'Air France de Vilgénis ou de Roissy. Vite vu, cela pourrait ressembler à un super-jeu vidéo pour très grands enfants. En réalité, ces machines très sophistiquées – et très coûteuses – reproduisent toutes les conditions d'un vol, y compris les pires, grâce à quoi les pilotes de la compagnie apprennent à maîtriser toutes les situations, même les plus improbables. Le temps du stage, vous partagerez cette expérience avec eux. Et le résultat – prouvé – est spectaculaire. Dans près de 80 % des cas, la «peur de l'avion» ne sera plus qu'un souvenir à l'issue du stage. Et la plupart auront appris à maîtriser leur stress en voie de disparition.

1. Organisation de l'aviation civile internationale.
2. Association internationale des transporteurs aériens.

8 Partir en vacances

De tout temps les gens ont aimé voyager : l'ivresse du dépaysement et la joie de la découverte compensent largement pour les difficultés du transport.

1 Lecture Les récits de voyages sont innombrables dans la littérature, rendant avec saveur la vie quotidienne du voyageur. Lisez les passages suivants et choisissez les bonnes fins de phrase.

> Le voyager me semble un exercice profitable. L'âme y a une continuelle excitation à remarquer des choses inconnues et nouvelles ; et je ne sache point meilleure école, comme j'ai dit souvent, à former la vie que de lui proposer incessamment la diversité de tant d'autres vies, fantaisies et usances, et lui faire goûter une si perpétuelle variété de formes de notre nature. Le corps n'y est ni oisif ni travaillé, et cette modérée agitation le met en haleine. Je me tiens à cheval sans démonter, tout coliqueux que je suis, et sans m'y ennuyer, huit et dix heures. [...]
> J'ai appris à faire mes journées à l'espagnole, d'une traite, grandes et raisonnables journées ; et aux extrêmes chaleurs, les passe de nuit, du soleil couchant jusques au levant.
>
> Montaigne, *Essais*, III, 9,
> De la vanité, 1581

> Le temps est admirable, cette grosse chaleur s'est dissipée sans orage. [...] Je trouve le pays très beau et ma rivière Loire m'a paru quasi aussi belle qu'à Orléans ; c'est un plaisir de trouver en chemin d'anciennes amies. J'ai amené mon grand carrosse de sorte que nous ne sommes nullement pressées, et nous jouissons avec plaisir des belles vues dont nous sommes surprises à tout moment. [...]
>
> Nous suivons les pas de Mme de Montespan ; nous nous faisons conter partout ce qu'elle dit, ce qu'elle fait, ce qu'elle mange, ce qu'elle dort. Elle est dans une calèche à six chevaux, avec la petite de Thianges. Elle a un carrosse derrière, attelé de la même sorte, avec six filles. Elle a deux fourgons, six mulets, et dix ou douze cavaliers à cheval, sans ses officiers. Son train est de quarante-cinq personnes.
> Elle trouve sa chambre et son lit tout prêts ; en arrivant, elle se couche et mange très bien. [...]
>
> Mme de Sévigné,
> *Lettres*, à Madame de Grignan,
> à Nevers, samedi 16 mai 1676

2 Travail oral Faites une présentation orale sur vos vacances idéales au reste de la classe.

a Montaigne trouve que les voyages sont :

  i) souhaitables.
  ii) rentables.
  iii) faisables.

b Il considère que les voyages sont :

  i) négatifs.
  ii) éducatifs.
  iii) oisifs.

c En voyage, il :

  i) s'ennuie à cheval.
  ii) ne s'ennuie pas.
  iii) s'ennuie un peu.

d Dans la journée, il :

  i) suit de la chaleur pour faire la sieste.
  ii) évite la chaleur en voyageant la nuit.
  iii) ne supporte pas la chaleur.

e La marquise de Sévigné :

  i) suit la Loire.
  ii) voyage à Orléans.
  iii) suit un chemin qu'elle a déjà parcouru.

f Madame de Montespan est une voyageuse :

  i) plutôt frugale.
  ii) plutôt extravagante.
  iii) qui est une véritable aventurière.

WORKSHEET 55 | Trouver les bonnes fins de phrase

3 Travail écrit Choisissez une des questions ci-dessous et exposez votre opinion en 250 mots environ.

a « Tourisme : impulsion moderne qui met la planète en danger ? » Discutez.

b « Les charmes du voyage sont indisputables. » Discutez.

4 Travail écrit Pour un journal, écrivez le compte-rendu d'un voyage que vous avez fait. Vous devez y faire figurer les éléments suivants :

– les détails du voyage
– vos impressions
– une description du paysage
– des conseils pour d'autres souhaitant faire le même voyage.

Au cours de ce chapitre, nous allons découvrir des moments et des personnalités clés depuis le début de la deuxième guerre mondiale et pour la France et pour l'Europe. Considérons d'abord la France sous l'occupation.

1 Exercice d'écoute

La deuxième guerre mondiale a été une époque terrible pour la France. Occupée par les forces allemandes, divisée en deux – la zone occupée et la zone libre – un mouvement de résistance a mené une campagne de sabotages, mais certains ont collaboré avec l'armée allemande. Ce poème de Paul Éluard, poète surréaliste et résistant lui-même, incarne les sentiments de la majorité des Français et fait appel à la paix. Écoutez attentivement la lecture du poème (vous trouverez les quatre premières strophes ci-dessous) et répondez aux questions qui suivent.

a Dans quels domaines Paul Éluard puise-t-il ses images? Pourquoi, à votre avis?

b Quelle image préférez-vous? Pourquoi?

c Commentez la formation des strophes.

d Commentez les sons et le rythme du poème.

e Pourquoi la dernière ligne fait-elle un effet aussi fort?

2 Travail écrit

Écrivez deux strophes que vous ajouteriez au poème. Affichez-les dans votre salle de classe.

1939 3 SEPTEMBRE: *l'Allemagne envahit la Pologne – conflit européen entre l'Allemagne et la coalition franco-britannique*

1940 5 JUIN – FIN JUIN: *la France est envahie, la population fuit vers le sud ou vers la Bretagne*

18 JUIN: *installé à Londres, le général de Gaulle fait appel à la résistance*

FIN JUIN: *La France est divisée en deux zones – la zone occupée et la zone non-occupée*

À PARTIR DU 10 JUILLET, *la capitale est Vichy en zone non-occupée*

1944 6 JUIN: *débarquement allié en Normandie*

1945 25 AOÛT: *libération de Paris*

LIBERTÉ

Sur mes cahiers d'écolier
Sur mon pupitre et les arbres
Sur le sable sur la neige
J'écris ton nom

Sur toutes les pages lues
Sur toutes les pages blanches
Pierre sang papier ou cendre
J'écris ton nom

Sur les images dorées
Sur les armes des guerriers
Sur la couronne des rois
J'écris ton nom

Sur la jungle et le désert
Sur les nids sur les genêts
Sur l'écho de mon enfance
J'écris ton nom

Comme nous l'avons déjà signalé, certains ont collaboré avec les forces allemandes – les Nazis. Voici des extraits du procès de Maurice Papon qui a été condamné le 2 avril 1998 à dix ans de réclusion criminelle pour complicité de crimes contre l'humanité.

Secrétaire de la préfecture de la Gironde de 1942 à 1944, Maurice Papon a été accusé d'avoir supervisé l'arrestation de centaines de juifs et leur transfert vers les camps de concentration.

---

3 **Lecture et travail écrit** Lisez ce résumé du procès et rédigez une réponse écrite aux questions qui suivent.

a Pourquoi le début du procès de Papon a-t-il provoqué tant de controverses ?

b Selon vous, pourquoi Arno Klarsfeld annonce-t-il qu'il ne reviendra plus ?

c Pourquoi les gens ont-ils manifesté le 12 octobre ?

d Qu'est-ce que Papon promet de faire (13 novembre) ? Y parvient-il ? Pourquoi (3 décembre) ?

e Le 7 janvier, « Drancy », qu'est-ce que c'était à votre avis ?

f Quelle est l'importance du témoignage du fils du grand rabbin de Bordeaux (2 février) ?

g Traduisez la déclaration du 9 février en anglais.

h Ayant considéré le cas Papon, qu'est-ce que vous apprenez en général sur la situation en France pendant la guerre ? À quelles décisions morales les Français étaient-ils confrontés ?

Six mois d'audience au jour le jour

7 OCTOBRE L'accusé, inculpé de *complicité de crimes contre l'humanité*, se constitue prisonnier à la maison d'arrêt de Gradignan.

8 OCTOBRE Le procès de Maurice Papon, quatre-vingt-sept ans, s'ouvre devant la cour d'assises de la Gironde, présidée par **Jean-Louis Castagnède**. Me Jean-Marc Varaut, conseil de l'accusé, demande sa mise en liberté. La cour commet deux experts médicaux.

9 OCTOBRE Les experts médicaux considèrent que l'**«indéniable gravité» de l'état de santé** de l'accusé est *«compatible avec incarcération uniquement dans un service de cardiologie».* Dans la nuit du 9 au 10, Maurice Papon est admis dans l'unité de soins intensifs de l'hôpital Haut-Lévêque de Pessac en raison de son état cardiaque.

10 OCTOBRE Les trois magistrats professionnels de la cour d'assises ordonnent **la mise en liberté** de Maurice Papon en raison de son *«grand âge»*. Me Arno Klarsfeld, conseil de l'Association des fils et filles des déportés juifs de France, parle d'*«insulte à la mémoire des victimes».* Il quitte le prétoire en annonçant qu'il ne reviendra plus.

11 OCTOBRE Libre, Maurice Papon passe la nuit au Relais de Margaux, un hôtel situé dans le vignoble bordelais. **«Je vais mieux. Je vous salue amicalement»**, lance-t-il à la cantonade.

12 OCTOBRE Un millier de personnes manifestent place du Trocadéro, à Paris, contre la libération de l'accusé. Me Serge Klarsfeld déclare à cette occasion: *«Le juge Castagnède a dérobé au jury populaire la possibilité de condamner effectivement Papon.»*

13 OCTOBRE Le parquet général forme un pourvoi en cassation contre l'arrêt de mise en liberté de Maurice Papon. Me Arno Klarsfeld, prenant acte de ce geste, reprend sa place parmi les avocats des parties civiles.

15 OCTOBRE La cour étudie le curriculum vitae de Maurice Papon. La période des années 60, au cours de laquelle l'accusé fut préfet de police de Paris, fait l'objet d'une vive polémique. La répression sanglante de la manifestation des Algériens à Paris, **le 17 octobre 1961**, est au centre de la controverse.

22 OCTOBRE Maurice Druon, secrétaire perpétuel de l'Académie française, lance à la barre: *«À qui profite ce procès? À l'Allemagne, et seulement à l'Allemagne.»*

3 NOVEMBRE Jean-Pierre Azéma, historien spécialiste de l'Occupation, décrit le contexte des années 40.

7 NOVEMBRE La cour examine **la répartition des responsabilités** au sein de la préfecture régionale de Bordeaux pendant l'Occupation.

12 NOVEMBRE Les débats portent sur les pouvoirs que l'accusé pouvait avoir sur **la police**.

13 NOVEMBRE Maurice Papon assure avoir **sauvé des juifs** à chaque convoi partant vers Drancy et s'engage à en apporter les preuves.

17 NOVEMBRE L'accusé est à nouveau **hospitalisé**.

3 DÉCEMBRE Les résultats d'une enquête d'Arno Klarsfeld, établissant que l'accusé **«n'a jamais sauvé cent trente juifs»**, sont publiés par le quotidien *Libération*.

8 DÉCEMBRE L'accusé se présente comme un «bouc émissaire ».

18 DÉCEMBRE L'accusé reconnaît qu'il savait, à partir du mois d'août 1942, qu'un **«sort cruel»** attendait les déportés.

19 DÉCEMBRE Nicole Grunberg, Jean-Marie Matisson et **Esther Fogiel**, parties civiles, témoignent.

23 DÉCEMBRE Le sort des enfants arrêtés et déportés est au centre des débats.

7 JANVIER L'accusé déclare: **«J'ignorais ce qu'était Drancy.»**

21 JANVIER Maurice Papon admet avoir commis des **«confusions»** en citant des personnes qui auraient pu témoigner de son action en faveur d'un grand nombre de juifs entre 1942 et 1944.

27 JANVIER La défense fait valoir que **les Allemands** se sont adressés directement à la police française en novembre 1943.

28 JANVIER Me Arno Klarsfeld révèle que le **président de la cour d'assises** est parent par alliance de plusieurs personnes déportées dans les convois étudiés à Bordeaux.

2 FÉVRIER Le fils du grand rabbin de Bordeaux pendant l'Occupation témoigne et contredit la thèse de l'accusé sur une coopération humanitaire entre son père et la préfecture.

5 FÉVRIER Maurice Papon s'explique sur **les ordres qu'il a signés** le 12 janvier.

9 FÉVRIER L'accusé déclare: *«L'épaisseur entre la lâcheté et le courage, c'est quelque chose qu'il faut aborder avec précaution.»*

18 FÉVRIER La Résistance de Maurice Papon est étudiée.

23 FÉVRIER Maurice Papon indique avoir transmis **des renseignements** à la Résistance.

24 FÉVRIER Léon Boutbien, grand résistant, témoigne en faveur de l'accusé.

4 MARS Jean-Pierre Bloch, membre du jury d'honneur d'anciens résistants, affirme que l'accusé **«n'était pas résistant».**

12 MARS Plaidoiries de Mes Alain Jakubowicz (Consistoire central), **Pierre Mairat** (MRAP), **Martine Moulin-Boudard** (Licra), **Dominique Delthil** (SOS-Racisme), **Francis Terquem** (SOS-Racisme), **Claude Guyot** (Amicale des anciens internes de camp de Drancy).

19 MARS Le procureur général **Henri Desclaux** requiert vingt ans de réclusion criminelle.

25 MARS L'accusé apprend **le décès de sa femme**. Il quitte Bordeaux pour regagner son domicile.

2 AVRIL Après dix-neuf heures de délibéré, la cour d'assises de la Gironde condamne Maurice Papon à **dix ans de réclusion criminelle** et à la privation des droits civiques. Le condamné, qui reste libre, s'est aussitôt pourvu en cassation.

---

4 **Travail oral** Regardez ces deux opinions: avec laquelle des deux êtes-vous d'accord ? Préparez vos arguments afin de participer à un débat en classe.

« Je pense qu'on n'aurait pas dû condamner Papon. C'est un vieil homme de 87 ans. Il n'avait pas fait de mal depuis la fin de la guerre. Je trouve que c'est injuste. »

« Je ne suis pas du tout d'accord – il faut toujours condamner l'injustice – même si on la découvre longtemps après. Après tout, il a envoyé des milliers de juifs à la mort. »

1 La colonisation (l'Algérie)

Plusieurs pays européens – les plus «civilisés» à l'époque – ont colonisé maints pays partout dans le monde. La France, elle aussi, était une des puissances coloniales.

L'Algérie a été une colonie française à partir de 1834 jusqu'à son indépendance en 1962. La Guerre d'Algérie, qui a commencé en 1954, menée par le Front de Libération Nationale, a été féroce.

2 Travail écrit

Le film *La Bataille d'Alger* (1966), qui dépeint les événements, a connu un grand succès. Traduisez cette brève critique du film en français.

> Gillo Pontecorvo's passionate and devastating study of terrorism, **The Battle of Algiers**, was garlanded with honours upon its release in 1966, banned in France for fear of inciting civil unrest and served as the prototype for the mainstream political cinema of the next two decades.
>
> The screenplay builds a tight narrative around the reconstruction of the main political events in Algiers between 1954 and 1957: the rise of the nationalist movement led by the FLN, its crushing defeat by the French in 1957 and the resurgence three years later of Arab nationalism which led ultimately to Algerian independence in 1962.

WORKSHEET 56 ·········· Traduire en français

1 Travail oral

Que pensez-vous de la colonisation ? Formulez votre opinion en vous servant du vocabulaire ci-dessous.

> un moyen d'éduquer un pays
> les anciennes colonies acceptent /rejettent les bénéfices de la colonisation
> l'hégémonie culturelle
> supplanter la culture indigène
> la colonisation
> imposer une vie, une culture
> un abus inacceptable
> un pays soumis à l'influence française/colonisatrice
> des relations difficiles
> une histoire compliquée

3 Exercice d'écoute

Écoutez ce résumé de la vie d'Abd el-Kader, le fondateur du premier État algérien. Préparez une réponse écrite aux questions suivantes.

a Quelle était la réputation d'Abd el-Kader ?

b Comment a-t-il pu former un État ?

c Quelle était son attitude envers l'Islam ?

d Qu'est-ce que vous comprenez par l'expression « terre brûlée » ?

e Pourquoi Abd el-Kader a-t-il dû quitter le Maroc ?

f Qu'est-ce qu'il est devenu après sa détention ?

Et actuellement ... quelle est la situation en Algérie?

4 **Travail oral** Lisez ce texte et commentez l'importance des chiffres suivants.

90%	–10%	2,3 millions
1994	1997	

GROS PLAN SUR L'ÉCONOMIE ALGÉRIENNE.

L'Algérie tire une véritable rente du pétrole et du gaz. Les hydrocarbures représentent plus de 90% des recettes d'exportations du pays. C'est à la fois une chance et une faiblesse, car les ressources de l'Algérie sont liées aux variations des cours du pétrole sur les marchés internationaux.

L'industrie en déroute. La production industrielle de l'Algérie régresse: – 10% en 1996, – 5% en 1997. Le pays est donc obligé d'importer l'essentiel de ce qu'il consomme. Les entreprises publiques, qui ont longtemps dominé l'économie du pays, sont en voie de privatisation. L'assainissement de ces entreprises à la main-d'œuvre pléthorique devrait entraîner de nombreux licenciements.

La plaie du chômage. D'ores et déjà, 2,3 millions d'Algériens (28% de la population active) sont au chômage. Les jeunes sont particulièrement touchés par ce fléau.

Des finances en meilleur état. Depuis 1994, l'Algérie s'est efforcée sous la houlette du Fonds monétaire international d'assainir ses finances. Fin 1997, le pays disposait donc d'importantes réserves en devises (8 milliards de dollars). Mais sa dette extérieure s'élève à 32 milliards de dollars. La capacité du pays à rembourser sa dette dépend étroitement des ressources qu'il tire du pétrole et du gaz.

6 **Travail écrit** Écrivez le texte d'un bulletin d'informations sur la situation actuelle en Algérie.

7 **Travail de recherche** Entreprenez des recherches sur les différents aspects de l'Algérie, tels que: la guerre, les musulmans, l'héritage de la France, la littérature algérienne. Faites-en une présentation orale pour votre classe.

5 **Lecture** Lisez ce passage sur les tueries qui sont toujours perpétrées en Algérie. Trouvez des synonymes dans le passage pour les expressions suivantes.

a rejette
b annoncé
c un cessez-le-feu
d massacres
e répandue
f tuées
g destiné

Algérie : Pourquoi tant de massacres ?

Les Algériens ne sont pas seulement les victimes d'un affrontement terrible entre islamistes et pouvoir. Les tueries ont aussi pour origine des intérêts économiques, des règlements de comptes, du racket...

Quand les massacres ont-ils commencé?
Les tueries perpétrées en Algérie ne sont pas toutes connues, car les autorités contrôlent étroitement l'information. **Les grands massacres ont commencé en 1995** dans la plaine de la Mitidja, au sud d'Alger. Depuis lors, ils se sont étendus à d'autres régions du pays, notamment à l'ouest.
Pour comprendre les causes de ces tueries, il faut remonter aux origines du conflit algérien. En décembre 1991, des élections législatives se déroulent en Algérie. À l'issue du premier tour, le FIS (Front islamique du salut) arrive en tête. Les chefs de l'armée, qui contrôlent le pays depuis son indépendance en 1962, décident d'**interrompre les élections pour éviter l'arrivée du parti islamiste au pouvoir.** Le FIS est interdit. Ses principaux militants sont emprisonnés. Divers mouvements islamistes, comme le GIA (Groupe islamique armé), se lancent dans la guérilla contre le pouvoir, soit dans des zones montagneuses, soit dans les villes algériennes. En 1994, le FIS se dote d'un bras armé, l'Armée islamique du salut (AIS). **Tandis que l'AIS affirme que ses cibles sont les militaires et eux seuls, le GIA a décrété une guerre totale contre le pouvoir** et tous ceux qui le soutiennent. C'est au GIA, partisan de la terreur, que sont attribués les principaux massacres.

Pourquoi les civils sont-ils assassinés?
Les tueries n'ont pas une cause unique. Certaines sont liées à des enjeux politiques. Ainsi, **le GIA refuse tout règlement du conflit** qui se ferait sans lui. De leur côté, le FIS et son bras armé, l'AIS, sont aujourd'hui disposés à discuter avec le pouvoir, faute d'avoir pu le renverser par les armes. **L'AIS a décrété une trêve en octobre 1997.** Celle-ci a été suivie d'importants massacres. Car **le GIA, de plus en plus isolé, s'est vengé** sur des villages de l'ouest du pays qui soutenaient l'AIS et qu'il considère désormais comme « traîtres » à la cause islamiste.
Ces règlements de comptes entre factions ne sont pas la seule cause des massacres. **Certaines tueries perpétrées au sud d'Alger pourraient être motivées par l'appât du gain.** En effet, les terres de cette plaine sont en voie de privatisation. Les massacres ont pour conséquence de pousser les populations à quitter leur village et donc de libérer leurs terres. Celles-ci pourraient alors être acquises par des spéculateurs sans scrupules.
En dehors des grands massacres, dont les médias internationaux font état, **la violence est diffuse en Algérie. Des personnes sont assassinées presque chaque jour.**

Pourquoi l'armée ne protège-t-elle pas la population?
Les généraux algériens qui contrôlent l'État ont décidé de protéger en priorité les puits de pétrole et les gisements de gaz. Cette « Algérie utile » est l'objet de tous leurs soins.
Par ailleurs, dans la région d'Alger, certains massacres ont été perpétrés à quelques centaines de mètres de casernes de l'armée... et les militaires n'ont pas bougé. Cette absence de réaction amène certains observateurs à s'interroger sur la stratégie des responsables algériens. **Une partie des généraux au pouvoir ne laissent-ils pas la terreur se propager pour montrer que tout dialogue avec les islamistes est voué à l'échec?** Certains opposants accusent même les services secrets de l'armée d'avoir infiltré le GIA et de le manipuler.

La population peut-elle se défendre elle-même?
L'armée veut éviter d'être prise dans l'engrenage de la répression quotidienne sur l'ensemble du territoire. Elle pousse donc les simples citoyens à s'organiser eux-mêmes. « L'État ne peut mettre un soldat devant chaque maison », a prévenu un général. Les populations ont donc le choix entre « prendre les armes individuellement, se regrouper et armer un groupe de jeunes, ou déménager et rejoindre les villes ».
Des groupes de miliciens, qui s'appellent eux-mêmes les « patriotes », se sont armés dans de nombreux villages depuis 1994. Avec tous les risques de dérapage que cette méthode représente. Chaque massacre dans un village risque d'être suivi de représailles. **Ce cycle de vengeances entre islamistes et « patriotes » sera très difficile à arrêter.**

2 1968

La France en 1968 a été ébranlée par une révolte qui a réuni les ouvriers et les étudiants contre le gouvernement et les forces de l'ordre. Le pays a été paralysé par des grèves et par la violence. Mélange de colère et d'espoir, mai 68 a été une forme de protestation, née dans une société de richesse, tout ceci dans un contexte international de révolte contre l'autorité.

1 Exercice d'écoute Écoutez attentivement ce témoignage d'une soixante-huitarde qui parle des événements de cette époque, et qui explique pourquoi et comment ils sont arrivés. Écoutez attentivement et trouvez dans ce qu'elle dit des expressions qui correspondent aux tournures suivantes.

- **a** rien de comparable
- **b** mettre en question
- **c** l'université
- **d** satisfaction
- **e** organisé
- **f** dès lors
- **g** commence à négocier
- **h** s'est passé
- **i** bouleversé

2 Travail oral Regardez ces documents qui datent de 68. Préparez une réponse orale aux questions qui accompagnent chaque image ou texte.

"Monsieur le Recteur, Dans la citerne étroite que vous appelez «Pensée», les rayons spirituels pourrissent comme de la paille. [...] Laissez-nous donc, Messieurs, vous n'êtes que des usurpateurs. De quel droit prétendez-vous canaliser l'intelligence, décerner des brevets de l'Esprit? Vous ne savez rien de l'Esprit. Vous ignorez ses ramifications les plus cachées et les plus essentielles, ces empreintes fossiles si proches des sources de nous-mêmes, ces traces que nous parvenons parfois à relever sur les gisements les plus obscurs de nos cerveaux. Au nom même de votre logique, nous vous disons : la vie pue, Messieurs."

a Qu'est-ce que vous voyez sur cette affiche ?

b À quoi vous fait penser le format de cette affiche ?

c Pourquoi la dernière forme du verbe est-elle soulignée ?

a À votre avis, qui a écrit cette lettre ?

b Quel est le ton de cette lettre ?

c À qui s'attaque-t-elle ?

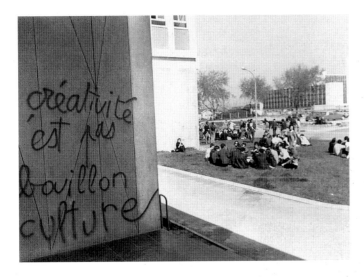

a Traduisez ces graffitis en anglais.

b Selon vous, pourquoi les étudiants se sont-ils révoltés contre les professeurs ? Ressentez-vous de la sympathie pour leur point de vue ? Pourquoi ?

a Faites une liste de tous les mots qui vous viennent à l'esprit quand vous regardez ces images.

b Imaginez que vous habitez un appartement qui donne sur la scène de la photo 1. Décrivez ce que vous voyez.

c Imaginez que vous êtes un des policiers de la photo 2. Que ressentez-vous devant cette foule ?

3 Travail oral Faites une présentation orale de ce que vous avez appris sur la révolte de 1968.

WORKSHEET 57 · Diriger la conversation sur des sujets connus

4 Travail écrit Pensez-vous qu'une telle révolution puisse se produire en Grande-Bretagne ou en France de nos jours ? Rédigez un paragraphe de 150 mots environ en donnant des raisons à votre réponse.

Une telle révolution peut toujours se produire – ça dépend de l'esprit qui règne dans la société actuelle.

Les gens sont trop égoïstes et matérialistes de nos jours.
C'est chacun pour soi.

Il ne faut jamais croire que rien ne peut arriver.

Les syndicats, surtout les britanniques, sont moins puissants qu'en 1968. Je ne pense pas qu'ils soient en mesure de s'organiser de cette façon.

La peur du chômage fait que les étudiants ne vont pas protester contre l'autorité.

Si on pousse les gens assez loin, ils peuvent faire n'importe quoi.

Tout dépend de l'économie, et l'économie a toujours des moments de fragilité.

La vie est trop aisée dans le monde occidental. Il n'y a plus de colère.

3 La vie politique actuelle

Beaucoup de choses ont changé depuis 1968, et notamment la vie politique française. Bien que la division gauche–droite existe toujours, les partis politiques ont évolué et de nouveaux partis sont nés.

1 Exercice d'écoute

Écoutez attentivement ce journaliste qui parle du clivage politique gauche–droite et qui donne des détails sur les partis politiques français. Répondez en français aux questions suivantes.

a Quelle est l'origine de la division gauche–droite ?

b Faites une liste de tous les partis politiques qui sont mentionnés.

c Remue-méninges : avec le reste de la classe, essayez de trouver des exemples de politiciens appartenant à tous ces partis.

2 Lecture

Faut-il s'intéresser à la politique ? Lisez ces opinions et décidez si vous êtes d'accord ou non.

« Le seul moyen de faire reculer les inégalités sociales est la politique. »

« La politique ne sert à rien ! Les politiciens ne sont que des mégalomanes, ils ne s'intéressent pas à la vie quotidienne. »

« Les actions individuelles sont nettement plus efficaces que la politique. »

« Le système politique n'a aucune importance pour les jeunes de nos jours. »

« Tout se passe à long terme sur le plan politique. C'est pour cela que l'électorat est vite frustré. »

3 Travail oral

« Je ne m'intéresse pas à la politique, ça n'a aucune importance pour moi. » Êtes-vous d'accord ? Présentez votre opinion personnelle au reste de la classe.

4 Travail de recherche

Faites des recherches sur le parti politique de votre choix. Profitez de votre bibliothèque et d'Internet. Écrivez un reportage que vous pourrez présenter à votre classe.

Adresses des principaux partis politiques

Force démocrate: 133 bis rue de l'Université, 75007 Paris – Tél.: 01 53 59 20 00
www.force-démocrate.asso.fr

Centre national des indépendants et paysans: 6 rue Quentin Bauchart, 75008 Paris – Tél.: 01 47 23 47 00,

Front national: 4 rue Vauguyou, 92210, Saint-Cloud – Tél.: 01 41 12 10 08
www.front-nat.fr

Génération Écologie: 22 rue Daguerre, 75014 Paris – Tél.: 01 43 27 11 66

Lutte ouvrière: BP233, 75865 Paris Cedex 18

Parti communiste français: 2 place du Colonel-Fabien, 75019 Paris – Tél.: 01 40 40 12 12
www.pcf.fr

Parti radical: 1 place de Valois, 75001 Paris – Tél.: 01 42 61 56 32

Démocratie libérale: 105 rue de l'Université, 75007 Paris – Tél.: 01 40 62 30 30
www.democratie-liberale.asso.fr

Parti socialiste: 10 rue de Solférino, 75007 Paris – Tél.: 01 45 56 77 00
www.parti-socialiste.fr

Rassemblement pour la République: 123 rue de Lille, 75007 Paris – Tél.: 01 49 55 63 06
www.rpr.org

Union pour la démocratie française: 25 avenue Charles Floquet, 75007 Paris – Tél.: 01 44 38 10 00
www.sdv.fr/vdf

Les Verts: 107 avenue Parmentier, 75011 Paris – Tél.: 01 43 55 10 01
www.verts.imaginet.fr

4 François Mitterrand

François Mitterrand incarne l'idée d'un homme de la fin du siècle. Attiré par la politique dès sa jeunesse, il a été élu député pour la première fois en 1946 et a servi son pays presque sans interruption jusqu'à sa mort en 1996.

---

1 **Lecture** Lisez cette appréciation de la vie de François Mitterrand et remplissez les blancs avec les mots de l'encadré. Pour vous aider, identifiez la fonction grammaticale des mots qui manquent.

tellement	masquent	complexes
inépuisable	amoureux	le tacticien
en alerte	les fleurs	longévité
façonné	assouvie	le stratège
mené	une aube	écrivain

---

2 **Travail écrit** Parcourez cette chronologie de la vie de Mitterrand. Vous êtes journaliste et votre tâche est de rédiger un résumé de la vie de Mitterrand pour la section « Disparitions » de votre journal. Vous disposez de 300 mots.

François Mitterrand

François Mitterrand, un homme de son siècle ou un homme dans le siècle ? Né lors de la Première Guerre mondiale, ___a___ par la Seconde, tenu ___b___ par les risques d'une troisième déflagration, ses cinquante ans de vie publique marquent, par leur ___c___, un formidable pan de l'histoire de France: celle de la fin du XXe siècle et de son entrée dans le XXIe. Les historiens diront plus tard si ___d___ et ___e___ s'effacent devant le visionnaire. Ou si les travers de l'homme ___f___ le bilan du politique. Toutefois, ce qui reste déjà, c'est l'histoire d'un homme ___g___ de la vie. « *Je n'ai pas peur de mourir mais j'aime* ___h___ *vivre* », disait-il à ceux qui l'interrogeaient sur le pourquoi du long combat contre la mort qu'il a ___i___. Et c'est avec ses talents et sa séduction, avec son ___j___ appétit de vivre, sa curiosité des choses de la vie jamais ___k___, avec les bruits du monde, qu'il a rempli son existence.

Homme politique, ___l___, essayiste, aimant les arbres, les livres et ___m___, Venise et ses mystères, les pyramides et leur grandeur, un coucher de soleil ou ___n___ étincelante, François Mitterrand n'a pas encore livré tous les mystères de son personnage. Ils sont aussi ___o___ que les méandres de sa vie dont il a souvent pris les chemins de traverse. Comme pour mieux la cacher.

1916: Naissance de François Mitterrand, le 26 octobre 1916, à Jarnac (Charente).

1934: Après des études secondaires au collège Saint-Paul d'Angoulême, François Mitterrand « monte » à Paris pour faire ses études supérieures à la faculté de droit et à Sciences-Po.

1940: Mobilisé en 1939, il est blessé en mai 1940 et fait prisonnier. Il s'évade en décembre 1941.

1942: Il travaille à Vichy à la Légion des combattants et volontaires puis au Commissariat chargé du reclassement des prisonniers de guerre.

1943–1944: Il participe à la création d'un mouvement de Résistance constitué d'anciens prisonniers. Il fusionne en 1944 avec deux autres organisations pour former le Mouvement national des prisonniers de guerre.

1946–1958: Élu député de la Nièvre, il est onze fois ministre. Opposant au retour du général de Gaulle, il est battu aux législatives de 1958.

1959: Élu maire de Château-Chinon, il devient sénateur de la Nièvre. Victime du faux attentat de l'Observatoire, son immunité parlementaire est levée.

1962: Il retrouve son siège de député de la Nièvre.

1965: Candidat à la présidentielle, il met le général de Gaulle en ballottage.

1971: Il devient Premier secrétaire du nouveau parti socialiste créé à Épinay. Un an plus tard, il signe le programme commun de gouvernement avec les communistes.

1974: Il est candidat à la présidentielle anticipée par la mort de Georges Pompidou. Il est battu par Valéry Giscard d'Estaing.

1981: 10 mai: il est élu président de la République. Pierre Mauroy est nommé Premier ministre. Août à octobre: plusieurs projets de loi sont approuvés, notamment l'abolition de la peine de mort. Première dévaluation du franc.

1982: janvier à juin: adoption de plusieurs projets de lois sociales. Deuxième dévaluation du franc.

1983: Discours du *Bundestag* (équivalent de l'Assemblée nationale en France) sur les SS 20 soviétiques et troisième dévaluation du franc.

1984: 24 juin: la manifestation en faveur de l'enseignement privé rassemble à Paris plus d'un million de personnes.

1985: L'affaire du *Rainbow Warrior* qui a fait un mort éclate. Elle entraîne la démission de Charles Hernu, alors ministre de la Défense.

1986: 16 mars: la droite remporte les législatives. Jacques Chirac est nommé Premier ministre.

1988: 8 mai: réélection de François Mitterrand à la présidence de la République.

1989: 20 juin: projets de loi sur le financement des partis politiques et des campagnes électorales.

13–14 juillet: bicentenaire de la Révolution française.

31 décembre: François Mitterrand lance l'idée d'une « confédération européenne ».

1990: 14 juillet: le service militaire est réduit à 10 mois, à partir de 1992.

1992: 7 février: les Douze signent le traité de Maastricht.

11 septembre: première opération chirurgicale.

20 septembre: le traité de Maastricht est approuvé par référendum.

1993: 28 mars: la droite obtient la majorité absolue à l'Assemblée nationale. Édouard Balladur est nommé Premier ministre.

1er mai: Pierre Bérégovoy, Premier ministre de 1992 à 1993, met fin à ses jours.

1994: 18 juillet: deuxième intervention chirurgicale.

12 septembre: il s'explique à la télévision sur sa santé et son passé révélé par un livre de Pierre Péan, *Une jeunesse française*.

1995: janvier: au cours des cérémonies des vœux, il affirme qu'il ira jusqu'au terme de son mandat.

11 avril: publication chez Odile Jacob d'un livre d'entretiens avec Élie Wiesel, *Mémoire à deux voix*.

17 mai: passation des pouvoirs avec Jacques Chirac.

1996: 8 janvier: décès à Paris.

11 janvier: obsèques à Jarnac (Charente).

5 La France et l'Europe

La France et, en particulier, François Mitterrand, a joué un rôle très important dans la formation de l'Europe. C'est un sujet qui provoque bien des controverses: certains pays sont d'avis que l'Europe est l'avenir et d'autres sont persuadés que le concept de l'Europe menace leur identité et leur souveraineté.

---

1 **Lecture et travail oral** François Mitterrand s'est montré très européen, tout en défendant l'identité de la France et en s'assurant que la France jouait un rôle clé au sein de la communauté européenne. Lisez ce résumé de son attitude envers l'Europe et préparez une réponse orale aux questions qui suivent.

a La passion de Mitterrand, qu'est-ce que c'était?

b Qu'est-ce que vous entendez par la phrase «espace social européen»?

c Quelle décision difficile a-t-il prise en 1983?

d Résumez le rapport entre Mitterrand et Helmut Kohl.

Mitterrand l'européen

L'engagement en faveur de l'Europe reste l'un des axes majeurs et permanents de l'action diplomatique de François Mitterrand. Jeune ministre, mais *« témoin silencieux d'un moment historique »*, il participe en 1948 au premier congrès européen rassemblant autour de Churchill, de Gasperi et d'Adenauer, des parlementaires britanniques, italiens, allemands et français désireux de construire une Europe unie au lendemain de la Seconde Guerre mondiale.

À peine élu en 1981, le président socialiste fait irruption dans le cénacle de la CEE pour plaider, en vain, en faveur d'un «espace social européen». Une idée qu'il n'abandonnera pas jusqu'à la faire prendre en compte en 1989: l'«espace social européen» devient réalité.

« La France est notre patrie, l'Europe notre avenir »: ce credo, François Mitterrand ne cesse de la marteler au moment des grandes décisions, en particulier en 1983 où il doit faire des choix économiques, lorsque les partisans de «l'autre politique», favorables à la sortie de la France du SME (système monétaire européen), font le siège de l'Elysée.

Faire avancer l'Europe, il s'y attèle avec la complicité d'Helmut Kohl, le chancelier allemand. Il va épauler ce dernier sans hésitation, en se prononçant en 1983 pour le déploiement sur le sol européen de fusées américaines pour faire face aux SS 20 soviétiques. Et c'est sous la présidence française de la CEE en 1989 qu'a lieu l'arrimage à l'Europe d'une Allemagne en voie de réunification. À Maastricht enfin, le couple franco-allemand agit encore comme «le moteur» de la Communauté, lorsqu'il fait passer la CEE au stade de l'Union européenne, avec la perspective d'une monnaie unique et d'une politique extérieure et de sécurité commune.

---

2 **Exercice d'écoute** Écoutez attentivement ces jeunes qui parlent de leur conception de l'Europe. Recopiez et complétez ce tableau.

	Arguments pour	Arguments contre
Annick		
Mohammed		
Jeanne		
Didier		

3 **Travail oral** Avec un partenaire, faites un remue-méninges. Rassemblez vos idées en ce qui concerne l'Europe: êtes-vous pour ou contre, et pourquoi?

4 **Travail écrit** Rédigez vos idées en 250 mots environ sous le titre: «L'Europe – mon avis».

5 **Lecture** Jacques Attali, politicien français et européen convaincu, a joué un rôle clé dans les années 90 pour mettre en relief les questions communautaires qu'il faut aborder ensemble. Étudiez cette chronique où il propose sa vision pour l'Europe, puis répondez aux questions qui suivent.

a Jacques Attali pose 11 questions très importantes pour l'Europe. Traduisez-les en anglais.

b Pour Attali, il s'agit d'impliquer les Européens dans leur avenir. Selon lui, quelles sont les responsabilités des partis politiques afin d'en arriver là ?

c Selon Attali, quelles sont les préoccupations principales de ceux qui s'opposent à l'Europe ?

Donner un sens à l'Europe

Il faut décider d'un vrai programme de travail pour le futur Parlement européen. Les sujets ne manquent pas – au moins: comment équilibrer politiquement la nouvelle Banque centrale ? Quelle politique de grands travaux ? Quelle politique continentale de l'emploi ? Comment imposer aux administrations nationales l'urgente intégration de l'espace judiciaire ? Comment créer un véritable modèle européen d'enseignement supérieur ? Comment harmoniser par le haut la protection sociale ? Où arrêter l'élargissement? Que faire de la Turquie ? De la Russie? Quelle stratégie à l'égard de la mondialisation ? Quel rayonnement culturel sur la planète ?

On pourrait même aller plus loin: chacun des deux groupes de partis pourrait choisir à l'avance, pour appliquer son programme commun, une équipe, qui, s'il obtient la majorité à Strasbourg, constituerait la nouvelle Commission européenne, ce que le Parlement aurait le pouvoir de décider, s'il le voulait bien.

Si deux projets pour l'Europe pouvaient être ainsi définis – et c'est possible, sauf, sans doute, dans les deux camps, avec les Britanniques – les citoyens comprendraient en quoi l'Europe peut améliorer leur vie quotidienne, en quoi elle est le niveau pertinent pour réfléchir à leur avenir, pour donner un sens à leurs ambitions. Et ceux qui n'auraient à opposer à de tels projets que leurs peurs et leurs phobies perdraient leur principal argument: d'autres qu'eux seraient porteurs d'un rêve.

6 **Travail oral** Choisissez l'une des idées de Jacques Attali et préparez une présentation orale à ce sujet pour votre classe. Vous pouvez utiliser le vocabulaire ci-dessous pour vous aider.

Il faut établir une politique continentale de l'emploi.

Le défi, c'est d'adopter une stratégie à l'égard de la mondialisation.

L'Europe est le seul moyen pour améliorer la vie quotidienne.

L'Europe unit tout.

Les peurs et les phobies empêchent les gens de réaliser les bénéfices de l'harmonisation.

Quelle aventure, quelle courage de créer un État.

Je suis contre ce concept de banque centrale.

Je crains la perte de l'identité nationale.

Nos pays sont profondément divisés par le concept de l'Europe.

Les eurosceptiques sont de moins en moins nombreux – l'Europe c'est l'avenir.

7 **Travail écrit** Quels sont les problèmes principaux auxquels l'Europe doit faire face à l'avenir ? Écrivez une rédaction de 250 mots sur le sujet: «Comment donner un sens à l'Europe ?»

Voici quelques idées pour vous aider :

On devrait établir une équivalence en ce qui concerne les qualifications.

L'Europe va continuer sa croissance.

Il faut se préparer pour faire face au monde.

Le plan culturel exige une approche coopérative.

Il faut attaquer le chômage sur le plan européen.

Les banquiers doivent se mettre d'accord sur la stratégie économique.

Les problèmes sociaux ne se résoudront que si l'on s'y attaque de manière commune.

6 Une monnaie commune : l'euro

Une monnaie européenne unique est prévue depuis plusieurs années.
En France, comme ailleurs, l'euro a ses opposants, mais la décision est prise.
La monnaie unique a été adoptée le 2 mai 1998, mais l'affaire est longue et
compliquée...

---

1 Lecture Lisez l'article ci-dessous et préparez une réponse écrite aux
questions suivantes.

a Quelles étaient les conditions – autrement dit les critères de convergence – pour l'introduction de l'euro ?

b Commentez l'interprétation de ces critères.

c Quels pays ne participent pas et pourquoi ?

d Quel est le rôle de la Banque centrale européenne ?

e Que pensent les adversaires de l'euro de la Banque centrale ?

f Résumez l'introduction des nouveaux billets et des nouvelles pièces.

Il est né le divin euro

Le 2 mai 1998 a été historique. En grande pompe, les chefs de onze États européens ont adopté une monnaie commune, l'euro. L'opération, sans précédent, exige une sacrée logistique.

Nous avons le plaisir de vous annoncer l'arrivée du petit euro» : le faire-part de naissance a été délivré le 2 mai par la famille européenne, réunie pour la circonstance en sommet extraordinaire à Bruxelles. **L'euro a fait ses premiers pas dans le monde monétaire le 1er janvier 1999.**

Une monnaie commune

Pour la première fois dans l'Histoire, des pays abandonnent volontairement leur monnaie nationale pour adopter une monnaie commune.

Il n'y a plus de suspense. Les onze pays qui avaient juré d'en être, coûte que coûte, sont déjà présélectionnés. Il s'agit de **la France, l'Allemagne, l'Autriche, la Belgique, l'Espagne, la Finlande, l'Irlande, l'Italie, le Luxembourg, les Pays-Bas et le Portugal.**

L'événement a été historique. Et l'affaire avait été loin d'être gagnée d'avance. Car les conditions que les Quinze avaient fixées pour l'avènement de l'euro se sont révélées plus difficiles à remplir que prévu.

Quelles conditions ? Un faible taux d'inflation (hausse modérée des prix), une monnaie nationale stable, une dette qui ne dépasse pas 60 % de la richesse du pays, un déficit budgétaire (différence entre les recettes et les dépenses) inférieur à 3 % de la richesse, des taux d'intérêt bas. Ce sont, dans le jargon européen, les critères «de convergence» ou «critères de Maastricht».

Après une longue période d'incertitude, **onze États ont finalement présenté des performances jugées suffisantes.** Tous ont fourni des efforts considérables. L'Italie, l'Espagne et le Portugal, au prix d'une réduction sévère des dépenses de l'État – et même une «eurotaxe» pour les contribuables italiens –, ont ainsi déjoué les pronostics et sont finalement retenus.

Soyons honnêtes : les critères ont été interprétés d'une manière arrangeante. La France, par exemple, a augmenté ses recettes en incluant les 37,5 milliards de francs versés par France-Télécom pour couvrir les retraites futures de ses agents. L'Allemagne a fait de même avec l'argent tiré de la vente de ses entreprises publiques. Mais on n'allait tout de même pas faire capoter le projet le plus important de la construction européenne pour cela, puisque tous les candidats ont prouvé leur intention de se plier à la discipline décidée en commun !

Les seuls pays qui ne participent pas à l'aventure sont ceux qui ne le souhaitent pas. La Grèce espère rejoindre la zone euro en 2001. La Suède a été écartée parce qu'elle ne remplissait pas un seul critère. Sans regret toutefois, car elle ne souhaitait pas participer. Le Danemark et le Royaume-Uni ont usé de leur droit reconnu dans le Traité de faire monnaie à part.

Une nouvelle banque centrale

À monnaie unique, banque centrale unique. La Banque centrale européenne (BCE) s'est installée à Francfort. À partir du 1er janvier 1999, elle a pris les rênes de la politique monétaire des pays qui ont adopté l'euro. **Sa mission principale : assurer la stabilité des prix, c'est-à-dire réguler le marché de l'argent et des taux d'intérêt.**

La BCE tient, grosso modo, le rôle qu'assurent la Banque de France, la Bundesbank allemande ou la Banque d'Espagne. Ces dernières ne vont pas disparaître, mais devenir des exécutantes. Les décisions sont prises à Francfort, et non plus à Paris.

Avec l'Europe, l'État français avait déjà renoncé à son autorité dans bien d'autres secteurs, comme la politique agricole ou la réglementation des produits. Mais la monnaie, c'est autre chose, s'insurgent les adversaires de l'euro. Les partisans répliquent que l'indépendance de l'État en matière monétaire est devenue une illusion. Sa marge de manœuvre est limitée face à l'influence des marchés financiers internationaux. Au contraire, font-ils valoir, l'union fait la force et onze pays associés ont plus de poids qu'un seul.

La Banque centrale européenne est gérée par un directoire de six membres, choisis par les dirigeants européens. Pour assurer leur indépendance par rapport aux gouvernements, les membres de ce directoire sont indéboulonnables pendant huit ans. Ce qui inquiète les opposants à l'euro, qui craignent le poids des banquiers dans l'économie.

Pour lutter contre l'inflation, la BCE peut par exemple augmenter le coût du crédit. Elle est dans son rôle, mais les conséquences (notamment sur l'emploi) du ralentissement de l'activité économique qui s'ensuivra ne sont pas son problème...

Les mêmes billets pour tous

13 milliards de billets et 70 milliards de pièces seront nécessaires en 2002, quand l'euro sera mis en circulation dans les onze pays passés à la monnaie unique. Une masse considérable d'argent, qui représente 300 000 tonnes de pièces et des billets qui, mis bout à bout, pourraient couvrir quatre fois la distance de la Terre à la Lune !

Les maquettes des sept pièces (de 1 centime à 2 euros) et des huit billets (de 5 à 500 euros) sont prêtes. On attend le feu vert de la Banque centrale européenne (BCE).

Les pièces sont différentes selon les pays, car elles ont une face nationale portant l'emblème du pays concerné. Le côté pile, en revanche, est partout le même : une carte d'Europe et un grand chiffre pour indiquer la valeur.

À la différence des pièces, les billets libellés en euros sont identiques dans tous les pays. Émis par la Banque centrale européenne, ils sont fabriqués par les imprimeries spécialisées des États de la zone euro. Leur distribution pour le jour J donne aussi des sueurs froides aux responsables chargés de la sécurité ! Le plus grand secret entoure naturellement la préparation de ces opérations délicates.

Si tout se déroule comme prévu, les distributeurs des banques cracheront des billets en euros dès le 1er janvier 2002. Les machines à café et autres appareils à pièces seront adaptés pendant le premier semestre 2002. Nos bons vieux francs seront progressivement retirés de la circulation. Les pièces seront refondues et les billets broyés ou brûlés par la Banque de France.

SYLVAINE FRÉZEL

2 Travail écrit Lisez l'article (page 202) une deuxième fois et faites une liste de toutes les expressions stylistiques utiles. Comparez votre liste avec celle de vos collègues.

faire ses premiers pas

plus ... que prévu

coûte que coûte

l'union fait la force

Grammaire — The past infinitive

This translates into English as '(after) having' done something.

Formation: *après* + past infinitive (auxiliary *avoir* or *être* + past participle)

Examples:
Après avoir considéré l'importance de l'union européenne, ils ont décidé d'adopter la monnaie commune.

Après être descendue, elle a fondu en larmes.

As with all compound tenses, some verbs – verbs of motion mainly – take *être* rather than *avoir*. Remember that the past participle must then agree with the subject in the main clause.

With reflexives, use *après s'être, après m'être*, etc:
Après s'être lavée, elle est sortie.
Après m'être habillé, je suis parti à la plage.

3 Travail écrit Reliez ces paires de phrases pour en faire une seule en vous servant de l'infinitif passé.

a Elle a travaillé toute la journée. Elle est rentrée chez elle à sept heures.

b Nous sommes rentrés de Paris. Nous avons dû affronter les journalistes.

c Il s'est réveillé tôt. Il a décidé de se lever.

4 Travail écrit Traduisez ces phrases en français.

a After having examined the concept of monetary union, she was satisfied that it was the right decision.

b Having escaped the vote on the common agricultural policy, he took refuge in the bar.

c After having listened to all of the arguments, you must make up your mind.

5 Travail oral Remue-méninges : êtes-vous pour ou contre la monnaie commune ? Préparez vos arguments afin de participer à un débat.

WORKSHEET 58

Discussion – présenter et défendre son point de vue

6 Travail écrit Écrivez une explication de l'euro pour de jeunes enfants. Comment vont-ils comprendre ce changement énorme ? À vous de les persuader de son importance !

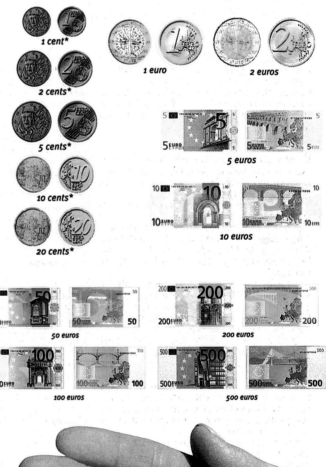

1 cent*

2 cents*

5 cents*

10 cents*

20 cents*

1 euro

2 euros

5 euros

10 euros

50 euros

200 euros

100 euros

500 euros

Comment devrait-on mener sa vie? Qu'est-ce que la moralité? La religion est-elle importante pour tout le monde? Des questions telles que «Qui suis-je?» et «Pourquoi suis-je là?» occupent l'esprit de tout être humain. Ce sont ces questions que nous allons aborder dans ce chapitre.

1 Lecture Lisez cette définition du mot *religion*. Il y a des verbes et des noms – et des citations – qui vous seront très utiles au cours de ce chapitre. Faites-en une liste selon les catégories suivantes:

Nom   Verbe   Citation

2 Travail écrit Traduisez toutes les citations en anglais.

3 Travail oral Essayez de former votre propre définition de la religion. Comparez-la avec celles formulées par le reste de la classe.

4 Travail oral Regardez ces photos. Décrivez ce que vous voyez. Qui sont ces personnes? Pourquoi sont-elles habillées ainsi? Pouvez-vous dire ce qui se passe? Quelle est votre réaction devant ces cérémonies?

RELIGION [r(ə)liʒjɔ̃] **n.f.** – 1085 «monastère»; lat. *religio* «attention scrupuleuse, vénération », de *relegere* « recueillir, rassembler» (de *legere* «ramasser», et fig. «lire»), ou de *religare* «relier».

I. (1170) Ensemble d'actes rituels liés à la conception d'un domaine sacré distinct du profane, et destinés à mettre l'âme humaine en rapport avec Dieu. **1.** LA RELIGION: reconnaissance par l'être humain d'un pouvoir ou d'un principe supérieur de qui dépend sa destinée et à qui obéissance et respect sont dus; attitude intellectuelle et morale qui résulte de cette croyance, en conformité avec un modèle social, et qui peut constituer une règle de vie (**→ religieux; spirituel**; 1. **sacré, saint**). «*La religion n'est ni une théologie, ni une théosophie; elle est plus que tout cela: une discipline, une loi, un joug, un indissoluble engagement*» (Joubert). «*La religion est devenue chose individuelle*» (Renan). «*Un peu de philosophie éloigne de la religion, et beaucoup y ramène*» (Rivarol). *Personne sans religion.* **→ agnostique, aréligieux, athée.** *Qui combat la religion.* **→ irréligieux.** *Indifférence, intolérance, tolérance en matière de religion.* «*La religion est l'opium du peuple*», a dit Marx. – *Guerres* de religion.* **2.** (xiie) Attitude particulière dans les relations avec Dieu. **→ foi; déisme, panthéisme,** 1. **théisme; mysticisme.** – *La religion de qqn. Une religion sentimentale, vague* (**→ religiosité**), *formaliste* (**→ pharisaïsme**), *profonde. Jésus* «*dédaignait tout ce qui n'était pas la religion du cœur*» (Renan). ◆ ABSOLT *Avoir de la religion*: être croyant, pieux. «*Chaque jour, la religion le reprenait davantage*» (Zola). **3.** UNE RELIGION: système de croyances et de pratiques, impliquant des relations avec un principe supérieur, et propre à un groupe social. **→ confession** (3°), **croyance, culte.** REM. Jusqu'au XVIIe s., *religion*, opposé à *superstition*, désignait spécialement la religion catholique, considérée comme seule vraie. «*L'origine des religions se confond avec les origines mêmes de la pensée et de l'activité intellectuelle des hommes*» (S. Reinach). *Histoire, sociologie des religions.* «*À côté de chaque religion se trouve une opinion politique qui, par affinité, lui est jointe*» (Tocqueville). *Religion qui se répand, se divise* (**→ hérésie, schisme; secte**), *qui disparaît. Religion d'État. Neutralité d'un État en matière de religion.* **→ laïcité.** – *Professer, pratiquer, embrasser une religion. Adeptes, sectateurs d'une religion.* – *Abjurer, renier une religion; se convertir à une religion. Dogmes, légendes, mythes, symboles d'une religion.* – *Pratiques, prescriptions des religions.* **→ cérémonial, culte, liturgie, rite, rituel; observance.** – *Ministres, prêtres, fonctionnaires des diverses religions*: bonze, brahmane, clerc, imam, 2. lama, lévite, mage, muezzin, mufti, pasteur, pontife, pope, prélat, rabbin, sorcier. – *Religions polythéistes. Religions initiatiques. Religions révélées. Religions dites «primitives».*

Petit Robert de la langue française 1999

5 Travail oral Selon vous, expriment-ils des idées positives ou négatives sur la religion ? Dites si vous êtes d'accord ou non. Donnez des raisons à vos réponses.

La religion ne veut rien dire de nos jours. Ce n'est qu'un moyen d'expliquer les choses. Autant ne pas comprendre !

a

Bien sûr qu'il existe un pouvoir supérieur, qui exige un certain dévouement à un code moral. Si je ne le croyais pas, je ne pourrais pas continuer.

d

Le bouddhisme, l'astrologie, le catholicisme, tout est du vaudou. Je rejette tous ces systèmes.

g

Tout le monde a le droit de croire en quelque chose. C'est de la tolérance qu'il faut dans notre société.

b

Le besoin de religion provient d'une insécurité profonde.

e

En général, je suis de l'avis que la religion décourage le matérialisme, je suis donc pour.

h

La religion, c'est des sectes légalisées. Il faut faire très attention. On est vite converti.

c

Aller à l'église, ça va, c'est le fanatisme et l'extrémisme qui m'inquiètent.

f

Je suis athée moi. La religion ne fait que compliquer les choses.

i

6 Travail de recherche Cherchez les définitions de ces termes dans un dictionnaire ou une encyclopédie :

le judaïsme
le christianisme – le catholicisme,
    le protestantisme
l'islam
l'hindouisme
le bouddhisme
agnostique
athée

7 Travail oral Remue-méninges : pourquoi les gens sont-ils attirés par la religion ? Discutez-en avec le reste de la classe.

Voici quelques idées pour vous aider :

Les gens ont besoin de croire en quelque chose de spirituel.

La religion donne un sens de la moralité qui peut autrement nous manquer.

Il y a tant de questions dans la vie auxquelles il est impossible de répondre sans la religion.

Ça peut donner un grand réconfort, surtout aux gens faibles.

Croire en un dieu quelconque, ça donne un guide dans la vie aux gens désorientés.

1 La religion et les jeunes

Nous sommes nombreux à ne jamais penser aux questions religieuses ou spirituelles. On prétend quelquefois que les jeunes en particulier sont égoïstes et se détournent de la religion. Est-ce vrai? Pourquoi les jeunes s'intéresseraient-ils à la religion?

1 Exercice d'écoute
Écoutez ces jeunes qui se sont rassemblés à Paris pour les Journées mondiales de la jeunesse chrétienne et qui parlent de leur foi. Recopiez et complétez le tableau suivant.

	Raisons pour sa foi	Attitude de sa famille	Autres détails
Lucie, 27 ans, centrafricaine			
Delphine, 22 ans, française			
Fukié, 20 ans, japonaise			
Christiane, 24 ans, brésilienne			

2 Lecture et travail écrit
Lisez ces lettres sur l'existence de Dieu et ensuite rédigez une lettre où vous exprimez votre point de vue.

3 Exercice d'écoute
Écoutez l'archevêque de Paris – le cardinal Jean-Marie Lustiger – qui parle des Journées mondiales de la jeunesse. Mettez les titres suivants dans le bon ordre.

a Ce manque de direction aboutit à des excès en tout genre.
b Personne ne s'occupe des jeunes en réalité.
c C'est la société qui impose ces stéréotypes à travers les médias.
d La jeunesse est une étiquette qui nous empêche de considérer les jeunes comme des êtres réels.
e La société a abandonné les jeunes alors qu'ils sont les premiers à souffrir de l'effondrement des structures sociales.
f Les jeunes sont le reflet de la société et en reproduisent le malaise.

4 Exercice d'écoute
Écoutez de nouveau et relevez les expressions que Lustiger utilise pour ces tournures anglaises.

a key word
b one only has to
c in reality
d to attach a commercial identity
e the consequences are well known

Moi, personnellement, je ne suis pas croyant. Je vis ma vie selon mon code personnel à moi. J'essaie de ne faire de mal à personne. Je fais toujours de mon mieux dans tout ce que j'entreprends. Dieu n'a aucune importance pour moi – la religion ne joue aucun rôle dans ma vie.

Jérôme 17

Je suis croyante mais je ne cherche pas à convaincre les autres de l'existence de Dieu. Pour moi il est toujours près de moi, m'aidant dans mon chemin, me donnant des conseils. Je vais très rarement à l'église, mais Dieu m'accompagne toujours.

Stéphanie 15

Je suis musulman – ma religion détermine tout dans ma vie. Je suis notre code moral et je suis persuadé que j'ai trouvé la bonne voie pour moi. Je ne suis pourtant pas intolérant – au contraire. Je connais beaucoup de chrétiens, de juifs et d'athées. Ça n'a aucune importance pour moi. Être sûr de sa propre conviction c'est l'essentiel.

Mo 18

Le bouddhisme fait de nos jours un tabac dans les rangs du show-biz international. Considérons et l'histoire de la religion et son attraction pour les vedettes.

---

5 Lecture et travail écrit Lisez *Le chemin du Nirvana* et trouvez les termes bouddhistes pour les expressions suivantes.

a la compréhension parfaite

b l'état serein

c celui qui a vu la lumière

d les moyens d'éviter la souffrance

Répondez maintenant à ces questions.

a Quelle voie faut-il suivre pour échapper à la souffrance et atteindre le Nirvana ?

b Il y a combien de temps que les premiers Occidentaux ont été attirés par le bouddhisme ?

c Combien de bouddhistes y a-t-il en France ?

LE CHEMIN DU NIRVANA

Le bouddhisme est né en Inde, il y a plus de 2 500 ans, de l'expérience spirituelle d'un homme: Siddharta Gautama, dit Bouddha («l'éveillé»). Il affirme que l'homme souffre parce qu'il est attaché à des valeurs illusoires (richesse, pouvoir…). Il propose la méditation (faire le vide en soi, «lâcher prise») pour comprendre («l'éveil») que l'attachement aux choses matérielles engendre forcément désillusions et douleurs. Bouddha transmet sa philosophie à quelques disciples sous la forme de «Quatre nobles vérités», qui proclament l'universalité de la souffrance, son origine (le désir), les voies pour y échapper («l'Octuple Sentier») et l'accès à l'état de libération («Nirvana»). Dans le bouddhisme le plus traditionnel («Theravada»), seule la vie monastique peut mener au terme de ce processus. En revanche, dans le «Mahâyâna» («le Grand Véhicule») dont se réclament la plupart des écoles zen et tibétaines, les laïcs peuvent atteindre le Nirvana, sans réclusion,

grâce à la compassion. Dans tous les cas, c'est la méditation régulière qui permet de se libérer.

Le bouddhisme ne promet pas l'immortalité de l'âme et n'énonce aucune doctrine, mais valorise l'expérience personnelle. Religion pour certains, philosophie pour d'autres, il est parfois considéré comme une simple hygiène de l'esprit. Près de 350 millions d'Indiens, Birmans, Vietnamiens, Cambodgiens, Sri-Lankais, Coréens, Japonais… pratiquent le bouddhisme depuis des siècles. Il n'est présent en Occident que depuis un siècle, mais son développement y est fulgurant: au moins 5 millions d'Américains et 2,5 millions d'Européens (non comptées l'Europe de l'Est et la Russie). La France dénombre plus de 600 000 adeptes (dont deux tiers d'immigrés asiatiques), ce qui fait du bouddhisme la 5e religion du pays, presque à égalité avec le judaïsme (en tête, le catholicisme, suivi de l'islam et du protestantisme).

---

6 Exercice d'écoute Richard Gere, acteur américain, explique ses convictions spirituelles. Mettez ce qu'il dit dans le bon ordre en reliant les moitiés de phrases.

L'enseignement bouddhiste	m'apporter la lumière.
mais j'avais enfin d'avancer	absorbé par cette recherche
Je découvrais les deux niveaux d'explication	celui de la compassion.
le chemin de la sagesse et	était dur ;
Je me suis senti	vers une ébauche d'apaisement.
qui allait enfin	l'impression d'être sur le bon chemin
de plus en plus	d'une réalité qui me dépassait :

Richard Gere est loin d'être un cas isolé :
Sharon Stone, actrice, affirme : « Le bouddhisme m'a toujours beaucoup intéressée, quoique je trouve Bouddha un peu misogyne. »
Tina Turner, chanteuse, affirme qu'elle n'aurait pu surmonter de terribles difficultés conjugales sans le bouddhisme et qu'elle attend le moment où elle se sentira capable d'enseigner.

---

7 Travail oral Et vous ? Que pensez-vous de la religion ? Présentez votre opinion face à la religion dans un débat en classe. Voici du vocabulaire qui pourra vous aider.

Croire, c'est avoir un but dans la vie.
Se tourner vers Dieu permet de relativiser les difficultés.
La religion, c'est la liberté.
La religion, c'est la lumière.
La foi – c'est glorieux, brillant.

La religion, c'est l'opium du peuple.
L'au-delà n'existe point.
Le salut a été inventé pour distraire les gens.
La religion n'est que superstition.
La religion encourage l'extrémisme.

2 Les valeurs religieuses

Essayons de concrétiser nos idées. Croyez-vous en Dieu? au surnaturel? à la réincarnation? Pensez-vous qu'après la mort, il n'y ait rien? Quelles valeurs sont des valeurs religieuses? Préparons une réponse à ces questions.

---

1 Travail oral Regardez les résultats de ce sondage où les chrétiens, les athées, les musulmans, et les juifs ont donné leur avis sur des sujets bien divers. D'abord, répondez aux questions du sondage pour vous-même. Ensuite, répondez à ces questions:

a Est-ce qu'il y a des chiffres qui vous surprennent? Pourquoi?

b Laquelle des questions vous intéresse le plus? Pourquoi?

---

2 Travail écrit En vous servant des statistiques ci-contre, rédigez un article d'une centaine de mots sur les attitudes envers Dieu dans notre société.

---

3 Travail oral Regardez l'image ci-dessous. Préparez une réponse orale aux questions suivantes.

a Décrivez ce que vous voyez – les éléments principaux.

b Expliquez le texte qui accompagne l'image.

c Trouvez-vous que l'image soit drôle? Pourquoi?

1 CREATION DU MONDE

A votre avis, le monde a été créé…

Par hasard	**43%**
Par une puissance supérieure à l'homme	**40%**

Ne se prononcent pas: 17%

2 APRES LA MORT

Pensez-vous qu'après la mort…

Il y a quelque chose, mais vous ne savez pas quoi	**50%**
Il y a une vie dans l'au-delà	**20%**
Il y a une réincarnation	**13%**
Il y aura un jugement dernier, puis une résurrection des corps	**9%**
Il n'y a rien	**16%**

Ne se prononcent pas: 2%
Total supérieur à 100 en raison des réponses multiples

3 DIEU

L'existence de Dieu vous paraît-elle…

Certaine	17
Probable	38

55%

Improbable	18
Exclue	20

38%

Ne se prononcent pas: 7%

4 PORTRAIT ROBOT

Comment le verriez-vous?
Sur cent personnes qui estiment que l'existence de Dieu est certaine ou probable, soit 55% de l'échantillon.

D'abord comme intérieur à chacun d'entre nous	**31%**
D'abord comme une force, une énergie	**22%**
D'abord comme quelqu'un qui vous aime	**22%**
D'abord comme un être qui s'est adressé aux hommes dans l'Histoire	**19%**

Ne se prononcent pas: 6%

5 MISSION

Et qu'attendez-vous le plus qu'il vous apporte?
Sur cent personnes qui estiment que l'existence de Dieu est certaine ou probable, soit 55% de l'échantillon.

Qu'il aide l'humanité à sortir de la violence et de l'injustice	**49%**
Qu'il soit un soutien dans les épreuves de votre vie	**31%**
Qu'il soit un guide dans vos choix personnels	**14%**

Ne se prononcent pas: 6%

6 VALEURS

Diriez-vous que les valeurs suivantes sont des valeurs religieuses?

La paix
55 OUI **NON 43**
Ne se prononcent pas: 2%

La tolérance
49 OUI **NON 48**
Ne se prononcent pas: 3%

L'égalité
39 OUI **NON 58**
Ne se prononcent pas: 3%

La liberté individuelle
23 OUI **NON 74**
Ne se prononcent pas: 3%

La justice
17 OUI **NON 81**
Ne se prononcent pas: 2%

Les droits de l'homme
16 OUI **NON 82**
Ne se prononcent pas: 2%

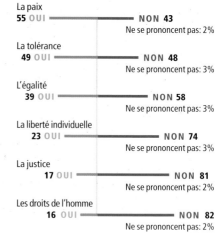

"Eh bien, ma pauvre Solange, je vais te le dire, moi, le maître mot de tout ça: c'est Har-mo-nie. Car c'est l'harmonie qui préside aux rapports entre les choses comme entre les êtres…"

4 Lecture Les êtres humains ont tendance à rechercher un sens à leur vie. Lisez cet article sur le New Age et répondez aux questions qui suivent.

Le New Age, religion fast food

Les adeptes du New Age croient en une force cosmique. Ils se réunissent en stages de yoga ou autour de gourous, possèdent leurs revues, librairies, salons… Religion nouvelle mode ou bric-à-brac de vieilles superstitions?

Venu de Californie, le New Age a débarqué en France au milieu des années 80. On a soudain vu des jeunes cadres dynamiques se mettre à marcher sur des braises et des gourous affirmer qu'ils étaient des habitants réincarnés de l'Atlantide, une île disparue. Tout cela est vite passé de mode, mais un second New Age s'est installé, plus discret. Il concerne en France quelques dizaines de milliers de personnes, tout en ne disant pas son nom (on l'appelle aussi "nouvelle culture" ou "nouvelles spiritualités"). Sans chef, ni organisation, le New Age est une sorte de réseau de réseaux où l'on trouve des revues, des salons, des éditions, des librairies spécialisées, de la musique et surtout, lieu de propagation idéal, de nombreux stages.

Son message central est: "Tout est Un. Il existe une lumière, une force cosmique, une énergie vibratoire", bref un Dieu qui n'est pas à proprement parler un Dieu, mais qui baigne l'univers entier. Il est en nous comme au-dehors de nous. Il est la réalité de tout ce qui existe. Aussi, pour les tenants du New Age, le corps et l'esprit sont un; le passé et le présent sont un; toutes les religions sont une: l'humanité est une.

Cette croyance ferait de chacun d'entre nous une parcelle de Dieu: je suis Dieu, je dispose donc de pouvoirs enfouis. Pour peu que je "travaille sur moi", je pourrais sortir de mon corps, communiquer avec d'autres humains par télépathie, parler avec des esprits, connaître mes vies antérieures.

C'est à ces mutations qu'on s'essaie dans les stages New Age, en puisant dans un arsenal de techniques les plus variées: les vieilles pratiques divinatoires (tarot, astrologie), les arts martiaux et disciplines orientales (shintaido, yoga) et surtout les nouvelles thérapies, comme le "rebirth", une technique respiratoire sensée libérer des traumatismes liés à la naissance.

Le New Age peut paraître séduisant avec son message pacifiste et écologiste, sa promesse que chacun de nous peut dépasser ses blocages et développer son potentiel, la force d'entraînement de ses stages où l'on vit des décharges émotionnelles fortes. Mais il a des côtés très glauques avec ses charlatans et ses gadgets, son rejet de la raison et de l'esprit critique, son bric-à-brac de vieilles superstitions et de fausses sciences.

Le paradoxe du New Age est qu'il est bien le produit de son époque: sous prétexte d'étancher l'immense soif spirituelle d'aujourd'hui, il propose une religion individualiste, à la carte, à consommer sur place. Et jetable, en fin de compte.

JEAN-LUC PORQUET

a Trouvez dans ce passage les synonymes des expressions suivantes.

i) s'est installé
ii) des professionnels
iii) les adhérents
iv) cette foi
v) je possède
vi) troubles

b Décidez si les phrases suivantes sont vraies, fausses ou pas mentionnées.

i) Le second New Age est plus plausible.
ii) Il n'a pas de chef spirituel.
iii) Le message est répandu de façon rigide.
iv) On accepte l'existence de Dieu.
v) Les tenants du New Age croient que Dieu existe en nous.
vi) La réincarnation joue un rôle très important.
viii) Il s'agit de développer son potentiel.
ix) Le New Age constitue une religion individuelle, spirituelle, jetable.

5 Exercice d'écoute Écoutez attentivement cette adhérente du New Age. Prenez des notes en français sur ce qu'elle dit afin de faire un reportage à la radio.

3 Les sectes

La religion, selon certains, se transforme facilement en secte. Les sectes sont un phénomène qui préoccupe de plus en plus la société de nos jours. Qui sont ces sectes ? Comment font-elles pour manipuler mentalement et amasser beaucoup d'argent ? Comment recrutent-elles leurs adeptes ? Lisez plus loin…

1 **Lecture** Regardez ces photos et reliez chaque image au texte qui correspond.

a La secte des "Chevaliers du lotus", dirigée par Gilbert Bourdin, a installé sa "cité du mandarom" à Castellane (Alpes-de-Haute-Provence). Les 4 ha de terrain sont parsemés de bouddhas géants et de "christs cosmiques". La secte a voulu construire un temple de 5 000 m² et 30 m de haut, en l'honneur de "l'unité des religions". Le permis de construire a été refusé en juin dernier.

b L'Ordre du temple du soleil aimait les insignes, considérait le 7 comme chiffre magique, et associait au 5 octobre le "jour de l'Appel"… Le 5 octobre 1994, 53 membres de la secte se sont suicidés en Suisse et au Canada.

c Le révérend Moon et sa femme, à la tête de la secte la plus puissante du monde, aiment le spectacle : ils ont marié 35 000 couples (désignés par eux) le 28 août dernier, la cérémonie étant retransmise par satellite aux États-Unis et au Brésil depuis la Corée. Ils ont battu le record de 1992 : 20 000 couples mariés dans un stade de Séoul.

d "Le discours des sectes fonctionne parce qu'il est simpliste. Il apporte une solution toute faite, qui rassure. Nul besoin de penser, de réfléchir ou d'étudier…"

e 19 novembre 1978, Guyana : la police découvre les 923 cadavres des adeptes de la secte du Temple du peuple, poussés au suicide par leur gourou.

f Tout adepte de l'Église de scientologie – fondée aux USA par Ron Hubbard en 1952 –, connaît l'électromètre : cet appareil, censé mesurer les émotions et détecter les mensonges, est vendu environ 25 000 F par la secte à ses membres.

2 Lecture Remplissez les blancs avec les mots de l'encadré qui conviennent.

Des sectes ont ____a____ à des procédés qui sont souvent ____b____ sur des croyances ____c____ . Elles font ____d____ aux instruments ____e____ , aux uniformes, aux cérémonies. Tout pour attirer des ____f____ .

N'importe qui est ____g____ de se laisser entraîner par une secte. C'est pourquoi les ____h____ sont si dangereuses. On entre dans une ____i____ organisation parce qu'à un moment précis de notre vie, ce que dit l'organisation va ____j____ , ou pas. Ce moment peut correspondre à un état de fragilité ou de dépression – état fréquent et normal à l'____k____ . L'organisation ____l____ être la seule à connaître la solution. Nul besoin de ____m____ .

La secte rejette tout ce qui est ____n____ à l'organisation et encourage la personne à rompre avec la ____o____ , avec la société.

douteuses	telle	prétend	fondés	susceptible
résonner	scientifiques	sectes	adolescence	famille
adeptes	recours	réfléchir	appel	extérieur

3 Exercice d'écoute Écoutez Michel qui a été « scientologue » de 16 à 20 ans. Prenez des notes en français sur ce qu'il dit sous les titres suivants.

La réaction du directeur de l'école devant la scientologie de Michel
Les cours de métaphysique
Les manifestations de la dépression
Le rôle du prof de philo

4 Travail écrit Maintenant faites un résumé en anglais de 50 mots de ce que vous venez d'entendre.

5 Travail oral Préparez une réponse orale aux questions suivantes.

6 Travail écrit Comment aider quelqu'un à sortir d'une secte ? Écrivez une brochure donnant des conseils aux personnes attirées par les sectes. Donnez des conseils pratiques et des raisons affectives.

a Qu'est-ce que vous voyez sur cette image ?
b Commentez la proportion des personnages.
c À quel personnage mythique cette image fait-elle référence ?
d Pourquoi ces personnes tombent-elles dans le gouffre ?
e Que feriez-vous si un membre de votre famille était adepte d'une secte ?

4 À la recherche de solutions alternatives…

Le développement des pratiques thérapeutiques non traditionnelles connaît actuellement un véritable engouement, en France ainsi qu'en Grande-Bretagne. Lassées de vivre dans un monde industrialisé à outrance et désirant renouer leur liens avec la nature, de nombreuses personnes se sont tournées vers ces thérapies.

1 Le yoga
Le mot « yoga » vient d'un mot sanskrit qui signifie « union ». Plus qu'un exercice physique et d'assouplissement, le yoga constitue un art de vivre en harmonie avec soi-même et avec les autres au sein de l'Univers.

2 L'acupuncture
L'acupuncture représente une branche de la médecine énergétique chinoise visant à rétablir l'équilibre énergétique en apposant des aiguilles sur certains points d'acupuncture, eux-mêmes situés sur des méridiens, sortes de « canaux » à travers lesquels circule l'énergie vitale, le Qi.

3 L'homéopathie
Thérapeutique visant à obtenir la guérison en administrant au sujet malade des substances en très petite quantité (on dit à dose « infinitésimale »). C'est une médecine dont le succès ne cesse de croître: 36% des Français y auraient recours de façon ponctuelle ou régulière.

4 La phytothérapie
Médecine visant à soigner par les plantes, la phytothérapie est l'une des plus anciennes médecines du monde. Des tablettes d'argile retrouvées en Mésopotamie et datant de 3 000 à 5 000 ans av. J.-C., traitaient déjà de l'usage des plantes médicinales.

---

1 **Lecture** Reliez chaque commentaire à la thérapie qui convient.

a En Occident, cette thérapie est surtout utilisée pour le traitement des maladies fonctionnelles et des douleurs, mais également pour ses propriétés analgésiques.

b Seule médecine naturelle reconnue par l'Académie des sciences, elle soigne par les plantes dont les principes actifs entrent dans la composition de la plupart des médicaments allopathiques, quand ils ne sont pas reproduits de façon synthétique.

c Un art dont l'enseignement et la pratique exigent rigueur et précision. Véritable procédé pour se détacher des valeurs matérielles, il est pratiqué en Occident par les personnes soucieuses de se recentrer sur elles-mêmes.

d Cette thérapeutique convient aux enfants et aux adultes. Son efficacité comme traitement de fond et son absence d'effets secondaires constituent les deux raisons essentielles de l'engouement pour cette méthode thérapeutique.

---

lequel/laquelle/lesquels/lesquelles

- *Lequel, laquelle, lesquels* and *lesquelles* are the pronouns used after a preposition (unless referring to a person). They must agree with the noun to which they refer.
  Examples:
  *Les méridiens sont des sortes de « canaux » **à travers lesquels** circule l'énergie vitale.*
  *Voici l'appareil **avec lequel** j'ai pris cette photo.*

- When used after *à* or *de*, they become:
  auquel   à laquelle   auxquels   auxquelles
  duquel   de laquelle   desquels   desquelles
  Example:
  *La thérapie **à laquelle** j'ai fait référence est l'acupuncture.*

- They can also be used as question words:
  ***Lesquels** de ces médicaments sont les vôtres ?*
  *Je me suis servie d'une médecine parallèle pour me guérir de l'habitude de fumer. – **De laquelle** ?*

---

2 **Travail oral** Laquelle de ces médecines parallèles vous paraît la plus efficace ? Pourquoi ?

5 Le bénévolat

La religion, ou un code moral différent, attire des adeptes parce qu'ils ont peur de la solitude et du vide. Le bénévolat peut attirer les gens pour la même raison. Un Français sur quatre est bénévole, pourquoi pas vous?

1 **Exercice d'écoute** Écoutez ce reportage sur le nombre de bénévoles en France et expliquez à quoi correspondent les chiffres suivants.

10 millions et demi	18 – 25 ans
une vingtaine	21
51	17
35	25 – 35 ans
59	15

2 **Travail oral** Regardez cette carte postale qui vise les bénévoles et répondez aux questions suivantes.

a Quels sont les mots qui suscitent de la compassion chez le lecteur?

b Quels sont les mots qui encouragent l'action chez le lecteur?

c Trouvez-vous que cette carte postale soit efficace? Pourquoi?

d Pourquoi devient-on bénévole à votre avis?

e Êtes-vous bénévole? Pourquoi? Pourquoi pas?

3 **Travail écrit** Vous êtes un jeune cadre. Écrivez une lettre de 300 mots à un journal pour expliquer pourquoi vous avez décidé de travailler comme bénévole pendant votre temps libre et pour persuader les autres de faire la même chose.

Rejoignez nos bénévoles

Dans votre quartier, à la maison, à l'hôpital, en maison de retraite, ou peut-être à la rue, des personnes de plus de 50 ans vivent et vieillissent dans des conditions difficiles. Isolement, précarité et maladie viennent souvent aggraver l'exclusion dont elles souffrent.

Au-delà de l'aide matérielle, **les petits frères des Pauvres,** association reconnue d'utilité publique, privilégient l'accompagnement et les relations humaines pour vaincre l'isolement et lutter contre l'exclusion.

Si vous voulez donner quelques heures par semaine de façon régulière, si vous avez envie de partager cette expérience avec nous, venez faire un bout de chemin avec eux.

Votre dynamisme et votre esprit d'équipe seront les bienvenus.

Informations

les petits frères des Pauvres
33, avenue Parmentier
75011 PARIS
01 42 93 25 80

avec le soutien de CARTE À PUB 01 48 87 80 81 et INSERT FRANCE

les petits frères des Pauvres

Aidez ceux qui vieillissent seuls à se sentir moins seuls.
Devenez bénévoles.

6 Comment vivre sa vie ?

Nous avons déjà considéré l'importance de la religion et les dangers des sectes dans ce chapitre. La question «Comment vivre sa vie ?» est une question qui préoccupe les philosophes depuis l'antiquité. Considérons deux personnes qui ont choisi de suivre un code moral différent, ou qui ont contribué au débat sur la condition humaine.

Dans un premier temps, faisons la connaissance de Jean-Paul Sartre qui, durant la période de l'après-guerre, a beaucoup écrit sur l'existence et l'engagement.

existentialisme *nm* mise en relief de l'importance philosophique qu'a l'existence individuelle, avec ses caractères irréductibles ; doctrine philosophique, selon laquelle l'existence de l'homme précède son essence, lui laissant la liberté et la responsabilité de se choisir.

---

1 Lecture *La nausée*, publié en 1938, est le premier roman de Jean-Paul Sartre et peut-être le plus connu. Lisez cet extrait où Roquentin, le narrateur, connaît un instant de clairvoyance.

Après avoir voyagé dans différents pays, Antoine Roquentin est venu s'installer dans un petit bourg normand. Il y ressent toute l'absurdité du monde et des êtres. Cette crise existentielle, il la nomme « la nausée ». Toutes les choses provoquent en lui la sensation d'une putréfaction. Sa survie, il la doit à sa volonté d'écrire un roman, afin de transformer le vide et la crise en œuvre d'art.

© Editions Gallimard

---

2 Travail de recherche Faites des recherches sur un aspect de la vie ou de l'œuvre de Jean-Paul Sartre afin d'en faire une présentation orale.

Je me gardais de faire le moindre mouvement, mais je n'avais pas besoin de bouger pour voir, derrière les arbres, les colonnes bleues et le lampadaire du kiosque à musique, et la Velléda, au milieu d'un massif de lauriers. Tous ces objets… comment dire ? Ils m'incommodaient ; j'aurais souhaité qu'ils existassent moins fort, d'une façon plus sèche, plus abstraite, avec plus de retenue. Le marronnier se pressait contre mes yeux. Une rouille verte le couvrait jusqu'à mi-hauteur ; l'écorce, noire et boursouflée, semblait de cuir bouilli. Le petit bruit d'eau de la fontaine Masqueret se coulait dans mes oreilles et s'y faisait un nid, les emplissait de soupirs ; mes narines débordaient d'une odeur verte et putride. Toutes choses, doucement, tendrement, se laissaient aller à l'existence comme ces femmes lasses qui s'abandonnent au rire et disent : «C'est bon de rire» d'une voix mouillée ; elles s'étalaient, les unes en face des autres, elles se faisaient l'abjecte confidence de leur existence. Je compris qu'il n'y avait pas de milieu entre l'inexistence et cette abondance pâmée. Si l'on existait, il fallait exister *jusque-là*, jusqu'à la moisissure, à la boursouflure, à l'obscénité. Dans un autre monde, les cercles, les airs de musique gardent leurs lignes pures et rigides. Mais l'existence est un fléchissement. Des arbres, des piliers bleu de nuit, le râle heureux d'une fontaine, des odeurs vivantes, de petits brouillards de chaleur qui flottaient dans l'air froid, un homme roux qui digérait sur un banc : toutes ces somnolences, toutes ces digestions prises ensemble offraient un aspect vaguement comique. Comique… non : ça n'allait pas jusque-là, rien de ce qui existe ne peut être comique ; c'était comme une analogie flottante, presque insaisissable avec certaines situations de vaudeville. Nous étions un tas d'existants gênés, embarrassés de nous-mêmes, nous n'avions pas la moindre raison d'être là, ni les uns ni les autres, chaque existant, confus, vaguement inquiet, se sentait de trop par rapport aux autres. *De trop* : c'était le seul rapport que je pusse établir entre ces arbres, ces grilles, ces cailloux. En vain cherchais-je à *compter* les marronniers, et les *situer* par rapport à la Velléda, à comparer leur hauteur avec celle des platanes : chacun d'eux s'échappait des relations où je cherchais à l'enfermer, s'isolait, débordait. Ces relations (que je m'obstinais à maintenir pour retarder l'écroulement du monde humain, des mesures, des quantités, des directions) j'en sentais l'arbitraire ; elles ne mordaient plus sur les choses. *De trop*, le marronnier, là en face de moi un peu sur la gauche. *De trop*, la Velléda…

Et *moi* – veule, alangui, obscène, digérant, ballottant de mornes pensées – *moi aussi, j'étais de trop*.

Jean-Paul Sartre, *La nausée* © Editions Gallimard

Considérons Arthur Rimbaud – enfant terrible qui a mené une vie mouvementée et a causé un véritable scandale à l'époque. Sa philosophie de la vie mérite notre attention. Sa poésie est à la source de la poésie moderne. Il a scandalisé la société du XIXᵉ siècle par son non-conformisme, tout en l'impressionnant par son génie.

3 Lecture

Lisez ce résumé de la vie d'Arthur Rimbaud, copiez et complétez le tableau ci-dessous.

Né :
Premier poème :
Nom de son amant :
Décédé :

Le cliché le plus connu de Rimbaud par Étienne Carjat (1828–1906), photographe des célébrités de l'époque. Verlaine évoquera ses «*yeux perdus dans du souvenir très ancien plutôt que dans un rêve même précoce*».

À QUINZE ANS il fait publier son premier poème. Précoce, il écrit «sapristi, moi je serai rentier, il ne fait pas si bon de s'user les culottes sur les bancs». Au collège il montre un goût pour la satire et un penchant pour la poésie contemporaine. Rimbaud commence une liaison amoureuse avec le poète Paul Verlaine. Ils partent en voyage en Europe ensemble et s'installent à Londres, où ils laissent libre cours à leur amour. Rimbaud n'a que dix-neuf ans lorsqu'il écrit *Une saison en enfer*.

Rejetant la poésie, il va vivre en Abyssinie. Après de mauvaises affaires commerciales, il est atteint d'un cancer et amputé d'une jambe à Marseille. Il y meurt en 1891 après un bref séjour à Charleville, sa ville natale.

Symboliste, surréaliste, initié, mystique, chrétien, athée, patriote, communard, bolcheviste, aventurier, existentialiste, ange, voyou, le culte de Rimbaud – le poète maudit – ne fait que grandir. Il faut le lire et relire. Il illumine toujours …

En 1896, Delahaye publie ce dessin de Rimbaud qui, pour marquer sa révolte et son indépendance, porte les cheveux longs, au risque de se faire traiter de jeune fille.

4 Lecture

Voici *Voyelles* que Rimbaud a écrit lorsqu'il avait moins de 18 ans. Lisez le poème et le commentaire et préparez une réponse orale aux questions suivantes.

a Quelles sont vos réactions devant ce poème ?
b Y a-t-il des mots qui vous surprennent, des mots que l'on n'associe pas en général à la poésie ?
c Peut-on attribuer des couleurs ou des images à des sons ? Avez-vous des idées personnelles à cet égard ?

Voyelles

A noir, E blanc, I rouge, U vert, O bleu : voyelles,
Je dirai quelque jour vos naissances latentes :
A, noir corset velu des mouches éclatantes
Qui bombillent autour des puanteurs cruelles,

Golfe d'ombre ; E, candeur des vapeurs et des tentes,
Lances des glaciers fiers, rois blancs, frissons d'ombelles ;
I, pourpres, sang craché, rire des lèvres belles
Dans la colère ou les ivresses pénitentes ;

U, cycles, vibrements divins des mers virides,
Paix des pâtis semés d'animaux, paix des rides
Que l'alchimie imprime aux grands fronts studieux ;

O, suprême Clairon plein de strideurs étranges,
Silences traversés des Mondes et des Anges :
– O l'Oméga ! rayon violet de Ses Yeux !

Comment lire *Voyelles* composé à Paris ? Ce sonnet, aux rimes toutes féminines, quand la versification impose l'alternance des rimes masculines et féminines, n'est-il qu'un jeu littéraire au sens caché ? Un exercice sur la forme et le son des cinq lettres colorées pour créer des images poétiques originales ? Est-il inspiré par le poème *Correspondances* de Baudelaire, résonne-t-il du souvenir d'un abécédaire coloré ? Ces questions, sans réponses nettes, marquent encore la perplexité des poètes parisiens devant Rimbaud.

5 Travail écrit

Sartre et Rimbaud ont chacun mené leur vie selon un code personnel, créé par eux-mêmes. Quel est le vôtre ? Écrivez une lettre de 150 mots environ à un journal où vous exposez votre philosophie.

De nos jours, l'inégalité, la pauvreté, l'oppression et les conflits affligent encore beaucoup trop de peuples. Au cours de ce chapitre, nous allons examiner les atteintes aux droits fondamentaux de l'Homme et envisager quelles sont les responsabilités des nations riches.

Tout d'abord, nous allons étudier la Déclaration universelle des droits de l'Homme, constituée en 1948 à la suite de la deuxième guerre mondiale. Elle contient trente articles qui établissent les droits fondamentaux de l'Homme – le premier article est très connu et souvent cité:

Article 1:
«Tous les êtres humains naissent libres et égaux en dignité et en droits. Ils sont doués de raison et de conscience et doivent agir les uns envers les autres dans un esprit de fraternité.»

2 Lecture L'organisation Amnesty International se bat partout dans le monde pour faire respecter les droits fondamentaux proclamés dans la *Déclaration universelle des droits de l'Homme*. Lisez cet extrait qui résume les principaux objectifs de l'organisation et rattachez les titres suivants aux paragraphes correspondants.

1 Ils n'ont pas tué. Ils n'ont jamais fait usage de la violence. Pourtant ils sont en prison, parfois pour de longues années. Leur crime? Avoir exprimé des idées politiques et religieuses qui ne sont pas celles du pouvoir en place, faire partie d'un groupe ethnique, parler une autre langue, être d'une autre couleur…

Nguyen Chi Thien, un poète vietnamien a ainsi passé plus de 30 ans, soit la moitié de sa vie en prison pour poésie subversive. Amnesty se bat pour que ces hommes et ces femmes ne restent pas des prisonniers oubliés, et exige leur libération immédiate et sans condition.

2 Pour tous les prisonniers politiques, y compris ceux qui ont eu recours à la violence, Amnesty demande le strict respect du droit international. Les détenus doivent pouvoir choisir librement un avocat et être jugés équitablement, dans des délais raisonnables.

3 La torture est encore pratiquée dans au moins 124 pays. Tabassage, décharges électriques, sévices sexuels… Toutes les méthodes sont bonnes pour extorquer des "aveux" aux prisonniers, et terroriser ceux qui restent en liberté. Outre des moyens archaïques, tels le fouet ou la matraque, des techniques modernes sont également utilisées: décharges électriques, agression psychologique sophistiquée, usage de drogues provoquant terreur, hallucination et paralysie… Des victimes, de tous âges, professions ou conditions sociales, sont battues, brûlées, violées, étouffées ou soumises à des simulacres d'exécution … Amnesty dénonce et combat activement les tortures et autres traitements cruels, inhumains et dégradants.

4 Dans une quarantaine de pays, des dizaines de milliers de personnes ont été enlevées, et souvent assassinées en secret, sans qu'on puisse retrouver aucune trace de leur arrestation. Ces "disparitions" ou exécutions extrajudiciaires sont les formes les plus graves et les plus répandues des atteintes aux droits de l'Homme. En rendant ces crimes publics, en brisant le silence qui les entoure, Amnesty lutte contre ces sinistres pratiques.

5 Amnesty lutte activement pour l'abolition de la peine de mort. Jamais il n'a été prouvé que la peine de mort protège la société. Les crimes de sang ne diminuent pas dans les pays qui la pratiquent et n'augmentent pas dans ceux qui l'ont abolie. Par ailleurs, l'argument selon lequel certains crimes sont si horribles que leurs auteurs ne méritent que la mort, va à l'encontre des fondements même des droits de l'Homme.

6 Amnesty International travaille à la promotion de tous les droits énoncés dans la Déclaration universelle des droits de l'Homme et dans les traités internationaux de même nature. Amnesty lutte ainsi pour la création d'une cour criminelle internationale permanente et participe aussi à des programmes d'éducation aux droits de l'Homme.

1 Travail oral Traduisez l'article ci-dessus en anglais. Discutez ensuite en français de l'importance qu'il a pour vous.

a Exigence de procès équitables pour les prisonniers politiques

b Promotion des droits de l'Homme

c Dénonciation des «disparitions» et assassinats politiques

d Opposition à la peine de mort

e Libération des prisonniers d'opinion

f Lutte contre la torture

WORKSHEET 59

Discussion – comment formuler les questions et diriger la discussion

3 Exercice d'écoute

Écoutez attentivement ce représentant d'Amnesty International qui parle du caractère mondial de l'organisation et qui souligne l'importance de son impartialité et de son indépendance.

a Remplissez les blancs dans les premières phrases du passage avec les chiffres que vous entendez.

« Oui, Amnesty est un véritable mouvement mondial. Nous avons __a__ de membres, abonnés et donateurs dans __b__ pays. Nous avons aussi __c__ groupes de bénévoles dans __d__ pays et des sections implantées dans __e__ pays dont __f__ hors d'Europe et d'Amérique du Nord. »

b Résumez en francais l'objectif principal de l'organisation.

5 Travail oral

Que pensez-vous des activités d'Amnesty ? Préparez une réponse orale aux questions suivantes.

a Regardez cette image. Qu'est-ce que vous voyez ? Décrivez l'image.

ÉCRIRE CONTRE L'OUBLI

Amnesty international

b Expliquez la présence du stylo. Commentez les mots « Écrire contre l'oubli ».

c Pensez-vous que les campagnes d'Amnesty soient importantes ou efficaces ? Pourquoi ?

WORKSHEET **60** — Écrire une lettre

4 Lecture

Lisez cet article sur les moyens d'action d'Amnesty International. Trouvez dans l'article les synonymes des expressions suivantes.

a admet
b essaie de
c être présent
d indifférents
e provoquent
f contactée
g exige
h s'organiser

LES MOYENS D'ACTION D'AMNESTY INTERNATIONAL

Aucun État n'avoue ouvertement commettre des violations des droits de l'Homme. Ces pratiques doivent rester secrètes sous peine de salir "l'image de marque" du pays. L'action que mène Amnesty repose sur l'idée qu'il faut les dénoncer et les rendre publiques dans le monde entier. L'État concerné pourra alors difficilement résister à la pression d'une opinion publique internationale bien informée.

Des missions d'enquête pour mieux informer

Amnesty s'efforce de recueillir des informations des sources les plus diverses: victimes, témoins, experts, groupes de défense des droits de l'Homme dans le pays … Elle compare ensuite ces différentes informations, afin de voir si elles concordent.
Par ailleurs des enquêtes sur place permettent aux chercheurs d'Amnesty d'assister à des procès, de rencontrer des responsables gouvernementaux. Ces visites servent aussi à confirmer les renseignements dont dispose déjà Amnesty.

Le pouvoir des lettres

Amnesty demande à tous ceux qui soutiennent son action d'écrire aux gouvernements coupables de violations des droits de l'Homme. Quand on sait, par exemple, que les services de la Présidence colombienne ont reçu 20 000 lettres d'appel en une semaine, peut-on penser que les autorités colombiennes restent insensibles?
Amnesty a recueilli des centaines de témoignages de prisonniers, disant tous combien ces messages provenant du monde entier leur avaient redonné espoir. Des témoignages des différentes autorités des pays montrent aussi le pouvoir de ces lettres …

Les grandes campagnes d'Amnesty

Amnesty organise également des campagnes portant sur un aspect particulier ou sur la situation générale des droits de l'Homme dans un pays donné. Ces campagnes durent généralement plusieurs mois et suscitent des réactions dans le monde entier. Des pétitions circulent. Les membres d'Amnesty contactent les ambassades. Ils mobilisent l'opinion publique dans leur pays. Toute une batterie d'actions se met en place. L'objectif: amener le pays concerné à prendre des mesures concrètes pour améliorer sa politique en matière de droits de l'Homme.

Quand chaque minute compte: le réseau d'Actions Urgentes

Souvent, Amnesty est alertée parce qu'un prisonnier risque d'être exécuté, ou bien parce que son état de santé nécessite des soins immédiats. Dans ces cas-là, il faut agir très, très vite. Amnesty a mis en place un réseau de 80 000 bénévoles dans 85 pays. Ils sont prêts à se mobiliser en quelques jours pour intervenir massivement auprès des autorités qui détiennent le prisonnier concerné, grâce au courrier électronique (Internet), aux fax, télégrammes, télex et autres envois express ou par avion.

1 Médecins Sans Frontières

Tandis qu'Amnesty s'occupe des droits de l'Homme et des prisonniers politiques, Médecins Sans Frontières est une organisation humanitaire née en France et connue dans le monde entier pour son travail auprès des malades dans des pays en difficultés.

1 Lecture Lisez *La Charte des Médecins Sans Frontières* et remplissez blancs avec les mots de l'encadré qui conviennent. Avant de faire votre choix, essayez d'identifier la fonction grammaticale de chaque mot qui manque – ceci vous aidera dans votre tâche.

> maintenir victimes leur totale humaines discrimination autre que respecter apportent réclameront

2 Exercice d'écoute Écoutez attentivement le Docteur Philippe Biberon qui est le président actuel de Médecins sans Frontières. Mettez ce qu'il dit dans le bon ordre.

Sur le terrain et face à vous, nous choisissons aussi de dénoncer l'injustice. Sinon, où serait l'espoir ?

Comme vous, leur intérêt, leur choix, leur itinéraire les ont conduits à s'engager. À leur manière, avec leurs mots et leurs compétences.

Depuis 26 ans, les volontaires de Médecins Sans Frontières franchissent un peu les limites de leur quotidien pour aller à la rencontre des autres et panser leurs blessures.

Épidémies, combats, peuples en exil, malgré les outrages, certains puisent le courage de survivre. Nous les y aidons.

Notre présence auprès des exclus des soins dans les centres de santé à Paris ou à Marseille, des réfugiés rwandais, des enfants sacrifiés, répond à la même cohérence : l'espoir et la dignité.

Les conflits changent de visage. Plus que jamais les civils sont délibérément pris pour cibles, à la fois comme trophées et otages des guerres.

Témoins des tragédies, nous refusons le silence.

Et puis tout près d'ici, là où on ne les soupçonne pas, d'autres misères, moins exotiques. Des histoires ordinaires de vies rapiécées.

La Charte des Médecins Sans Frontières

Les Médecins Sans Frontières ___a___ leurs secours aux populations en détresse, aux ___b___ de catastrophes naturelles ou ___c___, de situations de belligérance, sans aucune ___d___ de race, religion, philosophie ou politique.

Œuvrant dans la stricte neutralité et impartialité, les Médecins Sans Frontières revendiquent, au nom de l'éthique médicale universelle et du droit à l'assistance humanitaire, la liberté pleine et entière de l'exercice de leur fonction.

Ils s'engagent à ___e___ les principes déontologiques de leur profession et à ___f___ une ___g___ indépendance à l'égard de tout pouvoir, ainsi que de toute force politique, économique ou religieuse.

Volontaires, ils mesurent les risques et périls des missions qu'ils accomplissent, et ne ___h___, pour eux ou leurs ayants-droit, aucune compensation ___i___ celle que l'association sera en mesure de ___j___ fournir.

MÉDECINS SANS FRONTIÈRES

3 Travail oral Regardez ce graphique et préparez une réponse orale aux questions suivantes.

a Faites une comparaison entre les pourcentages de chaque profession.

b Quel est le travail des logisticiens ?

c Pourquoi les gens veulent-ils partir avec Médecins Sans Frontières, selon vous ?

d Aimeriez-vous vous joindre Médecins Sans Frontières ? Pourquoi ? Pourquoi pas ?

4 Lecture L'article *Sur les routes de l'exode* nous montre que l'aide des Médecins Sans Frontières est vitale auprès des réfugiés dans le monde.

a Lisez l'article attentivement et expliquez en français les chiffres suivants.

2 000 000

15 000 000

21

des millions

600 millions

b Trouvez dans le passage les expressions françaises qui correspondent aux expressions anglaises suivantes.

a an influx

b destitute

c confronted with

d threatened by

e shanty towns

f One might as well say …

5 Travail écrit Rédigez un article de journal d'environ 200 mots où vous expliquez le rôle de l'organisation MSF. Dans le dernier paragraphe, essayez d'analyser pourquoi les gens joignent des organisations telles que MSF ou Amnesty.

Qui sont les Médecins sans Frontières ?

Chaque année, près de 2 000 Médecins Sans Frontières partent mettre leurs compétences au service d'hommes en détresse. Pour la plupart, ce sont des médecins ou des paramédicaux, dont la moitié en première mission. Les autres, plus expérimentés, se chargent de l'encadrement.

LOGISTICIENS (25%)
Professionnels de la construction, de la mécanique, de l'hygiène et de l'assainissement, ils se chargent aussi de tous les autres secteurs logistiques : achats, fret, systèmes de communications…

INFIRMIÈR(E)S (38%)
Beaucoup ont une formation complémentaire en médecine tropicale, puériculture… Ce sont souvent ils/elles qui coordonnent les consultations, les distributions de médicaments, les dispensaires et les centres de nutrition.

AUTRES PARAMÉDICAUX (2%)
Sages-femmes, laborantin(e)s et autres paramédicaus s'intègrent aux équipes lorsque les besoins de la mission l'exigent.

ADMINISTRATEURS (8%)
Ils prennent en charge la gestion administrative et financière des missions et l'encadrement non médical des personnels recrutés localement.

MEDECINS (25%)
Généralistes ou spécialistes en médecine tropicale, santé publique, pédiatrie, épidémiologie, etc.

CHIRURGIENS et ANESTHÉSISTES (2%)
Surtout dans les pays en guerre, pour des missions courtes (de un à trois mois).

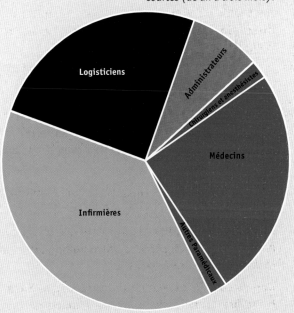

Sur les routes de l'exode

Ils sont des millions, contraints d'abandonner tous leurs biens, de quitter leur passé, leurs racines, pour partir vers des endroits inconnus où ils risquent fort de ne trouver qu'un statut de citoyens de seconde zone. Pour eux, la santé, c'est d'abord la survie.

Il y avait moins de 2 millions de réfugiés en 1965. Ils sont aujourd'hui plus de 15 millions, dont la moitié sont des enfants.

La plupart des pays d'accueil n'ont pas un niveau économique suffisant pour faire face à un afflux massif de personnes complètement démunies. Les pays qui accueillent le plus de réfugiés actuellement sont l'Iran, le Zaïre, le Pakistan et l'Allemagne. La France arrive au 21ᵉ rang.

Installés la plupart du temps dans des zones inhospitalières, les réfugiés sont confrontés à des problèmes de pénurie alimentaire, de pénurie en eau, à des conditions d'hygiène difficiles. Ils sont particulièrement menacés par les épidémies.

Causes différentes, effets identiques : chassées par la misère, des millions de familles viennent s'entasser aux portes des grandes villes, dans des bidonvilles voire sur des décharges publiques… On estime à 600 millions le nombre de personnes en grande pauvreté dans les métropoles du monde. Autant dire 600 millions de cibles potentielles pour toutes les maladies de la pauvreté.

2 Les défis de la santé

**Déclaration universelle des droits de l'Homme,
Article 25 : «Toute personne a droit à un niveau de vie
suffisant pour assurer sa santé, son bien-être et ceux
de sa famille. »**

*Les Médecins Sans Frontières interviennent lors de
conflits et de catastrophes. Ils s'occupent des réfugiés et
fournissent une aide médicale. Le fossé entre les pays
riches et les pays pauvres ne cesse de s'agrandir, surtout
en ce qui concerne la vaccination et les épidémies.*

1 Exercice d'écoute Écoutez attentivement ce
représentant de Médecins Sans Frontières qui parle
des défis de la santé. Copiez ce tableau et écrivez les
détails des maladies ou des problèmes qui affligent ces
pays.

Les pays développés	Les pays en développement	Afrique

2 Travail oral Regardez ces graphiques et préparez une réponse orale aux questions suivantes.

  a Quelles différentes catégories de pays sont mentionnées ?
  b Pourquoi, à votre avis, l'espérance de vie est-elle inégale entre les pays ?
  c Est-ce qu'il y a des chiffres qui vous surprennent ? Pourquoi ?
  d Expliquez le titre «Mieux vaut être riche et bien portant».
  e Suggérez au moins deux mesures que l'on pourrait adopter au plus vite afin d'améliorer la situation dans les pays les moins avancés.

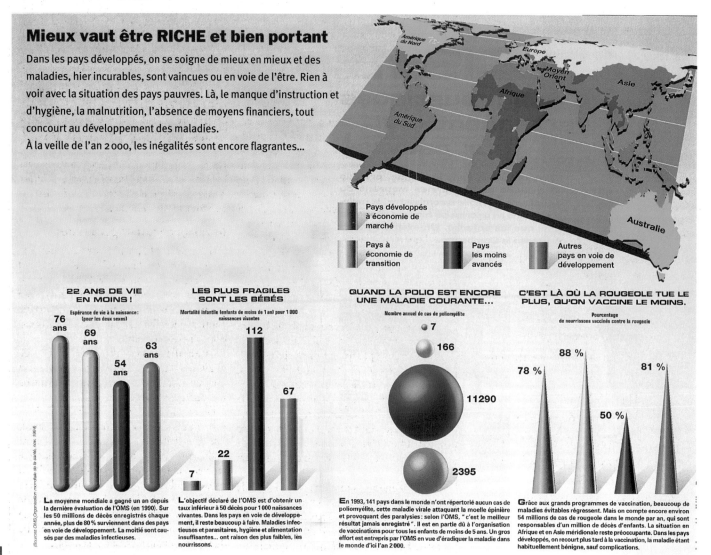

Mieux vaut être RICHE et bien portant

Dans les pays développés, on se soigne de mieux en mieux et des
maladies, hier incurables, sont vaincues ou en voie de l'être. Rien à
voir avec la situation des pays pauvres. Là, le manque d'instruction et
d'hygiène, la malnutrition, l'absence de moyens financiers, tout
concourt au développement des maladies.
À la veille de l'an 2 000, les inégalités sont encore flagrantes...

Pays développés à économie de marché

Pays à économie de transition

Pays les moins avancés

Autres pays en voie de développement

22 ANS DE VIE EN MOINS !

Espérance de vie à la naissance : (pour les deux sexes)

76 ans   69 ans   54 ans   63 ans

La moyenne mondiale a gagné un an depuis la dernière évaluation de l'OMS (en 1990). Sur les 50 millions de décès enregistrés chaque année, plus de 80 % surviennent dans les pays en voie de développement. La moitié sont causés par des maladies infectieuses.

LES PLUS FRAGILES SONT LES BÉBÉS

Mortalité infantile (enfants de moins de 1 an) pour 1 000 naissances vivantes

112   67   22   7

L'objectif déclaré de l'OMS est d'obtenir un taux inférieur à 50 décès pour 1 000 naissances vivantes. Dans les pays en voie de développement, il reste beaucoup à faire. Maladies infectieuses et parasitaires, hygiène et alimentation insuffisantes... ont raison des plus faibles, les nourrissons.

QUAND LA POLIO EST ENCORE UNE MALADIE COURANTE...

Nombre annuel de cas de poliomyélite

7   166   11290   2395

En 1993, 141 pays dans le monde n'ont répertorié aucun cas de poliomyélite, cette maladie virale attaquant la moelle épinière et provoquant des paralysies : selon l'OMS, " c'est le meilleur résultat jamais enregistré ". Il est en partie dû à l'organisation de vaccinations pour tous les enfants de moins de 5 ans. Un gros effort est entrepris par l'OMS en vue d'éradiquer la maladie dans le monde d'ici l'an 2 000.

C'EST LÀ OÙ LA ROUGEOLE TUE LE PLUS, QU'ON VACCINE LE MOINS.

Pourcentage de nourrissons vaccinés contre la rougeole

78 %   88 %   50 %   81 %

Grâce aux grands programmes de vaccination, beaucoup de maladies évitables régressent. Mais on compte encore environ 54 millions de cas de rougeole dans le monde par an, qui sont responsables d'un million de décès d'enfants. La situation en Afrique et en Asie méridionale reste préoccupante. Dans les pays développés, on recourt plus tard à la vaccination, la maladie étant habituellement bénigne, sauf complications.

(Source : OMS, Organisation mondiale de la santé, nov. 1994)

L'accès à l'eau potable est étroitement lié à la santé générale et à la pauvreté. Ceux qui manquent d'eau sont souvent les plus pauvres. Certains pays en voie de développement ont des ressources naturelles en eau importantes, mais ils n'ont pas les moyens de la transporter, de la traiter et de la répartir de façon rationnelle.

3 Exercice d'écoute

Écoutez attentivement un rapport effectué par l'OMS (Organisation mondiale de la santé) qui met en relief les dangers de l'eau polluée pour la santé.

a Répondez aux questions suivantes en anglais.

  i) How many people die each year as a result of drinking contaminated water?

  ii) What is the major source of contamination?

  iii) List the main illnesses mentioned.

b Écoutez de nouveau le passage. Faites-en une transcription en prêtant une attention scrupuleuse à l'orthographe et aux accords. Utilisez un dictionnaire si nécessaire.

4 Lecture

L'article ci-contre propose un moyen possible de résoudre ce problème énorme.

a Lisez l'article et écrivez un résumé de 200 mots en français suivant ce plan.

  – la vie avant l'installation de la pompe

  – la cotisation

  – la capacité de la pompe

  – l'exemple du chef du village

  – le taux de mortalité à Keur Serigne Diabel

b Pourquoi est-ce que cette solution a été si efficace, croyez-vous?

« On s'est cotisé pour faire jaillir l'eau »

Keur Serigne Diabel, Sénégal. Depuis que les habitants ont installé une pompe, la vie a bien changé au village.

Il fut un temps, surtout pendant la saison sèche, où Fatou dormait toute la nuit à côté du puits en attendant, comme la plupart des femmes du village, qu'il se remplisse. Il fut un temps où seule l'arachide poussait dans ce petit village quasi désertique de Keur Serigne Diabel, situé à 300 km au sud-est de Dakar. Ce temps est révolu depuis qu'une ONG (Organisation non gouvernementale) britannique, World Vision, a entamé un programme de forage dans la région.

Fatou et les 500 habitants du village ont été parmi les premiers des environs à se cotiser pour réunir les 800 dollars (4 500 francs français) exigés par cette ONG pour démarrer le projet. Certaines familles ont vendu une chèvre, une partie de leur récolte… «Cette implication financière des villageois renforce leur sentiment de fierté. Ça les responsabilise aussi. Ce qui nous permet, une fois que les forages et les pompes sont opérationnels, de former les villageois à la maintenance, puis de les laisser entretenir seuls les équipements», explique Karen Homer, de World Vision.

Car on ne compte plus, au Sénégal, et ailleurs en Afrique, le nombre de forages laissés à l'abandon faute d'argent pour acheter les pièces détachées des pompes ou le gasoil nécessaire.

Les villageois de Keur Serigne Diabel ont été prudents. Ils ont choisi le modèle le moins cher: la pompe manuelle. Ils peuvent disposer désormais de 1 000 litres d'eau claire et potable par heure grâce à ce forage creusé à 88 m de profondeur et équipé de cette pompe. Ils doublent ainsi leur capacité de pompage: jusque-là, ils ne disposaient que de 11 000 litres par jour, soit un taux de couverture de 49% seulement de leurs besoins.

Les villageois n'ont pas voulu que le forage soit installé au centre du village, mais en bordure des champs. Le vieux chef du village, Seth Sall, 77 ans, n'a qu'une envie: faire reverdir ce qui est devenu un

désert. «Il faut que j'apprenne à mes enfants et à mes petits-enfants à faire pousser les légumes et les arbres fruitiers», explique le vieil homme.

On mange à nouveau des tomates

Dans son jardin, qu'il arrose lui-même pour «montrer l'exemple», le vieux Sall fait désormais pousser, à l'abri du vent, grâce à des paravents en paille, de minuscules plants de tomates. Ses arbres fruitiers (goyaviers, manguiers, papayers) poussent doucement.

Faute d'eau, ces aliments, source de vitamines, avaient disparu depuis fort longtemps des repas servis aux enfants de Keur Serigne Diabel.

De manière générale, au Sénégal, 40% des enfants meurent avant l'âge de 6 ans et 300 000 enfants de moins de 5 ans sont malnutris. Néanmoins, à Keur Serigne Diabel, le taux de mortalité infantile a considérablement baissé depuis que l'eau du forage est disponible. Les cas de dermatose (maladie de peau due au manque d'hygiène et d'eau) ainsi que les cas de diarrhée sont aussi en baisse sensible.

3 Le droit à la vie

Déclaration universelle des droits de l'Homme, Article 3:
« Tout individu a droit à la vie, à la liberté et à la sûreté de sa personne. »

Les problèmes sanitaires ne sont pas les seuls problèmes à affliger les pays pauvres; certains sont ravagés par les conflits et les guerres civiles. Vers la fin du XXᵉ siècle des milliers de personnes ont été massacrées en Afrique dans une indifférence quasi générale.

---

1 a Travail oral Travaillez avec un partenaire. Regardez l'image qui accompagne cet article sur les massacres au Burundi. Décrivez ce que vous voyez. Quelles sont vos réactions devant cette image? Quelles émotions est-ce que vous éprouvez?

b Lecture Lisez maintenant l'article. Cherchez tous les mots que vous ne connaissez pas dans un dictionnaire. Ensuite, traduisez le premier paragraphe (en caractères gras) en anglais.

c Travail écrit Répondez en français aux questions suivantes.

   i) Que se passe-t-il au Burundi?

   ii) Comment expliquer l'indifférence devant de telles catastrophes?

MÉDECINS SANS FRONTIÈRES

BURUNDI

Ainsi va la haine

Tout comme ces enfants, des milliers de personnes ont été massacrées au cours de ces trois dernières années au Burundi. Et ceci, il faut bien le reconnaître, dans une indifférence quasi générale, bien que ce conflit soit aujourd'hui l'un des plus meurtriers de la planète. C'est à se demander si certaines vies seraient si insignifiantes que leur sacrifice ne compterait pas.

Pourquoi ces enfants ont-ils étés assassinés? La réponse ne peut être que terrible, elle est en plus cynique: simplement pour que le règne de la haine s'installe dans le pays. Leur mort n'a d'autre raison que de créer un climat de terreur et de vengeance, afin de servir les desseins d'extrémistes criminels, ayant choisi de diviser leur propre pays pour mieux accaparer le pouvoir. Au risque d'ouvrir des plaies qui ne se refermeront jamais entre les deux principales communautés burundaises.

Le sang versé n'est pas celui qui coulerait dans un affrontement opposant militaires et combattants d'une guérilla, mais bien celui de civils dont le massacre est voulu. Raids sur les villages, représailles immédiates tout aussi sanglantes… Mais toujours sur des civils. La spirale de la violence est soigneusement entretenue.

TERRORISER PAR LE MEURTRE

Chez les extémistes des deux bords, un seul point commun: tuer. Tuer impitoyablement. Nos équipes, habituées à travailler en situation de conflit, constatent qu'ici, à chaque flambée de violence, et exactement à l'inverse des autres guerres, il y a toujours beaucoup plus de morts que de blessés…

Ce climat de violence aveugle, accompagné d'une adroite manipulation des masses, rend les deux communautés folles de terreur. Chacun, dans ce qu'il croit être un réflexe élémentaire de survie, est prêt à tout, y compris à éliminer l'autre, tant il est persuadé que sa propre survie en dépend.

Le pays est divisé en deux. Le sud où, en tout et pour tout, il ne demeure que trois médecins burundais pour deux provinces! Et encore, il leur faut assurer une multitude d'autres responsabilités administratives.

ZONES INTERDITES

Au nord du pays, certaines provinces sont inaccessibles. C'est là que les massacres sont les plus meurtriers, c'est l'endroit le plus dangereux. Nous savons que là-bas la pénurie de médecins est totale, tandis que les besoins médicaux les plus élémentaires sont absolument considérables. Nous savons que 60 000 personnes déplacées y survivent, sans aucune couverture médicale, et sans le moindre témoin des exactions dont elles font l'objet. Au Burundi, jusqu'à 50 volontaires de Médecins Sans Frontières travaillent depuis trois ans dans des conditions d'insécurité extrême. Quatorze étrangers, volontaires, journalistes et religieux ont déjà été assassinés parce qu'ils étaient des témoins trop embarrassants ou pire, parce que leur aide était jugée partiale.

2 Exercice d'écoute Écoutez attentivement ce jeune garçon de 15 ans, Jean, qui a fui avec des dizaines de milliers d'autres Rwandais la République démocratique du Congo où les réfugiés étaient pourchassés. Ses parents et sa famille ont disparu en route. Lui, il a trouvé un abri temporaire dans le nord du Congo-Brazzaville.

Prenez des notes en français sur ce qu'il dit afin de rédiger un article de journal sur ce qui lui est arrivé.

3 Lecture Les enfants sont souvent les victimes principales de ces conflits. Lisez ces témoignages des atrocités que ces enfants ont vécues.

L'Unicef a recueilli des témoignages d'enfants rwandais sur des massacres commis dans l'ex-Zaïre

GENÈVE
de notre correspondante

LE FONDS des Nations Unies pour l'enfance (Unicef) a mis sur pied en République démocratique du Congo (RDC, ex-Zaïre) un programme d'identification d'enfants réfugiés rwandais «*non accompagnés*» – les enfants perdus – afin de préparer leur rapatriement dans leur pays d'origine. Les délégués de l'Unicef ont retrouvé un certain nombre d'enfants et d'adolescents rwandais réfugiés dans la forêt ou dans des camps.

Interrogés sur les événements du camp de Kasese, Pierre, treize ans, et Jeanne, quinze ans, racontent: «*Des [civils] Zaïrois venaient piller la nourriture des réfugiés pendant la nuit pour que nous mourrions de faim. Les militaires [de l'armée de Kabila] ont séparé les petits garçons et les petites filles et ont commencé par tuer les garçons. À coups de feu. Et après, il les ont coupés en deux.*» Jeanne précise: «*Pour que, s'ils ressuscitent, ils ne puissent plus marcher.*»

Pierre reprend: «*Un jour, les militaires sont venus à 6 heures du matin avec des Zaïrois. Ils ont réuni les réfugiés et, quand ceux-ci étaient rassemblés, on nous a tiré dessus. Des villageois ont aidé à creuser des fosses pour jeter les cadavres dedans très profondément. Pour que, au cas où viennent des Blancs, ils ne voient pas les corps.*» Jeanne ajoute: «*On a coupé avec une machette le bras d'une femme. Après, ils ont tiré dessus. Moi, je suis la seule qui me suis sauvée.*» À la question de savoir ce qu'ils souhaitent pour leur avenir, Pierre répond, comme c'est le cas pour un grand nombre d'autres enfants réfugiés rwandais: «*Je voudrais vivre dans un orphelinat avec des Blancs,*

comme ça, je serais protégé.»

Peu de ces enfants acceptent d'un cœur léger la perspective de revenir au Rwanda. Jeanne dit: «*Dans les camps, c'était encore pire, parce que, au Rwanda, on tuait vite, mais ici, les Zaïrois coupaient les gens avec la machette et ils mouraient très lentement. Ils coupaient les jambes, arrachaient les yeux, coupaient les mains. Les hommes, on les tuait plus cruellement. Les femmes mouraient plus vite.*» Elle ajoute qu'elle a peur de rentrer au Rwanda, parce que plus personne de sa famille n'y vit et qu'elle est persuadée que ses parents sont morts.

Pour Marie-Christine, cinq ans seulement, qui pleure longuement l'absence de ses parents, la pire des choses est d'avoir faim: «*Au point de me coucher au bord de la route et attendre un bienfaiteur.*» La chose la plus triste pour elle? Avoir vu «*comment on assassine une personne*». Cette vision l'obsède toutes les nuits.

Bernard, douze ans, raconte: «*Quand les gens se sont entassés, les militaires ont commencé à tirer dessus. Il y avait un militaire qui nous faisait signe de nous enfuir. C'étaient des militaires de Kabila. J'étais dans la ligne de devant. J'ai couru. Je ne sais pas combien de morts sont restés derrière. Il y avait des gens qui venaient manger dans la forêt. Ils ont raconté qu'il y avait beaucoup de morts, qu'il y avait des trucs: les militaires imitaient les enfants qui appelaient les mamans et, quand les mamans s'approchaient, ils les tuaient.*» Adrien, seize ans, interrogé sur la meilleure chose qui lui soit arrivée dans la vie, répond: «*Rien de bon, j'ai trop souffert.*» Désiré, cinq ans, à qui on demande d'exprimer un souhait: «*Manger du pain.*»

4 Travail oral Comment arrêter ces atrocités? Que peut-on faire si l'on vit dans un pays riche? Avec lesquelles des opinions suivantes êtes-vous d'accord?

Forcément, on se sent impuissant devant une telle situation.

Il faut absolument trouver une solution.

Il faut que ces pays règlent leurs propres affaires.

Il faut encourager les jeunes des pays riches à aller travailler dans des pays en difficultés.

Il faut que l'ONU (Organisation des Nations Unies) intervienne.

Il faut donner de l'argent à des organisations telles que Amnesty ou MSF.

Il faut éliminer les gouvernements corrompus dans le monde.

4 Que faire?

Devant ces problèmes énormes, on remet tout en question. Comment peut-on éliminer de telles injustices? Après avoir lu les textes parfois choquants de ce chapitre, quelles responsabilités ont les pays occidentaux?

1 **Lecture et travail écrit** Lisez cette lettre parue dans *Le Monde*. L'auteur parle de la situation mondiale vis-à-vis de la séropositivité: les idées qu'il met en question se rapportent également à d'autres problèmes mondiaux. Répondez en français aux questions suivantes.

a Quelle est votre réaction devant les chiffres que l'auteur fournit sur la séropositivité et les Africaines?

b Pourquoi, selon l'auteur, les pays pauvres ne peuvent-ils pas payer pour les remèdes qui feraient reculer le virus VIH?

c Quel est le rapport entre les pays riches et les pays pauvres selon l'auteur?

d Quelle est son attitude devant les photos que nous voyons souvent dans les magazines?

e Traduisez la phrase du chroniqueur de Genève en anglais.

f Commentez la dernière phrase de la lettre.

g Êtes-vous d'accord avec l'auteur de cette lettre? Pourquoi? Pourquoi pas?

Mots à retenir

mondialisation   reculer   exploité   être à la solde de
faute de   il en va de même

2 **Travail oral** En vous servant du vocabulaire ci-contre, tiré de la *Déclaration universelle des droits de l'Homme*, et de vos idées personnelles, précisez votre opinion sur les droits et les devoirs des citoyens du monde. Préparez un débat en classe où vous jouerez l'un des rôles suivants:

– un membre actif d'Amnesty

– un logisticien pour MSF

– un politicien français plaidant pour plus d'aide pour les pays pauvres

– le PDG d'une entreprise ayant des intérèts economiques dans les pays pauvres

– un chef de village africain qui cherche à être indépendant

– la victime d'un conflit brutal

– un jeune européen concerné par l'injustice.

Mondialisation et santé des pauvres

«Quatre femmes séropositives sur cinq sont africaines ... 89% des personnes infectées par le VIH vivent en Afrique ...» La trithérapie, seul remède efficace, qui chez nous fait reculer le virus, n'est pas à la portée des pays dits «pauvres», pauvres parce que leurs richesses ont été mal exploitées, c'est-à-dire qu'elles sont exploitées par d'autres ou pour d'autres, par des hommes de paille à la solde de ces derniers. Les pays pauvres sont et font la richesse des pays prospères. Les pays pauvres peuvent crever – c'est ici le terme adéquat – tranquilles dans leur coin, faute de soins. Cela fera toujours de belles photos émouvantes, poignantes pour les campagnes humanitaires ...

Sur les ondes d'une radio d'État, à l'occasion de la 12e conférence sur le sida qui se tient à Genève, un chroniqueur termine son éditorial sur cette terrible phrase: *«Si la mondialisation de l'économie est possible, on sait qu'il n'en va pas de même dans le domaine de la santé...»* Sitôt que les pauvres coûtent de l'argent aux riches, rien n'est plus possible ...

Il faut éliminer la famine/la pauvreté/la sécheresse/l'inégalité.

Les gouvernements occidentaux ont mal jugé l'opinion publique, qui réclame plus d'aide pour les pays en voie de développement.

L'aide étrangère qui n'est pas étroitement liée à un projet ne sert pas à grand-chose.

Il faut protéger les droits de l'Homme à tout prix.

L'aide au développement constitue la clé de l'avenir.

On a tendance à réagir plutôt que d'agir.

On se contente d'exploiter les pauvres.

Si une guerre ne menace pas la richesse, on s'en fiche.

Il faut dénoncer les régimes oppressifs, imposer des sanctions, montrer sa désapprobation.

On devrait éduquer les populations des pays défavorisés, introduire des mesures viables et réalisables.

La richesse de l'Occident est dégoûtante par rapport aux conditions de vie de certains.

Tout individu a le droit à la dignité.

3 Travail écrit Traduisez ces phrases en français.

a We should give more money to poor countries.

b We should have helped this country before the war began. (Use *avant le début de la guerre*.)

c We could still improve the situation.

d We were able to influence the government.

e We could still influence the government.

f We should have influenced the government.

g We must have influenced the government.

h It was necessary to influence the government.

i They can't read.

j She couldn't swim because of her back.

4 Travail écrit « Les pays riches ont une responsabilité envers les pays pauvres. » Écrivez une rédaction de 250 mots sur ce sujet.

devoir

on doit – we are supposed to/we must

on devait – we were supposed to/we had to

on devrait – we should

on aurait dû – we should have

on a dû – we must have

pouvoir

on pouvait – we could (were able to)

on pourrait – we could (might be able to)

on aurait pu – we could have

on a pu – we were able to

falloir

il fallait – it was necessary to

il faudrait – it would be necessary to

il aurait fallu – it would have been necessary to

il a fallu – it was necessary to

Note these two differences between French and English in the use of modal verbs:

- *je voyais/j'entendais* – these two verbs connected to the senses can have the meaning 'I could see'/'I could hear'. It will generally be evident from the context.

- There is a difference between French and English when saying a phrase such as 'He can't drive'. The French would say *Il ne sait pas conduire*. There is an obvious difference between this and *Il ne peut pas conduire (parce qu'il a trop bu)*.

Elle sait conduire mais ce soir elle ne peut pas.

5 Atelier d'écoute
Les catastrophes

Les reportages sur les catastrophes forment souvent une partie de l'examen d'écoute. Les détails qu'il faut repérer sont souvent très brefs – des chiffres ou des lieux, le type de catastrophe.

1 Travail écrit Faites correspondre le français à l'anglais.

un tremblement de terre	an explosion
des cadavres	buried bodies
cent personnes ont été grièvement blessées	to put out an emergency appeal
une déflagration	an eruption
détruit	a pile-up
la voiture a été écrasée	the provisional toll
un immeuble s'est effondré	disaster victims
des corps ensevelis	eleven hospitalised
un orage qui a fait des ravages	a tidal wave
les services d'urgence travaillent sans relâche	a building collapsed
un raz de marée	an earthquake
une éruption	a nightmare
le bâtiment a été évacué	corpses
un carambolage	a destructive storm
lancer un appel d'urgence	an explosion
un cauchemar	the emergency services are working non-stop
onze hospitalisées	a flood
une explosion	the disaster zone has been evacuated
une inondation	the building has been evacuated
la sécheresse	the car was crushed
des sinistrés	100 people have been seriously injured
quinze victimes	debris
la zone sinistrée a été évacuée	caused the death of
des décombres	destroyed
a provoqué la mort de	fifteen victims
le bilan provisoire	drought

2 Exercice d'écoute Écoutez
maintenant les cinq reportages et notez les détails suivants.

Date	
Lieu	
Genre d'incident	
Nombre de décédés	
Nombre de blessés	
Autres détails	

Le terrorisme

Tout comme les catastrophes, ce thème figure souvent dans les examens.

1 Travail écrit Cherchez l'anglais pour les expressions suivantes dans un dictionnaire.

un attentat

un attentat à la bombe

une bombe télécommandée

la cible

les terroristes séparatistes ont perpétré ce crime contre des innocents

une voiture piégée

la police a tiré sur les sympathisants

un acte délibéré de terrorisme

les services d'urgence ont désamorcé une bombe

une cellule terroriste

l'ETA a revendiqué la responsabilité de l'attentat

une bande de terroristes a fait irruption dans un bar

2 Travail écrit Traduisez les phrases suivantes en français.

a Yesterday a terrorist attack took place in Paris.

b A terrorist cell has been discovered near the Franco-Spanish border.

c The IRA claimed responsibility for the bomb attack.

d The Élysée was the target for the attack.

e The police defused the bomb.

3 Exercice d'écoute Écoutez attentivement ces trois reportages sur les actes terroristes. Notez les détails suivants.

Lieu	
Organisation	
Nombre de blessés	
Nombre de morts	
Autres détails	

4 Travail oral Préparez une réponse orale aux questions suivantes.

a Pourquoi devient-on terroriste?

b Faut-il toujours condamner le terrorisme?

c Quels exemples d'organisations terroristes connaissez-vous?

WORKSHEET
62
Dissertation

227

Skills for your A-level course

Study skills

Organisation and practice

Your 'A' Level course lasts less than two years and during that time you will learn new vocabulary, new structures and new skills. You will do work in all four language skills – listening, speaking, reading and writing – and learn how to perform differing tasks in each skill area. In addition, you will acquire many facts for essays, coursework and oral work. Faced with such a mass of information, there is only one way to survive: **Get organised from the start!**

Organise your folder into separate sections:

- one section for each topic: 'La santé', 'Les médias' etc.
- general essays and a bank of essay phrases
- vocabulary section, divided into general words and topic-specific words
- coursework section, with relevant texts and statistics
- examination section for past papers and examination tips
- homework section so that your homework is always to hand!

The more you come into contact with French during your course, the more competent you will be. You need to see and hear as much French as possible so that you do not get 'rusty'. A language is something you need to 'keep going' all the time and keep practising. You should be doing all the following as well as your normal coursework:

- reading French magazines and newspapers, even if only the odd article
- watching French satellite/cable TV for pleasure and watching the news when possible
- listening to French radio on shortwave or satellite if possible
- listening to cassettes of pre-recorded songs and passages
- noting new vocabulary
- looking at French websites

Try to go to a French-speaking country at least once during the course, and try to make contact with French native speakers on the Internet.

Vocabulary and grammar

You should build up lists of vocabulary for each topic area you study, as well as a list of general vocabulary. Be inquisitive: note down every useful new word you find and learn it. Set yourself regular learning times. Use 'dead time': on the bus, while listening to music and so on. Learning 'little and often' will mean you won't be faced with huge lists to learn just before exams and with no time left to do it. Spending five minutes every day on half a dozen new words or three new verbs will go a long way.

Persuade friends or family to help you with your learning. They can test you even if they don't speak French. Put up lists around your home where you will see them: by your bed, in the kitchen, even in the toilet! A wide vocabulary is the key to exam success.

When you note down a new noun, remember to record the gender and the plural form if it is irregular and any context/expression in which you have seen the word used, for example:

la tête *head*   **avoir mal à la tête** *to have a headache*

Nouns are best collected and learnt in groups and topics. For example, collect all words to do with the environment in one section of your vocabulary file and then break this down into sub-sections, such as words connected with nuclear energy. Many will be related and therefore easier to remember, for example:

énergie nucléaire, centrale nucléaire, anti-nucléaire

When you record a verb, use the infinitive, not the form which you saw in the text, and try to note the different forms of irregular verbs. If you saw the word 'mourut', you would note:

mourir (mourut, mort) *to die*

Idioms – phrases which cannot be translated literally – are common and useful and need to be learnt. Don't try to translate idioms word for word but try to establish their meaning from the context. For instance, you could find the phrase: 'Mes plans *sont tombés a l'eau.*' This, of course, does not mean that your plans literally fell into the water but that they weren't successful, the equivalent of the English 'to fall through'.

Sometimes idioms have a similar slant in French and in English: 'Il n'est pas né d'hier' is the English 'he wasn't born yesterday' and could be guessed.

Build a tool-chest of phrases which you can use in essays and when arguing a point orally. Collect phrases from: (i) your teacher (ii) this book (iii) texts (iv) a dictionary (v) revision guides and vocabulary/essay skills books. If you learn these phrases as you go along, you will reduce the burden when it comes to examination revision.

When faced with unknown words, you may be able to work out the meaning from clues in the word itself. For example, a verb may be formed from an adjective: 'em**bell**ir' – to embellish (make more beautiful).

A dictionary is a useful tool and you need to use it efficiently. Make sure you have the right type of word (noun, verb, adjective etc.) and that you have checked whether its use is formal, informal, figurative and so on. Look for different uses of the same word and make sure you have selected the right one. A dictionary is also useful for finding expressions and idioms: sometimes you may have to search through a long list to find the one you want. Use the sub-headings to help you search more quickly. If you look in the English–French section to find a French word, it is always worth checking it in the French–English section to check you have the right one.

Also use a dictionary of synonyms in French and a French–French dictionary.

As well as vocabulary lists, you need to make grammar notes. Compile a list of irregular verb forms as you meet the verbs. Although there are numerous lists of irregular verbs available, such a list is far more meaningful if you have drawn it up yourself after encountering the words in context.

You should also make notes on any new tense or structure you learn and file it separately. If you write notes in your own words rather than copy someone else's, you are far more likely to remember them and understand them when you come to revise them.

Language skills

The four language skills each require different techniques and you can learn some of these to help you improve.

Listening

Before tackling a listening task, the most important thing to do is read and understand the question(s) to be completed. The nature of the question(s) will determine how you approach the passage, for example:

Finding synonyms: don't try to understand the passage as a whole but focus on individual words/phrases. There may be clues in the question – look out for similar words or parts of words. The word you are looking for must have the same form as the one in the question, i.e. past participle, noun etc.

Answering questions: get clues from the questions and listen to the relevant information. Try to ignore parts of the passage which do not relate to a particular question.

For each question:

- Check the type of question and decide how you are going to approach the passage.
- Read the question carefully for clues: what is the passage about? You may be able to predict some of the content and vocabulary of the passage, which will help you to get your bearings.
- Make sure you understand the question(s) fully so you know what to listen for in the passage. Quickly use your dictionary if necessary and write in meanings.
- Set your tape counter to 000.
- Listen to the passage right through to get the feel of it. Don't panic if you don't understand much at this stage. Rewind quickly to 000.
- Listen through again with an eye on the questions and try to identify which bits of the passage are important.

- Now start, stop and rewind to get information for each question. With the play button depressed, keep rewinding and listening to the same bits over and over to get the information you need.

Summary in English: get a sense of the passage as a whole and identify what is a key point and what is 'padding'.

When doing listening summaries you need to listen to the whole passage more than once, so set your tape counter to 000 before you start. The first time, get an idea of what the passage is about and then rewind to 000 and listen again to pick out what you consider to be the important points. Remember that the points you are asked to cover in your summary will give you an idea of the content of the passage. Listen a third time to check you have identified the main points of the text. Now work on the passage in more detail, using the pause button so that you can make notes about each point in turn.

Make sure the English of your summary flows well. Perhaps you can combine two points in one sentence. Check your English grammar and punctuation as marks will be given for this as well.

Reading

Some of the skills you have used for listening can also be applied to reading:

- Read and understand the task involved as this will determine how you approach the text
- Read and understand the questions thoroughly before you begin so that you know exactly what to look for in the text. Once again, quickly check unknown words in the dictionary and write them in.
- Note any clues as to the content of the passage: illustrations, headlines, subtitles.
- Read the text right through once to get an idea of what it is about. Read it a second time and identify where you will find the answers to the questions.

As with listening, the type of question will determine how you approach the text. At first, you will skim the text to get an idea of what it is about. If you need specific information, you scan the text, focusing only on the items you require.

Pay attention to small words which may change the entire meaning of a sentence. 'Aucun' or 'pas', 'ni ... ni' or 'pas du tout' can be easily overlooked but change a positive statement into a negative one. Other words such as 'à peine' or 'rarement' qualify a statement and can change the whole emphasis of a statement.

Finding synonyms: focus on the individual words or phrases and try not to waste energy on understanding the text as a whole. Look for clues in the question – some words or parts of words may be the same. Make sure the word you are looking for has the same *form* as the one in the question i.e. a past participle, a noun etc.

Matching sentence beginnings and endings: use the text as a reference but also try to work out the answer using your awareness of grammar. Make sure the final sentences work grammatically as well as fitting the facts of the text.

Questions: don't 'overwrite'. Give only the information required. When answering questions in English, you will have to give reliable translations of concepts and vocabulary. Try to be as specific as possible.

True/false: watch out for false answers that seem all too plausible. Stick to what you have worked out to be correct from the text. Check negative statements carefully – the content might be the same but one sentence is in the negative and the other in the affirmative.

Gap texts: these require a sound understanding of grammar as you have to be sure that you select the correct type of word for the gap, be it a noun, verb, adverb, adjective or conjunction. You may also have to change the form of the verb or turn a noun into an adjective so that the sentence makes sense. Whilst this need for grammatical accuracy makes gap texts demanding, it does also mean that you can get clues from the context as to which type of word to look for in the text.

Speaking

There are many types of speaking and each different type should be approached in a different way.

Giving a presentation

The first time you give a presentation, you will probably simply read out a pepared piece of writing to help your confidence. Try gradually to move away from this and work from notes. These should become less and less detailed so that you learn to become less dependent on your notes.

You will probably have to give a short presentation at the beginning of your prepared oral topic or discussion of a controversial issue. There is no harm in writing this out in full and learning key vocabulary and phrases. This will enable you to talk confidently and fluently but not to be simply reciting a script, which will sound unnatural and unconvincing. Do not put all your best structures or vocabulary into your presentation – save these for the main body of your discussion. Give an overview on which you can expand later.

When you progress to notes, write key vocabulary and phrases down to refer to during your presentation as well as headings for each section. This will give you the confidence to keep going.

When you move on to working from headings alone, you will have to learn key phrases and vocabulary as you will not be allowed to have these written out.

Giving your opinion

Just as at GCSE, this is a crucial part of oral work. You will be giving your prepared opinions and also be reacting to questions put to you during the course of the discussion. Learn a repertoire of ways of giving your opinion so that what you say is varied. This also gives you valuable thinking time whilst you formulate the rest of your answer.

Careful preparation is the key to success in your oral examination. Prepare opinions on each area of your topic so that you are not caught out and can always offer some sort of opinion, however brief.

Giving facts

You will have to show your knowledge of the topic area or book and this will mean learning facts or quotes. Do not overload your memory but, nevertheless, try to learn significant facts, and statistics where possible, for each area of your topic. This will sound impressive but also boost your confidence as you will be sure of what you are saying.

Arguing and justifying your opinion

Again, you need to have a repertoire of phrases for arguing your point and justifying your opinion. You could start with those on pages 37 and 68. Learn these in order to impress and to give yourself thinking time.

Throughout your speaking, you will need to demonstrate a range of structures. Avoid overuse of simple sentences and make sure you use the following:

- Subordinate clauses, using 'comme'/'bien que'/'parce que'/'alors que'/'quand' etc.
- The passive
- The conditional: 'on pourrait ...'; 'je ferais ...'
- Phrases like: 'il est préférable de ...'
- Reported speech

Prepare one or two sentences with these structures to give you confidence and commit them to memory.

The more you prepare and learn for your oral exam, the more successful you will be. Remember to read newspapers/magazines in French and English to keep up with current affairs, so that you can give opinions on unpredictable, unprepared areas. Learn a few vague 'fillers' such as the following to give yourself thinking time if asked about an area for which you do not have a ready opinion or totally appropriate vocabulary. (See pages 68 and 94.)

Directing the discussion

Remember, the more you say, the less the examiner will need to ask you. Try to direct the discussion away from areas you have not prepared onto more familiar areas.

Writing

Like speaking, writing takes many forms and you need to adapt your writing to suit the purpose.

Answering questions in response to reading and listening passages

Make sure that you only provide the key information required by the question and do not write more than is strictly necessary. Remember that the accuracy of your language will be assessed, so do not try to include anything complex – stick to answering the question and using French with which you are familiar.

Writing a letter in response to a stimulus in the target language

The main purpose of this task is to communicate what is required without ambiguity. Make sure you have read the stimulus material carefully and know exactly which points you have to communicate. Take each point in turn and get the message across in French that is not too complex. If your structures are too complex, you may make a few mistakes, so that ambiguity creeps in and you do not communicate successfully.

For this task, you can learn a few set phrases which relate to the following:

- beginning/ending a formal letter (see Worksheet 60)
- introducing a complaint
- introducing a request for further information
- starting a short (newspaper article) (see page 143)

This will give you a framework for your piece of writing and make your purpose clear.

Writing an essay

Planning: a thorough plan and a clear structure are essential for any essay. If in doubt, it is best to use a simple structure to give you a basic framework which you can follow easily and quickly. This is particularly important for exam conditions.

In a discursive essay, you will have to discuss the different aspects of a question which may be worded in a variety of ways: 'Le nucléaire – bénédiction ou malédiction?'; 'Êtes-vous pour ou conte le nucléaire?'; 'Le nucléaire est la solution à nos problèmes d'énergie'.

Your essay can be divided into four sections: introduction, section 1 (advantages/ arguments for), section 2 (disadvantages/ arguments against) and conclusion. Always start with the opposite of your point of view. If you are for nuclear energy, start with the arguments against as this gives your argument more weight at the end.

Introduction: this should sketch out two or more aspects to the question and why it is such an important issue to consider. Don't simply repeat the question! Don't spend too long on the introduction – save the points you want to make for the main body of the essay.

Writing a paragraph: each paragraph should have an introductory sentence to signpost to the reader what the paragraph is about. Make one point per paragraph if possible and expand your ideas. Don't write one-sentence paragraphs and try not to cram lots of ideas into a short space and forget to develop them.

It is important to find a balance between factual information, opinion and linguistic structures. Give examples to support your arguments, and include statistics or specific details if appropriate. Some sentence models to use with statistics are on page 61.

Conclusion: this should summarise the arguments and give your opinion for or against and point out a couple of questions/ issues for the future. Be careful not to let your essay peter out, but end with a strong opinion and a clear question for the future.

Essay phrases: learn the phrases given on pages 12 and 37 for example, but don't overdo them. Remember to check that you have used a range of structures (see Speaking above). These phrases do not have to be used word for word but can be adapted to the context in which you are writing. For example, the structure 'Nous devrions investir davantage dans *la protection de l'environnement*' can be adapted by changing the words in italics to '*l'éducation de nos enfants*'.

Right from the beginning of the course you should recognise how sentences can be adapted to fit many different contexts other than the one in which you first encounter them. Collect sentence starters and framework sentences which can be easily adapted and fitted into any type of essay and learn them as your course progresses. This will give you a bank of phrases on which to draw and thus make your essay-writing more fluent. There is no shame in 'pinching' phrases and making them your own – this is how we learn a language!

You can find some sentence starters on pages 42, 67 and 70 for example.

Key vocabulary: it is important to identify key vocabulary for your essay. This is not so easy without a dictionary, but take a few moments to list vocabulary items you can incorporate. This will be a useful reference whilst writing, as well as ensuring that you do not repeat yourself and do not leave out words which are central to the topic. If for example, you are writing about the education system in Britain and its advantages and disadvantages, you will need words related to education: 'éducation', 'cours', 'leçon', 'programme', 'formation'. You can also brainstorm less common words to use: 'matière obligatoire', 'livret scolaire', 'lycée technique', 'moyenne' etc. This exercise will alert you to using more complex vocabulary rather than slipping into more basic, GCSE-type words because you feel under pressure.

It is important to check your work for accuracy at the end (see 'Checking your work', below). If you know you have weak areas, for example the order of pronouns, pay particular attention to these.

Creative writing

This can be a very difficult option. It is easy to fall into the trap of writing very basic French because most of your energy is directed towards creating a good story. You need to practise writing descriptions which use varied and interesting vocabulary and in writing dialogue which sounds natural and appropriate to your characters. Remember to keep up a high level of language. The same rules apply as for an essay. Your work must have a clear structure, be accurate and use a range of structures and vocabulary.

Again you need to check your work carefully at the end.

Translating a passage of English into French

For this task, check the related text for useful vocabulary and structures which you can reuse. When writing the translation, think of simple, clear words and structures – don't be over-ambitious. If you cannot convey the exact meaning, try to think of another way to communicate the same sense, even if it is not precisely what is required.

Check your work carefully before you finish.

Checking your work

Check your work as you go along and at the end. Pay close attention to:

- verb endings: does the verb ending agree with the subject (i.e. plural verb with plural subject etc.)
- irregular verbs
- tenses: get the right tense; don't leave out the past participle in the perfect tense
- prepositions with the correct case
- adjective endings
- order of pronouns

Translating a passage of French into English

Before you can translate a passage into English, you need to make sure you understand the French as fully as possible, translating it literally, word for word. The next stage is to put this into English that makes sense, and then finally try to make your translation sound as natural as possible. Be careful, however, not to stray from the original meaning in an attempt to make your translation sound natural.

Translation is a difficult exercise because you have to strike a balance between keeping the original meaning and making your translation sound English. The best way to improve this skill is to get plenty of practice!

Giving definitions in French

Take care not to use words that are already in the expression as it is your job to explain these! Keep your definition as simple as possible, using very basic vocabulary. A complex word can often be explained in very basic language. The following 'starters' will be useful:

> une personne qui/que ...
> un endroit où ...
> lorsqu'on ...
> ce qu'on ...
> un objet qui/que ...

Coursework

Choosing a title

This is key. Make sure you answer a very specific question about your topic, not some vague one. Don't call your coursework 'L'environnement' but 'La France doit-elle abandonner le nucléaire?' This give it a clear focus and helps you organise and structure your work better. Again, a plan is essential so that you know what ground you are going to cover.

Research

Before starting out, you must check that you have enough material for your topic. It is no good writing about a topic which interests you if you do not have enough information about it. Remember you must write about the French-speaking context, so you must have enough details and statistics about the situation in France. This will mean consulting French magazines, newspapers and Internet sites. Your teacher or librarian should be able to help you here. Get organised early. Write to or visit l'Alliance française. Write to relevant organisations, such as 'Greenpeace.' Collect magazine articles. Using material and information in English is often counter-productive as you end up setting yourself a difficult prose translation exercise!

A few good articles are better than a lot of average ones. You do not have to understand every word of each article. Take notes of useful statistics, specialist vocabulary and useful phrases. You can then work these into your coursework. 'Milk' the texts for all the information and good French that you can! Before writing, make a list of the specialist vocabulary and the quotes you are going to use to ensure that you work them in to your writing.

Writing

Don't leave it until the night before you have to hand it in! The earlier you start writing, the more time you have for checking and redrafts and the less onerous the whole task becomes. Try to think in French as you write, blending in vocabulary and structures you have gathered during your research and in your lessons. Don't simply translate from English as this will lead to inaccuracies and even confused writing. Look at the advice on writing essays, above, and remember to check your work carefully.

Examination technique

You will have gained many useful tips from your teacher and this book, but here are a few quick points to remember for your French exams:

- Look through the paper quickly so that you know how many questions you have to cover in the time available and what type they are.
- Divide up your time carefully between the questions. Don't agonise over one question worth a couple of marks when you should be moving on to the next question. The next question may be a lot easier even though it comes later on in the paper. Keep an eye on the clock – don't run out of time.
- Make sure you understand exactly what the question requires of you. If you don't you could waste time looking for an answer that does not exist or writing the wrong thing.
- Be concise and clear in your answers. Don't write more than necessary.

Nouns

Gender

The gender of nouns is fundamental to the French language. Some nouns are clearly masculine or feminine, but most are not and these must be learned. There are some rules that can be applied, but many of them have exceptions. The following are the easiest to remember:

- All nouns of more than one syllable ending in *-age* are masculine, except *une image*.
- All nouns ending in *-ment* are masculine, except *la jument*.
- Most nouns ending in *-eau* are masculine (exceptions *l'eau* and *la peau*).
- All nouns ending in *-ance*, *-anse*, *-ence* and *-ense* are feminine, except *le silence*.
- Nouns which end in a double consonant + *e* (*-elle*, *-enne*, *-esse*, *-ette*) are feminine.

NOTES

1 Some nouns are always feminine even if they refer to males, e.g. *la personne*, *la vedette*, *la victime*.
2 The names of many occupations remain masculine, even if they refer to women, e.g. *le professeur*. Some can be masculine or feminine, e.g. *un/une dentiste*, *un/une secrétaire*. Other occupations have different masculine and feminine forms:

un boucher	*une bouchère* (and others ending *-er/-ère*)
un informaticien	*une informaticienne* (and others ending *-ien/-ienne*)
un acteur	*une actrice*
un serveur	*une serveuse*

3 Some nouns have a different meaning according to their gender. These include:

le critique – critic	*la critique* – criticism
le livre – book	*la livre* – pound
le manche – handle	*la manche* – sleeve (*la Manche* – English Channel)
le mode – manner, way	*la mode* – fashion
le page – pageboy	*la page* – page
le poêle – stove	*la poêle* – frying-pan
le poste – job, set (TV)	*la poste* – post office
le somme – nap	*la somme* – sum
le tour – trick, turn, tour	*la tour* – tower
le vase – vase	*la vase* – mud
le voile – veil	*la voile* – sail

Plural forms

- Most nouns form their plural by adding *-s* to the singular:
  la lettre → *les lettres*
- Nouns ending in *-s*, *-x* and *-z* do not change in the plural:
  la souris → *les souris*   *le prix* → *les prix*
  le nez → *les nez*
- Nouns ending in *-au*, *-eau* and *-eu* add an *-x*:
  le château → *les châteaux*   *le jeu* → *les jeux*
- Most nouns ending in *-al* and *-ail* change to *-aux*:
  le journal → *les journaux*   *le vitrail* → *les vitraux*
  (Exceptions include *les bals* and *les détails*.)
- Most nouns ending in *-ou* add an *-s*, except *bijou, caillou, chou, genou, hibou, joujou* and *pou* which add an *-x*.

NOTES

1 Remember *l'œil* becomes *les yeux*.
2 Some words are used only in the plural: *les frais, les ténèbres, les environs*.
3 French does not add *-s* to surnames:
  Les Massot viendront déjeuner chez nous vendredi.
4 It is best to learn the plural of compound nouns individually, e.g. *les belles-mères, les chefs d'œuvre, les après-midi*.
5 *Monsieur, Madame* and *Mademoiselle* are made up of two elements, both of which must be made plural:
  Messieurs, Mesdames, Mesdemoiselles.

Use of nouns

Nouns are sometimes used in French where a verb would be used in English:

> *Il est allé à sa rencontre.* – He went to meet him/her.
> *Après votre départ.* – After you left.
> *Ils ont vendu la maison après sa mort.* – They sold the house after he died.

Articles

le, la, les

These are the French definite articles ('the'). *Le* is used with masculine nouns, *la* with feminine nouns and *les* with plurals. Both *le* and *la* are sometimes replaced by *l'* before a vowel or the letter *h*.

Some words beginning with *h* are aspirated, i.e. the *h* is treated as though it is a consonant. Words of this type are shown in a particular way in a dictionary, often by * or ', and in these instances *le* and *la* are not shortened to *l'*, e.g. *le héros, la hâte*.

The definite articles combine with *à* and *de* in the following ways:

	le	la	l'	les
à	**au**	**à la**	**à l'**	**aux**
de	**du**	**de la**	**de l'**	**des**

The definite article is often used in French where it is omitted in English. It should be used in the following cases:
- In general statements: *La viande est chère.*
- With abstract nouns: *Le silence est d'or.*
- With countries: *la France, le Japon.*
- With titles and respectful forms of address, particularly with professions: *la reine Elizabeth*; *le maréchal Foch*; *oui, monsieur le commissaire.*

Other uses

When referring to parts of the body, French often uses the definite article (because the identity of the owner is usually clear from the context):
> *Elle a levé la main.* – She raised her hand.

In cases where the identity of the owner may not be clear, an additional pronoun is needed to show who is being affected by the action. This may be either the reflexive pronoun:
> *Il se frottait les yeux* – He rubbed his eyes.

or the indirect object pronoun if another person is involved:
> *Il m'a pris la main* – He took my hand.

But when the noun is the subject of the sentence, the possessive adjective is used:
> *Sa tête lui faisait mal* – His head hurt.

The definite article is often used in descriptive phrases, e.g.
> *la femme aux cheveux gris.*

Sometimes in French the definite article is used where English prefers the indefinite article or omits the article altogether, e.g. *à la page 35*; *dix francs le kilo.*

For the use of the definite article with expressions of time, see page 260.

un, une, des

The indefinite articles *un* (masculine) and *une* (feminine) mean both 'a/an' and 'one' in English. The plural form of the indefinite article (*des*) means 'some' or 'any' (see below).

The use of the indefinite article is much the same as in English, with the following exceptions:
- It is not used when describing someone's profession, religion or politics:
  > *Il est professeur.*

> *Elle travaille comme infirmière.*
> *Nous sommes catholiques.*
> *Je suis devenu socialiste.*

- It is not required with a list of items or people:
  > *Il a invité toute la famille: oncles, tantes, cousins, neveux et nièces.*
- It must be included in French where it is sometimes omitted in English:
  > *Je pars en vacances avec des amis.* – I'm going on holiday with (some) friends.
- It is not used after *sans*:
  > *Je suis parti sans valise.*

NOTE
Neither the definite article nor the indefinite article is used with a noun in apposition, i.e. when it introduces a phrase, often within commas, that acts as a sort of parallel to the noun:
> *Paris, capitale de la France, contient beaucoup de beaux musées.*
> *Bernard Hinault, cycliste bien connu, a gagné le Tour de France cinq fois.*

du, de la, de l', des

These articles mean 'some' or 'any':
> *Je vais acheter du poisson, de l'huile et de la farine.*
> *Tu as acheté des fleurs?*

There are three occasions when *de* (*d'* before a vowel or *h*) is used instead of the articles *du/de la/de l'/des*, and instead of the indefinite article:
- After a negative (except *ne ... que*):
  > *Il n'y a plus de vin.*
  > *Je n'ai pas de bic.*
- With a plural noun which is preceded by an adjective:
  > *Il a de bons rapports avec sa famille.*
- With expressions of quantity:
  > *J'ai acheté un kilo de sucre.*
  > *Elle a mangé beaucoup de cerises.*
  > Exceptions: *la plupart des, bien des, la moitié du/de la.*

Adjectives

Agreement of adjectives

Adjectives must agree in **number** (singular or plural) and **gender** (masculine or feminine) with the noun they describe. The form given in the dictionary is the masculine singular; if the feminine form is irregular it will probably be given too.

Regular adjectives – the basic rules

To the masculine singular, add:
- -e for the feminine
- -s for the masculine plural
- -es for the feminine plural.

m. sing.	f. sing.	m. plural	f. plural
grand	grande	grands	grandes

An adjective whose masculine singular form ends in -e does not add another in the feminine, unless it is -é.

jeune	jeune	jeunes	jeunes
fatigué	fatiguée	fatigués	fatiguées

Some groups of adjectives, depending on their ending, have different feminine forms:

Masc. ending	Fem. form	Example
-e	Remains the same	jeune → jeune
-er	-ère	cher → chère
-eur	-euse	trompeur → trompeuse
-eux	-euse	heureux → heureuse
-f	-ve	vif → vive

An adjective whose masculine singular ends in -s or -x does not add another in the masculine plural.

Some adjectives that end in a consonant double that consonant before adding -e. This applies to most adjectives ending in -eil, -el, -en, -et, -ien, -ot and also *gentil* and *nul*:
  l'union européenne; des choses pareilles
(Exceptions: *complet*, *discret* and *inquiet*, which become *complète*, *discrète* and *inquiète*.)

Adjectives ending in -al in the masculine singular usually change to -aux in the masculine plural. This does not affect the feminine form:
  médical, médicale, médicaux, médicales

Irregular adjectives

The following adjectives have irregular feminine forms:

Masculine	Feminine
bas	basse
blanc	blanche
bon	bonne
doux	douce
épais	épaisse
faux	fausse
favori	favorite
fou	folle
frais	fraîche
gras	grasse
gros	grosse

long	longue
mou	molle
public	publique
roux	rousse
sec	sèche

The following adjectives have irregular plural and/or feminine forms:

m. sing.	f. sing	m. plural	f. plural
beau (*bel)	belle	beaux	belles
nouveau (*nouvel)	nouvelle	nouveaux	nouvelles
vieux (*vieil)	vieille	vieux	vielles

* The additional form of these adjectives is used before a singular noun starting with a vowel or *h*, to make pronunciation easier. These forms sound like the feminine, but look masculine. A similar form is found for *fou* (*fol*) and *mou* (*mol*).

Tout has an irregular masculine plural form: *tous*.

NOTES

1 If an adjective describes two or more nouns of different gender, the adjective should always be in the masculine plural:
  des problèmes (m) et des solutions (f) importants
2 Compound adjectives (usually involving colour) do not agree with the noun they describe:
  la chemise bleu foncé
3 Some 'adjectives' are actually nouns used as adjectives. They do not agree:
  des chaussures marron

Position of adjectives

The natural position for an adjective in French is after the noun it describes. Some commonly used adjectives, however, usually precede the noun. These include:

beau	joli
bon	long
court	mauvais
grand	nouveau
gros	petit
haut	premier
jeune	vieux

Others change their meaning – slightly or considerably – depending on their position. These include:

	before noun	after noun
ancien	old/former	old/ancient
brave	good, nice	brave
certain	certain/undefined	certain/sure

cher	dear/beloved	dear/expensive
dernier	last (of series)	last (previous)
grand	great	big, tall
même	same	very, self
pauvre	poor (to be pitied)	poor (not rich)
prochain	next (in series)	next (following)
propre	own	clean
pur	mere	pure

NOTES

1 If two adjectives are qualifying the same noun, each keeps its normal position:
   une longue lettre intéressante
   de bons rapports familiaux.
2 If the adjectives both follow the noun, they are joined by *et*:
   une maladie dangereuse et contagieuse.

Comparative and superlative

Comparative adjectives

The comparative is used to compare one thing or person with another. There are three types of expression:

plus … que   more … than
moins …que   less … than
aussi … que   as … as

The adjective always agrees with the first of the two items being compared:
   Les voitures sont plus dangereuses que les vélos.
   Le troisième âge est moins actif que l'adolescence.
   Les loisirs sont aussi importants que le travail.

Most adjectives form their comparative by adding *plus, moins* or *aussi* as above. There are a few irregular forms:

bon	→	meilleur
mauvais	→	pire
petit	→	moindre

Of these, only *meilleur* is commonly used:
   Je trouve que le livre est meilleur que le film.
Pire is used to refer to non-material things, often in the moral sense:
   Le tabagisme est-il pire que l'alcoolisme?
Otherwise *plus mauvais* is used:
   Elle est plus mauvaise que moi en maths.
Moindre means 'less' or 'inferior' (e.g. *de moindre qualité*), whereas *plus petit* should be used to refer to size:
   Jean est plus petit qu'Antoine.

NOTES
1 'More than' or 'less than' followed by a quantity are expressed by *plus de* and *moins de*:
   Elle travaille ici depuis plus de cinq ans.
2 'More and more', 'less and less' are expressed by *de plus en plus, de moins en moins*:
   Le travail devient de plus en plus dur.
3 French requires an additional *ne* when a comparative adjective is followed by a verb:
   La discrimination est plus répandue qu'on n'imagine (*or qu'on ne l'imagine*).

The best way to remember this is to realise that there is an element of a negative idea involved; we did not think that discrimination was widespread.

Superlative adjectives

To form the superlative ('most' and 'least') add *le/la/les* as appropriate to the comparative. The position follows the normal position of the adjective.
   Le plus grand problème de santé de nos jours, c'est le sida.
With superlatives that come after the noun, the definite article needs to be repeated:
   Le Tour de France est la course cycliste la plus importante du monde.

NOTE

To say 'in' after a noun with a superlative adjective, use *du/de la/de l'/des*:
   La France est un des pays les plus beaux du monde.

Adjectives such as *premier, dernier* and *seul* have the force of a superlative and follow the same rule:
   Michel est le premier élève de la classe.

Demonstrative adjectives

Demonstrative adjectives are 'this', 'that', 'these' and 'those':

m. sing	f. sing	m. plural	f. plural
ce/*cet	cette	ces	ces

* used before a vowel or *h*

If you need to make a distinction between this and that, these and those, add -*ci* or -*là* to the noun:
   cet homme-ci
   cette maison-là

Possessive adjectives

These, like all other adjectives, agree in number and gender with the noun they describe, **not with the owner**:

m. sing	f. sing	plural	linked with
mon	ma	mes	je
ton	ta	tes	tu
son	sa	ses	il, elle, on
notre	notre	nos	nous
votre	votre	vos	vous
leur	leur	leurs	ils, elles

Mon, *ton* and *son* are used before a feminine noun beginning with a vowel or *h*, e.g. *mon amie, ton école.*

Particular care must be taken with *son/sa/ses* and *leur/leurs* to make sure they agree with the noun they are describing:
> *Elle aime son père.* (Father is masculine.)
> *Elle préfère leur voiture.* (Car is singular, but belongs to more than one person.)

Interrogative adjectives

These must agree with the noun to which they refer.

m. sing.	f. sing.	m. plural	f. plural
quel	quelle	quels	quelles

They can be used as straightforward question words:
> *Quel personnage préfères-tu?*
> *Quelle heure est-il?*
> *Quelles sont ses relations avec sa famille?*

They are also found as exclamations. The indefinite article, which is required in the singular in English, is omitted in French:
> *Quel désastre!* – What a disaster!
> *Quelle bonne idée!* – What a good idea!

Adverbs

Adverbs are words that give more information about verbs, adjectives and other adverbs. They may be classified into four main groups; adverbs of manner, time, place, and quantity/intensity. Adverbs may be single words or short phrases.

Adverbs expressing manner

These are usually formed by adding *-ment* (the equivalent of the English '-ly') to the feminine of the adjective:
> *léger, légère* ➜ *légèrement*

(Exception: *bref, brève* ➜ *brièvement*)

If the adjective ends in a vowel, add *-ment* to the masculine form:
> *vrai, vraie – vraiment*

(Exception: *gai* ➜ *gaiement*)

With adjectives ending in *-ant/-ent*, add the endings *-amment/-emment*:
> *suffisant* ➜ *suffisamment*
> *évident* ➜ *évidemment*

(Exception: *lent* ➜ *lentement*)

To make them easier to pronounce, some add an accent to the *e* before *-ment*:
> *énorme* ➜ *énormément*
> *profond* ➜ *profondément*

Irregular adjectives of manner include *bien* (from *bon*) and *mal* (from *mauvais*).

NOTES

1 The adverb 'quickly' is *vite* though the adjective 'quick' is *rapide* (but you can also say *rapidement*).
2 Certain adjectives may be used as adverbs, in which case they do not agree:
> *Cette voiture coûte cher.*
> *Parlons plus bas.*
> *Vous devez travailler dur.*
> *Les fleurs sentent bon.*
3 Other adverbs of manner include *ainsi*, *comment* and *peu à peu*.

Adverbs expressing time, place, quantity and intensity

There are too many adverbs and adverbial phrases to list here. They include:

Time

aujourd'hui	soudain
auparavant	tantôt
bientôt	tard
de bonne heure	tôt
déjà	toujours
demain	tout à coup
immédiatement	tout à l'heure
quelquefois	tout de suite

Note that *tout à l'heure* can mean 'just now' with a past tense, or 'shortly' with a future tense.

Place

à côté	ici
ailleurs	là-bas
à proximité	loin
en face	partout

Quantity/intensity

assez	un peu
autant	plutôt
beaucoup	si
combien	tant
fort	tellement
peu	très

NOTE
Take care to distinguish between *plutôt* ('rather') and *plus tôt* ('earlier').

Position of adverbs

Adverbs usually go immediately after the verb:
Je parle couramment le français.

In the case of compound tenses, the adverb goes after the auxiliary verb and before the past participle:
Tu as bien dormi?
This rule may be relaxed if the adjective is long:
Elles ont agi courageusement.

Adverbs of place and some adverbs of time go after the past participle:
Je l'ai trouvé là-bas.
Il est arrivé tard.

Comparison of adverbs

These are formed in the same way as the comparative and superlative forms of adjectives:
Guillaume court aussi vite que Charles.
Édith Piaf chantait moins fort que Sacha Distel.
C'est cette voiture qui coûte le plus cher.

The adverbs *bien*, *beaucoup*, *mal* and *peu* have irregular forms:

	comparative	superlative
bien	mieux	le mieux
beaucoup	plus	le plus
mal	pire	le pire
peu	moins	le moins

NOTES
1 Care must be taken not to confuse *meilleur* (adjective) with *mieux* (adverb):
   C'est le meilleur jour de ma vie.
   Elle joue mieux que moi.
2 When 'more' comes at the end of a phrase or sentence, French prefers *davantage* to *plus*:
   Il m'aime, mais moi je l'aime davantage.
3 Note the following construction, in which the article is not required in French ('the more' in English):
   Plus on travaille, plus on réussit.

Pronouns

Pronouns are words that stand in the place of nouns. The function of the pronoun – the part it plays in the sentence – is very important. In French, most pronouns are placed before the verb (the auxiliary verb in compound tenses).

Subject pronouns

The subject is the person or thing which is doing the action of the verb. The subject pronouns are:

je	*nous*
tu	*vous*
il/elle/on	*ils/elles*

Direct object pronouns

The direct object of a verb is the person or thing which is having the action of the verb done to it. In the sentence 'The secretary posted the letter' the letter is the item that is being posted, and is the direct object of the verb. The direct object pronouns are:

me	*nous*
te	*vous*
le/la	*les*

Examples:
Je mets la lettre sur le bureau. ➜ *Je la mets sur le bureau.*
Je vais te retrouver devant la gare.
Ils ont acheté les billets. ➜ *Ils les ont achetés.*
(For agreement of preceding direct object pronouns, see page 251.)

NOTES
1 *Le* may be used to mean 'so' in phrases such as:
   Je vous l'avais bien dit. – I told you so.
2 *Le* is sometimes required in French when it is not needed in English:
   comme tu le sais – as you know
3 It is sometimes omitted in French when it is used in English:
   Elle trouve difficile de s'entendre avec ses parents. – She finds it difficult to get on with her parents.

Indirect object pronouns

The indirect object is introduced by 'to' (and sometimes 'for') in English. In the sentences 'She showed the photos to her friends' and 'My father bought the tickets for me' the underlined words are the indirect objects of the verb.

The indirect object pronouns which are used to refer to people are:

me	*nous*
te	*vous*
lui	*leur*

Examples:
Elle n'a pas montré l'autographe à ses copains. ➜ *Elle ne leur a pas montré l'autographe.*
Nous vous enverrons l'argent aussitôt que possible.
Mon père va m'acheter une voiture d'occasion.

NOTE

In English, the sentence 'She gave him a book' is the same as 'She gave a book to him'. For both versions, the French is the same:
Elle lui a offert un livre.
Watch out for these common French verbs which are followed by *à* and which therefore require an indirect object pronoun:

demander à	offrir à
dire à	parler à
donner à	raconter à
écrire à	téléphoner à

Je lui ai téléphoné pour lui dire que je serais en retard.

Reflexive pronouns

Reflexive pronouns are used with some verbs to describe actions that you do to yourself. (The verbs are known as reflexive verbs – see page 252.)

The reflexive pronouns are:

me	nous
te	vous
se	se

The reflexive pronoun must change according to the subject of the verb:
Je me lave.
Elle s'est débrouillée.
(For agreement of the past participle, see page 251.)

Reflexive pronouns can also be used with verbs to describe actions that people do to each other:
Nous nous téléphonons chaque soir.

NOTE

The reflexive pronoun of a verb in the infinitive must change according to the subject:
Nous allons nous réveiller de bonne heure.

Emphatic pronouns

The emphatic pronouns are:

moi	nous
toi	vous
lui	eux (m. plural)
elle	elles (f. plural)
soi (relates to *on*)	

The most common uses of the emphatic pronoun are:
- Whenever emphasis is required:
  Moi, j'adore le cinéma; eux, ils préfèrent le théâtre.
- When the pronoun stands alone:
  Qui a appelé la police? Moi.
- After *c'est* (*ce sont* with *eux* and *elles*):
  C'est toi qui as téléphoné hier?
- In comparisons:
  Sa sœur est plus grande que lui.
- After prepositions:
  chez moi, avec lui, sans eux
- After the preposition *à*, the emphatic pronoun may indicate possession:
  Ce livre est à moi.
- With *même*, meaning 'self':
  Vous êtes allés vous-mêmes parler au PDG?

Pronouns of place

These function like the indirect object pronouns above but are used for places or things.

y

The pronoun *y* stands for a noun with almost any preposition of place (not 'from'). It most frequently replaces *à/au/à la/à l'/aux* + a place or thing. Its meanings include 'there', 'in it', 'on them', etc:
Tu es allée en Belgique? ➜ *Oui, j'y suis allée trois fois.*
Qu'est-ce que tu as mis sur la table? ➜ *J'y ai mis tes papiers.*

With verbs followed by *à* + noun, *y* must always be used, even though the English equivalent would be a direct object pronoun:
Tu joues souvent aux boules? ➜ *Oui, j'y joue toutes les semaines.*

The pronoun y can also be used instead of *à* + verb:
Vous avez réussi à faire ça? ➜ *Oui, j'y ai réussi.*

en

The pronoun *en* must be used when 'from it' or 'from there' is required. It most frequently replaces *de/du/de la/de l'/des* + a place or thing:

Votre mari est revenu des États-Unis? → *Oui, il en est revenu jeudi.*

In expressions of quantity, *en* means 'some', 'of it', 'of them'. It refers to both people and things:

Combien de bananes avez-vous acheté? → *J'en ai acheté cinq.*

The pronoun *en* can also be used instead of *de* + verb:

Souviens-toi de parler à ta mère. → *Oui, je vais m'en souvenir.*

Order of pronouns

When more than one pronoun is needed in a phrase, there is a specific order that must be adhered to:

me				
te	le			
se	la	lui	y	en
nous	les	leur		
vous				

Examples:
Elle m'a prêté ses disques compacts. → *Elle me les a prêtés.*
Vous lui en avez parlé?

Order of pronouns with the imperative

In a positive command, the verb must come first, as it is the instruction that is important. The pronoun then follows the verb and is joined to it by a hyphen:

J'ai besoin de ces dossiers. Apportez-les tout de suite!
Allons-y!

If more than one pronoun is used, the direct object precedes the indirect object. *Me* and *te* are replaced by *moi* and *toi* when they come after the verb:

Apportez-les-moi!

In a negative command, the pronouns come before the verb as usual:

Ne la lui donne pas!

Relative pronouns

qui, que, dont

Relative pronouns relate to the person, thing or fact which has just been mentioned.

Sa copine, qui habitait à côté de chez lui, s'appelait Anne.
C'est la langue que je trouve la plus facile.
Voilà le garçon dont je vous ai parlé.

The choice of pronoun depends on its function in the sentence:
- *qui* ('who', 'which') is used for the subject of the verb following;
- *que* or *qu'* ('whom', 'which',' that') is used for the object of the verb following.

It may be helpful to remember that if the verb immediately following has no subject, it needs one, so *qui* is used; if it has a subject already, *que* is used.

NOTES

1 *Qui* is never shortened to *qu'*.
2 *Que* can never be omitted as can 'that' in English:
Le film que j'ai vu hier. – The film I saw yesterday.

Dont means 'whose', 'of whom', 'of which'. The word order in a phrase containing *dont* is important.

1	2	3	4
(person/thing referred to)	*dont*	subject + verb	anything else

Examples:
Ce sont des vacances dont je me souviendrai toujours.
Il y avait dans le groupe une fille dont j'ai oublié le nom.

NOTE

Verbs followed by *de* before the noun use *dont* as their relative pronoun:
L'ordinateur dont je me sers est très utile.

ce qui, ce que, ce dont

If there is not a specific noun for the relative pronoun to refer to – perhaps it is an idea expressed in a complete phrase – *ce qui/ce que/ce dont* must be used. The choice is governed by the same rules as above:

Ce qui m'étonne, c'est que la publicité exerce une grande influence de nos jours.
La publicité exerce une grande influence de nos jours, ce que je trouve étonnant.
La publicité exerce une grande influence de nos jours, ce dont je m'étonne.

(The third version is less natural than the first two.)

lequel, laquelle, lesquels, lesquelles

These also mean 'which' and are used after prepositions. They are made up of the definite article + *quel*:

Le café vers lequel il se dirigeait …
Les années pendant lesquelles elle avait travaillé …

After *à* or *de* the first element of this pronoun must be adapted in the usual way for the definite article:

Le problème auquel je réfléchissais me paraisssait insurmontable.
Prenez ce petit sentier, au bout duquel il y a une vue splendide.

NOTES

1 *Où is often used instead of dans lequel, sur laquelle, etc:*
   Voilà la rue où j'habite.
2 *Qui is used after a preposition when referring to people:*
   L'homme avec qui je suis allé au cinéma.
(This does not apply to *parmi*, for which *lesquels/ lesquelles* must be used.)

Demonstrative pronouns

celui, celle, ceux, celles

These are used to refer to things or people previously mentioned. They must agree with the noun they are replacing:

m. sing.	f. sing.	m. plural	f. plural
celui	celle	ceux	celles

Quel film as-tu vu? → *Celui avec Gérard Depardieu.*

As with the demonstrative adjectives, these may have *-ci* or *-là* added for greater clarity or to make a distinction:

Lesquels vas-tu choisir? – Ceux-là.

They are often followed by *qui, que* or *dont*:

Quel film allons-nous voir? – Celui que tu préfères.
Quelles idées sont les plus frappantes? – Celles qui expriment une opinion personnelle.

They may also be followed by *de*, to express possession:

Tu verras mes photos et celles de ma sœur.

ceci, cela (this, that)

These are not related to a particular noun. *Cela* is often shortened to *ça*:

Cela m'agace! – Ça se voit!

Ceci is used less frequently than *cela*, and tends to refer to something that is still to be mentioned:

Je vous dirai ceci: que nous devons améliorer les chiffres d'affaires.

c'est and *il est*

Both of these mean 'it is', and are not interchangeable (although in spoken French *c'est* is often used when strictly *il est* is required). Here are some of the rules:

• *Il est* + adjective + *de* + infinitive – refers forward to what is defined by the adjective:
   Il est difficile d'apprendre la grammaire.
• *C'est* + adjective + *à* + infinitive – refers back to what has been defined by the adjective:
   La grammaire, c'est difficile à apprendre.
   or:
   Apprendre la grammaire, c'est difficile (à faire).
• *C'est* + noun + adjective:
   C'est un roman intéressant.

Possessive pronouns

As with other pronouns, these agree in number and gender with the noun they stand for.

m. sing.	f. sing.	m. plural	f. plural	
le mien	la mienne	les miens	les miennes	(mine)
le tien	la tienne	les tiens	les tiennes	(yours)
le sien	la sienne	les siens	les siennes	(his, hers)
le nôtre	la nôtre	les nôtres	les nôtres	(ours)
le vôtre	la vôtre	les vôtres	les vôtres	(yours)
le leur	la leur	les leurs	les leurs	(theirs)

À qui est ce dossier? – C'est le mien.

Interrogative pronouns

There are several interrogative (question) pronouns.
• *Qui* means 'who?' or 'whom?':
   Qui veut jouer au tennis?
   Avec qui vas-tu aller à la fête?
• *Que* means 'what?':
   Que dis-tu?
• *Quoi* also means 'what?' but is used after prepositions:
   De quoi parles-tu?
• *Qu'est-ce qui* and *Qu'est-ce que* mean 'what?' (= 'What is it that…?'). Use *qu'est-ce qui* when it is the subject of the verb:
   Qu'est-ce qui vous inquiète?
Use *qu'est-ce que (qu')* when it is the object:
   Qu'est-ce que tu veux manger?

- **Lequel**, etc (see page 247) may be used as a question word, meaning 'which one(s)?':

    Laquelle des politiques est la plus importante, à ton avis?

VERBS

See tables on pages 262–272 for verb forms.

Modes of address

It is easy to underestimate the degree of offence that can be caused by using the familiar *tu* form of the verb when the *vous* form is appropriate. It is best to take the tone from the person you are speaking or writing to. If in doubt always use *vous*, and wait for the other person to suggest the familiar form.

    tutoyer – to call someone *tu*

    vouvoyer – to call someone *vous*

It is important not to mix the two forms; care should be taken not to use set phrases such as *s'il vous plaît* at the end of a phrase containing the informal *tu*.

Letter-writing may require the extremely polite subjunctive *veuillez* (instead of voulez-vous) which means 'be so kind as to …'.

Impersonal verbs

Some verbs only exist in the *il* form; they are known as impersonal verbs because no other person can be their subject. All are translated by 'it'. They include weather phrases such as *il neige, il pleut* and *il gèle*; also *il faut* ('it is necessary', though usually better translated as 'must') and *il s'agit de*.

There are a few verbs which may be used impersonally although they are complete. These impersonal forms include *il fait* + weather phrases, *il paraît, il semble, il suffit de* and *il vaut mieux. Il reste* (literally 'there remains') is frequently used:

    Il ne reste plus de papier. – There's no paper left.

Il existe may be used as a formal alternative to *il y a*:

    Il existe beaucoup de musées à Paris.

Verbs with the infinitive

When a verb is followed immediately by a second verb in French, the second verb must be in the infinitive form. Verbs used in this way are divided into three categories:

- Those which are followed directly by the infinitive:

    J'aimerais aller au théâtre.

- Those which are joined by *à*:

    Elle a commencé à ranger les lettres.

- Those which are joined by *de*:

    Nous avons décidé d'acheter votre produit.

There is no easy way of knowing which verbs fall into which group. The following are the most useful:

No preposition	à	de
aimer	aider	arrêter
aller	s'amuser	cesser
désirer	apprendre	choisir
détester	arriver (to manage)	craindre
devoir	s'attendre	décider
espérer	commencer	se dépêcher
faillir (to nearly do)	continuer	empêcher
falloir (il faut)	se décider (make up mind)	essayer
oser	encourager	s'étonner
pouvoir	hésiter	éviter
préférer	inviter	s'excuser
prétendre	se mettre (to begin)	finir
savoir	renoncer	menacer
sembler	réussir	mériter
valoir (il vaut mieux)		offrir
venir		oublier
vouloir		proposer
		refuser
		regretter
		tenter

The following phrases are also followed by *de*:

avoir besoin	avoir envie
avoir l'intention	avoir peur

These verbs are followed by *à* + person + *de* + infinitive:

conseiller	permettre
défendre	promettre
demander	promettre
dire	

Examples:

Le PDG a demandé au secrétaire d'apporter les dossiers.

Mes parents ne me permettent pas de sortir pendant la semaine.

Le médecin lui a dit de revenir le lendemain.

NOTES

1 *Commencer* and *finir* are followed by *par* + infinitive if the meaning is 'by'. Contrast:

    Elle a commencé à travailler. – She began to work.

    with:

    Elle a commencé par travailler. – She began by working (and then went on to do something else).

2 When a pronoun is used with two linked verbs, it comes before the infinitive:

> *Je dois le faire.*

3 The infinitive is used after prepositions:

avant de	*Il faut réfléchir avant d'agir.*
au lieu de	*Fais tes devoirs au lieu d'écouter de la musique.*
en train de	*Je suis en train de faire la cuisine.*
pour	*Tu es assez intelligent pour comprendre ça.*
sans	*Ils sont partis sans me remercier.*

Other verbs with a dependent infinitive

faire

When followed immediately by an infinitive, *faire* means 'to have something done by someone else':

> *Je repeindrai ma maison.* – I'll repaint my house.
> *Je ferai repeindre ma maison.* – I'll have my house repainted.

Other expressions involving *faire* + infinitive include:

> *faire attendre* – to make someone wait
> *faire entrer* – to bring in/show in
> *faire faire* – to have something done
> *faire monter* – to carry up/show up
> *faire remarquer* – to remark (to have it noticed)
> *faire savoir* – to let know
> *faire venir* – to fetch
> *faire voir* – to show

entendre, laisser, sentir, voir

These verbs may be used with the infinitive in a similar way:

> *Elle a entendu frapper à la porte.*
> *Ne le laisse pas partir.*
> *Tu l'as vu sortir?*

NOTES

Entendre dire and *entendre parler* mean 'to hear that' or 'to hear of':

> *J'ai entendu dire qu'on va mettre en place de nouveaux centres d'accueil.*
> *J'ai entendu parler d'elle.*

Perfect infinitive

The perfect infinitive means 'to have (done)':

> *Je m'excuse d'avoir manqué la réunion.*
> *Je m'excuse d'être partie avant la fin de la réunion.*

(For the use of *avoir* or *être* as the auxiliary, see examples on page 251.)

The most frequent use of the perfect infinitive is in the expression *après avoir/être* + past participle, meaning 'after having (done)' or in more natural English, 'after doing':

> *Après avoir renoncé à la cocaïne, il a pu refaire sa vie.*
> *Après être revenue en France, elle a travaillé chez Renault.*
> *Après nous être levés, nous avons discuté nos projets.*

(For agreement of the past participle, see page 251.)

NOTE

The subject of the main verb must always be the same as that of the *après avoir* clause. If it is not, a different construction must be used:

> *Quand il est rentré, sa sœur est sortie.*

Negatives

The negative form of a verb is usually achieved by placing *ne* immediately in front of it and the second element of the negative after it. The most common negatives are

> ne … pas
> ne … jamais
> ne … personne
> ne … plus
> ne … rien

Examples:
Elle ne parle pas.
Ils ne fument jamais.
Je n'ai rien à faire.

In compound tenses, the second element is usually placed after the auxiliary verb:

> *Je n'ai rien fait.*

This does not apply to *personne*, which is placed after the past participle:

> *Ils n'ont vu personne.*

With reflexive verbs, *ne* is placed before the reflexive pronoun, which is part of the verb:

> *Elles ne se sont pas dépêchées.*

Jamais, *personne* and *rien* may be used on their own:

> *Qu'est-ce que tu vas manger? – Rien.*

Personne and *rien* may be the subject of the verb. In that case they are placed at the beginning of the sentence, but *ne* is still required:

> *Personne ne sait quel sera le résultat de l'effet de serre.*

Other negatives include:

> ne … point
> ne … guère
> ne … ni … ni

ne ... aucun(e)
ne ... nul(le)

These last two are in fact adjectives, though their meaning dictates that they cannot be plural. Both may be the subject of the sentence, as can *ni ... ni*:

Il n'y a aucune possibilité d'y aller ce soir.
Nul ne saurait nier.
Ni l'un ni l'autre ne peut me persuader.

Ne ... que, meaning 'only', is not a true negative. (Contrast *il n'a pas de sœurs* with *il n'a qu'une sœur*.) Its word order does not always conform to that of other negatives since *que* is placed after the past participle in compound tenses:

Tu n'as bu qu'un verre d'eau.

NOTES

1 'Not only' is *pas seulement*.
2 To make an infinitive negative, it is usual to place the two elements together in front of the infinitive:
   Ils ont décidé de ne pas venir.
   Il m'a conseillé de ne plus fumer.

Interrogative forms

In French there are four ways of making a sentence into a question.

1 By far the most popular, particularly in speech, is to leave the word order as it is and add a question mark (in speech, raise the voice at the end):
   Statement: *L'énergie nucléaire sera importante à l'avenir.*
   Question: *L'énergie nucléaire sera importante à l'avenir?*

2 Use *est-ce que*:
   Est-ce qu'on a trouvé un moyen de se débarrasser des déchets?
   À quelle heure est-ce qu'on se revoit?

3 Invert the verb and subject. This is straightforward when the subject is a pronoun:
   Statement: *Tu es content.*
   Question: *Es-tu content?*
   but is more complicated if it is a noun, when the relevant subject pronoun must be added:
   Statement: *Suzanne est triste.*
   Question: *Suzanne est-elle triste?*

4 A specific question word such as *qui?, pourquoi?, quand?* may be used. In informal speech the verb and subject are not always inverted; in practice, and in writing, it is probably better to do so, or to use *est-ce que*:

Pourquoi as-tu choisi d'aller au musée?
Quand est-ce que tes parents reviendront?

NOTES

1 When the pronoun and subject are inverted, they count as one word, so in negative sentences they are sandwiched between the two negative elements:
   N'est-elle pas contente?
2 *Je* is not normally used like this, except with very short verbs such as *ai-je, suis-je, dois-je* and *puis-je*.
3 When inversion produces two consecutive vowels, *-t-* is added between them to make pronunciation easier:
   Va-t-il au café?
   Cherche-t-elle les documents?
4 In compound tenses the pronoun and auxiliary verb are inverted, followed by the past participle:
   As-tu vu?
   Êtes-vous allé?
   Se sont-ils levés?

Tenses

For all tenses of regular and irregular verbs, see the verb tables on pages 262–272. Notes on the use and formation of tenses are given below.

Present tense

Use and meaning

The present tense expresses:
- action that is taking place at the moment of speaking;
- a fact that is universally true.

There is only one form of the present tense in French, while English has three. For example, *je crois* means:
- 'I think' – the simple present, the most frequently occurring use of the tense.
- 'I am thinking' – there is no separate form of the present continuous in French (but see note 3 under Special uses below).
- 'I do think' – found almost exclusively in the negative ('I do not think') and question ('Do you think?') forms.

Formation

There are three groups (*-er, -ir* and *-re*) of regular verb endings and a large number of irregular verbs. For regular verbs, remove the ending from the infinitive and add the appropriate endings:

	-er	-ir	-re
je	parle	finis	vends
tu	parles	finis	vends
il/elle/on	parle	finit	vend

nous	parl**ons**	fin**issons**	vend**ons**
vous	parl**ez**	fin**issez**	vend**ez**
ils/elles	parl**ent**	fin**issent**	vend**ent**

A number of irregular verbs can be grouped, which makes them easier to learn. These groups are marked in the verb tables.

Special uses

1 In expressions of time with *depuis* and *ça fait*, the present tense is used to express 'have/has been (doing)':

> *Il attend son visa d'entrée depuis trois mois.* – He has been waiting for his visa for three months.

(The implication here is that he is still waiting, so the present tense is used.)

> *Ça fait un an qu'elle travaille chez Renault.* – She has been working for Renault for a year (and is still there).

2 The present tense of *venir* + *de* + the infinitive expresses 'have/has just (done)':

> *Nous venons de lancer un nouveau produit.* – We have just launched a new product.

3 To underline the fact that someone is in the middle of doing something, the expression *être en train de* + infinitive is used:

> *Ils sont en train de chercher leurs papiers.*

4 The present tense of *aller* is used with the infinitive (as in English) to describe an action or event that is going to happen:

> *Ils vont retourner en France samedi.*

Perfect tense (*passé composé*)

The perfect tense in French is the one on which all other compound tenses are based.

Use and meaning

The perfect tense is used for action in the past which happened only once (or possibly twice or three times, but not as a regular occurrence), and has been completed. It is also used if it is known when the action started, when it ended or how long it lasted. It translates the following:

- a simple past tense ('I found').
- a past tense with have or has ('he has found').
- a past tense with 'did' ('I did find', 'did you find?').

Formation

It is composed of two elements: the present tense of the auxiliary verb (*avoir* or *être*) + the past participle (*trouvé, fini, vendu*, etc.). It is essential that both elements are included.

To form the past participle:

- **-er** verbs: take off the *-er* and replace with *-é*;
- **-ir** verbs: take off the *-ir* and replace with *-i*;
- **-re** verbs: take off the *-re* and replace with *-u*.

See the verb tables on pages 262–272 for the many verbs which have an irregular past participle.

A Most verbs use *avoir* as their auxiliary; the past participle usually remains unchanged (but see below).

j'ai cherché	nous avons attendu
tu as bu	vous avez cru
il a ouvert	ils ont fini
elle a fait	elles ont voulu

Although there is usually no agreement of the past participle of verbs taking *avoir*, if the verb has a direct object and if that direct object precedes the verb, the past participle agrees with the direct object. There are three types of sentence in which this may occur:

- If there is a preceding direct object pronoun:
  > *Tu as vu ta mère? – Oui, je l'ai vue hier.*
- With the relative pronoun *que*:
  > *Les articles que nous avons commandés ne sont pas encore arrivés.*
- In questions after *quel?* and *combien?*:
  > *Combien d'affiches a-t-il achetées?*

B The following verbs use *être* to form their perfect tense:

aller	partir
arriver	rester
descendre	retourner
entrer	sortir
monter	tomber
mourir	venir
naître	

And their compound forms (*revenir, devenir, rentrer*, etc.).

The past participle of verbs using *être* as their auxiliary agrees with the subject:

je suis allé(e)	nous sommes descendu(e)s
tu es venu(e)	vous êtes arrivé(e)(s)
il est entré	ils sont restés
elle est montée	elles sont retournées

NOTE

Verbs taking *être* are intransitive, i.e. they do not have an object. However, *descendre, monter, (r)entrer* and *sortir*, with a slightly different meaning, may be used with an object; in this case they use *avoir* as their auxiliary, and agreement of the past participle conforms to the rules for verbs taking *avoir*:

Il a monté les valises. – He brought up the cases.
As-tu descendu la chaise? – Oui, je l'ai descendue.

C Reflexive verbs also use *être* to form their perfect tense. Agreement is with the subject:

je me suis fâché(e)	nous nous sommes couché(e)s
tu t'es baigné(e)	vous vous êtes reposé(e)(s)
il s'est promené	ils se sont réveillés
elle s'est sauvée	elles se sont débrouillées

NOTE

If the reflexive pronoun is not the direct object there is no agreement. This is often the case with a verb that is not usually reflexive:

Ils se sont parlé. – They spoke to each other.
Elle s'est demandé. – She wondered. (literally, she asked herself: *demander à*)

Imperfect tense (*imparfait*)

Use and meaning

The imperfect tense is used for:

- Past action that was unfinished ('was/were doing'):
  Il se promenait vers le café quand il a vu son copain.
- Habitual or repeated action in the past ('used to (do)'):
  Elle prenait le train tous les jours pour aller au travail.
- Description in the past:
  Les oiseaux chantaient; elle était triste; il avait les yeux bleus.

Certain words and phrases indicate that the imperfect tense may be needed. These include:

chaque semaine	régulièrement
d'habitude	souvent
le samedi	toujours

NOTE

Sometimes in English habitual action is expressed by 'would': 'every day he would get up at six o'clock'. In French the imperfect tense must be used.

Formation

Remove -*ons* from the *nous* part of the present tense, and replace it with the following endings:

je	-ais
tu	-ais
il/elle/on	-ait
nous	-ions
vous	-iez
ils/elles	-aient

The only exception to this is the verb *être* (see page 266).

Special uses

1 *Depuis* is used with the imperfect tense to express 'had been (doing)':
   Ils jouaient au tennis depuis une demi-heure. – They had been playing tennis for half an hour (and were still doing so, the action was unfinished).
2 The imperfect tense of *venir* + *de* + infinitive is translated as 'had just (done)':
   Il venait d'arriver. – He had just arrived.

Future tense (*futur*)

Use and meaning

The future tense means 'shall (do)' or more often 'will (do)' or 'will be (doing)'.

NOTE

'Will you' is sometimes translated by the present tense of *vouloir*, if it means 'are you willing to?', or if it is a request: *veux-tu fermer la porte?*

Formation

The following endings are added to the future stem, which for regular verbs is the infinitive (-*re* verbs drop the *e*):

je	-ai
tu	-as
il/elle/on	-a
nous	-ons
vous	-ez
ils/elles	ont

Many verbs have an irregular future stem (see verb tables on page 262).

Special use

When the future tense is implied or understood, it must be used in French, although English prefers the present tense:

Je te téléphonerai quand je rentrerai au bureau. – I'll ring you when I get back to the office.

Words and phrases that may indicate the need for a future tense include:

après que	dès que
aussitôt que	lorsque, quand

Note that this does not apply to sentences and clauses starting with *si*, in which the tense is always the same as in English.

Conditional (*conditionnel*)

The conditional is sometimes known as the 'future in the past', because it expresses the future from a position in the past.

Use and meaning

The conditional means 'should', or more often 'would (do)'. It is frequently used in indirect (reported) speech and in the main part of the sentence following a *si* clause whose verb is in the imperfect tense:

J'ai dit que je vous retrouverais. – I said I would meet you.
Si je venais demain nous pourrions y aller ensemble. – If I came tomorrow we would be able to go together.

Because there is an element of the future in it, the conditional is sometimes required to translate a past tense following *quand*, etc:

Le patron m'a demandé d'aller le voir quand je serais libre. – The boss asked me to go and see him when I was free.

The conditional is also the tense of politeness:

Auriez-vous la bonté de m'envoyer ... – Would you be kind enough to send me ...

Formation

The endings of the imperfect tense are added to the future stem:

je voud**rais**	nous fini**rions**
tu se**rais**	vous i**riez**
il enver**rait**	ils pour**raient**

NOTE
To express 'should' in the sense of 'ought to', the conditional tense of *devoir* must be used:
Nous devrions nous occuper des SDF.

Compound tenses

These tenses include the future perfect (*futur antérieur*), the conditional perfect (*conditionnel passé*) and the pluperfect (*plus-que-parfait*). Agreement of the past participle in every case is exactly the same as for the perfect tense. If a verb uses *être* to form its perfect tense, it also does so in the other compound tenses.

Future perfect tense (*futur antérieur*)

Use and meaning

The future perfect tense means 'shall have (done)' or, more usually, 'will have (done)'. As its name suggests, there is an element of both future and past in its meaning:

Quand tu rentreras, j'aurai rangé ma chambre. – By the time you get home I will have tidied my room.

As with the future tense, the future perfect is used when the future is implied but not stated in English, usually when the main part of the sentence is in the future. In this case it means 'have/has (done)':

Nous vous ferons savoir dès que nous aurons pris la décision. – We'll let you know as soon as we have reached a decision.

Formation

The future tense of the auxiliary verb + the past participle.

Examples:
- *avoir* verbs:
  j'aurai envoyé, il aura écrit, nous aurons entendu, elles auront fini.
- *être* verbs:
  tu seras revenu(e), vous serez arrivé(e)(s), ils seront retournés.
- reflexive verbs:
  elle se sera baignée, nous nous serons levé(e)s, ils se seront couchés.

Conditional perfect (*conditionnel parfait*)

Use and meaning

The conditional perfect tense is used more frequently than the future perfect. It means 'would have (done)'. Its uses are very similar to those of the conditional; it is often required in the main part of the sentence linked with a *si* clause, and when a future idea is implied:

S'il avait cessé de pleuvoir nous aurions joué au tennis.
Tu m'as dit que tu reviendrais quand tu aurais trouvé tes papiers (when you had found your papers).

Formation

The conditional of the auxiliary verb + the past participle.

Examples:
- *avoir* verbs:
  j'aurais cherché, elle aurait réussi, ils auraient pu.
- *être* verbs:
  tu serais arrivé(e), nous serions entré(e)s, elles seraient venues.
- Reflexive verbs:
  il se serait reposé, vous vous seriez dépêché(e)(s).

NOTE
The conditional perfect tense of *devoir* means 'ought to have' or 'should have':
Tu aurais dû partir plus tôt. – You ought to have left earlier.

Pluperfect tense (*plus-que-parfait*)

Use and meaning

The pluperfect tense means 'had (done)'. It refers to an action or state that happened before something else in the past tense, i.e. it is one step further back in the past:

Quand je suis arrivé à l'aéroport l'avion avait déjà atterri.

Formation

The imperfect tense of the auxiliary verb + the past participle.

Examples:
- *avoir* verbs:
  j'avais trouvé, il avait réussi, nous avions pris.
- *être* verbs:
  tu étais allé(e), elle était rentrée, ils étaient sortis.
- reflexive verbs:
  il s'était occupé, vous vous étiez sauvé(e)(s), elles s'étaient retrouvées.

NOTES

1 The pluperfect is sometimes used in French where English uses a simple past tense:
  Je vous l'avais bien dit. – I told you so.
2 The use of the pluperfect is becoming less common in English, particularly in speech. It should, however, still be used in French.

Past historic (*passé simple*)

Use and meaning

This is a formal tense: it is found mainly in literary works and in some formal articles, and it is used for narration. It must be recognised, but the A-level student should not need to use it. It has the meaning of a simple past tense, and is the formal equivalent of the perfect tense to describe completed actions in the past. It does not mean 'have/has (done)', for which the perfect tense is used. Examples of *tu* or *vous* forms are found only in older literature.

Formation

There are three groups of endings:

- *-er* verbs:

je	-ai
il/elle/on	-a
nous	-âmes
ils/elles	-èrent

- *-ir*, *-re* and some irregular verbs:

je	-is
il/elle	-it
nous	-îmes
ils/elles	irent

- other irregular verbs:

je	-us
il/elle	-ut
nous	-ûmes
ils/elles	-urent

For verbs which have an irregular past historic, including *venir*, see the verb tables on pages 262–272.

Passive

To understand the passive, it is necessary to understand the difference between the subject and object of the verb.

In the sentence 'The secretary writes the letters', the verb 'writes' is an active verb: it is the secretary who is doing the action. To make the verb passive, the letter, which is currently the direct object, must be made into the subject, but the meaning of the sentence must remain the same – 'The letters are written by the secretary'. The verb 'are written' is therefore in the passive form.

Formation

The formation of the passive in French is very straightforward. The appropriate tense of *être* is used, + the past participle, which agrees with the subject.

- Present tense: *Les lettres sont écrites par le secrétaire.*
- Perfect: *Le projet a été conçu il y a deux ans* ('was devised').
- Imperfect: *Dans les années 60 les trains étaient utilisés davantage* ('were used').
- Future: *Le centre sera ouvert par le président* ('will be opened').
- Conditional: *Il a dit que de nouvelles méthodes seraient employées* ('would be used').
- Future perfect: *Le travail aura été fini* ('will have been finished').
- Conditional perfect: *La décision aurait été prise plus tôt* ('would have been taken').
- Pluperfect: *Les raisons avaient été oubliées* ('had been forgotten').

NOTES

1 The use of *être* to form the passive must not be confused with the use of *être* as the auxiliary verb.
2 Verbs that take *être* to form their compound tenses cannot be made passive, as they do not have a direct object.

Avoiding the passive

French tends to avoid the passive wherever possible; there are two main ways of doing this:

- By using *on* (this is only possible when the action can be performed by a person, and when it is not known – or stated – precisely who that person is):

    On t'a vu au concert. – You were seen at the concert.
    On m'a demandé de remplir une fiche. – I was asked to fill in a form.

Note that the best way of translating *on* into English is often by using the passive.

- By using a reflexive verb:

    Nos articles se vendent partout en Europe. – Our products are sold everywhere in Europe.

NOTE

Since the passive can only be used with sentences which contain a direct object, it cannot be used with verbs that are followed by *à* + person, since these verbs take an indirect object. The sentence 'She is not allowed to go to the cinema on her own' could therefore not be translated into French using the passive because *permettre* is followed by *à*. Another way of expressing it must be found. This might be:

On ne lui permet pas d'aller au cinéma toute seule.
Another possibility, though rather formal, is:

La permission ne lui est pas accordée d'aller au cinéma toute seule.

Imperative

The imperative is used to give commands or to suggest that something be done.

To form the imperative, use the *tu*, *nous* or *vous* forms of the present tense without the subject pronoun. With *-er* verbs, the final *-s* is omitted from the *tu* form:

	-er	-ir	-re
(tu)	regarde	finis	descends
(nous)	regardons	finissons	descendons
(vous)	regardez	finissez	descendez

There are some irregular forms:

aller – va, allons, allez
avoir – aie, ayons, ayez
être – sois, soyons, soyez
savoir – sache, sachons, sachez

With reflexive verbs, the reflexive pronoun must be retained. It comes after the verb, with a hyphen. Note that *te* becomes *toi*:

Assieds-toi!   Arrêtons-nous!   Amusez-vous!

For the order of pronouns with the imperative, see page 246.

The *il/elle/ils/elles* forms of the imperative ('may he', 'let them', etc) are provided by the subjunctive:

Elle n'aime pas le vin? Alors, qu'elle boive de l'eau!
Vive la liberté!

NOTE

A very polite command may be expressed by using the infinitive. This is usually found only in public notices:

S'adresser au concierge. – Please contact the caretaker.

Present participle

The present participle is formed from the *nous* form of the present tense; remove the *-ons* ending and replace it by *-ant*:

(nous) parlons ➜ *parlant*
(nous) finissons ➜ *finissant*
(nous) attendons ➜ *attendant*

There are some irregulars:

avoir ➜ *ayant*
être ➜ *étant*
savoir ➜ *sachant*

The most common use of the present participle is with *en*, when it means 'by (doing)', 'on (doing)' or 'while (doing)':

En travaillant dur, elle a réussi.
En ouvrant la porte, elle a vu le PDG.
On ne peut pas faire le ménage en regardant la télévision.

The spelling of the participle does not change, and the subject of the participle must be the same as that of the main verb.

The participle may sometimes be used without *en*:

Se rendant compte qu'il avait oublié sa carte, il est rentré chez lui. – Realising that he had forgotten his map, he went back home.

NOTES

1 If the present participle is used purely as an adjective, it must agree with the noun it is describing:

une maison impressionnante

2 The reflexive pronoun changes according to the subject:
   Me levant tôt, je suis allé au bureau à pied.
3 French often prefers to use a relative clause where
   English uses a present participle:
   Il a vu son collègue qui entrait dans le bureau. – He
   saw his colleague coming into the office.
This may also be expressed by an infinitive:
   Il a vu son collègue entrer dans le bureau.

Subjunctive

The ability to use the subjunctive is essential at A-level.
Some of its applications are more widespread than
others, and it is easy to learn a few of the expressions in
which the subjunctive is required and thereby improve
one's style. As far as tenses are concerned, modern
French generally uses the present, and the perfect is quite
often needed. The imperfect and pluperfect subjunctives
should be recognised, but not used, at A-level.

Uses

The categories of expression listed below are followed by
a verb in the subjunctive. It is worth remembering that
the subjunctive is almost always introduced by *que*:

Wishing and feeling
For example:

aimer (mieux) que	préférer que
avoir peur que	regretter que
avoir honte que	souhaiter que
comprendre que	vouloir que
être content que	c'est dommage que
craindre que	il est temps que
désirer que	il vaut mieux que
s'étonner que	

Examples:
Je veux que vous m'accompagniez à la conférence.
Il s'étonne que tu viennes régulièrement.

NOTES
1 *Avoir peur que* and *craindre que* both need *ne* before
   the subjunctive:
   J'ai peur qu'il ne se trompe.
2 There is no need to use the subjunctive if the subject of
   both halves of the sentence is the same. In that case the
   infinitive should be used:
   *Nous regrettons de ne pas pouvoir expédier les
   articles.*

Possibility and doubt

il est possible que
il se peut que (**but not** il est probable que)
il est impossible que
il n'est pas certain que
il semble que (**but not** il me semble que)
douter que

Examples:
*Il semble qu'il y ait une amélioration de la condition
féminine.*
Je doute qu'il vienne.

NOTE
The subjunctive is used after *croire* and *penser* only when
they are in the negative or question forms, so that there is
an element of doubt:
   *Je crois que les femmes ont maintenant les chances
   égales.*
   *Je ne crois pas que les toxicomanes puissent être
   facilement guéris.*
   *Penses-tu qu'ils veuillent venir aux centres de
   réinsertion?*

Necessity

Il faut que
Il est nécessaire que

Example:
Il faut que vous renonciez au tabac.

After particular conjunctions

à condition que	*jusqu'à ce que*
afin que	*pour que*
à moins que	*pourvu que*
avant que	*quoique*
bien que	*sans que*
de peur que	

Examples:
*Bien que les problèmes de l'adolescence soient grands, on
finira par se débrouiller.*
Je t'expliquerai pour que tu comprennes les raisons.

NOTES
1 *À moins que* and *de peur que* (and sometimes *avant
   que*) also require *ne* before the subjunctive:
   *Nous n'irons pas à la campagne à moins que le temps
   ne s'améliore.*
2 French often avoids the subjunctive by using a noun:
   avant sa mort ('before his/her death').

Telling, commanding, allowing and forbidding

défendre que	exiger que
dire que	ordonner que
empêcher que	permettre que

Examples:
Vous permettez que j'aille au concert?

NOTE
Empêcher also requires *ne* before the Subjunctive.

Superlative, negative and indefinite expressions

(Superlatives include l*e premier, le dernier* and *le seul*.)

Examples:
C'est le roman le plus intéressant que j'aie jamais lu.
Il n'y a personne qui me comprenne.

Whoever, whatever, etc.

où que
quel que
qui que
quoi que

Examples:
D'habitude nos parents nous aiment quoi que nous fassions.
Quels que soient les problèmes, vous réussirez à les résoudre.

Imperative
Used for the 3rd person of the command (see page 255).

Present subjunctive

Formation

The Present Subjunctive is formed by removing *-ent* from the *ils* form of the present tense, and replacing it with the following endings:

je	-e	nous	-ions
tu	-es	vous	-iez
il/elle/on	-e	ils/elles	-ent

Examples:

je mette	*nous disions*
tu vendes	*vous écriviez*
il finisse	*ils ouvrent*

Irregular subjunctives (see the verb tables on pages 262–272) are:

aller	*pouvoir*
avoir	*savoir*
être	*vouloir*
faire	

In addition the following verbs change in the *nous/vous* parts to a form which is exactly the same as that of the imperfect tense. These include:

appeler (+ group – see page 262)
boire
croire
devoir
envoyer
jeter
mourir
prendre (+ compounds – see page 267)
recevoir (+ group – see page 268)
tenir
venir
voir

Example:

je boive	*nous buvions*
tu boives	*vous buviez*
il boive	*ils boivent*

Perfect subjunctive

This is used in all the categories of expression listed above when a past tense is required.

Formation

The subjunctive of the auxiliary verb + the past participle, which conforms to the usual rules of agreement:
Il est possible qu'elle soit déjà arrivée.
Bien que nous ayons pris un taxi, nous sommes arrivés en retard.

Imperfect subjunctive

This is rarely seen in French now. There are three groups of endings, which are directly linked to those of the past historic tense.

Past historic verbs in *-ai*: *-asse, -asses, -ât, -assions, -assiez, -assent*
Past historic verbs in *-is*: *-isse, -isses, -ît, -issions, -issiez, -issent*
Past historic verbs in *-us*: *-usse, -usses, -ût, -ussions, -ussiez, -ussent*

The only exceptions are *venir* and *tenir*: *vinsse, vinsses, vînt, vinssions, vinssiez, vinssent.*

The most useful forms of the imperfect subjunctive to recognise are those of *avoir* and *être*, which are used to form the pluperfect subjunctive:
quoiqu'il eût décidé; à condition qu'il fût parti

Indirect speech

Care should be taken to use the correct tense in indirect (reported) speech. The tense in the second half of the sentence is linked to that of the 'saying' verb and is the same as in English:

- Direct speech:
  J'irai au match avec toi. – I will go to the match with you.
- Indirect speech:
  Il dit qu'il ira au match avec moi. – He says he will go to the match with me.
  Il a dit qu'il irait au match avec moi. – He said he would go to the match with me.

- Direct speech:
  Les marchandises ont été expédiées. – The goods have been sent.
- Indirect speech:
  La compagnie nous a informés que les marchandises ont été expédiées. – The company has informed us that the goods have been sent.

- Direct speech:
  Avez-vous jamais rencontré quelqu'un qui souffre du sida? – Have you ever met anyone who has Aids?
- Indirect speech:
  Il nous a demandé si nous avions jamais rencontré quelqu'un qui souffrait du sida. – He asked us if we had ever met anyone who had Aids.

NOTE

Although 'that' may be omitted in English, *que* must always be included in French.

Inversion

The subject and verb should be inverted in the following circumstances:

- After direct speech:
  «Je ne peux pas supporter cette situation,» ai-je dit.
  «Ne t'en fais pas,» a-t-elle répondu.

- After question words (see also Interrogative forms on page 250):
  De quelle façon t'a-t-on accueilli?
  If the subject is a noun, it is placed before the inverted verb + appropriate pronoun:
  Pourquoi les femmes ne sont-elles pas contentes de leur situation?

- After expressions such as *à peine, aussi* (meaning 'and so'), *en vain, peut-être* and *sans doute*:

Elle avait besoin d'argent, aussi a-t-elle demandé des allocations supplémentaires.
Sans doute devrons-nous utiliser d'autres sources d'énergie.
Peut-être les autorités pourront-elles trouver une autre solution.

NOTES

1 In the case of *peut-être*, inversion may be avoided by the use of *que*:
   Peut-être que les autorités pourront trouver une autre solution
   or by placing *peut-être* at the end of the sentence or clause:
   Les autorités pourront trouver une autre solution, peut-être.
2 Inversion is not required after *jamais* and *non seulement* when they start a sentence, although it is needed in English:
   Jamais je n'ai entendu parler d'une telle chose. – Never have I heard of such a thing.

Good French style requires inversion in the following types of sentence involving *ce que*, *que* and *où*:
   Ils n'ont pas compris ce que disait le directeur.
   Vous savez où se trouve la rue de la Republique?
   Voilà le petit garçon que cherchaient ses parents.
Particular care must be taken in translating sentences of this last type, since *que* could be confused with *qui* and the meaning of the sentence changed.

Prepositions

Prepositions show the relation of a noun or pronoun to another word. They include such words as *à, de, dans, sur*, etc. It would be impossible to list all the uses of such words here, and the best advice is to consult a good dictionary and make a note of useful phrases as vocabulary items.

French use of prepositions sometimes differs from that of English. A few of the most important variations, and meanings of well-known prepositions that are not mentioned elsewhere in this grammar section, are listed below.

à – usually 'to' or 'at'; but may mean 'in' (*à mon avis, à la main*), 'from' (*à ce que tu dis*), 'by' (*je l'ai reconnue à sa voix*), 'away' (*la maison est à 2 km*).

chez – usually 'at the house of'; may have the more general meaning of 'with' or 'among' groups of people or animals: *l'agression est-elle normale chez les humains?*

and 'in the works of': *chez Anouilh le héros a toujours un conflit à résoudre*.

dans – used for time at the end of which something happens: *je vous verrai dans deux jours* ('in two days' time').

de – usually 'of' or 'from', but may mean 'in': *de nos jours, de cette façon, d'une voix faible*.

depuis – usually 'since' but may mean 'from': *depuis Lyon jusqu'à Marseille*. (See also Present and Imperfect tenses, pages 250 and 252.)

devant – required in French after *passer* when the object being passed does not move (usually a building): *vous devez passer devant la mairie*.

en – usual meanings include 'in', 'to' (feminine countries), 'by' (methods of transport), 'into' (*traduisez en anglais*). Used for time taken: *j'y voyagerai en deux heures*. May also mean 'as': *en ami* – 'as a friend', *en tant que maire* – 'in his rôle as mayor'.

entre – usually 'between' or 'among'; may mean 'in': *entre les mains de la police*.

par – usually 'by'; may mean 'out of': *il l'a fait par pitié*, and 'per': *deux fois par an*. Note also *par ici* – this way, and *par un temps pareil* – in weather like this.

pendant – usually 'during' or 'for', used with present or past tenses but not with the future. May sometimes be omitted without changing the meaning: *j'ai habité là (pendant) six mois*.

pour – 'for'; used with time in the future: *j'irai en France pour deux semaines. Pour* is not required with *payer* (for the item that has been bought: *tu as payé les réparations?*) or with *chercher: je l'ai cherché partout*. Note also: *vous en avez pour deux heures* – you have enough (to keep you occupied) for two hours.

sous – usually means 'under', but may mean 'in': *j'aime marcher sous la pluie/la neige* (logically, 'under' because the rain or snow is coming from overhead). Also: *sous le règne de Louis XVI*.

sur – usually 'on', but may mean 'towards': *il a attiré l'attention sur lui*; 'by': *sur invitation, 5 mètres sur 4 mètres*; and 'out of': *neuf sur dix*.

vers – usually 'towards', but may mean 'about' with expressions of time: *vers trois heures*. 'Towards' linked with attitude is *envers: je ne peux pas supporter son attitude envers moi*.

NOTES

1 A preposition must be repeated before a second noun:
   Il a dit bonjour à sa sœur et à ses parents.
2 When something is being taken away from somewhere – e.g. he picked the book up from the table – French uses the preposition for the place where the item originally was:
   Il a pris le livre sur la table.
   Je buvais du thé dans une grande tasse.

Conjunctions

Conjunctions are used to join sentences or clauses, or words within those sentences and clauses. At the simplest level, words such as *et, mais, ou, car, quand* and *donc* are conjunctions; so are *comme, quand, si*, and various prepositions used with *que* such as *pendant que, aussitôt que* and *après que*. Some of these have already been considered elsewhere in these pages; specific points concerning others are listed below.

car – 'for' in the sense of 'because/as'. It is used more than the English 'for' with this meaning, but less than 'because', as it is not usually an appropriate alternative to *parce que* in answering a question. Compare the following sentences:
   Il est venu de bonne heure, car il voulait aider à préparer le repas.
   Pourquoi est-il venu de bonne heure? Parce qu'il voulait aider à préparer le repas.

puisque – 'since' in the sense of 'because'. It must not be confused with *depuis* (see Present and Imperfect tenses on pages 250 and 252):
   Puisque tu le veux, nous irons au café.

pendant que – this means 'while' when two actions are taking place at the same time, with no sense of contrast or conflict:
   Il lisait pendant que je faisais la vaisselle.

tandis que – 'while', 'whilst' or 'whereas', includes the idea of contrast:
   Lui, il lisait, tandis que moi, je faisais la vaisselle.

alors que – also means 'while', 'whilst' or 'whereas', but has a stronger sense than *tandis que*:
   Alors que moi, je porte les bagages, toi tu restes là sans rien faire.

si – may mean 'whether'. In this case the verb in French is in the same tense as in English:
   Je me demandais s'il arriverait à temps.

When *si* means 'if', the tenses used are as follows:
- *si* + present tense – main verb in future tense:
  Si nous gagnons, nous serons contents.
- *si* + imperfect tense – main verb in conditional:
  Si nous gagnions, nous serions contents.
- *si* + pluperfect tense – main verb in conditional perfect:
  Si nous avions gagné, nous aurions été contents.

NOTE

When *avant que, bien que, comme, lorsque* and *quand* introduce two consecutive clauses, the second clause is introduced by *que*:
  Avant que les enfants aillent au lit et que nos amis arrivent ...

Numbers

It is usually acceptable to write high numbers in figures rather than words. When it is necessary to write numbers in full, remember the following:
- *vingt* as part of *quatre-vingt* has -s only if it is exactly eighty:
  80 – *quatre-vingts*; 93 – *quatre-vingt-treize*
- cent is similar:
  300 – *trois cents*; 432 – *quatre cent trente-deux*

Approximate numbers are expressed as follows:
- By the use of *à peu près, vers* or *environ*:
  à peu près quinze; vers dix heures
- In the case of 10, 12, 20, 30, 40, 50, 60 and 100, by adding *-aine* and making the number into a noun (final *e* is dropped first):
  une douzaine (de); des centaines (de)
- For larger numbers, by using the nouns *millier(s), million(s)* and *milliard(s)*.

Ordinal numbers

'First' is *premier/première*; 'second' is *second* or *deuxième* ; then add *-ième* to the cardinal number, making appropriate adjustments to spelling:
  quatrième, cinquième, etc.

NOTE

'Twenty-first' is *vingt et unième*.

Fractions

un quart – a quarter
un tiers – a third
trois quarts – three quarters
demi – 'half' as an adjective:
  midi et demi but *trois heures et demie* (*midi* is masculine, *heure* is feminine).
la moitié – 'half' as a noun

For other fractions, add *-ième* as with ordinal numbers:
trois cinquièmes, un huitième, etc.

Note that the definite article should be used before fractions:
  J'ai déjà lu la moitié du livre.
  Les trois quarts de son œuvre sont bien connus.

Dimensions

There are two ways of expressing length, breadth and height:
- *avoir* + dimension + *de* + masculine of adjective:
  La pièce a cinq mètres de long.
- *être* + adjective (agrees) + *de* + dimension:
  La pièce est longue de cinq mètres.

Time

Note that days of the week and months of the year are all masculine.

The definite article is used with the following expressions of time:
- To express a regular action:
  Je sors avec mes copains le samedi. – I go out with my friends on Saturdays.
  The definite article is omitted if the action is not regular:
  Je travaille samedi. – I'm working on Saturday.
- With times of the day:
  Elle a visité sa tante le matin. – She visited her aunt in the morning.
- With prochain or dernier (week, month, year):
  Je pars en Espagne l'année prochaine.
- With dates:
  C'est aujourd'hui samedi le six février. – It's Saturday the 6th of February today.

Note the translation of 'when' with the article:
- definite article + *où*:
  Le moment où je me suis rendu compte ...
- indefinite article + *que*:
  Un soir que je travaillais dans le jardin ...

Note that *après-midi* may be masculine or feminine. It has no plural form.

an/année; jour/journée; matin/matinée; soir/soirée

The distinction between these is not always easy to grasp, and has in any case become blurred over time. Theoretically the longer feminine forms are used when the whole of the time is being considered:

J'ai passé la matinée à faire du lèche-vitrines. – I spent the morning window-shopping.

The best advice is probably to learn certain expressions by heart:

cette année; *ce jour-là*; *la veille au soir*.

VERB TABLES

NOTE: Only the present tense (indicative and subjunctive) is given in full.
For complete endings and formation of compound tenses (pluperfect,
future perfect and conditional perfect), refer to pages 253–254.

Regular verbs

Present	Perfect	Imperfect	Future	Conditional	Past Historic	Present Subjunctive	Present Participle
-er group							
je trouve tu trouves il trouve nous trouvons vous trouvez ils trouvent	j'ai trouvé	je trouvais	je trouverais	je trouverais	je trouvai	je trouve tu trouves il trouve nous trouvions trouviez ils trouvent	trouvant
-ir group							
je finis tu finis il finit nous finissons vous finissez ils finissent	j'ai fini	je finissais	je finirai	je finirais	je finis	je finisse tu finisses il finisse nous finissions vous finissiez ils finissent	finissant
-re group							
je vends tu vends il vend nous vendons vous vendez ils vendent	j'ai vendu	je vendais	je vendrai	je vendrais	je vendis	je vende tu vendes il vende nous vendions vous vendiez ils vendent	vendant

Regular verbs with spelling changes

Present	Perfect	Imperfect	Future	Conditional	Past Historic	Present Subjunctive	Present Participle
***acheter* group** (includes *geler, lever, mener, peser, semer*) – grave accent before a silent syllable.							
j'achète tu achètes il achète nous achetons vous achetez ils achètent	j'ai acheté	j'achetais	j'achèterai	j'achèterais	j'achetai	j'achète tu achètes il achète nous achetions vous achetiez ils achètent	achetant
***appeler* group** (includes *épeler, jeter*) – double consonant before a silent syllable.							
j'appelle tu appelles il appelle nous appelons vous appelez ils appellent	j'ai appelé	j'appelais	j'appellerai	j'appellerais	j'appelai	j'appelle tu appelles il appelle nous appelions vous appeliez ils appellent	appelant

Present	Perfect	Imperfect	Future	Conditional	Past Historic	Present Subjunctive	Present Participle

nettoyer group (includes verbs ending in -ayer and -uyer) –y changes to -i before a silent syllable).

| je nettoie
tu nettoies
il nettoie
nous
  nettoyons
vous nettoyez
ils nettoient | j'ai nettoyé | je nettoyais | je nettoierai | je nettoierais | je nettoyai | je nettoie
tu nettoies
il nettoie
nous
  nettoyions
vous nettoyiez
ils nettoient | nettoyant |

NOTE
Verbs in -ayer may have y instead of i.

espérer group (includes céder, préférer, régler, révéler) – acute accent changes to grave accent before a silent syllable, but not in the future or conditional tenses.

| j'espère
tu espères
il espère
nous espérons
vous espérez
ils espèrent | j'ai espéré | j'espérais | j'espérerai | j'espérerais | j'espérai | j'espère
tu espères
il espère
nous espérions
vous espériez
ils espèrent | espérant |

NOTE
Verbs ending in -cer and -ger require a slight modification before a, o and u for pronunciation purposes: nous commençons, nous déménageons, elle lançait, il commença, j'aperçus.

Reflexive verbs

se laver

| je me lave
tu te laves
il se lave
nous nous
  lavons
vous vous
  lavez
ils se lavent | je me suis
  lavé(e) | je me lavais | je me laverai | je me laverais | je me lavai | je me lave
tu te laves
il se lave
nous nous
  lavions
vous vous
  laviez
ils se lavent | (se) lavant |

Irregular verbs in frequent use

aller – to go

| je vais
tu vas
il va
nous allons
vous allez
ils vont | je suis allé(e) | j'allais | j'irai | j'irais | j'allai | j'aille
tu ailles
il aille
nous allions
vous alliez
ils aillent | allant |

Present	Perfect	Imperfect	Future	Conditional	Past Historic	Present Subjunctive	Present Participle
avoir – to have							
j'ai tu as il a nous avons vous avez ils ont	j'ai eu	j'avais	j'aurai	j'aurais	j'eus	j'aie tu aies il ait nous ayons vous ayez ils aient	ayant
battre – to beat							
je bats tu bats il bat nous battons vous battez ils battent	j'ai battu	je battais	je battrai	je battrais	je battis	je batte tu battes il batte nous battions vous battiez ils battent	battant
boire – to drink							
je bois tu bois il boit nous buvons vous buvez ils boivent	j'ai bu	je buvais	je boirai	je boirais	je bus	je boive tu boives il boive nous buvions vous buviez ils boivent	buvant
conduire – to drive							
je conduis tu conduis il conduit nous conduisons vous conduisez ils conduisent	j'ai conduit	je conduisais	je conduirai	je conduirais	je conduisis	je conduise tu conduises il conduise nous conduisions vous conduisiez ils conduisent	conduisant

NOTE
Verbs such as *détruire* and *construire* are formed in the same way.

Present	Perfect	Imperfect	Future	Conditional	Past Historic	Present Subjunctive	Present Participle
connaître – to know (a person or place)							
je connais tu connais il connaît nous connaissons vous connaissez ils connaissent	j'ai connu	je connaissais	je connaîtrai	je connaîtrais	je connus	je connaisse tu connaisses il connaisse nous connaissions vous connaissiez ils connaissent	connaissant

NOTE
apparaître and *paraître* are formed in the same way.

Present	Perfect	Imperfect	Future	Conditional	Past Historic	Present Subjunctive	Present Participle
courir – to run							
je cours tu cours il court nous courons vous courez ils courent	j'ai couru	je courais	je courrai	je courrais	je courus	je coure tu coures il coure nous courions vous couriez ils courent	courant
craindre – to fear							
je crains tu crains il craint nous craignons vous craignez ils craignent	j'ai craint	je craignais	je craindrai	je craindrais	je craignis	je craigne tu craignes il craigne nous craignions vous craigniez ils craignent	craignant

NOTE
Verbs ending in *-eindre* and *-oindre* are formed in the same way.

Present	Perfect	Imperfect	Future	Conditional	Past Historic	Present Subjunctive	Present Participle
croire – to think, believe							
je crois tu crois il croit nous croyons vous croyez ils croient	j'ai cru	je croyais	je croirai	je croirais	je crus	je croie tu croies il croie nous croyions vous croyiez ils croient	croyant
devoir – to have to (must)							
je dois tu dois il doit nous devons vous devez ils doivent	j'ai dû	je devais	je devrai	je devrais	je dus	je doive tu doives il doive nous devions vous deviez ils doivent	devant
dire – to say, tell							
je dis tu dis il dit nous disons vous dites ils disent	j'ai dit	je disais	je dirai	je dirais	je dis	je dise tu dises il dise nous disions vous disiez ils disent	disant
dormir – to sleep							
je dors tu dors il dort nous dormons vous dormez ils dorment	j'ai dormi	je dormais	je dormirai	je dormirais	je dormis	je dorme tu dormes il dorme nous dormions vous dormiez ils dorment	dormant

Present	Perfect	Imperfect	Future	Conditional	Past Historic	Present Subjunctive	Present Participle
écrire – to write							
j'écris tu écris il écrit nous écrivons vous écrivez ils écrivent	j'ai écrit	j'écrivais	j'écrirai	j'écrirais	j'écrivis	j'écrive tu écrives il écrive nous écrivions vous écriviez ils écrivent	écrivant
envoyer – to send							

j'envoie
tu envoies
il envoie
nous
  envoyons
vous envoyez
ils envoient
	j'ai envoyé	j'envoyais	j'enverrai	j'enverrais	j'envoyai	j'envoie
						tu envoies
						il envoie
						nous
						  envoyions
						vous envoyiez
						ils envoient
							envoyant

être – to be							
je suis tu es il est nous sommes vous êtes ils sont	j'ai été	j'étais	je serai	je serais	je fus	je sois tu sois il soit nous soyons vous soyez ils soient	étant
faire – to do, to make							
je fais tu fais il fait nous faisons vous faites ils font	j'ai fait	je faisais	je ferai	je ferais	je fis	je fasse tu fasses il fasse nous fassions vous fassiez ils fassent	faisant
falloir – to be necessary (must)							
il faut	il a fallu	il fallait	il faudra	il faudrait	il fallut	il faille	—
lire – to read							
je lis tu lis il lit nous lisons vous lisez ils lisent	j'ai lu	je lisais	je lirai	je lirais	je lus	je lise tu lises il lise nous lisions vous lisiez ils lisent	lisant
mettre – to put, put on							
je mets tu mets il met nous mettons vous mettez ils mettent	j'ai mis	je mettais	je mettrai	je mettrais	je mis	je mette tu mettes il mette nous mettions vous mettiez ils mettent	mettant

Present	Perfect	Imperfect	Future	Conditional	Past Historic	Present Subjunctive	Present Participle
mourir – to die							
je meurs tu meurs il meurt nous mourons vous mourez ils meurent	je suis mort(e)	je mourais	je mourrai	je mourrais	je mourus	je meure tu meures il meure nous mourions vous mouriez ils meurent	mourant
ouvrir – to open							
j'ouvre tu ouvres il ouvre nous ouvrons vous ouvrez ils ouvrent	j'ai ouvert	j'ouvrais	j'ouvrirai	j'ouvrirais	j'ouvris	j'ouvre tu ouvres il ouvre nous ouvrions vous ouvriez ils ouvrent	ouvrant

NOTE
couvrir, *découvrir*, *offrir* and *souffrir* are formed in a similar way.

Present	Perfect	Imperfect	Future	Conditional	Past Historic	Present Subjunctive	Present Participle
partir – to leave							
je pars tu pars il part nous partons vous partez ils partent	je suis parti(e)	je partais	je partirai	je partirais	je partis	je parte tu partes il parte nous partions vous partiez ils partent	partant
pleuvoir – to rain							
il pleut	il a plu	il pleuvait	il pleuvra	il pleuvrait	il plut	il pleuve	pleuvant
pouvoir – to be able (can)							
je peux tu peux il peut nous pouvons vous pouvez ils peuvent	j'ai pu	je pouvais	je pourrai	je pourrais	je pus	je puisse tu puisses il puisse nous puissions vous puissiez ils puissent	pouvant

NOTE
An alternative form of the first person singular
(Present tense) exists in the question form *puis-je?*

Present	Perfect	Imperfect	Future	Conditional	Past Historic	Present Subjunctive	Present Participle
prendre – to take							
je prends tu prends il prend nous prenons vous prenez ils prennent	j'ai pris	je prenais	je prendrai	je prendrais	je pris	je prenne tu prennes il prenne nous prenions vous preniez ils prennent	prenant

NOTE
The forms above also apply to compounds such as *apprendre* and *comprendre*.

Present	Perfect	Imperfect	Future	Conditional	Past Historic	Present Subjunctive	Present Participle
recevoir – to receive							
je reçois tu reçois il reçoit nous recevons vous recevez ils reçoivent	j'ai reçu	je recevais	je recevrai	je recevrais	je reçus	je reçoive tu reçoives il reçoive nous recevions vous receviez ils reçoivent	recevant

NOTE
Other verbs ending in -*evoir*, such as *apercevoir*, are formed in the same way.

Present	Perfect	Imperfect	Future	Conditional	Past Historic	Present Subjunctive	Present Participle
rire – to laugh							
je ris tu ris il rit nous rions vous riez ils rient	j'ai ri	je riais	je rirai	je rirais	je ris	je rie tu ries il rie nous riions vous riiez ils rient	riant

NOTE
sourire is formed in the same way.

Present	Perfect	Imperfect	Future	Conditional	Past Historic	Present Subjunctive	Present Participle
savoir – to know (a fact), to know how to							
je sais tu sais il sait nous savons vous savez ils savent	j'ai su	je savais	je saurai	je saurais	je sus	je sache tu saches il sache nous sachions vous sachiez ils sachent	sachant

Present	Perfect	Imperfect	Future	Conditional	Past Historic	Present Subjunctive	Present Participle
sentir – to feel, to smell							
je sens tu sens il sent nous sentons vous sentez ils sentent	j'ai senti	je sentais	je sentirai	je sentirais	je sentis	je sente tu sentes il sente nous sentions vous sentiez ils sentent	sentant

NOTE
servir (*nous servons*, etc.) is formed in the same way.

Present	Perfect	Imperfect	Future	Conditional	Past Historic	Present Subjunctive	Present Participle
sortir – to go out							
je sors tu sors il sort nous sortons vous sortez ils sortent	je suis sorti(e)	je sortais	je sortirai	je sortirais	je sortis	je sorte tu sortes il sorte nous sortions vous sortiez ils sortent	sortant

Present	Perfect	Imperfect	Future	Conditional	Past Historic	Present Subjunctive	Present Participle
suivre – to follow							
je suis tu suis il suit nous suivons vous suivez ils suivent	j'ai suivi	je suivais	je suivrai	je suivrais	je suivis	je suive tu suives il suive nous suivions vous suiviez ils suivent	suivant

Present	Perfect	Imperfect	Future	Conditional	Past Historic	Present Subjunctive	Present Participle
tenir – to hold							
je tiens tu tiens il tient nous tenons vous tenez ils tiennent	j'ai tenu	je tenais	je tiendrai	je tiendrais	je tins il tint nous tînmes ils tinrent	je tienne tu tiennes il tienne nous tenions vous teniez ils tiennent	tenant

NOTE
The same formation applies to verbs such as *appartenir*, *contenir* and *retenir*.

Present	Perfect	Imperfect	Future	Conditional	Past Historic	Present Subjunctive	Present Participle
venir – to come							
je viens tu viens il vient nous venons vous venez ils viennent	je suis venu(e)	je venais	je viendrai	je viendrais	je vins il vint nous vînmes ils vinrent	je vienne tu viennes il vienne nous venions vous veniez ils viennent	venant
vivre – to live							
je vis tu vis il vit nous vivons vous vivez ils vivent	j'ai vécu	je vivais	je vivrai	je vivrais	je vécus	je vive tu vives il vive nous vivions vous viviez ils vivent	vivant
voir – to see							
je vois tu vois il voit nous voyons vous voyez ils voient	j'ai vu	je voyais	je verrai	je verrais	je vis	je voie tu voies il voie nous voyions vous voyiez ils voient	voyant
vouloir – to want, be willing							
je veux tu veux il veut nous voulons vous voulez ils veulent	j'ai voulu	je voulais	je voudrai	je voudrais	je voulu	je veuille tu veuilles il veuille nous voulions vous vouliez ils veuillent	voulant

Less common irregular verbs

Present	Perfect	Imperfect	Future	Conditional	Past Historic	Present Subjunctive	Present Participle
acquérir – to acquire							
j'acquiers tu acquiers il acquiert nous acquérons vous acquérez ils acquièrent	j'ai acquis	j'acquérais	j'acquerrai	j'acquerrais	j'acquis	j'acquière tu acquières il acquière nous acquérions vous acquiériez ils acquièrent	acquérant

NOTE
conquérir is formed in the same way.

Present	Perfect	Imperfect	Future	Conditional	Past Historic	Present Subjunctive	Present Participle

s'asseoir – to sit down

Present	Perfect	Imperfect	Future	Conditional	Past Historic	Present Subjunctive	Present Participle
je m'assieds	je me suis assis(s)	je m'asseyais	je m'assiérai OR je m'asseyerai	je m'assiérais OR je m'asseyerais	je m'assis	je m'asseye	(s')asseyant
tu t'assieds il s'assied nous nous asseyons vous vous asseyez ils s'asseyent						tu t'asseyes il s'asseye nous nous asseyions vous vous asseyiez ils s'asseyent	

NOTE

Alternative forms with o (*je m'assois,* etc.) are also used.

coudre – to sew

Present	Perfect	Imperfect	Future	Conditional	Past Historic	Present Subjunctive	Present Participle
je couds tu couds il coud nous cousons vous cousez ils cousent	j'ai cousu	je cousais	je coudrai	je coudrais	je cousis	je couse tu couses il couse nous cousions vous cousiez ils cousent	cousant

croître – to grow, increase

Present	Perfect	Imperfect	Future	Conditional	Past Historic	Present Subjunctive	Present Participle
je crois tu crois il croît nous croissons vous croissez ils croissent	j'ai crû	je croissais	je croîtrai	je croîtrais	je crûs	je croisse tu croisses il croisse nous croissions vous croissiez ils croissent	croissant

cueillir – to pick, gather

Present	Perfect	Imperfect	Future	Conditional	Past Historic	Present Subjunctive	Present Participle
je cueille tu cueilles il cueille nous cueillons vous cueillez ils cueillent	j'ai cueilli	je cueillais	je cueillerai	je cueillerais	je cueillis	je cueille tu cueilles il cueille nous cueillions vous cueilliez ils cueillent	cueillant

cuire – to cook

Present	Perfect	Imperfect	Future	Conditional	Past Historic	Present Subjunctive	Present Participle
je cuis tu cuis il cuit nous cuisons vous cuisez ils cuisent	j'ai cuit	je cuisais	je cuirai	je cuirais	je cuisis	je cuise tu cuises il cuise nous cuisions vous cuisiez ils cuisent	cuisant

fuir – to flee

Present	Perfect	Imperfect	Future	Conditional	Past Historic	Present Subjunctive	Present Participle
je fuis tu fuis il fuit nous fuyons vous fuyez ils fuient	j'ai fui	je fuyais	je fuirai	je fuirais	je fuis	je fuie tu fuies il fuie nous fuyions vous fuyiez ils fuient	fuyant

Present	Perfect	Imperfect	Future	Conditional	Past Historic	Present Subjunctive	Present Participle
haïr – to hate							
je hais tu hais il hait nous haïssons vous haïssez ils haïssent	j'ai haï	je haïssais	je haïrai	je haïrais	je haïs	je haïsse tu haïsses il haïsse nous haïssions vous haïssiez ils haïssent	haïssant
inclure – to include							
j'inclus tu inclus il inclut nous incluons vous incluez ils incluent	j'ai inclus	j'incluais	j'inclurai	j'inclurais	j'inclus	j'inclue tu inclues il inclue nous incluions vous incluiez ils incluent	incluant

NOTE

conclure and *exclure* are formed in the same way except that their past participles are *conclu* and *exclu* respectively.

Present	Perfect	Imperfect	Future	Conditional	Past Historic	Present Subjunctive	Present Participle
mouvoir – to move							
je meus tu meus il meut nous mouvons vous mouvez ils meuvent	j'ai mû	je mouvais	je mourrai	je mourrais	je mus	je meuve tu meuves il meuve nous mouvions vous mouviez ils meuvent	mouvant
naître – to be born							
je nais tu nais il naît nous naissons vous naissez ils naissent	je suis né(e)	je naissais	je naîtrai	je naîtrais	je naquis	je naisse tu naisses il naisse nous naissions vous naissiez ils naissent	naissant
nuire – to harm							
je nuis tu nuis il nuit nous nuisons vous nuisez ils nuisent	j'ai nui	je nuisais	je nuirai	je nuirais	je nuisis	je nuise tu nuises il nuise nous nuisions vous nuisiez ils nuisent	nuisant

NOTE
luire is formed in the same way.

Present	Perfect	Imperfect	Future	Conditional	Past Historic	Present Subjunctive	Present Participle
plaire – to please							
je plais tu plais il plaît nous plaisons vous plaisez ils plaisent	j'ai plu	je plaisais	je plairai	je plairais	je plus	je plaise tu plaises il plaise nous plaisions vous plaisiez ils plaisent	plaisant

Grammar

Present	Perfect	Imperfect	Future	Conditional	Past Historic	Present Subjunctive	Present Participle
résoudre – to solve							
je résous tu résous Il résout nous résolvons vous résolvez ils résolvent	j'ai résolu	je résolvais	je résoudrai	je résoudrais	je résolus	je résolve tu résolves il résolve nous résolvions vous résolviez ils résolvent	résolvant
rompre – to break							
je romps tu romps il rompt nous rompons vous rompez ils rompent	j'ai rompu	je rompais	je romprai	je romprais	je rompis	je rompe tu rompes il rompe nous rompions vous rompiez ils rompent	rompant
suffire – to be sufficient							
je suffis tu suffis il suffit nous suffisons vous suffisez ils suffisent	j'ai suffi	je suffisais	je suffirai	je suffirais	je suffis	je suffise tu suffises il suffise nous suffisions vous suffisiez ils suffisent	suffisant
se taire – to be silent							
je me tais tu te tais il se tait nous nous taisons vous vous taisez ils se taisent	je me suis tu(e)	je me taisais	je me tairai	je me tairais	je me tus	je me taise tu te taises il se taise nous nous taisions vous vous taisez ils se taisent	(se) taisant
vaincre – to conquer							
je vaincs tu vaincs il vainc nous vainquons vous vainquez ils vainquent	j'ai vaincu	je vainquais	je vaincrai	je vaincrais	je vainquis	je vainque tu vainques il vainque nous vainquions vous vainquiez ils vainquent	vainquant
valoir – to be worth							
je vaux tu vaux il vaut nous valons vous valez ils valent	j'ai valu	je valais	je vaudrai	je vaudrais	je valus	je vaille tu vailles il vaille nous valions vous valiez ils vaillent	valant

Acknowledgements

The author and publishers would like to thank Victor Burgess, Vincent Caumontat, Colin Christie, Jill Duffy, Delphine Hussonnois, Danièle Jouhandin, Frédérique Jouhandin, Josée Lefebvre, Lucie Lewis, Alison McIndoe, Eleanor Mayes, Antonia Maxwell, Natasha Murray, Dinah Nuttall, Elsa Omenetto, the students in Years 12 and 13 at Elliott School and the students of the Lycée Guy Mocquet, Châteaubriant, France.

Special thanks to Sue Chapple, Alex Harvey, Janet Tomkinson.

La francophonie and *En route* by Natasha Murray

The author and publishers would like to thank the following for the use of copyright material:

Photographs

Gérard Aimé/Rapho/Network p.197 (top left); **AGDAP/DACS** p.166 (top: Marc Chagall, *Les mariés de la tour Eiffel*, 1928, bottom right: Robert Delaunay, *la tour Eiffel*, 1926); p.161 (René Magritte, *La durée poignardée*); p.166 (*la tour Eiffel, cinétisation, Paris, 1964*); **Arcaid** p.11, p.164 (c, d, f), p.165; **George Azenstarck** p.197 (bottom right); **Associated Press** p.117; **Atget/Bibliothèque nationale** p.162 (*Intérieur de modiste,* 1910); **Dominique Aubert/Sygma** p.44 (5), p.200; **Benainous/Gamma/Frank Spooner Pictures** (2, 4); **Steve Benbow** p.11, p.20, p.22 (Cécile, Marion), p.27, p.37, p.47, p.67 (Claude, Jérôme, Sophie), p.76, p.94, p.225; **Biro Bic Ltd** p.40; **Gareth Boden** p.27 (2 oriental girls), p.37; **British Union for the Abolition of Vivisection (BUAV)** p.168; **Trevor Clifford** p.27; **F. Darmigny/Sygma** p.39; **Dumoulin/Java** p.87; **B. Duscamps/VU/Phosphore** p.221; **Robert Doisneau/ Rapho/Network** p.162 (*Le ruban de la mariée*, 1951), p.166 (*Distortion optique*, 1982); **Claudine Doury/Phosphore** p.82; **Gamma/Frank Spooner Pictures** p.210 (3); **Hulton Getty** p.197 (top right); **Glasgow Museums, The Burrell Collection** p.35 (Manet, *Un café sur la place du théâtre français*, 1876–8), p.79 (Camille Pissarro, *Le marché*); **Chris Honeywell** p.22 (Stéphanie, Marie), p.47, p.67 (Lan); **Danièle Jouhandin** p.68, p.79, p.102 (François-Xavier, Mouloud, Estelle, David), p.115, p.138; **Keystone/Sygma** p.197 (top left); **Nguyen Kong (Nick Ut)/Associated Press** p.18; **Jean-Pierre Lagiewski** p.79; **George Lange/Outline/Katz Pictures** p.42; **Los Angeles County Museum of Arts** p.161 (René Magritte, *La trahison des images, 1929*); **Ludwig/Sipa Press/Rex Features** p.210 (5); **Marie-Claire** p.187; **Mary Evans Picture Library** p.44 (2, 3, 4, 7, 8); **Rosi McNab** p.52; **Richard Melloul/Sygma** p.44 (1); **The Menil Collection, Houston** p.161 (René Magritte, *Golconde*); **Dominique Moiselet/Poly-phonie, Beaugency, France** p. 123, p.225 (Street in Gorée, Senegal); **Musée d'Orsay, Paris, France** p.78 (Cézanne, *Nature morte à la bouilloire*), p.84 (Edgar Degas, *L'absinthe* or *Dans un café*), p.160 (top right: Claude Monet, *La rue Montorgueil, à Paris. Fête du 30 juin 1878*), p.160 (bottom right: Cézanne, *Pommes et oranges*), p.166 (middle right: Armand Bourgade, *La Tour de 300 mètres constuite en 300 vers*, 1889); **Thierry Orban/Sygma** p.109; **Oshihara/Sipa Press/Rex Features** p.210 (1); **Phosphore** p.28; **Rex Features** p.44 (9); **Rex Features/SIPA Press** p.132, p.196; **Succession H. Matisse** p.160 (ex. 1, paintings by Henri Matisse: (left) *Couverture du catalogue pour la Chapelle du Rosaire des Dominicains de Vence,* 1951, (right) *Les végétaux,* 1952, (bottom) *Composition,* 1953); **Sylvana Reggiardo/Phosphore** p.150; **Chris Ridgers** p.20, p.76; **Robert Harding Picture Library** p.35 (bottom), p.132, p.164 (a, b, e), p.186; **Ronald Grant Archive** p.34 (*Le Samouraï*), p.72 (top right); **Barrie Searle/CIRCA Photo Library** p.204 (Barmitzvah); **John Smith/CIRCA Photo Library** p.204 (Divali celebrations); **Still Pictures/Fritz Polking** p.141; **Sygma** p.72, p. 102 (top 2), p.146; **Sygma/Keystone** p.44 (6); **Topham Picturepoint** p.22 (Charles), p.37, p.38, p.47; **E. Valentin/HOA-QUI** p.122 (top left); **Yamaguchi/Sygma** p.210 (6).

Printed material

TRANSITION

p.12: *24 heures en France*, Gallimard 1998/Le Point, Découvertes Gallimard; **p.13:** (letter) Ligue française des droits de l'animal; **p.14:** Luc Leroux, Le Monde19/02/97; **p.15:** *Le Nouvel Observateur*, 16–22 July 1998; **p.16:** cartoon by Laurenzo Mattoti, *Scènes de vie féroce (1)*, Le Monde; **p.19:** Phosphore, March 1999; **p.20:** Phosphore, June 1998, Bayard Presse; **p.25:** Sylvie Vartan, *Cette chanson-là*; **p.28:** Phosphore, June 1997, Bayard Presse; **p.30:** Annie Ernaux, *La place*, Editions Gallimard; **p.32:** Jean D'Ormesson, *Casimir mène la grande vie*, Editions Gallimard; **p.38:** Bertrand de Saint Vincent, Le Figaro Magazine; **p.39:** *Yannick Noah* from the series 'Les compacts de l'info', Editions Casterman; **p.42:** article on P. Knight by Daniel Legeron, Le Figaro Magazine, article on C. Klein by François Deletraz, Le Figaro Magazine; **p.46:** cartoon from Phosphore, Oct. 1997, Bayard Presse; **p.47:** Phosphore, Oct. 1997, Bayard Presse; **p.50:** Viv Quillin, *La machine à laver*, Cath Tate Cards; **p.51:** Quo.

AS

p.52: Ina Césaire, *Mémoires des îles*; **pp.54–55:** Phosphore, Dec. 1997, Bayard Presse; **p.56:** Phosphore, Sept. 1996, Bayard Presse; **p.57:** cartoon from *Le Petit*

p.60: Phosphore, Sept. 1996, Bayard Presse; p.61: L. Van Eeckhout, Le Monde, 03/09/97; p.62: *Êtes-vous inquiet de l'éventualité du chômage?*, CREDOC, Département 'Conditions de vie et aspirations des Français'; p.63: (left) D. Rouard, Le Monde, 02/01/98, (right) Claire Etcherelli, *Elise ou la vraie vie*, © Editions Denoël; p.66: Gérard Mermet, *Francoscopie 1997*, Larousse-Bordas; p.68: Phosphore, Sept.1996, Bayard Presse; p.69 Phosphore, June 98, Bayard Presse; p.70: INSERM; p.74: Jacques Prévert, *Familiale, Paroles*, Editions Gallimard, left cartoon by Voutch, right cartoon: Arja Kajermo, *Vies gâchées*, Cath Tate Cards; p.76: Libération 2/11/98; p.77: Santé et Médecine douce, May 97; p.79 and p.80: Raymonde Branger, *Agenda des Lettres Gourmandes 1998*, Editions Stock; p.83: Phosphore, Dec. 1997, Bayard Presse; p.84: cartoon and text on right from leaflet *Moi, avec l'alcool, j'crains rien*, Comité français d'Education pour la Santé; p.85: (top) from leaflet *Moi, avec l'alcool, j'crains rien*, Comité français d'Education pour la Santé, (bottom left) Maxi 26/10–1/11/98; p.86: cartoon Association nationale 'Les Droits des non-fumeurs'; p.87: postcard created by Agence BDDP Corporate, Paris, France; p.88: (exx 1 and 2) AIDES; p.89: Diagonale; p.93: Journal du Dimanche/Ifop, Sept. 1994; p.94: cartoon from Willem in Libération 12/3/98; p.98 (top right) Maria Dao, Le Monde, 8–9/03/98; p.99: Phosphore, Nov. 1997, Bayard Presse; p.100: L'Évènement du Jeudi 27/11–3/12 1997; p.101: X. de Moulins, Le Monde, 16/01/98; p.103: Phosphore, June 1998 (bottom right), (cartoon and text top right) April 1998, Bayard Presse; p.104 and p.106: Tahar Ben Jelloun, *Le racisme expliqué à ma fille*, Editions du Seuil 1998; p.105: cartoon by Wolinski, © Editions Denoël; p.108: Le Monde, 17/03/98; p.110: Phosphore, Feb. 1997 (top right Bayard Presse); p.111: Marie Darrieussecq, Le Monde, 28/03/1998; p.114: (bottom right) Phosphore, Feb. 1998, Bayard Presse; p.115: Phosphore, Feb. 1998, Bayard Presse; p.116: Phosphore, Feb. 1998, Bayard Presse; p.117: Tahar Ben Jelloun, *L'enfant de sable*, Editions du Seuil, 1985; p.121: Albert Camus, *L'étranger*, Editions Gallimard; p.122: (right) Office National du Tourisme Tunisien (Publipromotion 1997, *Tunisie, les oasis*); p.125: Driss Chraïbi, *Les Boucs*, © Editions Denoël; p.126 (bottom text): Le nouvel Afrique Asie, April 1998; p.128: (bottom left) Aimé Césaire, *Cahier d'un retour au pays natal*, Editions Présence africaine, 1983; p.129: Le nouvel Afrique Asie, April 1998; p.130: (right) Mongo Beti, *Perpétue*, Buchet Chastel, (bottom left) Rachida Titah, *Un ciel trop bleu*, Editions de l'Aube, (top left) Léopold Sédar Senghor, *Oeuvre poétique*, Editions du Seuil 1964, (middle left) Sembène Ousmane, *Le mandat*, Editions Présence africaine, 1966; p.131: Patrick Chamoiseau, *Solibo Magnifique*, cover illustration by Gilbert Raffin, Editions Gallimard.

A2

p.133: cartoon from L'Itinérant; p.134: L'évènement du Jeudi 24/12 1997 – 7/01 1998; p.135: (middle) Libération 22/8/97; p.136: survey from Libération 2/9/97; p.138: A. Favreau, Le Monde, 16/01/98; p.139: (ex.6) Quo; p.140: Phosphore, March 1998, Bayard Presse; p.144: *Le Sida* from the series 'Les compacts de l'info', Editions Casterman; p.146: cartoon by Plantu; p.148: L'Itinérant; p.150: Phosphore, Oct. 1994, Bayard Presse; p.152: (bottom left) L'Express/Sofres, April 1995; p.153: O. Biffaud and J. Fenoglio, Le Monde, 4–5/01/98; p.155: M. Aulagnon, Le Monde, 6/07/97; p.156: Charles Baudelaire, *Harmonie du soir, Les fleurs du mal*, Garnier-Flammarion; p.157: (top) Edmond Rostand, *Cyrano de Bergerac*, (bottom) Marguerite Duras, *L'amant*, Les Editions de Minuit; p.158: Edith Piaf, *Les amants d'un jour*, music by M. Monnot, words by Claude Delecluse and Michelle Senlis, © 1956 Ed. Paul Beuscher, France, Cinephonic Music Co. Ltd, 8–9 Frith Street, London W1V 5TZ, used by permission of Music Sales Ltd, All Rights Reserved, International Copyright Secured; p.159: (left) Jacques Brel, *Ne me quitte pas*, Editions Intersong, Paris, (right) MC Solaar, *La vie n'est qu'un moment*, Sentinel Sud; p.163: Hervé Dalmais, *Truffaut*, Editions Rivages; p.165: *Histoire de l'Architecture*, Könemann Verlagsgesellschaft GmbH; p.169: Ligue française contre la vivisection; p.170: 3 cartoons (bottom) by Voutch, top graphic from Phosphore, March 1998, Bayard Presse; p.171: Phosphore, March 1998, Bayard Presse; p.172: Phosphore, March 1999, Bayard Presse; p.174: cartoon bottom left by Voutch; p.175: Libération 12/3/98; p.176: Phosphore, Hors-série actualité 1998, Bayard Presse; p.177: Albert Camus, *Réflexions sur la guillotine*, La Nouvelle Revue française; p.178: Blandine Grosjean, Libération 15/7/98; p.183: (top) Françoise Sagan, *Avec mon meilleur souvenir*, Editions Gallimard, (bottom left) Gérard de Nerval, *Odelettes*; p.187: Marie-Claire, March 1998; p.188: Raymond Queneau, *Zazie dans le métro*, Editions Gallimard; p.189: La Vie du Rail, 23 June 1999; p.190: Air France Magazine; p.191: (top left) Montaigne, *Essais, De la vanité*, 1581, (middle) Madame de Sévigné, *Lettres*; p.192: Paul Eluard, *Liberté*; p.201: L'Express 16/4/98; p.202: Phosphore, March 1998, Bayard Presse; p.204: Petit Robert de la langue française 1999; p.207: Phosphore, Bayard Presse; p.208: cartoon by Sempé, © Editions Denoël, survey from Phosphore, Dec. 1994, Bayard Presse; p.209: Phosphore, Dec. 1994, Bayard Presse; p.210: Phosphore, Nov. 1995, Bayard Presse; p.211: cartoon by Willem from Phosphore, Nov. 1995, Bayard Presse; p.213: les petits frères des Pauvres; p.214: Jean-Paul Sartre, *La nausée*, cover illustration by Gourmelin, Collection 'Folio', Editions Gallimard; p.216: